Vollstreckungsrecht

von

Walter Gerhardt

Sammlung Göschen Band 8003

Walter de Gruyter
Berlin · New York · 1974

Dr. *Walter Gerhardt*

ordentlicher Professor für Bürgerliches Recht und Zivilprozeß-recht an der Rheinischen Friedrich-Wilhelms-Universität in Bonn

ISBN 3 11 004380 7

Printed in Germany.

Satz und Druck: Druckerei Chmielorz, 1 Berlin 44

Inhalt

Literatur

Das Vollstreckungsrecht als Teil des Zivilprozeßrechts ist im wesentlichen im 8. Buch der ZPO geregelt. Darum sind alle Lehrbücher und Kommentare, die sich auf die ZPO bzw. das gesamte Zivilprozeßrecht beziehen, einschlägig. Zusätzlich gibt es eine Reihe von Spezialdarstellungen, die zum (kleineren) Teil nur das (Einzel-)Vollstreckungsverfahren enthalten, in der Regel zugleich das Insolvenzrecht (Konkurs- und Vergleichsrecht), also das Recht der Gesamtvollstreckung, umfassen. Der folgende Überblick setzt entsprechend der Ausrichtung dieses Buches Schwerpunkte, er ist nicht vollständig.

I. Lehrbücher:

Karl Blomeyer	Zwangsvollstreckung, 2. Aufl. 1956
de Boor-Erkel	Zwangsvollstreckung, Konkurs und Vergleich, 2. Aufl. 1962
Rudolf Bruns	Zwangsvollstreckungsrecht, 1963
Grunsky	Einführung in das Zwangsvollstreckungs- und Konkursrecht, 1972
Lent-Jauernig	Zwangsvollstreckungs- und Konkursrecht, 12. Aufl. 1972
Mohrbutter	Handbuch des gesamten Vollstreckungs- und Insolvenzrechts, 1965
Rosenberg	Lehrbuch des deutschen Zivilprozeßrechts, 9. Aufl. 1961 (zur gesamten ZPO)
Rosenberg-Gaul	10. Aufl. Band 2: Vollstreckungsrecht (in Vorbereitung)
Schönke-Baur	Zwangsvollstreckungs-, Konkurs- und Vergleichsrecht, 8. Aufl. 1969

Ältere (grundlegende) Darstellungen:

Fischer-Schaefer	Zwangsvollstreckung in das unbewegliche Vermögen, 2. Aufl. 1910
Goldschmidt	Zivilprozeßrecht, 2. Aufl. 1932
Hein	Handbuch der Zwangsvollstreckung, 2. Aufl. 1914

Hellwig-Oertmann System des deutschen Zivilprozeßrechts, II. Teil, 1919

Stein-Juncker Grundriß des Zivilprozeßrechts und des Konkursrechts, 3. Aufl. 1928

Weismann Lehrbuch des deutschen Zivilprozeßrechts, II. Band, Zwangsvollstreckung, 1905

II. Kommentare:

1. ZPO-Kommentare, z. B.:

Baumbach-Lauterbach ZPO, 31. Aufl. 1973 (bearbeitet von Hartmann-Alpers)

Stein-Jonas ZPO, 19. Aufl. ab 1964 (das Vollstreckungsrecht bearbeitet von Münzberg, Arrest und einstweilige Verfügung von Grunsky)

Thomas-Putzo ZPO, 6. Aufl. 1972

Wieczorek ZPO, Großkommentar, 10 Bände, Teil IV (§§ 704—1046) von 1958

Zöller 10. Aufl. 1968 (das Vollstreckungsrecht bearbeitet von Karsch und Scherübl)

Ältere Werke, z. B.:

Förster-Kann ZPO, 2 Bände, 2. Band §§ 511 bis 1048. 3. Aufl. 1926

2. ZVG-Kommentare, z. B.:

Steiner-Riedel Zwangsversteigerung und Zwangsverwaltung, 7. Aufl. 1956

Zeller Zwangsversteigerungsgesetz 7. Aufl. 1967 (früher Wilhelmi-Vogel, 6. Aufl. 1965)

III. Sonstige Lernmittel:

Baur Fälle und Lösungen zum Zwangsvollstreckungs-, Konkurs- und Vergleichsrecht, 2. Aufl. 1969

Zur Zitierweise:

Die hier aufgeführte allgemeine Literatur zum Vollstreckungsrecht wird im folgenden lediglich mit dem oder den Verfassernamen ohne Angabe des Buchtitels usw. zitiert.

Abkürzungsverzeichnis

AaO. (aaO.)	am angegebenen Ort
AcP	Archiv für die civilistische Praxis
AktG	Aktiengesetz
AP	Arbeitsrechtliche Praxis
AVG	Angestelltenversicherungsgesetz
BAG	Bundesarbeitsgericht
BB	Der Betriebs-Berater
BGB	Bürgerliches Gesetzbuch
BGH	Bundesgerichtshof
BGHSt	Entscheidungen des Bundesgerichtshofs in Strafsachen
BGHZ	Entscheidungen des Bundesgerichtshofs in Zivilsachen
BVerfG	Bundesverfassungsgericht
BVerfGE	Entscheidungen des Bundesverfassungsgerichts
DB	Der Betrieb
DGVZ	Deutsche Gerichtsvollzieher-Zeitung
FamRZ	Zeitschrift für das gesamte Familienrecht
FGG	Gesetz über die Angelegenheiten der freiwilligen Gerichtsbarkeit
FN	Fußnote
GmbHG	GmbH-Gesetz
GVGA	Geschäftsanweisung für Gerichtsvollzieher
HGB	Handelsgesetzbuch
JR	Juristische Rundschau
JuS	Juristische Schulung
JZ	Juristenzeitung
KG	Kammergericht
MDR	Monatsschrift für Deutsches Recht
NJW	Neue Juristische Wochenschrift
RG	Reichsgericht
RGSt	Entscheidungen des Reichsgerichts in Strafsachen

RGZ	Entscheidungen des Reichsgerichts in Zivilsachen
RVO	Reichsversicherungsordnung
ScheckG	Scheckgesetz
WG	Wechselgesetz
WM	Wertpapiermitteilungen
ZPO	Zivilprozeßordnung
ZVG	Zwangsversteigerungsgesetz
ZZP	Zeitschrift für Zivilprozeß

In der Zwangsvollstreckung geht es um die zwangsweise Durchsetzung materieller Rechte. Das Vollstreckungsrecht ist somit zivilprozessuales Verfahren und zugleich im besonderen Maße auf den Inhalt des materiellen Rechts zugeschnitten. Darüber hinaus stellt die Vollstreckungsmaßnahme als solche den Kulminationspunkt im Interessenkonflikt zwischen Gläubiger und Schuldner dar. Die Fixierung der Grenzlinie zwischen den schutzwürdigen Bereichen beider ist die Aufgabe, vor die das Vollstreckungsrecht Gesetzgeber, Rechtsprechung und Rechtswissenschaft stets aufs neue stellt.

Anliegen des vorliegenden Buches ist es, das Verständnis für das Vollstreckungsrecht zu wecken und zu fördern und die Notwendigkeit sowie die konkreten „funktionsbezogenen" Aufgaben der Zwangsvollstreckung aufzuzeigen. Dabei ging es mir im wesentlichen um die Sinnzusammenhänge innerhalb des Vollstreckungsrechts und um deren Bezüge zum Zivilprozeß und zum materiellen Recht. Einzelfragen und spezielle Probleme sind nicht um der Vollständigkeit willen behandelt, sondern nur, soweit sie für das Gesamtverständnis sinnvoll oder exemplarisch bedeutsam erschienen. Weitere vertiefende Hinweise sind in den Fußnoten enthalten.

Zielrichtung und Inhalt meiner Darlegungen bestimmen den „Adressatenkreis": zu ihm gehören sowohl der Student, der sich erstmals dem Vollstreckungsrecht zuwendet, als auch der Fortgeschrittene, der sich die Sinnbezüge des Vollstreckungsrechts und dessen Zusammenhang mit dem materiellen Recht wieder vergegenwärtigen will. So gesehen müßte dieser Göschen-Band auch darüber hinaus für jede Ausbildung im Vollstreckungsrecht sowie für den Fachmann und den „interessierten Laien" brauchbar sein.

Diesen Wunsch verbinde ich mit dem herzlichen Dank: an meine Frau, die den Werdegang des Manuskripts begleitet und durch kritische Stellungnahmen gefördert hat; an meine Assistenten, Herrn Norbert Vogt und Herrn Michael Adams, die sich um die inhaltliche Glättung und technischen Betreuung des Manuskripts hochverdient gemacht haben.

Bonn/Göttingen, im Februar 1974

Walter Gerhardt

1. ABSCHNITT

Funktion und Grundlage der Zwangsvollstreckung

§ 1. Funktion und Bedeutung der Zwangsvollstreckung

H. F. Gaul, Zur Struktur der Zwangsvollstreckung, RPfl. 1971, 1 ff, 41 ff, 81 ff; *Henckel*, Prozeßrecht und materielles Recht, 1970.

I. Zur „Zweistufigkeit" der Rechtsverwirklichung

Die Zwangsvollstreckung dient wie das zivilprozessuale Erkenntnisverfahren der Verwirklichung materieller Rechte. Während sich das Erkenntnisverfahren auch bei Leistungsklagen mit dem Ausspruch eines Leistungsbefehls begnügt, beispielsweise, daß der Beklagte an den Kläger 1000,– DM zu zahlen oder ihm einen bestimmten Gegenstand herauszugeben hat, obliegt dem Vollstreckungsrecht die Aufgabe zu regeln, wie das im Erkenntnisverfahren zugesprochene Recht zwangsweise durchgesetzt wird, sofern der Verpflichtete seiner Leistungspflicht trotz Verurteilung nicht nachkommt. Zivilprozessuales Erkenntnisverfahren und Zwangsvollstrekkung führen also erst zusammen zu dem, was der Kläger mit seiner Leistungsklage erstrebt, der Durchsetzung privater Rechte.

Die hiermit zugleich angeschnittene Frage nach dem Zweck des Zivilprozesses ist seit alters in der Zivilprozeßlehre streitig[1]; während die herrschende Lehre zumindest primär auf die Durchsetzung subjektiver Privatrechte abstellt[2], sieht *Rimmelspacher*[3] neben diesem unmittel-

[1] Vgl. aus jüngerer Zeit die Übersicht bei *Henckel* aaO. S. 48 ff.

[2] Siehe die Nachweise bei *Henckel* aaO. S. 50 FN 61; ferner H. F. *Gaul*, Zur Frage nach dem Zweck des Zivilprozesses, 1968, AcP 168, 27 ff, 46 ff; *Jauernig*, Materielles Recht und Prozeßrecht, JuS 1971, 329; *Lent-Jauernig*, Zivilprozeßrecht, 16. Aufl. 1972, § 1, I c und II; *Pawlowski*, Aufgabe des Zivilprozesses, ZZP 80, 345.

[3] Zur Prüfung von Amts wegen im Zivilprozeß, 1966, S. 19 ff.

baren, realen Ziel des Zivilprozesses als dessen ideales, gewissermaßen institutionelles Ziel die Wahrung des Rechtsfriedens. Für *Pawlowski*[4] ist primäre Aufgabe des Prozesses die Bestimmung (Feststellung) der subjektiven und objektiven Rechte, die ohne den Prozeß und das Urteil unbestimmt blieben und also der Fixierung bedürften. Nach *Henckel*[5] dient der Prozeß einer qualifizierten Rechtsausübung, nämlich im Verfahren vor dem Gericht und mit Hilfe des Gerichts.

Wie man auch immer den Prozeßzweck im einzelnen versteht und welchem Aspekt man primäre Bedeutung zuspricht, keine Aussage kann zu dem Ergebnis gelangen, daß der Kläger mit dem — begehrten — Leistungsbefehl, dem Urteil des Erkenntnisverfahrens, bereits das erreicht hat, was er letztlich erstrebt: die Durchsetzung seines materiellen Rechts.

Daß in derartigen Fällen nur Erkenntnis- und Vollstreckungsverfahren zusammen zum Ziele führen, bedeutet zugleich die Notwendigkeit zweier Verfahren. Diese Situation wird mit der Vorstellung der „Zweistufigkeit der Rechtsverwirklichung" verdeutlicht. Eine derartige Aufgliederung der Rechtsverwirklichung in zwei verschiedene, im Prinzip voneinander getrennte Verfahren erscheint im wesentlichen aus zwei Gesichtspunkten gerechtfertigt:

1. Beide Verfahren unterscheiden sich vom Gegenstand her: Im *Erkenntnisverfahren* geht es um die richterliche Kognition, also um die richterliche Entscheidung durch Anwendung des Rechts auf den nach der Verfahrensordnung relevanten Tatsachenstoff. Im *Vollstreckungsverfahren* geht es um die Realisierung des festgestellten Rechts, also um die Rechtsdurchsetzung im engeren Sinne. Rechtsfragen sind hier nur insofern maßgeblich, als es um die Beachtung der Verfahrensvorschriften geht. Bei der Rechtsdurchsetzung soll nicht verhandelt werden, sondern gehandelt[6]. Die unterschiedlichen Funktionen und die damit verbundene andersgeartete Tätigkeit der jeweiligen Rechtspflegeorgane erfordern sowohl eine unter-

[3] AaO, vor allem S. 368; dagegen insbesondere *Henckel* und *Jauernig* aaO.
[5] AaO. S. 61 ff.
[6] *Rosenberg* § 169, II 3 a, § 182 I; vgl. auch *Gaul* aaO. RPfl. 1971, 85 sub 6, 87 f.

schiedliche Verfahrensgestaltung als auch eine andere Zuständigkeitsaufteilung.

2. In zahlreichen Fällen erübrigt sich das auf ein Erkenntnisverfahren folgende Vollstreckungsverfahren. Das gilt erstens für alle klageabweisenden Urteile im Hinblick auf den geltend gemachten Anspruch[7], dessen Bestehen das Gericht verneint hat: hier erübrigt sich eine Zwangsvollstreckung. Im Ergebnis ebenso verhält es sich bei den *Feststellungs-* und *Gestaltungsklagen:* die Eigentumsfeststellung kraft einer erfolgreichen positiven Feststellungsklage bedarf keiner Vollstreckung. Selbst wenn Urteilsinhalt die beantragte Feststellung eines streitigen Anspruchs ist, etwa daß dem Kläger gegen den Beklagten ein Anspruch in Höhe von 1000,– DM zustehe[8], kommt eine Vollstreckung nicht in Frage: der Kläger bestimmt mit seinem Antrag das Ziel des Prozesses (Dispositionsmaxime); stellt er keinen Leistungsantrag, ist es nur folgerichtig, daß eine Zwangsvollstreckung zur Leistungserzwingung ausscheidet. Gestaltungsklagen schließlich bedürfen keiner Vollstreckung, weil die begehrte Rechtsgestaltung ohne weiteres – mit Rechtskraft – eintritt:

Die Ehe ist mit Rechtskraft des Scheidungsurteils aufgelöst, § 41 S. 2 EheG; die Unehelichkeit eines während der Ehe geborenen Kindes kann erst nach erfolgreicher Anfechtung und Rechtskraft dieses Urteils geltend gemacht werden, §§ 1593 BGB, 640h ZPO; beim nichtehelichen Kind wird die Vaterschaft — außer durch („freiwillige") Anerkennung — nur durch Rechtskraft des entsprechenden „Feststellungsurteils" festgestellt, §§ 1600n BGB, vgl. auch §§ 641k ZPO, 1600b Abs. 3 BGB, die Rechtswirkungen treten also aufgrund des Urteils ein, es handelt sich um ein Gestaltungsurteil. Die Klage auf Auflösung einer OHG aus wichtigem Grunde, § 131 Nr. 6 HGB, führt zu dem erstrebten Rechtserfolg gleichfalls erst bei Rechtskraft

[7] Anders für die Kosten, siehe dazu unten § 4 II 2 a.

[8] Prozessual ist in derartigen Fällen besonders auf das Feststellungsinteresse abzustellen, das fehlt, sofern eine Leistungsklage möglich ist. Jedoch kann eine derartige Feststellungsklage „trotzdem" unter Berücksichtigung prozeßökonomischer Erwägungen statthaft sein (vgl. mit weiteren Rechtsprechungsnachweisen BGH NJW 1972, 198), auch soll sie nach nahezu allgemeiner Meinung bei einer Klage gegen öffentlich-rechtliche Körperschaften ausreichen,weil hier mit einer Zahlung nach entsprechender Feststellung zu rechnen sei (vgl. etwa *Lent-Jauernig*, ZPR § 35, III; kritisch dazu meine Anm. in AP Nr. 8 zu BGB § 611 (Abhängigkeit).

des Gestaltungsurteils; das ist zwar nicht ausdrücklich im Gesetz ausgesprochen, es ergibt sich jedoch aus der rechtlichen Funktion eines Gestaltungsurteils[9].

Auch Leistungsurteile führen nicht notwendig zur Zwangsvollstreckung. Der Schuldner wird den Zwangseingriff im Regelfall zu vermeiden suchen, weil er weitere Kosten scheut, die Vollstreckung meiden will oder weil es ihm tatsächlich nur um die Klärung einer zwischen ihm und dem Kläger kontroversen Rechtsfrage ging.

Aus alldem folgt, daß es auch nicht notwendig ist, das Zwangsverfahren in das Erkenntnisverfahren einzubeziehen oder dieses jedenfalls so auszugestalten, daß es die zur Zwangsdurchsetzung erforderlichen Maßnahmen mit durchführen kann. In diesem Zusammenhang ist schließlich zu berücksichtigen, daß eine Verselbständigung des Vollstreckungsverfahrens — legislatorisch gesehen — die Möglichkeit bietet, die Zwangsvollstreckung nicht nur aufgrund gerichtlicher Urteile zu betreiben, also nicht nur als Anhangsverfahren zu einem voraufgegangenen Erkenntnisverfahren, sondern auch auf anderer Rechtsgrundlage, aus anderen „Titeln". Entsprechendes sieht die ZPO in § 794 vor, so daß schon deswegen eine Verselbständigung des Zwangsverfahrens sachgerecht erscheint.

II. Zur Notwendigkeit eines staatlichen Zwangsverfahrens

1. Das Erfordernis eines Verfahrens zur Durchsetzung materieller Rechte

Die Notwendigkeit eines geregelten Verfahrens zur zwangsweisen Durchsetzung materieller Rechte veranschaulicht sich am besten anhand der Vorstellung, was wäre, wenn es kein derartiges Zwangsverfahren gäbe. Hier bietet sich erst einmal der Rückgriff auf die entsprechende Vorstellung beim Fehlen eines jeglichen zivilprozessualen Verfahrens an: stellte der Staat dem einzelnen nicht seine Gerichte zur Verfügung, um zweifelhafte Rechtsfragen unparteiisch und sachverständig, also für die Betroffenen in akzeptabler Weise prüfen zu lassen,

[9] Vgl. RGZ 123, 151: es sei anerkannt, daß das Recht schaffende Urteil aus § 133 HGB erst mit der Rechtskraft wirke.

so bliebe als Ausweg nur die Selbsthilfe. Das aber bedeutet letztlich, daß die Rechtsverwirklichung vom Kräfteverhältnis abhinge. Der Schwächere und also „Rechtlose" wäre auf eine Umgestaltung des Kräfteverhältnisses bedacht, es träte an die Stelle einer Befriedungswirkung des im Verfahren erstrittenen Rechtsausspruches ein fortdauerndes latentes Spannungsverhältnis. Konsequent zu Ende gedacht bedeutet das nicht nur, daß das Recht seiner ordnenden und gestaltenden Funktion beraubt wäre: das Recht wäre ganz aufgehoben, an seine Stelle träte die vom Kräfteverhältnis bestimmte Augenblicksentscheidung und „Regelung".

Entsprechendes gilt auch für das Vollstreckungsverfahren. Zwar hinge, sofern es lediglich ein staatliches *Erkenntnis*verfahren gäbe, die Rechtsfeststellung nicht mehr vom Kräfteverhältnis ab: jedoch würde die Durchsetzung des danach unbestreitbar festgestellten Rechts wiederum an der Kräfteverteilung scheitern können. Das Unterfangen, an die Stelle einer vom Kräfteverhältnis bestimmten Selbsthilfe die Rechtsverwirklichung zu setzen, wäre auf halbem Wege stehengeblieben und damit völlig gescheitert. Zudem würde sich der Staat selbst desavouieren, wenn er zwar zur Feststellung des Rechts ein rechtsstaatlich ausgeformtes Verfahren zur Verfügung stellte, die Durchsetzung dieses Hoheitsaktes jedoch wiederum dem guten Willen oder der privaten Erzwingungsmöglichkeit überließe: auch hier würde letztlich das Kräfteverhältnis dominieren. Im Grunde wäre wieder das Recht in Frage gestellt, denn zum „Recht" gehört im Prinzip auch die Durchsetzbarkeit notfalls gegen den Willen des Verpflichteten[10]. Gegen eine Selbsthilfe speziell bei der Rechtsdurchsetzung spricht ferner, daß dabei nicht verbürgt ist, daß der sachgerechte Weg zu dem erstrebten Ziel eingeschlagen wird. Zwangsvollstreckung ist kein Mittel der Privatrache, sie darf nicht zum Tummelfeld verärgerter und darum gegebenenfalls schikanöser Gläubiger ausarten.

10 Siehe zu dieser letztlich rechtsphilosophischen Frage, was Recht und dessen essentiale Bestandteile sind, zunächst mit weiteren Nachweisen *Enneccerus-Nipperdey*, § 31, vor allem sub II, und *Larenz*, Allgemeiner Teil, 1. Aufl., § 31 I, S. 30 f.

2. *Die staatliche Monopolisierung der Zwangsvollstreckung*

Um die Selbsthilfe untersagen zu können und damit auch eine schikanöse Privatrache auszuschalten und um einem derartigen generellen Selbsthilfeverbot die erforderliche innere Legitimation zu verleihen, ist es erforderlich, daß der Staat dem im Erkenntnisverfahren als berechtigt Ausgewiesenen[11] ein besonderes Zwangsverfahren zur Rechtsdurchsetzung zur Verfügung stellt. Dieses Verfahren greift notwendigerweise in die Sphäre des Vollstreckungsschuldners ein, indem es ohne Rücksicht auf dessen entgegenstehenden Willen das Erforderliche zur Befriedigung des Gläubigers gewährleisten muß. Diese Eingriffe können nicht dem einzelnen Gläubiger überlassen werden, selbst wenn Voraussetzungen, Inhalt und Ausmaß staatlich geregelt würden. Sie sind vielmehr Sache des Staates, dessen Zwangshandlungen unter dem Grundsatz der Gesetzmäßigkeit stehen. Zutreffend spricht man hier von dem Vollstreckungsmonopol des Staates. Nur dadurch läßt sich auch eine Privatrache wirksam ausschließen und jedenfalls in gewissem Sinne garantieren, daß ein sachgerechter Weg zur Anspruchsbefriedigung gewählt wird.

Die Monopolisierung der Vollstreckung beim Staat schließlich gewinnt unter sozialen Aspekten besondere Bedeutung. Bei der Zwangsvollstreckung eines Rechts lassen sich die Augen nicht vor der besonderen Situation des Schuldners verschließen. Zwangsdurchsetzung ist nicht nur erforderlich gegenüber dem böswilligen oder nur bummeligen Schuldner, sie findet auch gegenüber demjenigen statt, der nicht weiß, wie er den Anspruch seiner Gläubiger befriedigen soll:

Dem Schuldner stehen nicht genügend Geldmittel zur Verfügung, um die Zahlungsforderung seines Gläubigers zu begleichen. Der Gedanke, Wertgegenstände zu veräußern oder seine Gehaltsforderung abzutreten, liegt ihm fern, jedenfalls kann er sich dazu nicht entschließen. Vielleicht stehen ihm auch beide nicht zur Verfügung. Ein noch deutlicheres Beispiel mit einer besonderen Realitätsbezogenheit stellt die

[11] Entsprechendes gilt für den Inhaber eines sonstigen Vollstreckungstitels kraft der damit verbundenen Legitimation zur zwangsweisen Rechtsdurchsetzung, siehe bereits andeutungsweise oben sub I 2 und ausführlich unten § 4 III.

Verurteilung zur Räumung von Wohnraum dar: der Mieter weiß nicht, wohin er — gemessen an seinen finanziellen Möglichkeiten einerseits, an einem dringend erforderlichen Mindestwohnraum andererseits — umziehen soll.

Auch hier ist der Tatsache Rechnung zu tragen, daß der Gläubiger eine bestimmte Summe Geldes „von Rechts wegen" beanspruchen kann, daß er genauso Rückgabe seiner vermieteten Räume verlangen kann; auch hier können soziale Belange, etwa dringender Eigenbedarf, eine Rolle spielen. Grundsätzlich bleibt es Aufgabe des Vollstreckungsrechts, dem Gläubiger zur Durchsetzung seiner Rechte zu verhelfen. Zugleich und andererseits ist dabei jedoch — das zeigt das Beispiel der Wohnungsräumung ganz deutlich — auf die Situation des Schuldners Rücksicht zu nehmen. Auch eine Zwangsdurchsetzung festgestellter Rechte muß der sozialen und in bestimmtem Umfang auch der wirtschaftlichen Realität Rechnung tragen, beispielsweise daß es dem Schuldner nicht möglich ist, von heute auf morgen eine auch nur annähernd ausreichende und finanziell tragbare Wohnung zu finden. Daß die Zwangsvollstreckung ausschließlich dem Staat eingeräumt ist, gibt die Gewähr für die Berücksichtigung der entsprechenden gesetzlichen *Schutzvorschriften*.

Als *Ausnahme* von dem staatlichen Vollstreckungsmonopol werden gemeinhin die privatrechtlichen Selbsthilferechte nach §§ 229, 561, 859 BGB angeführt[12]. Diese Fälle berühren sich jedoch allenfalls nur minimal mit der Vollstreckung als der gewaltsamen Durchsetzung bestimmter (Leistungs-)Ansprüche: sofern die Selbsthilfe des § 229 BGB überhaupt zum Zwecke der Anspruchsdurchsetzung geübt wird, etwa bei Wegnahme einer Sache, ist sie nur als Vorstufe des Arrests zulässig, d. h. aber einer nur sichernden Maßnahme, die nicht bereits die Rechtsdurchsetzung enthält[13]. Das Selbsthilferecht des Vermieters und des unmittelbaren Besitzers bedeuten nicht Anspruchsrealisierung, etwa des Rechts aus § 861 BGB, sondern Schutz des Pfandrechts bzw. des unmittelbaren Besitzes. Auch die §§ 904, 962 BGB sind nicht als Ausnahme vom Vollstreckungsmonopol zu verstehen: weder beim

[12] Generell ohne Einschränkung *Baumbach-Lauterbach*, Einl. III 1, S. 11; ferner *Schönke-Baur* § 1 vor 1; *Stein-Jonas-Münzberg*, Anm. II vor § 704, beide lediglich mit Hinweis auf § 229 BGB.

[13] So auch *Gaul* aaO. RPfl. 1971, 1 (Einl.).

Notstand des § 904 BGB noch beim Bienenfolgerecht des § 962 BGB geht es um die „Verwirklichung eines Anspruchs"[14].

In gewissem Sinne liegt in dem Befriedigungsrecht des Besitzers für seinen Verwendungsersatzanspruch nach § 1003 und dem des Pfandgläubigers nach § 1228 BGB ein Selbsthilferecht vor. Allerdings ist hier der Verwertende zugleich — beim Pfandrecht jedenfalls im Regelfall — unmittelbarer alleiniger Besitzer. Die Rechtsordnung gibt ihm die Befugnis, die fremde Sache zu seiner Befriedigung zu verwenden, sich also insoweit über das Eigentum des anderen hinwegzusetzen. Zwangsakte gegen den Schuldner selbst sind nicht erforderlich, der — wie dies beim rechtsgeschäftlichen Pfandrecht sehr deutlich ist — mit der Verwertung lediglich die rechtlichen Konsequenzen der kraft eigener Willenserklärung vollzogenen Pfandbestellung zu tragen hat.

Auch die Verwertung von Sicherungsgut läßt sich nicht als Selbsthilfe bezeichnen: Sofern der Sicherungseigentümer bei einer Sicherungsübereignung mit Verfallklausel das Sicherungsgut — atypischerweise — in Besitz hat, bedarf es keines Zwanges mehr. Enthält die für die Verwertung oder den Verfall maßgebliche Sicherungsabrede lediglich die Befugnis zur Verwertung nach Pfandgrundsätzen[15], so gilt entsprechendes wie dort. Wenn der Sicherungsgeber wie im Normalfall den unmittelbaren Besitz behalten hat, steht dem Sicherungseigentümer kein eigenes Verwertungsrecht zu und also ohnehin kein Recht zur Selbsthilfe; hier bleiben notfalls nur Leistungsklage und staatliche Vollstreckung.

Zu einer echten Anspruchsverwirklichung — allerdings auf dem Wege über ein Erfüllungssurrogat — führt die Aufrechnung, die als einziger Fall starke Parallelen zur Zwangsvollstreckung aufweist, so daß hier in der Tat als Ausnahme von dem Grundsatz des staatlichen Vollstreckungsmonopols von einer Befugnis zur Selbstexekution des Gläubigers gesprochen werden kann[16]. Der Gläubiger kann zwar nicht die geschuldete Geldleistung erzwingen, er kann sich jedoch befriedigen durch Realisierung des in der Forderung liegenden wirtschaftlichen Wertes infolge der Verrechnung gegen die eigene Schuld[17].

[14] So jedoch *Baumbach-Lauterbach* aaO.

[15] Vgl. dazu m. w. N. *Gerhardt,* Pfändungsschutz und Sicherungsübereignung, JuS 1972, 696, 697.

[16] So zutreffend und sehr anschaulich *Bötticher,* Die „Selbstexekution" im Wege der Aufrechnung und die Sicherungsfunktion des Aufrechnungsrechts, Festschrift für Schima, 1969, S. 95 ff; vgl. dazu m. w. N. *Gerhardt,* § 3 I in Athenäum — Zivilrecht I, S. 727 f.

[17] „Befriedigungsfunktion" der Aufrechnung, vgl. *Bötticher* aaO, der daneben auch noch auf die Befreiungsfunktion und die Sicherungsfunktion der Aufrechnung hinweist.

Da diese Verrechnung einseitig, also gegebenenfalls auch gegen den Willen des anderen erfolgt, spricht man hier häufig und zutreffend von einem Akt der „Selbstbefriedigung mittels Aufrechnung", einem Selbsthilfezugriff auf die Forderung des Gegners[18] oder mit *Bötticher* von einer „Selbstexekution": Die Aufrechnung schließt also insoweit zugleich den Erfolg einer Zwangsvollstreckung ein.

III. Zwang und Duldungspflicht

Das Vollstreckungsrecht ermöglicht die zwangsweise Durchsetzung (in bestimmter Weise festgestellter) materieller Rechte gegen den Schuldner. Es ist Grundlage für den Zwangseingriff in die Sphäre des Schuldners und bestimmt die Voraussetzungen sowie Inhalt und Umfang der Vollstreckungsmaßnahme. Zwangsvollstreckungsrecht ist also öffentliches Recht, auch wenn die Vollstreckung selbst der Durchsetzung privater Rechte dient. Geht man von dem Grundfall aus, daß die Vollstreckung eines Urteils betrieben werden soll, und vergegenwärtigt sich also die Zweistufigkeit der Rechtsverwirklichung, so läßt sich sagen, daß dem materiellen Recht auf der ersten Stufe des Erkenntnisverfahrens Rechnung getragen wird; hier sind grundsätzlich die zivilrechtlichen Normen maßgebend. In der zweiten Stufe der Rechtsverwirklichung, der Zwangsdurchsetzung, geht es jedoch um öffentlich-rechtliche Gesichtspunkte. Hier ist von dem durchzusetzenden Recht selbst zu abstrahieren und auf allgemeine Kriterien für einen Zwangseingriff sowie auf spezielle Umstände des Einzelfalles abzustellen. Es macht gerade die Bedeutung des Vollstreckungsrechts und dessen rechtlich-sittlich und schließlich rechtspolitisch hochinteressanten, brisanten Gehalt aus, zu bestimmen, wie weit die Rechte des Gläubigers gegenüber einer zugunsten des Schuldners zu beachtenden Schutzsphäre zwangsweies durchzusetzen sind. Das ganze Spektrum der Bedeutung des Vollstreckungsrechts vom sittlichen Kriterium bis zu Grundsätzen des Verfassungsrechts und rechtspolitischen Wertentscheidungen zeigt sich etwa bei folgenden Fragestellungen:

[18] RGZ 80, 30, 33 und 398 f; 171, 215, 224; BGHZ 2, 300; BGH NJW 1955, 339; *Löscher* in BGB RGRK vor § 387 Anm. 1.

— Darf der Arbeitgeber den Anspruch aus dem Arbeitsverhältnis auf Leistung der Arbeit vollstrecken, den Arbeitnehmer also mit Hilfe des Vollstreckungsrechts zur Arbeit zwingen?

— Darf ich den völlig mittellosen Landstreicher, der in meinem Auto übernachtet und es durch Unachtsamkeit beim Rauchen in Brand gesetzt hat, zur Aufnahme eines Arbeitsverhältnisses zwingen lassen, damit er Geld verdiene und damit die Schuld mir gegenüber begleiche?

— Ist es mit den Wertungen unseres Grundgesetzes vereinbar, die kinderreiche Familie, der wirksam gekündigt ist, „auf die Straße zu setzen“ oder in ein wenig komfortables Asyl umzuquartieren?
Wie verträgt es sich andererseits mit der Eigentumsgarantie des Art. 14 GG, wenn der gerichtlich festgestellte Räumungsanspruch des vermietenden Eigentümers unterlaufen wird?

— Soll dem Schuldner gegenüber dem immerhin gerichtlich festgestellten Zahlungsanspruch eines Gläubigers ein Existenzminimum bleiben und in welcher Höhe? Hier ist neben dem Gläubiger- und Schuldnerinteresse zusätzlich auch das Interesse des Staates zu beachten, dem der völlig kahlgepfändete Schuldner — u. U. samt Familie — als Fürsorgefall zur Last fiele. Andererseits stellt sich vom Gläubiger aus gesehen die Frage, ob der Staat auf Kosten des einzelnen Gläubigers Sozialpolitik treiben darf[19]; soll der Schuldner, sofern ihm — im Interesse des Staates — ein ausreichendes Existenzminimum erhalten bleibt, um der Einsparung von staatlichen Fürsorgeleistungen willen, überspitzt formuliert, Kostgänger des Gläubigers sein, oder ist ein etwaiges Existenzminimum insofern nicht vom Staat selbst zu gewährleisten?

Art und Weise, wie die Zäsur zwischen zwangsweiser Verwirklichung des Gläubigerrechts und Schutzbereich der Schuldnerpositionen gezogen wird, lassen letztlich Rückschlüsse auf die gesellschaftliche Struktur des Gemeinwesens und dessen Selbstverständnis ziehen. Es liegt auf der Hand, daß die

[19] Vgl. *Henckel*, Besprechung der 8. Aufl. des Lehrbuches von Schönke-Baur und der 2. Aufl. von Baur, Fälle und Lösungen, 1971, ZZP 84, 447 ff, 451.

wachsende sozialstaatliche Tendenz unseres Staates auch ihren Niederschlag im Vollstreckungsrecht finden muß. Darüber hinaus sind hier auch Entwicklungen im technischen Bereich zu berücksichtigen, so etwa bei der Frage, ob dem Schuldner nur ein Radio oder auch ein Fernsehgerät zur Information belassen werden muß, ob insoweit also sein Schutz der Durchsetzung des Gläubigerrechts vorgeht.

§ 2. Die Rechtsbeziehungen zwischen den an der Zwangsvollstreckung Beteiligten

A. Blomeyer, Rechtskraft und Gestaltungswirkung der Urteile im Prozeß auf Vollstreckungsgegenklage und Drittwiderspruchsklage, 1965, AcP 165, 481 ff; *Gilles*, Vollstreckungsgegenklage, sog. vollstreckbarer Anspruch und Einwendungen gegen die Zwangsvollstrekkung in zivilprozessualer und zivilistischer Prozeßbetrachtung, 1970, ZZP 83, 61 ff; *Gaul* und *Henckel*, siehe die Literaturangaben zu § 1.

I. Die Rechtsbeziehungen zwischen den Beteiligten

Zwangsvollstreckung ist weder Selbstzweck noch dient sie dem Schutze der staatlichen Autorität, etwa in dem Sinne, daß der Staat auf der Durchsetzung des im Urteil ausgesprochenen Leistungsbefehls besteht. Die Vollstreckung ist an ihrem Ziel, dem materiellen Recht zur Durchsetzung zu verhelfen, orientiert. Das Verbot einer Selbsthilfe untersagt dem Gläubiger nicht nur ein unmittelbares Vorgehen gegen den Schuldner, es gebietet – wie dargelegt – zugleich, daß der Staat dem Gläubiger staatliche Zwangsmittel zur Verfügung stellt. Zum Verständnis dieser staatlichen Zwangsdurchsetzung privater Rechte sind die Rechtsbeziehungen in diesem Dreiecksverhältnis Gläubiger – Staat – Schuldner darzulegen (sub I) und die von der Art und Weise der Zwangsdurchsetzung abhängige Verteilung der Vollstreckungsaufgaben auf die verschiedenen staatlichen Vollstreckungsorgane zu verdeutlichen (sub II).

Da Zwangsvollstreckung die Durchsetzung privater Rechte durch staatlichen Zwang ist, kommt es aus der Sicht des auf die Vollstreckung angewiesenen Gläubigers darauf an, unter welchen Voraussetzungen er die zuständige staatliche Stelle zur

Tätigkeit veranlassen kann. Aus der Sicht des Schuldners bedeutet die Anwendung staatlichen Zwanges einen Eingriff in die eigene – normalerweise geschützte – Eigentums- und Freiheitssphäre: hier geht es um die Voraussetzungen, unter denen der Staat eine Eingriffsbefugnis und – korrespondierend dazu – der Schuldner eine entsprechende Duldungspflicht hat.

1. Das Antragsverhältnis

Die Rechtsbeziehung zwischen dem Gläubiger und dem staatlichen Vollstreckungsorgan ist dadurch gekennzeichnet, daß die Zwangsvollstreckung kein von Amts wegen einzuleitendes Verfahren ist, sich insbesondere nicht automatisch an ein vorausgegangenes Erkenntnisverfahren anschließt. Die mit der Zweistufigkeit der Rechtsverfolgung[1] umschriebene Notwendigkeit zweier selbständiger Verfahren bedeutet zugleich, daß es, wie auch bei der Einleitung des Erkenntnisverfahrens, wiederum der Initiative desjenigen bedarf, um dessen Recht es geht: diesem Erfordernis eines Antrags entspricht die Bezeichnung jener Rechtsbeziehung als „Antragsverhältnis"[2].

Ähnlich wie im Erkenntnisverfahren, dessen Dispositionsmaxime den Grundsatz enthält: „wo kein Kläger, da kein Richter", unterliegt auch das Vollstreckungsverfahren der Disposition des Gläubigers, die sich neben der Notwendigkeit einer besonderen Verfahrenseinleitung auch darin zeigt, daß der Gläubiger den Vollstreckungsauftrag jederzeit zurücknehmen kann, sofern die Vollstreckung noch nicht beendet ist.

Liegen die gesetzlichen Voraussetzungen der Vollstreckung vor, so hat der Gläubiger gegen den Staat ein Recht auf die Vornahme des Vollstreckungsakts. Dieser als subjektives öffentliches Recht qualifizierbare „Vollstreckungsanspruch"[3] stellt sich ebenso wie beim Erkenntnisverfahren der Justizgewähranspruch[4] als Ausformung des Rechtsschutzanspruchs dar[5].

[1] Siehe dazu oben § 1 I.
[2] Vgl. z. B. *Schönke-Baur* § 1, II 2, III. Die Terminologie ist uneinheitlich, ein einheitlicher Begriff ist weder im Gesetz vorgegeben, noch scheint er praktisch erforderlich zu sein.
[3] So z. B. *Stein-Jonas-Münzberg*, Vorbem. II vor § 704.
[4] Vgl. BGHZ 37, 113, 120 f (unter Berufung auf *E. Schmidt*, Lehrkommentar zur StPO I RZ 8): „Die Justizgewährungspflicht verpflichtet den

Daraus folgt zugleich, daß das durch den Vollstreckungsanspruch gekennzeichnete Anspruchsverhältnis und damit die Rechtsbeziehung zwischen dem Gläubiger und dem Staat öffentlich-rechtlicher Natur ist. Hier zeigt sich eine weitere Übereinstimmung mit dem zivilprozessualen Erkenntnisverfahren[6]. Trotz einer gewissen Parallele des Antragsverhältnisses zum Anspruch des einzelnen auf Erlaß eines Verwaltungsaktes[7] ist die staatliche Vollstreckungstätigkeit Rechtspflege im Rahmen der ordentlichen Gerichtsbarkeit.

Der dem öffentlichen Recht zuzuordnende Vollstreckungsanspruch gegen den Staat ist scharf von dem vollstreckbaren Anspruch des Gläubigers zu unterscheiden: bei diesem handelt es sich um den materiell-rechtlichen Anspruch, um dessen Durchsetzung willen die Zwangsvollstreckung betrieben wird, zuzüglich der besonderen gesetzlichen formellen Vollstrek-

Staat, Rechtspflegeorgane zur Verfügung zu stellen und den Gang des Verfahrens mit dem Doppelziel der Erreichung von Wahrheit und Gerechtigkeit zu regeln." ... (Sie gewährt) ... „keinen Anspruch auf eine Entscheidung, die von jedermann als wahr und gerecht anerkannt wird, sondern schafft nur das Recht darauf, daß die für die Entscheidung vorgesehenen Richter im vorgeschriebenen Verfahren nach sorgfältiger Prüfung entscheiden, was nach *ihrer* richterlichen Überzeugung wahr und gerecht ist."

5 Auch wenn der Inhalt des *Rechtsschutzanspruchs* heute wieder streitig ist (vgl. insbesondere *A. Blomeyer*, der ihn nicht nur in diesem mehr formalen Sinne verstanden wissen will, Zivilprozeßrecht § 1, III, S. 6 f; Der Rechtsschutzanspruch im Zivilprozeß, Festschrift für Bötticher, 1969, S. 61 ff; ferner für Gestaltungsklagen etwa *Schlosser*, Gestaltungsklage und Gestaltungsurteil, 1966, S. 374 ff; — andererseits etwa *Lent-Jauernig*, Zivilprozeß § 36, II und III; *Rosenberg-Schwab*, Zivilprozeßrecht § 3 sowie *Schwab*, Zur Wiederbelebung des Rechtsschutzanspruchs, 1968, ZZP 81, 412 ff; siehe auch als zusammenfassende Übersicht jüngst *Walter Herbst*, Die Bedeutung des Rechtsschutzanspruchs für die moderne Zivilprozeßrechtslehre, Diss. Bonn 1973), sind Rechtscharakter und Zielrichtung des *Vollstreckungsanspruchs* im wesentlichen unstreitig; vgl. jeweils m. w. N. *Blomeyer* aaO. AcP 165, 483; *Gaul* aaO. RPfl. 1971, 2 f, insbes. FN 20; *Henckel* aaO. S. 250 f, 261 f; ebenso *Bruns* § 1, III 3, und *Lent-Jauernig*, § 1, IV, S. 3, allerdings mit dem Hinweis, daß diese Qualifizierung praktisch wenig bedeutsam sei.

6 Einschränkend hinsichtlich der Zuordnung zum öffentlichen Recht allerdings *Larenz*, Allgemeiner Teil, S. 3 f, der das Prozeßrecht im Hinblick auf die bezweckte Durchsetzung privater Rechte als eigenes Rechtsgebiet neben dem öffentlichen Recht und dem Privatrecht versteht. Dagegen zutreffend *Gaul* aaO. RPfl. 1971, 2 FN 3.

7 Vgl. etwa *Schönke-Baur* § 1, II 3.

kungsvoraussetzungen, kraft derer der Anspruch als vollstreckbar ausgewiesen ist[8].

2. *Das Eingriffsverhältnis*

Da sich Zwangsvollstreckung aus der Sicht des Schuldners als staatlicher Zwangseingriff darstellt, bedeutet das zugleich, daß auch diese Rechtsbeziehung notwendig dem öffentlichen Recht angehört[9] und als „Eingriffsverhältnis" streng am Grundsatz der Gesetzmäßigkeit auszurichten ist. Die einzelnen gesetzlichen Voraussetzungen dieses Eingriffs wie auch dessen Durchführungsmodalitäten sind als Inhalt des Vollstreckungsrechts in den gesetzlichen Vollstreckungsvorschriften geregelt. Diese allein entscheiden über die Rechtmäßigkeit des staatlichen Eingriffs, sind also etwa für die Frage eines Regresses gegen den Staat bei unrechtmäßiger Vollstreckung, § 839 BGB, Art. 34 GG[10], maßgeblich. Insoweit ist die Zwangsvollstreckung losgelöst von dem zugrunde liegenden zu vollstreckenden materiell-rechtlichen Anspruch, auch wenn der Vollstreckungsanspruch und der staatliche Zwangseingriff nur der Verwirklichung dieses materiellen Rechts dienen. Die Zwangsvollstreckung ist also in diesem Sinne *„formalisiert"*. Unter diesem terminus technicus läßt sich im Grunde zweierlei begreifen: da das Vollstreckungsrecht die Eingriffsvoraussetzungen normiert, ist auch die Zwangsvollstreckung, die aufgrund eines – z. B. infolge eines Verfahrensfehlers – unrichtigen Urteils betrieben wird, rechtmäßig, sofern nur die (formellen) Vollstreckungsvoraussetzungen erfüllt sind. Dasselbe gilt, sofern der Schuldner seiner im Urteil ausgesprochenen Leistungspflicht inzwischen nachgekommen ist, die als Vollstreckungsgrundlage

[8] Sehr ausführlich dazu *Rosenberg* § 170, S. 883 ff. Kritisch zum Begriff des vollstreckbaren materiellen Anspruchs, weil er nur zu der Unklarheit führe, neben dem materiellen Anspruch bestehe noch irgendeine materiell rechtliche Berechtigung des Gläubigers gegenüber dem Schuldner auf Unterwerfung unter die Vollstreckungsgewalt, *Gilles* aaO. S. 61 ff, 80.

[9] Grundlegend bereits RGZ (VZS) 82, 85, 86; ferner und allgemeiner, auch das Antragsverhältnis umfassend RGZ 128, 81, 85: die Zwangsvollstreckung gehöre als Staatstätigkeit in allen ihren Teilen ausschließlich dem öffentlichen Recht an.

[10] Z. B. BGH NJW 1959, 1775; weitere Nachweise bei *Palandt-Thomas* BGB § 839 Anm. 15, Gerichtsvollzieher.

dienende Urteilsausfertigung jedoch noch nicht entsprechend korrigiert oder eingezogen ist: Veränderungen hinsichtlich des der Vollstreckung zugrunde liegenden materiellen Anspruchs sind vom Schuldner im Vollstreckungsverfahren besonders geltend zu machen[11]; das jeweils mit der Vollstreckung befaßte Vollstreckungsorgan hat nicht die materielle Rechtslage zu berücksichtigen, sondern allein die Verfahrensvoraussetzungen[12].

Die Tatsache, daß das Eingriffsverhältnis in gewissem Sinne losgelöst von dem durchzusetzenden materiell-rechtlichen Anspruch einer speziell öffentlich-rechtlichen Eigengesetzlichkeit unterliegt, gibt den Ansatz für die Berücksichtigung bestimmter an der Menschenwürde wie auch an übergeordneten staatlichen Gesichtspunkten orientierter Schuldnerschutzvorschriften: Zwangsvollstreckung kann nach unserer Rechtsordnung nicht Rechtsdurchsetzung um jeden Preis bedeuten. So haben die Vollstreckungsorgane dem Schuldner etwa bei der Pfändung von Gehaltsforderungen das Existenzminimum zu belassen, §§ 850 a ff. Bei der Pfändung beweglicher Gegenstände sind bestimmte Sachen aus sozialen Gründen im öffentlichen Interesse unpfändbar, vgl. § 811. Auch sollen Hausratsgegenstände, die für den Schuldner einen Gebrauchswert haben, jedoch bei der Verwertung nur einen minimalen Erlös bringen, nicht gepfändet werden, § 812a. Die Verwertung (zulässigerweise) gepfändeter Gegenstände kann im Interesse des Schuldnerschutzes vorläufig aufgehoben werden, § 813a. Die Zwangsverwertung unterbleibt, wenn bei der Verwertung nicht die Hälfte des gewöhnlichen Verkaufswerts erreicht wird, § 817a Abs. 1, vgl. auch Abs. 2. Schließlich gewährt § 765a als Generalklausel des Schuldnerschutzes die Möglichkeit, die Zwangsvollstreckung zu unterlassen bzw. wieder einzustellen oder zu beschränken, „wenn die Maßnahme unter voller Würdigung des Schutzbedürfnisses des Gläubigers wegen ganz besonderer Um-

11 Siehe dazu unten, vor allem zu der Möglichkeit der Vollstreckungsgegenklage, § 15.

12 Vgl. zur Vertiefung der Frage nach der Rechtmäßigkeit des Handelns der Vollstreckungsorgane *A. Blomeyer* aaO. AcP 165, S. 483 ff; *Henckel* aaO. S. 236 ff.

stände eine Härte bedeutet, die mit den guten Sitten nicht vereinbar ist“[13].

3. Die Rechtsbeziehung zwischen Gläubiger und Schuldner

Mit dem Antragsverhältnis zwischen Gläubiger und staatlichem Vollstreckungsorgan einerseits sowie mit dem Eingriffsverhältnis zwischen Vollstreckungsorgan und Schuldner andererseits ist ein „Dreiecksverhältnis“ skizziert. Damit stellt sich die weitere Frage, ob auch unmittelbar zwischen Gläubiger und Schuldner — gewissermaßen als Basis dieses Dreiecks — eine konkrete vollstreckungsrechtliche Rechtsbeziehung besteht.

Hier sei zunächst wieder an die Parallelsituation im Erkenntnisverfahren und an die entsprechende Skizze zum Prozeßrechtsverhältnis erinnert: dem Antragsverhältnis entspricht die durch die Klageeinreichung geschaffene Rechtsbeziehung zwischen Kläger und Gericht, dem Eingriffsverhältnis das durch die Klagezustellung bewirkte Band zwischen Gericht und Beklagtem[14]. Zu Recht versteht die herrschende Ansicht das Prozeßrechtsverhältnis als echtes Dreiecksverhältnis, geht also auch von einer prozessualen Rechtsbeziehung zwischen den Parteien aus, eine Vorstellung, die gerade im Hinblick auf das Verständnis bestimmter Verhaltenspflichten oder -lasten gegenüber der anderen Partei sinnvoll ist[15].

Entsprechendes gilt auch für die Zwangsvollstreckung, die also als ein dreiseitiges Rechtsverhältnis zu verstehen ist. Diese „Basis der Dreiecksbeziehung“ — *Baur* spricht hier von dem „Vollstreckungsverhältnis“[16] — ist durch die materiell-rechtliche Rechtsbeziehung zwischen dem Gläubiger und dem Schuldner gekennzeichnet. Hier liegt darum der Ansatz für die Berücksichtigung materiell-rechtlicher Veränderungen wie Tilgung und Stundungsvereinbarung, aber auch für bestimmte

[13] Im einzelnen zu den speziellen Pfändungsschutzvorschriften im Zusammenhang bei den jeweiligen Vollstreckungsregeln, zu der Generalklausel des § 765 a zusammenfassend beim Überblick über die Rechtsbehelfe in der Zwangsvollstreckung.

[14] Eindrucksvolle Skizzen bei *Bruns* Zivilprozeßrecht § 1, III, vor allem S. 12 f, ferner *Rosenberg-Schwab* § 2, II, S. 7 f.

[15] Vgl. z. B. außer den in der vorangegangenen Fußnote genannten *A. Blomeyer* Zivilprozeßrecht § 11, *Lent-Jauernig* Zivilprozeßrecht § 32, III; *Schönke-Kuchinke* Zivilprozeßrecht § 4, I und II; *Thomas-Putzo*, Vorbem. I vor § 50.

[16] *Schönke-Baur* § 1, II 5.

Abmachungen, die den Vollstreckungsvorgang selbst betreffen: sofern private Vollstreckungsvereinbarungen überhaupt im Hinblick auf die öffentlich-rechtliche Natur der Zwangsvollstreckung relevant sind[17], läßt sich dieses Ergebnis nur aus der Rechtsbeziehung zwischen Gläubiger und Schuldner ableiten. Dasselbe gilt, sofern es um die Sanktion für widerrechtliche Beeinträchtigung des vollstreckbaren Anspruchs einerseits[18] oder um vom materiellen Recht her nicht gerechtfertigte Eingriffe in das Schuldnergut andererseits[19] geht. Kurz zusammengefaßt: Ausgangsbasis ist das materielle Recht, wie es sich inhaltlich der jeweiligen Verfahrenssituation nach darstellt, z. B. also der rechtskräftig, wenn auch fehlerhaft festgestellte Leistungsanspruch. Widersprüche dazu brauchen auch im Vollstreckungsrecht jedenfalls im Ergebnis nicht hingenommen zu werden. Für die Beurteilung, ob ein derartiger Widerspruch zum materiellen Recht vorliegt, kommt es auf den Inhalt der Rechtsbeziehung zwischen Vollstreckungsgläubiger und -schuldner an.

II. Die Organe der Zwangsvollstreckung

Die Zwangsvollstreckung als die Durchsetzung des materiellen Rechts muß in ihrer Durchführung notwendig vom jeweiligen Inhalt des festgestellten Leistungsanspruchs abhängen: bei Geldforderungen geht es letztlich um die Realisierung der Haftungsfunktion des Schuldnervermögens. Dem hat die Zwangsvollstreckung zu entsprechen. Anders ist es bei Individualansprüchen, also Ansprüchen etwa auf Herausgabe einer Sache, auf Vornahme bestimmter Handlungen, auf Unterlassungen im engeren Sinne oder auf Abgabe einer Willenserklärung. Hier handelt es sich nicht um die Verwirklichung der erstrebten Haftung, sondern um die unmittelbare Durchsetzung des Rechts. Darum erscheint von vornherein eine unterschiedliche Ausgestaltung des Vollstreckungsverfahrens

[17] Dazu im Zusammenhang unten § 4 I 2.

[18] Vgl. z. B. die Strafbestimmung gegenüber Vollstreckungsvereitelungen, § 288 StGB, die ein Schutzgesetz im Sinne des § 823 Abs. 2 BGB ist, RGZ 143, 267, 269; *Zeuner* in Soergel-Siebert § 823 RZ 344.

[19] Zur Ersatzpflicht nach § 717 unten im Zusammenhang § 4 II 2 c zu 1.

geboten, und zwar je nachdem, ob es um Vermögensansprüche oder um Individualansprüche geht. Stellt man nur auf Geldforderungen ab, so liegt wiederum auf der Hand, daß die zwangsweise Realisierung der Haftung des Schuldnervermögens anders aussieht, je nachdem, ob ein beweglicher Gegenstand, eine Forderung, ein Gesellschaftsanteil oder ein Grundstück als Haftungssubstrat herangezogen werden soll. Der unterschiedlichen Ausgestaltung des Zwangsmaßnahme entspricht auch die Auswahl des jeweils funktionell zuständigen Vollstreckungsorgans[20]:

1. Der Gerichtsvollzieher

Die Mitwirkung des Gerichtsvollziehers und seine nach außen hin zumindest tragende und vorrangige Rolle im Vollstreckungsbetrieb pflegt allgemein bekannt zu sein. Das deckt sich auch mit dem Grundsatz des Gesetzes, wonach die Zwangsvollstreckung, soweit sie nicht den Gerichten zugewiesen ist, durch Gerichtsvollzieher durchgeführt wird, vgl. § 753. In dieser Funktion ist der Gerichtsvollzieher auch befugt, etwa die Wohnung des Schuldners zu durchsuchen und verschlossene Haustüren öffnen zu lassen[21]. Ferner darf er sogar selbst etwaigen Widerstand gewaltsam brechen, kann allerdings zu diesem Zwecke auch die Hilfe der Polizei in Anspruch nehmen, § 758. Vom Ziel der Vollstreckung her sinnvoll ist der Einsatz des Gerichtsvollziehers dort, wo es um die Notwendigkeit eines etwaigen körperlichen Einsatzes oder um bestimmte Maßnahmen gegenüber verkörperten Vermögensrechten oder sonstigen Sachen geht: konkret zu denken ist hier an die Wegnahme von Geld oder die Pfändung bzw. Wegnahme bestimmter beweglicher Sachen, sofern es um die Haftungsrealisierung geht, ferner auch an die zwangsweise Durchsetzung solcher Ansprüche, die auf die Herausgabe bestimmter beweglicher Gegenstände gerichtet sind.

[20] Zu Reformansätzen bei der Aufteilung der Vollstreckungsaufgaben auf einzelne Organe siehe ausführlich *H. F. Gaul*, Zur Reform des Zwangsvollstreckungsrechts, JZ 1973, 473 ff, 477 ff.

[21] Die Verfassungsmäßigkeit der in § 758 enthaltenen Durchsuchungsermächtigung für ein nicht-richterliches Organ ist angesichts des Art. 13 Abs. 2 GG zweifelhaft. Zur sachgerechten Lösung einer verfassungskonformen (einschränkenden) Auslegung *Lent-Jauernig* § 8 II 3, S. 30.

Der Gerichtsvollzieher ist ein Beamter, seine Dienst- und Geschäftsverhältnisse, zu denen Zustellungen, Ladungen und Vollstreckungen gehören, werden bei dem Bundesgerichtshof durch den Bundesminister der Justiz, bei den Landesgerichten durch die Landesjustizverwaltung bestimmt, § 154 GVG. Die Dienst- und Geschäftsverhältnisse der Gerichtsvollzieher im einzelnen sind in den Ländern durch im wesentlichen einheitliche Gerichtsvollzieherordnungen geregelt, vgl. die letzte Fassung vom 1. 1. 1972. Die inhaltliche Spezifizierung der Aufgaben des Gerichtsvollziehers findet sich in der bundeseinheitlichen Geschäftsanweisung für Gerichtsvollzieher (letzte Fassung vom 1. 3. 1971), jeweils mit unterschiedlichen Ergänzungsbestimmungen der Länder. Der Gerichtsvollzieher übt die Zwangsgewalt des Staates unter eigener Verantwortung als ein selbständiges Organ der Gerichtsbarkeit aus. Auch wenn § 754 Abs. 1 von einem Auftrag des Gläubigers zur Zwangsvollstreckung spricht, darf nicht verkannt werden, daß die Rechtsbeziehung zwischen Gläubiger und Gerichtsvollzieher öffentlich rechtlich ist[22]. Das ist wichtig für die Frage eines etwaigen Regresses bei Fehlverhalten des Gerichtsvollziehers, z. B. also bei Verstößen gegen das Vollstreckungsrecht oder auch nur gegen die spezielle Geschäftsanweisung. Haftungsgrundlage kann insofern also nur die Staatshaftung des § 839 BGB mit Art. 34 GG sein[23].

2. *Das Vollstreckungsgericht*

Der Einsatz des Gerichtsvollziehers erscheint überall dort nicht sachgerecht, wo Objekt des Zwangseingriffes kein körperlicher Gegenstand ist, sondern ein nicht verkörpertes Recht: zu denken wäre hier etwa an die Pfändung von Forderungen: Da eine körperliche Wegnahme ausscheidet, kommt nur eine Zwangsmaßnahme in Gestalt eines „geistigen Aktes" infrage. Konkret bedeutet das bei der Forderungspfändung, daß hier das Vollstreckungsgericht im Wege eines Beschlusses eingreift[24].

Vollstreckungsgericht ist das Amtsgericht, § 764 Abs. 1. Diese Zuständigkeit ist sachlich und örtlich ausschließlich, § 802. Anstelle des Richters entscheidet heute in den meisten Fällen der Rechtspfleger, § 20 Nr. 17 RPflG.

[22] Das ist insoweit unstreitig, siehe dazu auch oben sub I 1 „Antragsverhältnis".

[23] Siehe dazu bereits oben I 2 bei FN 10.

[24] Im einzelnen zur Tätigkeit des Vollstreckungsgerichts unten im Zusammenhang mit den jeweiligen Vollstreckungsmaßnahmen.

Das Vollstreckungsgericht nimmt als Vollstreckungsorgan nicht nur Zwangsakte vor, sondern dient zugleich als dem Gerichtsvollzieher übergeordnete Instanz zur Nachprüfung der von diesem vorgenommenen Vollstreckungsakte, § 766 ZPO. Weil hier das Vollstreckungsgericht gewissermaßen als nächsthöhere Instanz entscheidet, ist diese Aufgabe speziell auch dem Richter vorbehalten, vgl. 20 Nr. 17a RPflG.

3. *Das Prozeßgericht*

Neben dem Gerichtsvollzieher und dem Vollstreckungsgericht, die beide als typische Vollstreckungsorgane angesprochen werden können, ist ausnahmsweise bei bestimmtem Vollstreckungsinhalt auch das Prozeßgericht zuständig, und zwar bei der Vollstreckung von Ansprüchen auf Vornahme bestimmter Handlungen im weitesten Sinne, vgl. §§ 887, 888, 890.

4. *Das Grundbuchamt*

Sofern es um die Zwangsvollstreckung in das unbewegliche Vermögen geht, ist ein Vollstreckungsakt praktisch nicht außerhalb des Grundbuchs denkbar. Für die danach notwendigen Eintragungen ist also die Mitarbeit des Grundbuchamtes unerläßlich. Insofern kann für diese Fälle das Grundbuchamt als Vollstreckungsorgan bezeichnet werden, vgl. §§ 867, 932, ferner auch §§ 830, 857[25].

Die Verteilung der Zuständigkeiten auf die einzelnen Vollstreckungsorgane ist ausschließlich. Maßnahmen außerhalb des zugewiesenen Aufgabenkreises sind unwirksam[26].

§ 3. Die gesetzliche Grundlage

I. Entstehung und Entwicklung[1]

Das Zwangsvollstreckungsrecht ist im wesentlichen in der ZPO im 8. Buch, §§ 704 bis 945, geregelt. Lediglich die Hauptformen der Zwangsvollstreckung in das unbewegliche Vermögen, nämlich die Zwangsversteigerung und die Zwangsverwaltung, sind

[25] Im einzelnen siehe dazu im Zusammenhang unten §§ 10 und 11.

[26] Abs. h. M. vgl. *Baumbach-Lauterbach*, Grundz. vor § 704 Anm. 5; Kritisch gegenüber diesem „Nichtigkeitsdogma" *Gaul* aaO. RPfl. 1971, 87 f sub 3.

[1] Siehe dazu *H. F. Gaul*, Zur Reform des Zwangsvollstreckungsrechts, JZ 1973, 473 ff.

im „Gesetz über die Zwangsversteigerung und die Zwangsverwaltung vom 24. März 1898“ (ZVG) geregelt. Da das Zwangsvollstreckungsrecht im Spannungsfeld zwischen der Durchsetzung des Gläubigerrechts einerseits und dem Schuldnerschutz andererseits steht, spiegelt die Gesetzesfassung notwendig die zeitbedingte gesellschaftliche und wirtschaftliche Wertauffassung. Damit ist bereits die Notwendigkeit angedeutet, daß sich auch das normierte Vollstreckungsrecht im Lauf und Wandel der Zeit seit dem Inkrafttreten der ZPO am 1. Oktober 1879 und auch seit dem Entstehen des ZVG, das in unmittelbarem zeitlichen und inhaltlichen Bezug zum BGB steht, ändern mußte. Das Schwergewicht dieser Änderungen lag und liegt nicht im technisch-formellen Vollstrekkungsvollzug, sondern in der Ausgestaltung des Schuldnerschutzes und einer dafür gebotenen Verstärkung der Verfahrensstellung des Vollstreckungsgerichts. Bereits die erwähnten Schuldnerschutzvorschriften[2] enthalten zumeist einen Buchstabenzusatz, sind dadurch also unschwer als spätere Einfügung zu erkennen[3].

Nicht immer handelt es sich allerdings bei diesen späteren Einfügungen um neues Gedankengut, vor allem nicht immer um Wertungen zur Zeit der jeweiligen Novellierung. Die spätere Aufnahme in die ZPO beruht teilweise auch auf dem Anliegen, das Vollstreckungsrecht überschaubar zu gestalten und die in mannigfachen Gesetzen geregelten Vollstreckungsvorschriften in der ZPO zusammenzufassen. So stellen zwar die Vollstreckungsschutzvorschriften für die Lohnpfändung einen umfangreichen Einschub in die ZPO dar, vgl. §§ 850 bis 850i, jedoch war diese Materie zuvor bereits in einem Reichsgesetz vom 21. 8. 1869 (Lohnbeschlagnahmegesetz) geregelt; sie wurde dann der Einheitlichkeit und Überschaubarkeit halber um die Jahrhundertwende in die ZPO eingeführt. Allerdings haben diese Vorschriften selbst wiederum im Laufe der Zeit z. T. inhaltlich, vor allem im Hinblick auf den Pfändungsfreibetrag, (natürlich) weitere Veränderungen erfahren; auch ist beispielsweise die Vorschrift des § 850i eingefügt worden, die eine entsprechende Anwendung der

[2] Siehe oben § 2 I 2.

[3] Zu der Novellierung des Zwangsvollstreckungsrechts *Lent-Jauernig* § 1 III; *Schönke-Baur* § 2; vor allem *Stein-Juncker*, Grundriß § 22, insbes. sub. VII.

Lohnpfändungs-Schutzvorschriften auf Einkünfte aus „freier" und aus nicht regelmäßiger Arbeit ermöglichte.

Nach 1945 fand im Zuge des Gesetzes zur Wiederherstellung der Rechtseinheit auf dem Gebiet der Gerichtsverfassung, der bürgerlichen Rechtspflege, des Strafverfahrens und des Kostenrechts vom 12. September 1950 (sog. Vereinheitlichungsgesetz) eine notwendige Überprüfung und Bereinigung auch des Vollstreckungsrechtes statt[4].

Aufgehoben wurden z. B. das Gesetz zur Verhütung mißbräuchlicher Ausnutzung von Vollstreckungsmöglichkeiten vom 13. 12. 1934 und die sog. Lockerungsverordnung vom 31. 10. 1939, die u. a. eine „Berücksichtigung der gegenwärtigen besonderen Verhältnisse" ermöglichte.

Mit diesem Vereinheitlichungsgesetz verbindet sich die praktisch bedeutsame Folge, daß die Vereinbarkeit des positiven Vollstreckungsrechts mit dem Grundgesetz im Wege der — auf nachkonstitutionelles Recht beschränkten — konkreten Normenkontrolle nach Art. 100 GG nachprüfbar ist, weil der Gesetzgeber das frühere Recht durch dieses Gesetz „in seinen Willen aufgenommen hat"[5].

Zu einer grundlegenden Novellierung führt das „Gesetz über Maßnahmen auf dem Gebiet der Zwangsvollstreckung vom 20. August 1953", und zwar sowohl inhaltlich als auch redaktionell in dem Sinne einer weiteren Zusammenfassung bislang in Spezialgesetzen enthaltener Vollstreckungsnormen, ohne daß allerdings eine vollständige Regelung „des Vollstreckungsrechts" im 8. Buch der ZPO einschließlich des ZVG auch nur angestrebt worden wäre[6].

II. Änderungen des Vollstreckungsrechts ohne Gesetzesänderungen

Nicht nur das positive Recht trägt in Form von Gesetzesergänzungen oder -änderungen einer sich wandelnden Grund-

[4] Siehe dazu u. zum folgenden *Bruns* § 44, 1 u. 2.

[5] BVerfGE 210, 213 (zu § 644 ZPO); 10, 185, 191 f (zu § 157 Abs. 3 ZPO); 20, 374, 376; NJW 1972, 571 (zu § 1300 BGB); *Hamann-Lenz*, GG, 3. Aufl. 1970, Art. 100 Anm. 2 b; *Leibholz-Rinck*, GG, 3. Aufl. 1968, Art. 100 RZ 5.

[6] Ein Beispiel für derartige Sonderregelungen: UrhG. §§ 112 ff; weitere Einzelfälle z. B. bei *Baumbach-Lauterbach* Grundz. vor § 704 Anm. 2 A.

auffassung oder auch lediglich bestimmten Verschiebungen der Wertungsmaßstäbe Rechnung. Wertungen spielen bei jeder Auslegung von Normen eine Rolle, insbesondere bei der Ausfüllung unbestimmter Rechtsbegriffe oder gar von Generalklauseln[7]. Beispielsweise wird das Urteil darüber, wann „unter voller Würdigung des Schutzbedürfnisses des Gläubigers wegen ganz besonderer Umstände eine Härte (vorliegt), die mit den guten Sitten nicht vereinbar ist", vgl. § 765a, schon unabhängig von jedem gesellschaftlichen Vorverständnis unterschiedlich ausfallen, je nachdem, ob es sich um Zeiten wirtschaftlicher Prosperität handelt oder um Phasen einer scharfen Rezession mit hohen Arbeitslosenzahlen; ähnliches gilt bei einer Abweichung von den üblichen Margen der Lohnpfändung, vgl. etwa § 850f.

Auch andere Entwicklungen lassen sich ohne Gesetzesänderung im Vollstreckungsrecht berücksichtigen: das LG Regensburg sah 1949[8] ein Rundfunkgerät als pfändbar an und lehnte damit die Anwendung des § 811 Nr. 1 ab, wonach dem persönlichen Gebrauch oder dem Haushalt dienende Sachen unpfändbar sind, „soweit der Schuldner ihrer zu einer seiner Berufstätigkeit und seiner Verschuldung angemessenen, bescheidenen Lebens- und Haushaltsführung bedarf". *Mentzel-Kuhn*[9] wollen noch 1962 auf den Einzelfall abstellen. Im Hinblick auf die Informations- und Unterhaltungsdienste der Massenmedien[10] ist es heute ernsthaft nicht mehr bestritten, daß Rundfunkgeräte den Schutz des § 811 Nr. 1 genießen. Die Entwicklung ist noch einen Schritt weitergegangen: Fernsehgeräte[11] galten früher, wohl weil sie als Luxusgeräte angesehen

[7] Vgl. *Larenz*, Allgemeiner Teil, § 2 III: „Wertungsjurisprudenz".

[8] NJW 1950, 548 mit dem Hinweis, die im 3. Reich vertretene Auffassung der Unpfändbarkeit treffe nicht mehr zu, der Rundfunk sei keine Propagandamaschinerie mehr, deren sich der totalitäre Staat zur Erfüllung seiner Aufgaben wesentlich bediene — eine lesenswerte Entscheidung; ebenso mit ausführlicher Begründung und Wiedergabe des Meinungsstandes sogar noch 1952 LG Hannover NJW 1953, 229, 230.

[9] Komm. zur KO, 7. Aufl. 1962, § 1 Anm. 25.

[10] Das OLG Frankfurt (NJW 1970, 152) bemüht sogar das Grundrecht auf Informationsfreiheit aus Art. 5 Abs. 1 Satz 1 GG.

[11] *Grunsky* (Einführung S. 67 und Nachweise in FN 2 und 3) verweist auf eine Parallelentwicklung bei der Pfändung eines Kühlschrankes und einer Waschmaschine bei kinderreicher Familie.

wurden, ohne Einschränkung als pfändbar[12]. Heute ist das sehr streitig. Vielfach wird mit Recht die Ansicht vertreten, daß ein Fernsehgerät jedenfalls dann unpfändbar sei, wenn nicht zugleich ein Rundfunkempfänger verfügbar sei[13].

III. Der Regelungszusammenhang innerhalb der ZPO und zwischen ZPO und ZVG[14]

Das Verständnis des Gesetzesaufbaus ist gerade für das im 8. Buch der ZPO und im ZVG geregelte Vollstreckungsverfahren ein wertvoller Leitfaden: vorgezogen ist zunächst im 1. Abschnitt ein „Allgemeiner Teil", §§ 704—802. Sodann folgt die erste grundsätzliche Zweiteilung, und zwar je nachdem, ob es sich um die Zwangsrealisierung der Vermögenshaftung und also um die *Vollstreckung von Geldforderungen* geht (2. Abschnitt, §§ 803—882a) oder um die *unmittelbare Zwangsdurchsetzung* (3. Abschnitt, §§ 883—898).

Die parallel eingeordneten 4. und 5. Abschnitte (eidesstattliche Versicherung und Haft, §§ 899—915 sowie Arrest und einstweilige Verfügung, §§ 916—945) stehen im Vollstreckungsrechtssystem nicht auf gleicher Stufe: der 5. Abschnitt enthält nicht nur Vollstreckungsrecht, sondern ein abgekürztes, globales und daher nur vorläufiges Verfahren, das praktisch im Interesse der Eilbedürftigkeit Erkenntnisverfahren und Vollstreckung, allerdings in der Regel beschränkt auf bloße Sicherung, zusammenzieht. Der 4. Abschnitt enthält als technisch ausführender Teil Einzelheiten zu den im Vollstreckungsverfahren anzuordnenden Maßnahmen im weitesten Sinne, nämlich die eidesstattliche Versicherung und die Haft.

[12] Vgl. etwa LG Aurich NJW 1962, 1779; KG NJW 1965, 1387; *v. Münch* NJW 1958, 133 f.

[13] OLG Frankfurt aaO. FN 9; AG Duisburg MDR 1965, 306; LG Essen NJW 1970, 153; LG Berlin MDR 1973, 506, Nr. 55; *Thomas-Putzo* § 811 Anm. 4 a; *anderer* Ansicht: AG Hannover NJW 1970; 764 und *Blumenthal* in seiner ablehnenden Anmerkung zur Entscheidung des OLG Frankfurt NJW 1970, 570; ferner wohl auch *Baumbach-Lauterbach* § 811 Anm. 3 B.
Wirtschaftlich führt hier die durch das Gesetz von 1953 eingefügte Austauschpfändung, § 811 a, zu einem sinnvollen und für alle Betroffenen akzeptablen Ergebnis (zur Austauschpfändung im einzelnen unten § 8 I c zu 3). Das LG Berlin hat diese Möglichkeit allerdings offenbar nicht einmal erwogen.

[14] Vgl. die Übersicht S. 39.

Nach der grundlegenden Weichenstellung für die Auswahl zwischen dem 2. und 3. Abschnitt ist weiter zu differenzieren, und zwar bei der Vollstreckung wegen Geldforderungen (2. Abschnitt) nach dem jeweiligen Haftungsobjekt, ob die Zwangsvollstreckung in das bewegliche Vermögen erfolgen soll (erster Titel) oder in das unbewegliche (zweiter Titel). Beim beweglichen Vermögen ist zu unterscheiden zwischen der Zwangsvollstreckung (wegen Geldforderungen, vgl. die erste Weichenstellung) in körperliche Sachen (II) und in nichtverkörperte Vermögenswerte (III). Diesen Vorschriften stellt das Gesetz unter I wieder einen — kurzen — allgemeinen Teil voran, der also die allgemeinen Vorschriften für die Zwangsvollstreckung wegen Geldforderungen in das bewegliche Vermögen umfaßt.

Dem ersten Titel (Teil I, II und III) korrespondieren die Vorschriften über die Zwangsvollstreckung (wegen Geldforderungen) in das *unbewegliche* Vermögen, §§ 864—871. Auch hier gewährt das Gesetz drei unterschiedliche Vollstreckungsarten: die (Zwangs-)Sicherungshypothek, die Zwangsversteigerung und die Zwangsverwaltung, § 866 Abs. 1. In der ZPO ist nur die Zwangshypothek geregelt, für Zwangsversteigerung und Zwangsverwaltung wird lediglich auf die (spätere) Regelung durch besonderes Gesetz, nämlich das spätere ZVG, verwiesen, § 869.

Eine Einbeziehung in die ZPO war zu deren Entstehungszeit angesichts der unterschiedlichen landesrechtlichen Regelungen des Liegenschafts- und Grundbuchrechts unmöglich. Insoweit mußte damals auf das Landesrecht verwiesen werden. Erst die einheitliche Kodifizierung des Liegenschaftsrechts im BGB und in der GBO ermöglichte auch ein gemeinsames Vollstreckungsrecht[15].

Daraus erklärt sich der enge Zusammenhang zwischen BGB und ZVG. Der ausdrückliche Hinweis auf die Zwangsversteigerung und Zwangsverwaltung im 8. Buch der ZPO mit dem Zusatz, insoweit werde eine spezialgesetzliche Regelung eingreifen, verdeutlicht andererseits, daß das ZVG ein (aus technischen Gründen selbständig kodifizierter) Teil der ZPO ist. Das hat nicht nur Bedeutung für die

[15] Dazu *Stein-Juncker* Grundriß § 127, IV mit weiteren Einzelheiten; *Steiner-Riedel* ZVG Einleitung S. 29.

Anwendbarkeit der im 8. Buch geregelten allgemeinen Vorschriften, sofern das ZVG keine eigene Regelung trifft[16]; es besagt zugleich, daß Zwangsversteigerung und Zwangsverwaltung nicht etwa wie das Grundbuchrecht als freiwillige Gerichtsbarkeit anzusprechen sind.

Was schließlich die neben den Geldforderungen zweite Gruppe vollstreckbarer Ansprüche anlangt, nämlich die Individualansprüche, so kommt das Gesetz hier mit vergleichsweise wenigen Vorschriften aus, und zwar nach dem Anspruchsinhalt dreigegliedert: je nachdem, ob es um die Herausgabe von Sachen, §§ 883—886, oder um die Erwirkung von Handlungen (wieder 3 Fälle: §§ 887, 888, 890) oder — als Sonderfall — um die Abgabe einer Willenserklärung, §§ 894—898, geht.

16 *Schönke-Baur* § 32, I 2; *Steiner-Riedel* Einleitung S. 30 mit weiterem Überblick.

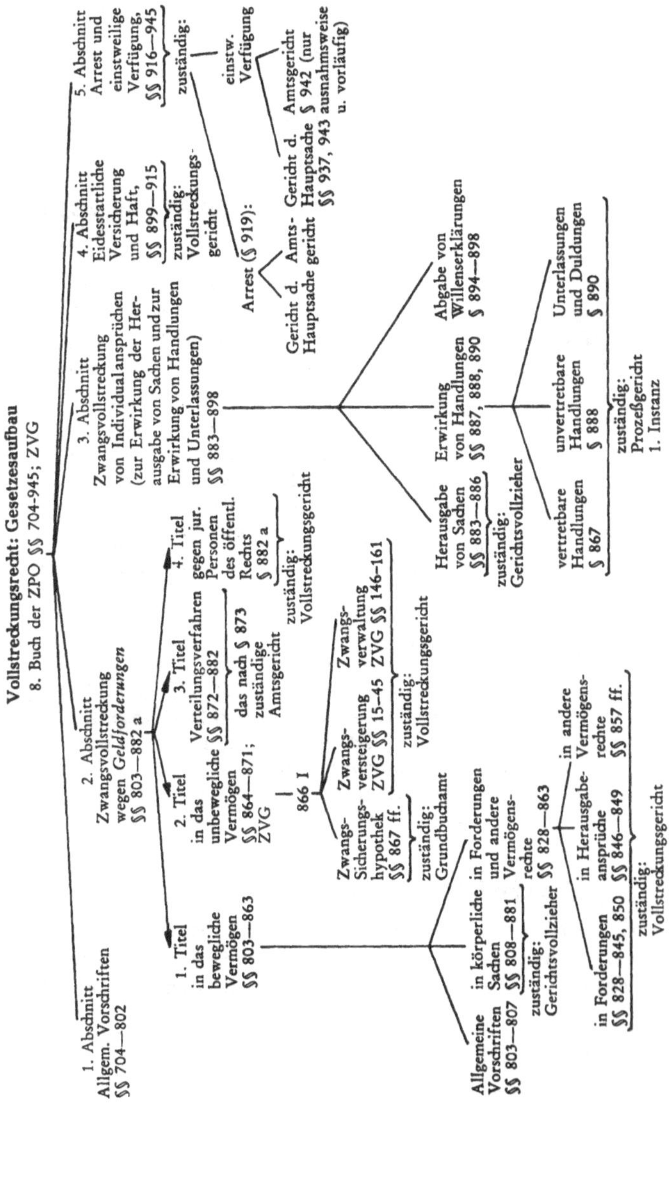
Vollstreckungsrecht: Gesetzesaufbau
8. Buch der ZPO §§ 704-945; ZVG
1. Abschnitt Allgem. Vorschriften §§ 704—802
2. Abschnitt Zwangsvollstreckung wegen Geldforderungen §§ 803—882 a
3. Abschnitt Zwangsvollstreckung von Individualansprüchen (zur Erwirkung der Herausgabe von Sachen und zur Erwirkung von Handlungen und Unterlassungen) §§ 883—898
4. Abschnitt Eidesstattliche Versicherung und Haft, §§ 899—915
zuständig: Vollstreckungsgericht
5. Abschnitt Arrest und einstweilige Verfügung, §§ 916—945
zuständig:
Arrest (§ 919):
Gericht d. Hauptsache
Amtsgericht
einstw. Verfügung
Gericht d. Hauptsache §§ 937, 943
Amtsgericht § 942 (nur ausnahmsweise u. vorläufig)
1. Titel in das bewegliche Vermögen §§ 803—863
2. Titel in das unbewegliche Vermögen §§ 864—871; ZVG
3. Titel Verteilungsverfahren §§ 872—882
das nach § 873 zuständige Amtsgericht
4. Titel gegen jur. Personen des öffentl. Rechts § 882 a
zuständig: Vollstreckungsgericht
866 I
Zwangs-Sicherungshypothek §§ 867 ff.
zuständig: Grundbuchamt
Zwangsversteigerung ZVG §§ 15–45
Zwangsverwaltung ZVG §§ 146–161
zuständig: Vollstreckungsgericht
Allgemeine Vorschriften §§ 803—807
in körperliche Sachen §§ 808—881
zuständig: Gerichtsvollzieher
in Forderungen und andere Vermögensrechte §§ 828—863
in Forderungen §§ 828—845, 850
in Herausgabeansprüche §§ 846—849
in andere Vermögensrechte §§ 857 ff.
zuständig: Vollstreckungsgericht
Herausgabe von Sachen §§ 883—886
zuständig: Gerichtsvollzieher
Erwirkung von Handlungen §§ 887, 888, 890
Abgabe von Willenserklärungen § 894—898
vertretbare Handlungen § 867
unvertretbare Handlungen § 888
Unterlassungen und Duldungen § 890
zuständig: Prozeßgericht 1. Instanz

2. ABSCHNITT

Allgemeiner Teil: Die Voraussetzungen der Zwangsvollstreckung

Weil die Zwangsvollstreckung einen staatlichen Eingriff in die Persönlichkeits- und Vermögenssphäre darstellt[1] und weil diese Zwangsanwendung „formalisiert" in dem Sinne ist, daß sie nicht unmittelbar auf dem materiell-rechtlichen Anspruch basiert[2], kommt den gesetzlichen Voraussetzungen der Zwangsvollstreckung entscheidende Bedeutung zu. Als Grundvoraussetzung ist ein *Vollstreckungstitel* erforderlich (dazu unten sub § 4). Ein besonderes, allerdings wiederum formalisiertes Erfordernis stellt sodann die *Vollstreckungsklausel* dar (sub § 5). Schließlich zeigt sich ein gewisser Schutz zugunsten des vom Vollstreckungseingriff betroffenen Schuldners u. a. darin, daß der Vollstreckungstitel ihm zugestellt sein muß, unter § 6.

§ 4. Der Vollstreckungstitel

Baur, Studien zum einstweiligen Rechtsschutz, 1967; *Bonin,* Der Prozeßvergleich, 1957; *Furtner,* Die vorläufige Vollstreckbarkeit, 1953; *Gaul* und *Henckel,* siehe die Nachweise zu § 1; *Lüke,* Die Beseitigung des Prozeßvergleichs durch Parteivereinbarung, JuS 1965, 483 ff; *Pecher,* Die Schadensersatzansprüche aus ungerechtfertigter Vollstrekkung, 1967; O. *Werner,* Die Rechtsnatur der notariellen Unterwerfungsklausel, DNotZ 1969, 713 ff.

I. Funktion und Inhalt des Titels

Auch wenn die Zwangsvollstreckung „formalisiert" nicht unmittelbar auf der Grundlage des materiell-rechtlichen Anspruchs betrieben wird, so bedarf es immerhin, weil es ja

[1] Vgl. oben zu dem Prinzip der Gesetzmäßigkeit des staatlichen Handelns im Eingriffsverhältnis § 2 I 2.

[2] Zum Stichwort „formalisierte Zwangsvollstreckung", bereits oben § 2 I 2.

schließlich allein um die Durchsetzung dieses Anspruchs geht, einer gewissen Fundamentierung im materiellen Recht, wenn auch nicht im Sinne des Erfordernisses einer jederzeitigen Nachweisbarkeit, sondern lediglich eines „formalisierten Nachweises" der materiellen Berechtigung. Diesen Nachweis erbringt der *Titel.* Da er Grundlage der Zwangsvollstreckung und zugleich das Bindeglied zum materiellen Recht ist, das zwangsweise durchgesetzt werden soll, ergeben sich praktisch drei Merkmale dieses Titels:

1. An die Art des Nachweises sind besondere Anforderungen zu stellen: hier kommt nur eine öffentliche Urkunde infrage.
2. Der Nachweis muß sich auf einen materiellen Anspruch beziehen oder — soweit es um die Berechtigung geht, sich im Wege der Zwangsvollstreckung aus einem bestimmten Gegenstand zu befriedigen — eine dingliche Haftung aussprechen, wie beispielsweise bei der Hypothek, vgl. §§ 1113, 1147 BGB.
3. In Anbetracht der Schwere des Eingriffs und der Bedeutung des Zwangsverfahrens erscheint es nicht sachgerecht, Zwangsvollstreckung bereits aus jeder öffentlichen Urkunde, die einen Anspruch oder eine Haftung verbrieft, betreiben zu lassen. Im Interesse der Übersichtlichkeit und vor allem auch des Schutzes der Betroffenen legt das Vollstreckungsrecht im einzelnen enumerativ fest, aus welchen (öffentlichen) Urkunden überhaupt vollstreckt werden kann, welche also „Titelqualität" haben.

Sonach läßt sich der Vollstreckungstitel begreifen als eine öffentliche Urkunde, die einen materiell-rechtlichen Anspruch oder eine Haftung feststellt und vom Gesetz ausdrücklich mit der Vollstreckbarkeit ausgestattet ist.

1. Der vollstreckbare Anspruch als Inhalt des Titels

Als Grundlage der Vollstreckung kommt unabhängig von der Art des Nachweises nur ein vollstreckbares materielles Recht infrage. Daß das im Titel verbriefte Recht nicht zu bestehen braucht, daß der Titel auch nicht etwa prima facie den Anspruch vermuten läßt oder gar beweist, ist bereits mehrfach unter dem Stichwort der formalisierten Zwangsvollstreckung angesprochen. Maßgeblich für das Vollstreckungsverfahren ist, ob das im Titel genannte materielle Recht eine Vollstreckung zuläßt. Das ist normalerweise bei allen Leistungs- einschließlich der Unterlassungstitel der Fall, ferner bei der Haftungsfeststellung im sogenannten Duldungstitel aufgrund der Haftungsklage aus einer Hypothek oder einer Grundschuld, vgl. § 1147 BGB: Inhalt des materiellen Rechts ist hier lediglich die Duldung der Zwangsvollstreckung.

Klageabweisende Urteile wie auch alle Feststellungs- und Gestaltungsurteile bedürfen keiner Zwangsdurchsetzung, scheiden insofern als mögliche Titel hinsichtlich des geltend gemachten Rechts aus, allerdings nicht hinsichtlich der vom Gericht von Amts wegen zu treffenden Kostenentscheidung, die eine materiell rechtliche Verpflichtung ausspricht.

Der vollstreckbare Inhalt fehlt dort, wo das Gesetz ausnahmsweise bestimmten Ansprüchen die Vollstreckbarkeit abspricht, § 888 Abs. 2, also bei der Verurteilung zur Eingehung einer Ehe[1] und zur Wiederherstellung des ehelichen Lebens[2], ferner auf Leistung von Diensten[3]. Nicht vollstreckbar ist auch ein Titel, der auf etwas inhaltlich Unzulässiges gerichtet ist, so etwa, wenn die Verwirklichung des Anspruchs gegen Devisenvorschriften verstieße[4].

[1] Nach deutschem Recht ergibt sich dies bereits aus § 1297 BGB. Insoweit stellt § 888 Abs. 2 nur sicher, daß auch nicht etwa aus ausländischen Urteilen, soweit fremde Rechtsordnungen eine derartige Verurteilung kennen, die Eheschließung durch Rechtszwang herbeigeführt wird.

[2] Das ist nicht nur für die (reinen) Wiederherstellungsansprüche bedeutsam, sondern auch für deren spezielle Anwendungsfälle, so etwa, wenn man hierzu den Taschengeldanspruch der Frau rechnet (*Thomas-Putzo* Vorbem. II 1 e aa vor § 606; anders — allerdings mit unterschiedlicher Begründung — LG Essen FamRZ 1971, 173 und *Gernhuber*, Familienrecht, 2. Aufl. 1971, § 23 Anm. 6, S. 211) und die Klage gegen den anderen Ehegatten, ehebrecherische Beziehungen zu unterlassen (etwa BGH LM Nr. 16 zu BGB § 823 Af) oder den Ehebrecher aus der Wohnung zu entfernen (vgl. BGHZ 6, 360, 365; 34, 80, 86; zum Problem der Ehestörungsklage *Beitzke*, Familienrecht, 15. Aufl. 1970, § 12, III 3; *Gernhuber* aaO. § 27); siehe dazu als Beispiel auch BGH NJW 1973, 991.

[3] Im einzelnen dazu unten § 13 III 3 a) und FN 26.

[4] Vgl. auch RGZ 144, 235: Ausspruch einer gesetzlich unzulässigen Teillöschung eines Warenzeichens.

2. *Zur Rechtswirksamkeit von Vollstreckungsvereinbarungen*

Ausgehend von der gesetzlichen Regelung des § 888 Abs. 2 stellt sich des weiteren die Frage, ob der Ausschluß der Vollstreckbarkeit auch aus einer Vereinbarung zwischen Gläubiger und Schuldner abzuleiten ist. Dieses Problem der Relevanz von Vollstreckungsvereinbarungen stellt sich nicht nur im Zusammenhang mit der Vollstreckbarkeit bestimmter Ansprüche, sondern spielt auch eine Rolle bei der im Zwangswege zu realisierenden Vermögenshaftung, also bei der Vollstreckung von an sich unbezweifelbar vollstreckbaren Geldforderungen: Haftungsgut und damit möglicherweise Befriedigungsobjekt für die Gläubiger ist normalerweise das gesamte Vermögen des Schuldners mit Einschränkungen der für unpfändbar erklärten Sachen, § 811, und Forderungen, §§ 850 ff., 851. Hier zielt die Frage einer Zulässigkeit von Vollstreckungsvereinbarungen darauf, ob eine einverständliche Erweiterung oder Beschränkung der Zwangsvollstreckung möglich ist. Das formale Argument, Voraussetzungen und Grenzen der staatlichen Vollstreckungshandlungen seien begrifflich der Abmachung der Parteien entzogen[5], ist so allgemein ebensowenig überzeugend wie die Gegenposition, wonach gegen (immerhin nur) vollstreckungs*beschränkende* Verträge angesichts der allgemeinen Vertragsfreiheit keine Bedenken bestünden[6]. Im einzelnen wird zu differenzieren sein[7]:

Erweiterungen der Vollstreckung sind im Regelfall unzulässig. Das gilt uneingeschränkt hinsichtlich eines Abbedingens der Vorschrift des § 888 Abs. 2 und hinsichtlich des gesetzlichen Pfändungsschutzes, soweit es sich, wie in der Regel, um unverzichtbare, weil nicht zur Disposition des Schuldners stehende Minimalschutzvorschriften handelt[8].

[5] Grundlegend RGZ 128, 81, 85.

[6] BGH NJW 1968, 700; kritisch dazu *Gaul*, Zulässigkeit und Geltendmachung vertraglicher Vollstreckungsbeschränkungen — BGH NJW 1968, 700, JuS 1971, 347 ff, vor allem S. 348 sub IV 1.

[7] Vgl. *Emmerich*, Zulässigkeit und Wirkungsweise der Vollstreckungsverträge, 1969, ZZP 82, 413 ff; *Gaul* aaO, JuS 1971, 347 ff sowie aaO. RPfl. 1971, 3. f; siehe zum folgenden auch *Schönke-Baur* § 7, II.

[8] Im Sinne dieser Einschränkung *Emmerich* aaO. ZZP 82, 427; ähnlich *Gaul* aaO. JuS 1971, 348. Die absolut h. M. sieht vollstreckungserweiternde Verträge stets als nichtig an.

Einschränkungen der Vollstreckbarkeit begegnen diesen Bedenken nicht. Allerdings soll ein *vorheriger Verzicht* auf jegliche Zwangsvollstreckung über die Dispositionsmöglichkeit eines Gläubigers hinausgehen und darum unwirksam sein[9]. Das ist nicht einzusehen, sofern dem Gläubiger ein entsprechender materiell-rechtlicher Verzicht — wie im Regelfall als Ausfluß der Privatautonomie — möglich ist. Insoweit ist die vollstreckungsrechtliche Dispositionsbefugnis nicht eingeschränkt. Auch wird dem staatlichen Vollstreckungsmonopol durch eine Zulassung derartiger Beschränkungen kein Tort angetan[10].

Einigkeit besteht wieder hinsichtlich der Wirksamkeit eines *nachträglichen Verzichts* auf einen bereits vorliegenden Volltreckungstitel; zulässig ist ferner eine zeitliche oder gegenständliche Beschränkung der Zwangsvollstreckung; in beiden Fällen kann allerdings die Abgrenzung zu einer bereits auf den materiell-rechtlichen Anspruchsinhalt selbst abzielenden Vereinbarung, etwa zur Stundung oder zur materiell-rechtlichen gegenständlichen Haftungsbeschränkung, schwierig sein.

Weitere Probleme werfen die Vollstreckungsvereinbarungen auf im Hinblick auf das Vollstreckungsverfahren, wie sie nämlich dort in concreto zu berücksichtigen sind. Ausgangsüberlegung hierzu muß sein, daß derartige Absprachen keine unmittelbare „dingliche" Wirkung haben können[11]. Die Vollstreckungsorgane sind nicht gehalten, derartige Absprachen von sich aus zu berücksichtigen; lediglich der Gläubiger ist verpflichtet, insoweit von der Vollstreckung abzustehen[12]. Ob diese Verpflichtung bzw. die in der abredewidrigen Vollstreckung liegende unzulässige Rechtsausübung durch Erinnerung, § 766, oder durch Vollstreckungsgegenklage, § 767, geltend zu machen ist oder nur durch Leistungsklage gegen den

[9] So *Schönke-Baur* aaO. mit weiteren Nachweisen.

[10] Im Ergebnis ebenso *Emmerich* aaO. ZZP 82, 428 ff mit weiteren Nachweisen in FN 47; *Thomas-Putzo* § 766 Anm. 7.

[11] *Gaul* aaO. JuS 1971, 349; *Henckel* aaO. S. 370 unter Hinweis auf den Grundgedanken des § 137 BGB; *Thomas-Putzo* § 766 Anm. 7; anders *Emmerich* aaO. ZZP 82, 431 ff.

[12] *Gaul* aaO.; *Henckel* (aaO.) verweist auf das venire contra factum proprium, *Zeiss* (Die arglistige Prozeßpartei, 1965, S. 100 ff) auf eine exceptio pacti.

Gläubiger auf Rücknahme des Vollstreckungsantrags[13], ist streitig[14].

II. Das Urteil

Die Zivilprozeßordnung geht als Regelfall davon aus, daß der in einem Urteil enthaltene Leistungsbefehl vollstreckt wird. Das Urteil ist also das Leitbild für die allgemeinen Vollstrekkungsvorschriften, vgl. § 704. Auf dieses sind die einzelnen Regeln vom Erfordernis der Vollstreckungsklausel bis hin zu den Rechtsbehelfen im Vollstreckungsverfahren bezogen, §§ 724 bis 793. Erst in § 794 werden die weiteren Vollstreckungstitel der ZPO erwähnt, und zwar getreu diesem legislatorischen Vorgehen eingeführt mit den Worten: „Die Zwangsvollstrekkung findet ferner statt ..." Folgerichtig verweist dann § 795 auf die zum Urteil normierten Regelungen in §§ 724, 793, „soweit nicht in den §§ 795a—800 abweichende Vorschriften enthalten sind".

Nach § 704 findet die Zwangsvollstreckung aus *Endurteilen* statt, die entweder rechtskräftig sind oder für vorläufig vollstreckbar erklärt wurden. Mit dem Hinweis auf das Endurteil, § 300, ist zugleich ausgesprochen, daß auch Teilurteile, § 301, Versäumnisurteile, § 331, Anerkenntnisurteile, § 307, Schiedsurteile, § 510c, und die Vorbehaltsurteile nach § 302 Abs. 3 und § 599 Abs. 3 als Vollstreckungstitel infrage kommen, nicht aber Zwischenurteile, §§ 274, 303, 304, denen ohnehin der vollstreckbare Inhalt fehlen würde.

1. Das rechtskräftige Urteil als Vollstreckungstitel

Daß rechtskräftige Endurteile zwangsweise durchsetzbar sind, ist sozusagen die „Urvorstellung" der Zwangsvollstreckung:

[13] So z. B. *Thomas-Putzo* § 766 Anm. 7: dieser Weg erscheint jedoch nicht nur überflüssig, sondern auch verfehlt. Vollstreckungsvereinbarungen beziehen sich auf das konkrete Vollstreckungsverfahren, eine Berücksichtigung ist in diesem Verfahren selbst geboten. Als Parallele sei auf den nach Abschluß der ersten Instanz vereinbarten Rechtsmittelverzicht verwiesen: einer abredewidrig eingelegten Berufung kann die andere Partei mit dem Hinweis auf jene Vereinbarung begegnen; das führt dann zur Abweisung dieses Rechtsmittels als unzulässig; siehe zu diesem Problem auch unten § 4 II 1.

[14] Dazu unten im Zusammenhang beim Überblick über die Rechtsbehelfe in der Zwangsvollstreckung.

hier wurde in einem staatlichen Verfahren die streitige Rechtsfrage mit bindender Wirkung und also abschließend zwischen den Parteien geklärt. Hinsichtlich der Bindung stellt das Vollstreckungsrecht auf die formelle Rechtskraft ab, § 705, zu deren Nachweis das Rechtskraftzeugnis dienlich sein kann, § 706.

Formell rechtskräftig ist ein Urteil, das durch die Rechtsmittel Berufung oder Revision, vgl. § 19 EGZPO, oder durch den gegen ein Versäumnisurteil gewährten Einspruch nicht oder nicht mehr angefochten werden kann. Generell nicht anfechtbar sind die Schiedsurteile des § 510c sowie die letztinstanzlichen Urteile, also die Berufungsurteile des Landgerichts und die Revisionsentscheidungen. *Nicht mehr* anfechtbar sind Urteile vor allem nach Ablauf der Rechtsmittelfristen oder nach beiderseitigem Rechtsmittelverzicht gegenüber dem Gericht[15]. Weil die Anfechtbarkeit abstrakt an der verfahrensabschließenden Entscheidung gemessen wird[16], sind OLG-Urteile im Hinblick auf die Möglichkeit des § 547 (Abs. 2) sowie auf die am Beschwerdewert ausgerichtete Revision nach § 546 Abs. 1, deren Voraussetzungen erst das Revisionsgericht zu beurteilen hat, nie von vornherein formell rechtskräftig.

Da die Zwangsvollstreckung aus dem rechtskräftigen Urteil von dessen Bestandskraft ausgeht, sieht § 707 besondere Maßnahmen für die beiden Fälle vor, in denen als Ausnahmefall auch ein nicht mehr anfechtbares Urteil erneut den Gegenstand des Streites bilden kann, nämlich bei der Wiederaufnahme des Verfahrens nach §§ 578 ff und der Wiedereinsetzung in den vorigen Stand, § 233, sofern mit letzterer das Verstreichenlassen der als Notfristen ausgestalteten Berufungs- und Revisionsfrist korrigiert und der Eintritt der formellen Rechtskraft aufgehoben werden soll. Hat der Vollstreckungsschuldner die Einleitung eines dieser Verfahren beantragt, so kann das angegangene Gericht bereits vor einer Sachentscheidung einstweilige Anordnungen hinsichtlich der Zwangsvollstreckung treffen, um irreparable Folgen für den Fall des Erfolges des

[15] *Baumgärtel*, Wesen und Begriff der Prozeßhandlung einer Partei im Zivilprozeß, Prozeßrechtliche Abhandlungen, Heft 34, 2. Aufl. 1972, S. 168; allgemein zu dieser Problematik: *Habscheid*, Der Rechtsmittelverzicht im Zivilprozeß, NJW 1965, 2369 ff. Zu streitigen Einzelfragen *Zöller-Scherübl* § 705 Anm. 4.

[16] Im Gegensatz dazu steht die konkrete Betrachtungsweise des § 713 a.

Rechtsbehelfs zu vermeiden. Praktisch bedeutsam ist die Regelung des § 707 wegen der in § 719 ausgesprochenen Verweisung, also für den Fall der Vollstreckung aus einem mit einem Rechtsmittel angegriffenen (vorläufig vollstreckbaren) Urteil[17].

2. *Die vorläufige Vollstreckbarkeit*

Neben der Vollstreckung aus rechtskräftigen und daher von den Betroffenen nicht mehr angreifbaren Urteilen sieht das Gesetz auch die Vollstreckung aus noch nicht (formell) rechtskräftigen Entscheidungen vor, obwohl hier das Rechtsverhältnis zwischen den Parteien noch nicht abschließend und bindend geklärt ist, weil die Entscheidung der Möglichkeit einer Aufhebung unterliegt. Eine derartige „vorläufige Vollstreckbarkeit" hat ihren guten Sinn: wollte man stets bis zur formellen Rechtskraft warten, also unter Umständen erst die Ausschöpfung des dreistufigen Instanzenzuges abwarten, so könnte dies zu einer Rechtsverweigerung für den Gläubiger führen und zugleich den Schuldner veranlassen, den Rechtsmittelzug extensiv zu nutzen (mißbrauchen), um (allein) die Vollstreckung aufzuschieben. Läßt man andererseits die zwangsweise Durchsetzung eines Urteils vor Rechtskraft zu, so bedarf es im Hinblick auf den Vollstreckungsschuldner, dessen Nichtschuld u. U. erst nach langwierigem Rechtsmittelverfahren festgestellt wird, bestimmter Schutzmaßnahmen. Das Gesetz, das eine vorläufige Vollstreckbarkeit zuläßt, stellt darum zugleich drei Kautelen auf:

a) Die Notwendigkeit des besonderen Zusatzes über die vorläufige Vollstreckbarkeit, wobei zugleich über etwaige Sicherheitsleistungen zu befinden ist.
b) Die Möglichkeit einer einstweiligen Einstellung oder Beschränkung der Zwangsvollstreckung durch das Gericht, bei dem der zu vollstreckende Titel angefochten ist.
c) Eine Schadensersatzpflicht des vollstreckenden Gläubigers, sofern sich die Vollstreckung als unberechtigt erweist.

zu a) Vollstreckbarkeitserklärung und Sicherheitsleistung

Nichtrechtskräftige Urteile bedürfen, um Vollstreckungstitel sein zu können, des Vollstreckbarkeitszusatzes. Darüber hat

[17] Im einzelnen dazu unten im Zusammenhang sub 2 b.

das Gericht des Erkenntnisverfahrens *in jedem Fall* zu entscheiden, und zwar von Amts wegen und nicht etwa — wie die heute mißverständliche, nur historisch erklärbare Formulierung der §§ 708 f an sich erwarten ließe — nur auf Antrag[18]. Der Unterschied zwischen §§ 708 und 709 einerseits sowie § 710 andererseits liegt allein im Ausspruch einer Sicherheitsleistung. Weil der Zusatz der vorläufigen Vollstreckbarkeit konstitutiv ist, vgl. den Wortlaut des § 704 Abs. 1 im Gegensatz zu § 62 Abs. 1 ArbGG, ist eine vom erkennenden Gericht unterlassene Entscheidung nachholbar: § 716 verweist insoweit auf die Vorschriften über das Ergänzungsurteil, § 321. Von dem Grundsatz, daß jedes Urteil für vorläufig vollstreckbar zu erklären ist, sind natürlich die mit der Verkündung rechtskräftigen Entscheidungen ausgenommen, ferner auch die in § 704 Abs. 2 genannten Urteile. Nicht maßgeblich ist im übrigen der konkrete Urteilsinhalt. So sind auch Gestaltungs- und Feststellungsurteile sowie klageabweisende Leistungsurteile für vorläufig vollstreckbar zu erklären.

Ungenau ist es allerdings, dies mit der Kostentragungspflicht zu begründen und darum eine einschränkende Klausel etwa des heute gebräuchlichen Inhalts „das Urteil ist hinsichtlich der Kosten vorläufig vollstreckbar" zu empfehlen. Vollstreckt wird nicht der gerichtliche Kostentragungsanspruch[19], sondern der im Kostenfestsetzungsverfahren bezifferte Kostenfestsetzungsbeschluß, der in § 794 Abs. 1 Nr. 2 als „sonstiger Vollstreckungstitel" besonders erwähnt ist. Trotzdem ist der Ausspruch der vorläufigen Vollstreckbarkeit erforderlich, weil der Kostenfestsetzungsbeschluß nach § 103 Abs. 1 einen „zur Zwangsvollstreckung geeigneten Titel" voraussetzt. Der Zusatz der Vollstreckbarkeit zielt also nicht auf die (unmittelbare) Durchsetzung des festgestellten Rechts, sondern ist „technische" Voraussetzung für das Tätigwerden des Kostenbeamten. Man spricht hier im Gegensatz zu der auf die Rechtsdurchsetzung zielenden Zwangsvollstreckung (im engeren Sinne) von einer *Vollstreckbarkeit im weiteren Sinne*[20]. Diese ist in einigen Fällen Grundlage für bestimmte staatliche Akte, die keine Zwangsanwendung gegen den Schuldner selbst darstellen; vor

18 Anders in der Arbeitsgerichtsbarkeit, § 62 Abs. 1 ArbGG: hier sind die Urteile kraft Gesetzes vorläufig vollstreckbar.

19 Vgl. BGHZ 28, 302, 309; BGH NJW 1962, 36 f.

20 Vgl. etwa *Bruns* § 5, II 3, „Anordnungswirkung"; *Lent-Jauernig* § 1, IX; § 2, IV A; *Schönke-Baur* § 11, V; § 13, 2 d.

allem z. B. für Eintragungen in Register, vgl. § 16 HGB[21], ferner (im Vollstreckungsrecht wichtig) für die Einstellung und Aufhebung der Zwangsvollstreckung nach §§ 775 f[22] und für das geschilderte Beispiel der Kostenfestsetzung[23].

Im Hinblick auf diese Vollstreckbarkeit im weiteren Sinne ist also bei jedem Urteil — außer den in § 704 Abs. 2 genannten, bei denen darum auch eine Kostenfestsetzung vor endgültigem Verfahrensabschluß nicht möglich ist — ohne Rücksicht auf den Urteilsinhalt und die danach zu beurteilende Vollstreckbarkeit im engeren Sinne über die vorläufige Vollstreckbarkeit zu befinden[24].

Bei der Vollstreckbarkeitserklärung hat das Gericht zu prüfen, ob es von Gesetzes wegen Sicherheitsleistung anordnen muß, so der Regelfall des § 710, oder ob ein Fall der §§ 708 f. vorliegt. Dabei haben die Parteien eine gewisse Einflußmöglichkeit, §§ 710—713. Der (gesetzliche) *Normalfall* ist die *Zwangsvollstreckung gegen Sicherheitsleistung.* Diese ist bereits von dem erkennenden Gericht der *Höhe* nach festzusetzen. Auszugehen ist dabei nicht von der Höhe des beizutreibenden Betrages (vollstreckbarer Hauptanspruch plus Zinsen plus Kosten, einschließlich derer der Zwangsvollstreckung), sondern von der Vermögenseinbuße, die der Schuldner durch die Vollstreckung erleidet und die mit Hilfe der speziellen Schadensersatznorm des § 717 u. U. auszugleichen ist[25]. Die *Art* der Sicherheitsleistung richtet sich grundsätzlich nach § 108 f. Das gerichtliche Ermessen wird vielfach — auch noch durch nachträglichen Beschluß — dahin ausgeübt, daß (lediglich) Bankbürgschaft zu leisten sei. Da Sicherheitsleistungen nur bei dem vorläufig vollstreckbaren Urteil wegen der Möglichkeit einer späteren Änderung oder Aufhebung infrage kommt, ist die Sicherheit zurückzugewähren, sofern das Urteil rechtskräftig wird, § 715.

Ohne Sicherheitsleistung ist die vorläufige Vollstreckbarkeit bei den in §§ 708 f genannten Urteilen auszusprechen. Deren

21 Nach unserem heutigen Vollstreckungsrecht sind die Worte „rechtskräftig oder" überflüssig: „rechtskräftig" und „vollstreckbar" sind nicht gegensätzliche Merkmale einer Entscheidung.

22 Dazu unten § 15 I.

23 Ferner BGHZ 39, 21, 23.

24 So bereits RGZ 25, 373, 377; 99, 129, 130; OLG Köln MDR 1963, 932.

25 Dazu unten sub c.

Auswahl beruht auf unterschiedlichen Kriterien: bei § 708 Nr. 1 und 3 spielt die mangelnde Schutzwürdigkeit des Beklagten eine Rolle, ein not- oder sonst situationsbedingter Zeitdruck (Flüchtigkeit der Lebensverhältnisse[26]) bei den Urteilen in § 708 Nr. 5 (nur als ein Fall der Vollstreckbarkeit im weiteren Sinne denkbar), Nr. 6, § 709 Nr. 1 und 3; auch § 708 Nr. 4 läßt sich als Konsequenz des straff und abgekürzt durchgeführten Urkunden- und Wechselprozesses hierzu rechnen. § 708 Nr. 7 trägt nicht nur einer größeren Richtigkeitsgewähr oberlandesgerichtlicher Entscheidungen Rechnung[27], sondern auch prozeßökonomischen Gründen: dem Schuldner soll der Anreiz genommen werden, die Revision zum Zwecke der Vollstreckungsverschleppung einzulegen[28]. Eine gewisse Auffangsregelung enthält § 709 Nr. 4 für nicht so gravierende Vermögensbeeinträchtigungen bzw. für Fälle eines nicht allzu großen Risikos bei einem etwaigen späteren Ersatzverlangen. Wichtig ist dabei, daß nicht der Streitwert, sondern der „Gegenstand der Verurteilung" 500,— DM nicht übersteigen darf.

Streitig ist hier vor allem, ob bei klageabweisenden Urteilen für die zu erstattenden Kosten, sofern diese voraussichtlich 500,— DM und weniger betragen, § 709 Nr. 4 anwendbar ist. An sich haben Kosten bei der Wertberechnung außer Ansatz zu bleiben, § 709 Nr. 4 verweist auf § 4. Immerhin sind aber bei klageabweisenden Urteilen die Kosten der einzig mögliche Gegenstand einer *Verurteilung*, auch wenn die Vollstreckung selbst aus dem Kostenfestsetzungsbeschluß erfolgt; in diesem läßt sich allerdings nicht besonders berücksichtigen, daß die zugrunde liegende Kostenentscheidung wieder aufgehoben werden kann. Darum ist im Ergebnis die entsprechende Anwendbarkeit des § 709 Nr. 4 sachgerecht. Dabei sind für die Wertermittlung die Kosten in Ansatz zu bringen, deren Erstattung der Beklagte vom Kläger verlangen kann; das sind vor allem die außergerichtlichen Kosten[29].

[26] *Schönke-Baur* § 13, II 1 b, S. 46.
[27] So *Schönke-Baur* § 13, II 1 i.
[28] So bereits — allerdings auf diesen Gesichtspunkt abstellend — *Stein-Juncker* § 132, II 1 („behufs Entlastung des RG"); *Lent-Jauernig* § 2, IV B 1 h.
[29] Im Ergebnis ebenso die Praxis und die h. M. *Anderer Ansicht: BaumbachLauterbach* § 710 Anm. 2, die auf den Gegenstand der *Hauptsache* als Gegenstand der Verurteilung im negativen Sinne abstellen; *Schlicht*, Vorläufige Vollstreckbarkeit und klageabweisende Urteile nach § 709

Der gesetzliche Regel-Ausnahme-Mechanismus zwischen § 710 und §§ 708, 709 ist durch eine auf die Umstände des Einzelfalls abstellende Initiative der Beteiligten modifizierbar, §§ 710 Satz 2, 712 und 713. Entscheidend für den Ansatz der Privatinitiative und entsprechend für das Verständnis der genannten Vorschriften ist die jeweilige Ausgangsposition, ob nämlich die vorläufige Vollstreckbarkeit an sich *mit* oder *ohne* Sicherheitsleistung auszusprechen ist:

1. Sofern Sicherheitsleistung infrage kommt, kann diese den *Gläubiger* u. U. derart belasten, daß die Vollstreckung daran scheitern würde. Darum ist vom Regelfall der Sicherheitsleistung, § 710 Satz 1, nach Satz 2 dieser Vorschrift dann abzusehen, wenn der Gläubiger zweierlei glaubhaft macht: sein Unvermögen zur Sicherheitsleistung und einen schwer zu ersetzenden oder zu ermittelnden Nachteil, sofern die Vollstreckung unterbliebe.

2. Ist an sich *keine Sicherheitsleistung* anzuordnen, liegt also einer der Fälle §§ 708 f vor, so kann der *Schuldner* auf eine Sicherheitsleistung drängen, § 713 Abs. 1. Hier kommt es für die vom Gericht zu treffende Ermessensentscheidung allein auf die Umstände des Einzelfalles an, das Gesetz stellt — anders als in § 710 Satz 2 — keine speziellen Voraussetzungen auf. Gegenüber OLG-Entscheidungen, § 708 Nr. 7, versagt diese Möglichkeit allerdings.

Noch vorteilhafter als die Vollstreckung nur gegen Sicherheitsleistung ist für den Schuldner der Weg des § 713 Abs. 2: das Gericht *hat* dem Schuldner auf dessen Antrag hin nachzulassen, die Vollstreckung durch eigene Sicherheitsleistung abzuwenden. Der Schulder bleibt dann von jeder Zwangsmaßnahme unberührt, sofern er dem Gläubiger für die Realisierung des Anspruchs die nötige Sicherheit gewährt. Dieses „Benefiz" kann der Gläubiger dadurch paralysieren, daß er sich zur Sicherheitsleistung anbietet, also praktisch von sich aus den Normalfall der Vollstreckung nach § 710 Satz 1 zugrunde zu

Ziff. 4 ZPO, NJW 1960, 2182. Wieder anders LG Braunschweig MDR 1957, 489, das einen Gegenstand der Verurteilung ganz ablehnt, damit auch die Anwendbarkeit des § 709 Abs. 4.

legen bereit ist, § 713 Abs. 2 Nachsatz. Diese Regelung läßt zugleich erkennen, daß die Abwendungsbefugnis des Schuldners nur die Fälle einer Vollstreckung ohne Sicherheitsleistung nach §§ 708 f betreffen kann.

3. Am weitesten geht die Ausnahmemöglichkeit des § 712, der deswegen auch die strengsten Voraussetzungen aufstellt: macht der Schuldner glaubhaft, daß ihm die Vollstreckung einen *nicht* zu ersetzenden Nachteil bringen würde — § 710 Satz 2 erfordert auf der Gläubigerseite lediglich einen *schwer* zu ersetzenden Nachteil —, so kann der Schuldner den Ausschluß der vorläufigen Vollstreckbarkeit erreichen; das ist im Urteil, zweckmäßigerweise in der Urteilsformel[30], besonders auszusprechen. Würde in den Fällen der Zwangsvollstreckung gegen Sicherheitsleistung die Aussetzung der Vollstreckung dem Gläubiger einen schweren Nachteil bringen, § 710 Satz 2, so führt die Glaubhaftmachung irreparabler Folgen beim Schuldner dazu, daß es wenigstens bei der Pflicht zur Sicherheitsleistung durch den Gläubiger bleibt.

4. Die dem Schuldner eingeräumte Möglichkeit, seine Vollstreckungssituation durch entsprechende Anträge günstiger zu gestalten, also die Fälle der §§ 712, 713, soll entfallen, wenn eine Aufhebbarkeit des zugrunde liegenden Urteils nach dem Ermessen des (erkennenden) Gerichts ausscheidet, § 713a, wenn also etwa die Revisionssumme nicht erreicht ist und keinerlei Anlaß zu Zweifeln an der Zulässigkeit der Berufung ersichtlich ist.

Beispiele zur Veranschaulichung der Regelung der §§ 708—713:

Der Kläger erhebt Zahlungsklage über 500 DM nebst Zinsen seit Klagezustellung.

Es ergeht entsprechendes Urteil, das nach § 709 Nr. 4 ohne Sicherheitsleistung für vorläufig vollstreckbar erklärt wird, vgl. den Wortlaut sowie § 4.

Urteilszusatz: Das Urteil ist vorläufig vollstreckbar.

Will der Schuldner, der an sich Klageabweisung hofft, notfalls eine günstigere Vollstreckungssituation erreichen, so muß er bereits im Erkenntnisverfahren die entsprechenden Anträge stellen, § 714.

[30] *Zöller-Scherübl* § 712 Anm. 2.

Neben dem Klageabweisungsantrag kann er also hilfsweise beantragen:

— von der vorläufigen Vollstreckbarkeit ganz abzusehen, sofern die engen Voraussetzungen des § 712 glaubhaft zu machen sind;

Urteilszusatz: Das Urteil ist nicht vorläufig vollstreckbar.

— nach § 713 Abs. 1 die Vollstreckbarkeit von einer Sicherheitsleistung abhängig zu machen;

Urteilszusatz: Das Urteil ist gegen eine Sicherheitsleistung in Höhe von 800 DM vorläufig vollstreckbar[31].

— ihm gem. § 713 Abs. 2 nachzulassen, die Vollstreckung durch Sicherheitsleistung abzuwenden. Dem ist ohne weitere Prüfung zu entsprechen.

Urteilszusatz: Das Urteil ist vorläufig vollstreckbar. Dem Beklagten wird nachgelassen, die Zwangsvollstreckung durch Sicherheitsleistung in Höhe von 800 DM[32] abzuwenden.

Dem kann der Kläger durch das Anbieten einer Sicherheitsleistung seinerseits begegnen. Wiederum ohne weitere Prüfung zur Vollstreckbarkeit lautet der *Urteilszusatz* dann: Das Urteil ist vorläufig vollstreckbar. Dem Beklagten wird nachgelassen, die Zwangsvollstreckung durch Sicherheitsleistung in Höhe von 800 DM abzuwenden, sofern nicht der Kläger in derselben Höhe Sicherheit leistet. Kann der Kläger die Voraussetzung des § 710 Satz 2 dartun, so entfällt die Möglichkeit des § 713 Abs. 2 zugunsten des Schuldners, weil dem Gläubiger dann die Sicherheitsleistung erlassen ist, mit der er die Abwendungsbefugnis des Schuldners paralysieren könnte[33].

Beispielsvariante:

Die Zahlungsklage lautet auf 600 DM statt auf 500 DM. *Urteilszusatz* nach § 710 Satz 1: Das Urteil ist gegen Sicherheitsleistung in Höhe von 950 DM vorläufig vollstreckbar.

[31] Diese Summe ist großzügig zu schätzen. Zu den Berechnungsfaktoren oben im Text bei FN 25.

[32] Darüber, daß der Berechnungsansatz ein anderer ist als bei der Sicherheitsleistung durch den Gläubiger, wiederum oben.

[33] *Thomas-Putzo* § 713 Anm. 1.

Hier sind Aktivitäten des Klägers und des Beklagten denkbar:

Der *Kläger* kann beantragen, von einer Anordnung der Sicherheitsleistung nach § 710 Satz 2 abzusehen.

Urteilszusatz lediglich: Das Urteil ist vorläufig vollstreckbar.

Der *Beklagte* hat — wie stets — die Möglichkeit, nach § 712 zu beantragen, das Urteil nicht für vorläufig vollstreckbar zu erklären bzw. — sofern der Kläger die Voraussetzungen des § 710 Satz 2 glaubhaft gemacht hat — es bei der Sicherheitsleistung zu belassen.

Dagegen entfällt hier wegen der anzuordnenden Sicherheitsleistung durch den Gläubiger die Möglichkeit eines Vorgehens nach § 713 Abs. 1 und 2.

zu b) Einstweilige Einstellung bei Rechtsmittel und Einspruch

Die zu a) erörterten Regelungen bezogen sich auf das Erkenntnisverfahren und die hier im Zusammenhang mit der Vollstreckbarkeitserklärung gewährten Schutzmaßnahmen zugunsten der Betroffenen. Zusätzlich hierzu und gewissermaßen erst auf der Basis der vom erkennenden Gericht im Urteil ausgesprochenen Vollstreckbarkeit eröffnet § 719 durch die Verweisung auf § 707 dem Rechtsmittelgericht — und im Falle des Einspruchs gegen ein Versäumnisurteil dem erkennenden Gericht selbst — die Möglichkeit, auf die Vollstreckbarkeit einzuwirken. Ist das der Vollstreckung zugrunde liegende Urteil angefochten, so kann das nunmehr zuständige Gericht auf Antrag des Gläubigers oder des Schuldners die Vollstreckung erleichtern oder erschweren, wobei nicht nur die Einlegung des Rechtsbehelfs als solchen eine Rolle spielt, sondern zusätzlich auch dessen Erfolgsaussichten und die sonstigen Umstände:

1. Bei einer Teilanfechtung ist es wahrscheinlich, daß der andere Urteilsteil nicht mehr angefochten wird und also bestehen bleibt. Darum spricht das Berufungsgericht oder das Revisionsgericht hier insoweit auf Antrag die unbeschränkte (vorläufige) Vollstreckbarkeit (ohne Sicherheitsleistung) aus, §§ 534 Abs. 1, 560. Nach § 543 Abs. 2 gilt das auch für den angefochtenen Teil des Urteils, wenn die Erledigung des Rechtsstreits in Verschleppungsabsicht oder aus Nachlässigkeit verzögert wird, § 534 Abs. 2.

2. Auf Antrag des Schuldners kann das zur Entscheidung über den Rechtsbehelf berufene Gericht praktisch alle dem Schuldner günstigen

Maßnahmen, die in §§ 712 f vorgesehen sind, nachträglich anordnen, ferner bestimmte Beschränkungen oder die einstweilige Einstellung, sogar ohne Sicherheitsleistung, aussprechen, §§ 719, 707. Falls Revision eingelegt ist, gilt ausschließlich § 719 Abs. 2: einerseits ist dem Gericht der Ermessensspielraum — auch hinsichtlich der zu treffenden Maßnahmen — genommen, es *hat* die *einstweilige Einstellung* anzuordnen; andererseits ist die Voraussetzung sehr eng gefaßt; der Schuldner muß einen nicht zu ersetzenden Nachteil glaubhaft machen.

zu c) Die Ersatzpflicht

Vorläufige Vollstreckbarkeit bedeutet Zwangsdurchsetzung auf materiell rechtlich nicht gesicherter Basis; sie ist auflösend bedingt. Die Vorläufigkeit wird mit Rechtskraft des Urteils zur Endgültigkeit. Dann entfallen alle aus der bisherigen nur vorläufigen Vollstreckbarkeit resultierenden Beschränkungen. So werden angeordnete Sicherheitsleistungen von selbst gegenstandslos, geleistete Sicherheiten sind zurückzugewähren, § 715. Problematisch und regelungsbedürftig ist der (umgekehrte) Fall, daß das für vorläufig vollstreckbar erklärte Urteil aufgehoben wird. *Erste Folge* ist, daß dann natürlich — im Umfang der Aufhebung — auch die vorläufige Vollstreckbarkeit entfällt, und zwar nach § 717 Abs. 1 bereits mit der Verkündung des Urteils, das die Entscheidung in der Hauptsache (oder bloß die Vollstreckbarkeitserklärung) aufhebt oder abändert, also in dem frühest möglichen Zeitpunkt, damit etwaige weitere Eingriffe verhindert werden.

Zweite und unter Umständen für den Gläubiger *sehr gravierende Folge* ist eine *Schadensersatzpflicht* gegenüber dem Schuldner, § 717 Abs. 2.

1. § 717 Abs. 2 beruht auf dem Rechtsgedanken, daß die Vollstreckung aus einem noch nicht rechtsgültigen Titel auf Gefahr des Gläubigers geht: In Anbetracht der Tatsache, daß die Vollstreckung eines nicht endgültig festgestellten Anspruchs mit großen Gefahren für den Schuldner verbunden ist, bürdet das Gesetz dem Gläubiger als Korrelat zu seiner außerordentlichen Befugnis das Risiko auf, die etwaigen Nachteile zu tragen, wenn der vorläufig vollstreckbare Titel aufgehoben

werden sollte[34]. Diese Schadensersatzpflicht erfordert kein Verschulden, denn einem Gläubiger kann nicht zum Vorwurf gemacht werden, von einer gesetzlich gewährten Möglichkeit, nämlich bereits aus dem für vorläufig vollstreckbar erklärten Urteil auch zu vollstrecken, Gebrauch gemacht zu haben[35]. Darum ist lediglich *Voraussetzung* der Ersatzpflicht, daß das vorläufig vollstreckbare Urteil in der Hauptsache aufgehoben oder abgeändert worden ist, der *Aufhebungsgrund* ist nicht entscheidend.

Die Schadensersatzpflicht tritt also auch dann ein, wenn das angefochtene Urteil lediglich wegen eines prozessualen Mangels aufgehoben wird, zum Beispiel also, weil das erstinstanzliche Gericht trotz Rüge des Beklagten[36] seine sachliche Zuständigkeit[37] zu Unrecht bejaht hat[38]. Problematisch ist es allerdings, wenn nach einer Zurückverweisung oder im Instanzenzug das erste Urteil inhaltlich wieder hergestellt wird. Zwar knüpft § 717 Abs. 2 lediglich an die Aufhebung des Titels an. Der innere Grund für die Ersatzpflicht ist indessen, daß die Vollstreckung nicht dem materiellen Recht zuwiderlaufen darf[39]. Der Gläubiger trägt das Vollstreckungsrisiko nur hinsichtlich der *materiellen Unbegründetheit* seines Rechtsschutzbegehrens[40]. Darum erlischt die Schadensersatzpflicht wieder, wenn — und

34 BGHZ 54, 70, 78 und 81; *Baur* aaO. S. 99, vgl. auch S. 102 f; *Larenz* Schuldrecht II, 10. Aufl. 1972, § 71 I d, und insbes. § 77 I, S. 537 FN 1. Zur Abgrenzung gegenüber den einer Gefährdungshaftung zugrunde liegenden Wertungen *Henckel* aaO. S. 70 mit weiteren Nachweisen. Im einzelnen ist der rechtliche Charakter dieser Ersatzpflicht streitig, siehe BGH, *Baur* und *Henckel* aaO., ferner BAG NJW 1961, 1989, 1991 „quasideliktischer Art", *Böttidher*, Prozeßrecht und materielles Recht, 1972, ZZP 85, 1 ff, 9 ff; *Pecher*, Der Schadensersatzanspruch aus ungerechtfertigter Vollstreckung, 1967, S. 62 f; *Schönke-Baur* § 13, V 6; *Stein-Jonas-Münzberg* § 717 Anm. II 1.

35 Darüber, daß hier lediglich eine prozessuale Befugnis vorliegt, *Henckel* aaO. S. 248 ff, insbesondere 264 f.

36 Sonst wäre die Zuständigkeit nach § 39 als prorogiert anzusehen gewesen.

37 Anders für die örtliche Zuständigkeit, vgl. § 512 a.

38 Vgl. BAG JZ 1962, 286 für den Fall einer Verweisung an das Landgericht wegen Unzuständigkeit der Arbeitsgerichtsbarkeit. Allerdings darf der Aufhebungsgrund nicht nach der Vollstreckung entstanden sein; RGZ 145, 328, 332. Zur sehr streitigen entsprechenden Anwendbarkeit des § 717, wenn gesetzliche Bestimmungen rückwirkend für verfassungswidrig erklärt worden sind, BGHZ 54, 76 ff.

39 *Stein-Jonas-Münzberg* § 717 Anm. II 1.

40 BGHZ 54, 76, 81 (Hervorhebung von mir). Der Bezug zum materiellen Recht zeigt sich auch darin, daß für die Schadensersatzpflicht (anders als

soweit — das vollstreckte Urteil später inhaltlich wieder hergestellt wird[41].

2. Im einzelnen richtet sich die Ersatzpflicht nach dem materiellen Recht, §§ 249 ff. BGB. Zu ersetzen ist jeder Vermögensschaden, der durch irgendwelche, auch ergebnislose, Zwangsvollstreckungsmaßnahmen oder durch eine Leistung zur Abwendung der Vollstreckung, auch durch eine Hinterlegung, entstanden ist. § 254 BGB ist anwendbar und unter Umständen naheliegend, so, wenn Verteidigungsmittel nicht rechtzeitig vorgebracht oder Hinweise auf die besondere Höhe des drohenden Schadens unterlassen wurden[42].

3. Eine Haftung lediglich nach bereicherungsrechtlichen Grundsätzen tritt ein, wenn ein vorläufig vollstreckbares Urteil eines Oberlandesgerichts in der Revision aufgehoben wird, § 717 Abs. 3[43]. Der größeren Richtigkeitsgewähr dieser Urteile entspricht ein für den Gläubiger verringertes Risiko.

Da nach § 717 Abs. 3 Satz 4 am Ende fingiert wird, daß die vom Schuldner erbrachten Zahlungen oder Leistungen bereits die materiell-rechtlichen Rechtshängigkeitsfolgen auslösen, scheitert die Anwendbarkeit des § 818 Abs. 3 BGB bereits an § 818 Abs. 4 BGB[44].

4. Über den Wortlaut des § 717 Abs. 2 und 3 hinaus müssen diese Rechte auch dem ehemaligen *Kläger* zugestanden werden, sofern der Beklagte nach Klageabweisung in erster Instanz die Kosten gegen den Kläger vollstreckt hat[45]; ferner sind diese Vorschriften auch anzuwenden, wenn die Zwangsvollstreckung ausnahmsweise durch oder gegen andere Personen als die früheren Parteien betrieben worden ist[46]. Dann kommen jene als Berechtigte oder als Verpflichtete infrage.

in § 717 Abs. 1) die Aufhebung der Vollstreckbarkeitserklärung nicht ausreicht.

41 Im Ergebnis — soweit ersichtlich — heute unstreitig. Zum Problem einer Anwendbarkeit des § 826 BGB neben § 717 m. w. N. *Gaul*, Materielle Rechtskraft, Vollstreckungsabwehr und zivilrechtliche Ausgleichsansprüche, JuS 1962, 1 ff.

42 Beispiel BGH ZZP 71, 86, 89: der Schuldner hatte ein Versäumnisurteil gegen sich ergehen lassen.

43 Zur Vertiefung *Baur*, Fälle und Lösungen Fall 3 (BAG NJW 1962, 1125) S. 9 ff.

44 BAG und *Baur* aaO.

45 BGH NJW 1962, 806.

46 Siehe dazu m. w. N. *Stein-Jonas-Schumann/Leipold* ZVO, 19. Aufl. 1969, § 328 Anm. I 2 a.

5. Eine *prozessuale Besonderheit* liegt darin, daß die Rechte aus § 717 Abs. 2 und 3 unmittelbar im weitergeführten Verfahren durch Zwischenantrag nach § 281 geltend gemacht werden können.

Beispiel: Der Kläger hat in erster Instanz mit seiner Zahlungsklage über 500 DM obsiegt und aus dem vorläufig vollstreckbaren Urteil bereits die Zwangsvollstreckung ohne Sicherheitsleistung betrieben. Im Berufungsverfahren wird das erstinstanzliche Urteil wegen eines Verfahrensfehlers aufgehoben; die Sache wird (ausnahmsweise, vgl. § 539) an das erstinstanzliche Gericht zurückverwiesen. Hier verfolgt der Kläger seinen Zahlungsantrag weiter. Der Beklagte kann in diesem Verfahren zugleich seinen Schadensersatzanspruch durch Zwischenantrag geltend machen.

§ 717 Abs. 2 und 3 ermöglichen lediglich eine Verfahrens*vereinfachung*. Der Schadensersatzberechtigte ist nicht verpflichtet, diesen Weg zu gehen, er kann seinen Anspruch natürlich auch in einem selbständigen (späteren) Verfahren geltend machen.

3. Die Vollstreckung ausländischer Titel

H. F. Gaul, Zur Reform des Zwangsvollstreckungsrechts, JZ 1973, 473 ff, insbes. III, S. 476 ff; *Geimer*, Die Vollstreckbarkeitserklärung ausländischer Urteile, NJW 1965, 1413 ff; *Habscheid*, Rechtsstreit und Vollstreckung, 1971, Kölner Schriften zum Europarecht Bd. 11, S. 649 ff; *Alfred Wolf*, Das Ausführungsgesetz zu dem EWG Gerichtsstand- und Vollstreckungsübereinkommen, NJW 1973, 397.

Grundsatz des „internationalen Vollstreckungsrechts" ist, daß für das Vollstreckungsverfahren in Deutschland stets das deutsche Recht maßgeblich ist. Eine andere Frage, die heute angesichts der vielfältigen grenzüberschreitenden Beziehungen immer bedeutsamer wird, ist es, ob ein ausländisches Urteil nach deutschem Vollstreckungsrecht vollstreckt werden kann.

a) Ein ausländisches Urteil wird bei uns unter den Voraussetzungen des § 328 anerkannt und steht damit einem inländischen Urteil hinsichtlich der *Rechtskraft* gleich[47]. Diese Wir-

[47] Im einzelnen sehr ausführlich BGH NJW 1964, 1626. Siehe ferner auch *Georgiades*, Die Abänderung ausländ. Urteile im Inland, Festschrift für Zepos, 1973, Bd. II S. 189 ff, 200 ff.

kung tritt ohne weiteres ein, Zweifelsfragen über die Anerkennungsvoraussetzungen lassen sich durch eine Feststellungsklage klären[48].

Hinsichtlich der *Vollstreckbarkeit* ist nach § 722 jedoch eine besondere Transformation des ausländischen Urteils erforderlich, das bei uns als solches also nicht vollstreckbar ist. Es bedarf einer besonderen Klage mit dem Ziel, das Urteil für im Inland vollstreckbar zu erklären. Unter Berücksichtigung der nach § 328 eintretenden Rechtskraftwirkung wird das ausländische Urteil nicht mehr auf seine materielle Richtigkeit geprüft, § 723 Abs. 1, sondern nur darauf, ob es — nach dem jeweiligen ausländischen Verfahrensrecht[49] — rechtskräftig ist und ob die Anerkennungsvoraussetzungen des § 328 vorliegen. Ist das der Fall, so ergeht das Vollstreckungs- oder sog. Exequaturурteil, das die Zulässigkeit der inländischen Zwangsvollstreckung aus dem ausländischen Urteil ausspricht. Da es diesem die zuvor nicht gewährte Vollstreckbarkeit beilegt, ist es ein Gestaltungsurteil.

Die Klage nach § 722 setzt ein normales Zivilprozeßverfahren in Gang. Dieses ist nicht einfacher als eine neue auf das materielle Recht gestützte Klage über den Streitgegenstand des ausländischen Urteils. Auch hier kommt es für die zu treffende Sachentscheidung auf die Bindungswirkung der ausländischen Entscheidung nach § 328 an. Weil das ausländische Urteil im Hinblick auf die Notwendigkeit eines besonderen Exequaturverfahrens nach § 723 einem deutschen Urteil nicht gleichsteht, kann insoweit auch eine ne-bis-in-idem-Wirkung der Rechtskraft nicht eintreten: die selbständige Leistungsklage aus dem materiellen Recht ist also zulässig und anstelle eines Verfahrens nach §§ 722 f möglich[50].

b) Wegen der Umständlichkeit des Exequaturklageverfahrens regeln verschiedene Staatsverträge ein vereinfachtes *Beschlußverfahren*, das im wesentlichen der Vollstreckbarkeitserklärung von Schiedssprüchen, §§ 1042a ff, entspricht[51], so etwa das

[48] Vgl. RGZ 167, 373, 380 f; *Thomas-Putzo* § 328 Anm. 1

[49] Das ergibt sich gleichfalls aus dem eingangs geschilderten Grundsatz, der allgemein für das (internationale) Verfahrensrecht gilt.

[50] Soweit ersichtlich unstreitig, sehr ausführlich BGH NJW 1964, 1626 mit umfangreichen Nachweisen.

[51] Siehe dazu unten sub III 1 f. Einzelheiten bei *Geimer* aaO. NJW 1965, 1414 sub II 2.

Haager Minderjährigen-Schutzabkommen vom 5. Oktober 1961, das Haager Übereinkommen über die Anerkennung und Vollstreckung von Unterhaltsentscheidungen gegenüber Kindern vom 15. April 1958[52] und die Staatsverträge mit Griechenland, Großbritannien, Österreich und der Schweiz. Auch hier ist immerhin ein besonderer rechtgestaltender Transformationsakt eines deutschen Gerichts (wenn auch im vereinfachten Verfahren) notwendig. Angesichts der heutigen supranationalen Bestrebungen sind weitere Verfahrensvereinfachungen geschaffen:

c) Einen Markstein in der Entwicklung stellt insoweit der deutsch-niederländische Vollstreckungsvertrag vom 30. 8. 1962[53] dar, wonach keine besondere Vollstreckbarkeitserklärung mehr erforderlich ist; die Prüfung der auf ein Minimum reduzierten Voraussetzungen findet im — allerdings besonders ausgestalteten — Klauselverfahren beim Landgericht statt. Die Klausel wird nach der erforderlichen Prüfung durch den Vorsitzenden ohne Anhörung des Schuldners erteilt, jedoch kann dieser mit Hilfe eines (befristeten) Widerspruchs ein kontradiktorisches Verfahren vor der Kammer einleiten.

d) Inzwischen ist am 1. Februar 1973 das *EWG-Abkommen* über die gerichtliche Zuständigkeit und die Vollstreckung gerichtlicher Entscheidungen in Zivil- und Handelssachen vom 27. September 1968 für die bisherigen sechs Mitgliedsstaaten in Kraft getreten[54]. Es vereinheitlicht die Normen des internationalen Zivilprozeßrechts der Vertragsstaaten auf dem Gebiet der gerichtlichen Zuständigkeit sowie der Anerkennung und Vollstreckung von Titeln, um innerhalb der EWG die Freizügigkeit von Vollstreckungstiteln in Zivil- und Handels-

[52] Vgl. § 2 des dazu ergangenen Ausführungsgesetzes vom 18. 7. 1961 (BGBl. 1961 I, 1033). Ein Überblick über die im Text angeführten einzelnen Staatsverträge mit Abdruck der einschlägigen vollstreckungsrechtlichen Vorschriften findet sich bei *Baumbach-Lauterbach* Schlußanhang V und (sehr ausführlich) *Stein-Jonas-Münzberg* Anhang nach § 723.

[53] Siehe *Baumbach-Lauterbach* Schlußanhang V Anm. 7; *Stein-Jonas-Münzberg* Anhang B VII zu § 723.

[54] Dazu *Deringer-Sedemund*, Europäisches Gemeinschaftsrecht, NJW 1973, 408 ff, 411 f, sub 6; *Habscheid* aaO. S. 660 sub 5; *Lent-Jauernig* § 2, V 4; *Stein-Jonas-Münzberg* aaO. Anhang A VI zu § 723; *A. Wolf* aaO. NJW 1973, 397 ff.

sachen sicherzustellen. Es läßt ähnlich wie der deutsch-niederländische Vertrag für die sechs bisherigen EWG-Staaten anstelle des Exequaturverfahrens das Klauselverfahren treten und regelt hierfür über die Widerspruchsmöglichkeit hinaus spezielle Zuständigkeiten und Rechtsbehelfe.

III. Andere Vollstreckungstitel

Neben dem (rechtskräftigen oder für vollstreckbar erklärten) Endurteil erwähnt der allgemeine Teil des Vollstreckungsrechts die in § 794 aufgezählten weiteren Vollstreckungstitel. Diese Aufzählung ist nicht abschließend. Auch außerhalb der ZPO finden sich Regelungen, die einem in bestimmter Weise festgestellten Gläubigerrecht die Qualität eines Vollstreckungstitels beilegen (dazu sub 2).

1. Weitere Vollstreckungstitel nach § 794

a) Der Prozeßvergleich

Vollstreckungstitel ist nach § 794 Abs. 1 Nr. 1 der Prozeßvergleich, also der (erstens) zur Beendigung des Rechtsstreits (und zweitens) vor Gericht geschlossene Vergleich. Nicht nur prozeßökonomische Gründe und die Tatsache, auf diese Weise ein u. U. zeit- und geldaufwendiges Verfahren alsbald abschließen zu können, lassen ein derartiges Prozeßende als sinnvoll erscheinen; grundsätzlich gebührt auch der gütlichen Einigung der Vorrang vor einer Streitentscheidung durch Dritte. Diese Einigung muß allerdings — um sie für die Parteien, vor allem den Kläger akzeptabel erscheinen zu lassen — mit dem Urteil nicht nur die Verfahrensbeendigung gemeinsam haben[55], sondern auch die Möglichkeit einer Zwangsdurchsetzung. Dem trägt § 794 Abs. 1 Nr. 1 Rechnung.

Der Prozeßvergleich ist, weil er auf die Beendigung des Verfahrens zielt und damit eine prozeßrechtliche Folge erstrebt, Prozeßhandlung. Neben dieser verfahrensbezogenen Komponente enthält der Prozeßvergleich auch einen materiell rechtlichen Inhalt: Die Parteien wollen die Rechtslage entsprechend ihrer Vereinbarung klarstellen und den

[55] Darüber, daß der Prozeßvergleich die Rechtshängigkeit einer Streitsache aufhebt, z. B. BGHZ 41, 310, 311; BGH JZ 1964, 257 mit weiteren Nachweisen.

Streit oder die Ungewißheit über ein Rechtsverhältnis durch gegenseitiges Nachgeben beseitigen. Der Prozeßvergleich zielt also zugleich auf eine materiell rechtliche und auf eine prozessuale Rechtsfolge; er ist Prozeßhandlung *und* Rechtsgeschäft. Dem entspricht das Verständnis von der *„Doppelnatur des Prozeßvergleichs“*[56].

Wenn der Vergleich nicht vor Gericht geschlossen und hier protokolliert wurde, liegt ein Prozeßvergleich mit seinen beiden bedeutsamen Eigenschaften der Prozeßbeendigung und der Vollstreckbarkeit nicht vor. Der materiell rechtlich bindende Inhalt kann über die Erledigung der Hauptsache nach § 91a zu einem baldigen Verfahrensende führen; die Vollstreckbarkeit läßt sich nur durch eine (neue) Klage, die auf den materiell rechtlichen Vergleich gestützt wird, erreichen.

Gegenüber einem Urteil hat ein Prozeßvergleich zusätzlich den Vorteil, daß er als Vollstreckungstitel nicht nur zwischen den Prozeßparteien infrage kommt, sondern diese Wirkung auch für und gegen Dritte entfalten kann[57], sofern diese den Vergleich materiell rechtlich als Vertragspartner mit abgeschlossen haben[58].

b) Kostenfestsetzungsbeschlüsse, § 794 Abs. 1 Nr. 2[59]

c) Beschlüsse zur Bezifferung des Kindesunterhalts nach §§ 642a, 642b und 642d

Diese Entscheidung des Rechtspflegers beziffert bei einem lediglich auf Regelunterhalt lautenden Urteil im Kindschaftsprozeß, § 643, den zu zahlenden Unterhalt. Da dieser Anspruch ebenso wie der auf eine Unterhaltsklage hin bezifferte

[56] So die ständ. Rspr. und die h. L.; vgl. *Gerhardt* § 6 III in Athenäum, Zivilrecht I, S. 767 mit weiteren Nachweisen in FN 28; aus neuerer Zeit ferner *Lüke*, Der verspätete Rücktritt, JuS 1973, 46 f bei FN 5.

[57] Vgl. den Wortlaut des insoweit erst durch die Novelle vom 17. 5. 1898 eingefügten § 794 Abs. 1 Nr. 1.

[58] Die h. M. gesteht die Vollstreckungsbefugnis auch einem nicht beigetretenen Dritten zu, sofern dieser durch einen berechtigenden Vertrag zugunsten Dritter als Berechtigter ausgewiesen ist. Dagegen habe ich im Anschluß an OLG Celle NJW 1966, 1367 ausführlich in JZ 1969, 691 ff, speziell 696 ff, Stellung genommen. Siehe weitere Nachweise dort. Dem haben sich z. B. *Hanisch*, Prozeßvergleich über den Unterhalt der Kinder im Scheidungsprozeß der Eltern, NJW 1972, 1016 ff, 1019, zumindest beschränkt auf die im Titel genannten, praktisch bedeutsamen Fälle, sowie *Thomas-Putzo* § 794 Anm. 5 (ab der 4. Aufl.) angeschlossen. Ebenso KG NJW 1973, 2032. Anders jüngst wieder *Lüke* aaO. JuS 1973, 49 bei FN 29 und 30.

[59] Siehe dazu bereits oben § 4 II 2 zu FN 19 und 20.

Urteilssatz vollstreckbar sein muß, ist § 794 Abs. 1 Nr. 2a im Zusammenhang mit der Einführung der Regelunterhaltsvorschriften durch das Nichtehelichengesetz vom 19. August 1969 eingefügt worden.

d) Eine Auffangnorm stellt § 794 Abs. 1 Nr. 3 dar, wonach Entscheidungen im Zivilprozeß, gegen die das Rechtsmittel der Beschwerde gegeben ist, gleichfalls Vollstreckungstitel sind. Maßgeblich ist eine abstrakte Betrachtung: die Vorschrift erfaßt auch eine Entscheidung, gegen die in concreto keine Beschwerde zulässig ist, etwa weil die Beschwerdesumme im Falle des § 567 Abs. 2 nicht erreicht ist oder weil die Entscheidung vom Oberlandesgericht, § 567 Abs. 3, oder vom Bundesgerichtshof ergangen ist oder weil die Entscheidung bereits generell mit ihrem Erlaß unangreifbar ist, vgl. §§ 567 Abs. 1, 568 Abs. 3.

Trotz der Auffangvorschrift in Nr. 3 bedurfte es der besonderen Erwähnung der Fälle in Nr. 2 und Nr. 2a, weil weder Kostenfestsetzungsbeschlüsse noch die Bezifferung des Regelunterhalts nach § 642a den konkreten Ausspruch einer *Leistungspflicht* enthalten, sie konkretisieren lediglich ziffernmäßig die Verurteilung zur Kostentragung bzw. zur Leistung des Regelunterhalts[60].

e) Daß *Vollstreckungsbefehle* vollstreckbar sind, § 794 Abs. 1 Nr. 4, ist die Konsequenz des Mahnverfahrens: nach § 699 kann der Zahlungsbefehl für vorläufig vollstreckbar erklärt werden und steht dann einem für vorläufig vollstreckbar erklärten Versäumnisurteil gleich, § 700.

f) Im schiedsrichterlichen Verfahren des 10. Buches der ZPO, §§ 1025 ff, nach § 1039 gefällte *Schiedssprüche* und geschlossene *Schiedsvergleiche* mit Unterwerfungsklausel, § 1044a, sind nach §§ 1042, 1044a nur vollstreckbar, wenn dies durch das zuständige staatliche Gericht ausgesprochen ist, vgl. §§ 1042a bis 1042c, 794 Abs. 1 Nr. 4a. Dabei hat das Gericht allerdings nicht die materiell rechtliche Richtigkeit des Schiedsurteils zu überprüfen, denn dann wäre dieses praktisch überflüssig, sondern nur auf die Einhaltung bestimmter Verfahrensgrundsätze

[60] Zu dieser Klarstellungsfunktion der Ziffern 2 und 2 a siehe die Begründung zum Entwurf des Nichtehelichengesetzes (Bundestagsdrucksache V 3719, S. 47 und 49).

und allgemeiner Rechtsschranken zu achten, vgl. §§ 1041 Abs. 1 Nr. 1—6, 1044a Abs. 2, zu 8.

g) Praktisch bedeutsam ist die Vollstreckungsmöglichkeit aus einer *öffentlichen Urkunde*, sofern sich der Schuldner in ihr der *sofortigen Zwangsvollstreckung unterworfen* hat, § 794 Abs. 1 Nr. 5.

Voraussetzung ist die Einhaltung bestimmter Verfahrensregeln, nämlich die Beurkundung durch einen deutschen Notar innerhalb der Grenzen seiner Amtsbefugnisse in der vorgeschriebenen Form[61]. *Inhaltlich* kommen nur bestimmte materielle Rechte infrage: Geldforderungen und (andere) Ansprüche auf Leistung vertretbarer Sachen oder Wertpapiere, ferner „Ansprüche aus einer Hypothek oder Grundschuld", § 794 Abs. 1 Nr. 5 Satz 2[62]. Stets muß der Anspruch selbst bestimmt und die jeweilige Summe aus der Urkunde ziffermäßig genau feststellbar sein[63]. Unzulässig ist also eine Unterwerfung wegen aller (Geld-)Ansprüche aus der laufenden Geschäftsbeziehung[64], ebenfalls eine solche bis zu einem bestimmten Höchstbetrag[65]. Der Schuldgrund braucht aus der Urkunde nicht ersichtlich zu sein.

Weiter ist die Unterwerfungsklausel als ausdrückliche, wenn auch nicht wortgetreue Erklärung, „sich der sofortigen Zwangsvollstreckung zu unterwerfen", erforderlich. Die vollstreckbare Urkunde nach § 794 Abs. 1 Nr. 5 ersetzt insofern Prozeß und Urteil, wie der Zusatz „sofortig" besagt. Bei der dinglichen Haftung versteht das Gesetz die sofortige Vollstreckungsmöglichkeit gewissermaßen als eine dingliche Last auf dem Grundstück: denn die Unterwerfung ist auch zu Lasten künftiger Erwerber in der Form möglich, daß die (sofor-

[61] Die im Gesetz genannte Beurkundungsmöglichkeit durch ein deutsches Gericht ist durch das Beurkundungsgesetz von 1969, § 56 Abs. 4 aufgehoben. Die Protokollierung im gerichtlichen Vergleich reicht allerdings aus, weil diese jede Form ersetzt.

[62] Dieselbe Beschränkung auf bestimmte Rechte stellt das Gesetz beim Urkundenprozeß auf, vgl. § 592.

[63] BGHZ 22, 54, 58: Bestimmbarkeit durch Umstände außerhalb der Urkunde reicht nicht aus.

[64] Vgl. RGZ 132, 6 8, (dort als Beispiel angeführt): alle künftigen Ansprüche aus einem Gesellschafts- oder Mietverhältnis.

[65] Zur Höchstbetragshypothek, § 1190 BGB, BayObLG NJW 1954, 1808 m. w. N.: unzulässig wegen Unbestimmtheit.

tige) Vollstreckung aus dem Grundpfandrecht gegen den jeweiligen Grundstückseigentümer zulässig sein soll; diese Vereinbarung bedarf als Wirksamkeitsvoraussetzung der Eintragung im Grundbuch, § 800[66].

Die *Rechtsnatur* der Unterwerfungserklärung ist umstritten: unstreitig ist lediglich, daß sie einseitig und nicht empfangsbedürftig ist, vor allem also keiner Annahme bedarf[67]. Streitig ist, ob es sich um eine Prozeßhandlung oder um eine materiell rechtliche Willenserklärung handelt. Darauf kann es ankommen, sofern es beispielsweise um die Wirksamkeitsvoraussetzungen (Prozeßfähigkeit — Geschäftsfähigkeit), um die Aufhebungsmöglichkeit (Anfechtung nach §§ 119, 123 BGB), um die Vertretung (materiell rechtlich nach § 180 BGB keine Vertretung durch Vertreter ohne Vertretungsmacht möglich, prozessual § 89) oder um die Zulässigkeit von Bedingungen geht[68]. Zutreffend erscheint es, nicht so sehr an der zumindest verfügungsähnlichen und insoweit auf das materielle Recht hinweisende Regelung des § 800 anzuknüpfen, sondern an der prozeßersetzenden Funktion der Unterwerfungsklausel. Mit ihr wird nicht nur dasselbe Ergebnis der Vollstreckbarkeit wie im Prozeß erreicht, sie ist auch „prozeßverdrängend" in dem Sinne, daß eine zusätzlich erhobene Leistungsklage mangels Rechtsschutzinteresses abzuweisen wäre. Das rechtfertigt es im Ergebnis[69], die Unterwerfungserklärung als Prozeßhandlung zu qualifizieren.

2. *Andere Vollstreckungstitel*

Die im allgemeinen Teil des Vollstreckungsrechts, §§ 704 und 794, genannten Vollstreckungstitel bilden keinen abschließenden Katalog. So ist nach §§ 928, 936 auch den im 5. Abschnitt des 8. Buchs geregelten Eilbehelfen des Arrests und der einstweiligen Verfügung[70] die Qualität als Vollstreckungstitel beigelegt. Außerhalb der ZPO sind insbesondere zu erwähnen der Zuschlag in der Zwangsversteigerung, § 93 ZVG[71], und der

66 BGHZ 26, 344.

67 Siehe dazu RGZ 84, 317, 318; KG NJW 1971, 434, 435 f, sub 3.

68 Vgl. O. *Werner* aaO. DNotZ 1969, 713 ff, 714 f; zur Vertiefung und etwaigen Anwendbarkeit materiellrechtlicher Regeln auf die Prozeßhandlungen, *Henckel* aaO. S. 31, 34 ff, 65 ff.

69 Ebenso die h. M., z. B. — jeweils mit weiteren Nachweisen: KG NJW 1971, 434, 435 sub 3; *Lent-Jauernig* § 3, II, S. 18; *Stein-Jonas-Münzberg* § 794 Anm. VII 3; Einzelheiten bei *Werner* aaO.

70 Darüber im einzelnen unten § 18.

71 Dazu unten § 11 III 6.

Auszug aus der Konkurstabelle, § 164 KO, auf Grund dessen die Konkursgläubiger ihre im Konkurs festgestellten und auch vom Gemeinschuldner nicht bestrittenen Forderungen, soweit diese im Konkurs nicht erfüllt worden sind, nach Verfahrensabschluß gegen den — ehemaligen — Gemeinschuldner vollstrecken lassen können. Vollstreckbar sind ferner vor dem Jugendamt beurkundete Verpflichtungen zu bestimmten Unterhaltszahlungen, §§ 49 f JWG. Bedeutsam ist, daß nach §§ 62, 64, 85 ArbGG die Entscheidungen im Arbeitsgerichtsprozeß Vollstreckungstitel sind und daß diese Titel im Verfahren nach dem 8. Buch der ZPO vollstreckt werden, § 62 Abs. 2 ArbGG. Auch die strafprozessuale Verurteilung zu einer Vermögensstrafe und die im Strafprozeß ergangenen Kostenentscheidung sind ein Titel für die zivilprozessuale Zwangsvollstreckung, §§ 463, 464b StPO[72].

§ 5. Die Vollstreckungsklausel

I. Die vollstreckbare Ausfertigung

1. Zweck und Anwendungsbereich

Das Vollstreckungsverfahren soll nicht mit Rechtsfragen hinsichtlich des zu vollstreckenden Anspruchs befrachtet werden. Darum wird eine öffentliche Urkunde mit dem darin verbrieften Anspruch als Titel zugrunde gelegt. Gewisse Voraussetzungen der Vollstreckung sind allerdings auch bei Vorliegen eines Titels noch zu überprüfen. Enthält beispielsweise der Urteilstenor keinen Zusatz über die vorläufige Vollstreckbarkeit, so kann es sich um ein rechtskräftiges und also vollstreckbares Urteil handeln, es kann auch ein Fall des § 712 Satz 1, also des Ausschlusses der vorläufigen Vollstreckbarkeit aus besonderen Gründen, vorliegen. Das Vollstreckungsorgan soll jedoch grundsätzlich von rechtlichen Erwägungen dieser Art verschont bleiben; zudem kann es im Normalfall derartige Prüfungen nicht vornehmen, weil es weder die Prozeßakten noch ein vollständiges Urteil, vgl. § 317 Abs. 2, erhält.

[72] Vgl. ergänzend die Zusammenstellung in der Geschäftsanweisung für die Gerichtsvollzieher, § 68. Zur geplanten Reform s. F. H. *Gaul*, Zur Reform des Zwangsvollstreckungsrechts, JZ 1973, 473 ff, 477 u. FN 66.

Das gerichtliche Originalurteil mit den eigenhändigen Unterschriften der Richter verbleibt ohnehin bei den Prozeßakten. Die Parteien erhalten neben der zur Kenntnisnahme bestimmten vollständigen (beglaubigten) Abschrift, lediglich Ausfertigungen: amtliche und beglaubigte Abschriften, die im Verkehr die Urschrift ersetzen, vgl. § 317 Abs. 2; im Regelfall werden diese Ausfertigungen in abgekürzter Form erteilt, also ohne Tatbestand und Entscheidungsgründe.

Darum findet vor dem Beginn der Zwangsvollstreckung ein auf gewisse Minimalanforderungen beschränktes Prüfungsverfahren statt, dessen (positives) Ergebnis die Erteilung der Vollstreckungsklausel ist. Diese ist somit lediglich die amtliche Bestätigung der Vollstreckbarkeit. Sie wird auf dem Vollstreckungstitel vermerkt, beim Urteil auf der Ausfertigung nach § 317 Abs. 2. Enthält eine derartige Ausfertigung die Vollstreckungsklausel im Sinne des § 725, d. h. den auf der Urkunde vermerkten Zusatz „Die vorstehende Ausfertigung wird dem ... (genaue Angabe des vollstreckungsberechtigten Gläubigers) ... zum Zwecke der Zwangsvollstreckung erteilt“, so liegt die „vollstreckbare Ausfertigung“ vor. Daraus, daß die vollstreckbare Ausfertigung abgelöst vom materiellen Recht und unabhängig vom zugrunde liegenden Verfahren einschließlich des Klauselverfahrens selbständiger Träger des Vollstreckungsrechts ist[1], ergeben sich zwei praktisch bedeutsame Folgerungen:

1. Wurden irrtümlich zwei vollstreckbare Ausfertigungen nebeneinander erteilt, so bedeutet dies wegen der Verselbständigung der Vollstreckungsbefugnis die Gefahr einer Doppelvollstreckung. Darum wird grundsätzlich nur eine vollstreckbare Ausfertigung erteilt. Immerhin kann sich — etwa bei Verlust der ersten vollstreckbaren Ausfertigung — die Notwendigkeit der Ausstellung einer zweiten Ausfertigung ergeben. Diese ist dann besonders als weitere Ausfertigung zu kennzeichnen, vor ihrer Erteilung kann der Schuldner gehört werden, er ist auf jeden Fall zu benachrichtigen, § 733. Zur Kontrolle dient der Vermerk auf der Urschrift, § 734.

2. Bei Leistungen an den Gerichtsvollzieher ist die vollstreckbare Ausfertigung nebst einer Quittung dem Schuldner auszuhändigen. Teilleistungen sind auf ihr zu quittieren, § 757. Der Besitz einer vollstreckbaren Ausfertigung ermächtigt den Gerichtsvollzieher dem

[1] Vgl. OLG Nürnberg NJW 1965, 1867.

Schuldner gegenüber zur Vornahme der Zwangsvollstreckung, § 755 Satz 1, vgl. auch Satz 2; ihre Aushändigung an das zuständige Vollstreckungsorgan begründet das „Antragsverhältnis", § 754. Leistet der Schuldner an den Gläubiger oder hat der Gerichtsvollzieher den Titel entgegen § 757 dem Gläubiger nach der Vollstreckung zurückgegeben, so kann der Schuldner in entsprechender Anwendung des § 371 BGB und also kraft eigenen speziellen materiellen Rechts die Herausgabe der Ausfertigung verlangen[2].

Die Vollstreckungsklausel ist nicht nur bei Urteilen erforderlich, sondern als spezifisch vollstreckungsrechtliche Voraussetzung im Regelfall bei allen Titeln, die zur zivilprozessualen Vollstreckung führen können. Nur ausnahmsweise entfällt kraft besonderer Regelung das Erfordernis einer vollstreckbaren Ausfertigung: so reicht eine einfache Titelausfertigung beim Vollstreckungsbefehl, § 796 Abs. 1[3], und — im Interesse der Eilbedürftigkeit — beim Arrest und der einstweiligen Verfügung aus, §§ 929, 936.

Soll in diesen Fällen allerdings die Vollstreckung für oder gegen eine andere Person als die im Titel genannte ermöglicht werden, so bleibt die Vollstreckungsklausel erforderlich: hier hat sie über die Prüfung bestimmter Formalitäten und über ein formelles Positivattest hinaus besondere Funktionen wahrzunehmen, auf die nicht zu verzichten ist (dazu und zu einem weiteren Fall unten sub II-IV).

2. *Die Erteilung der Klausel*

Geht es bei der Vollstreckungsklausel lediglich um die Überprüfung der allgemeinen Voraussetzungen der Vollstreckbarkeit eines Titels, also um den Normalfall der §§ 727 f., so wendet sich der Gläubiger mit seinem entsprechenden (formlosen) Antrag an den Urkundsbeamten der Geschäftsstelle, und zwar der gerichtlichen Geschäftsstelle, welche die Prozeßakten verwahrt, § 724 Abs. 2. Aus ihnen läßt sich ohne besondere Rechtskenntnis die bei der Klauselerteilung erforderliche Ent-

[2] OLG Nürnberg NJW 1965, 1867 (allerdings begründet mit einer extensiven Auslegung des § 757); *Stein-Jonas-Münzberg* § 724 Anm. I 4 mit Einzelheiten und weiteren Nachweisen über die Streitfrage, ob dieser Weg erst nach Abschluß der Vollstreckungsgegenklage, § 767, möglich ist oder auch bereits bei Befriedigung des Gläubigers.

[3] Von der Gesetzessystematik her handelt es sich hier um eine Sonderregelung im (kurzen) besonderen Teil, §§ 795 ff, für die im § 794 genannten weiteren Titel.

scheidung treffen. Der Schuldner braucht nicht gehört zu werden, vgl. dagegen z. B. § 730.

Lehnt der Urkundsbeamte die Klauselerteilung ab, etwa, weil er die Rechtskraft zu Unrecht verneint, so kann der Gläubiger die Entscheidung des Prozeßgerichts verlangen, § 576 Abs. 1, und dagegen ggf. mit der einfachen Beschwerde angehen, § 576 Abs. 2; § 793 greift noch nicht ein, weil die Klauselerteilung nicht Teil der Zwangsvollstreckung ist, sondern nur deren Vorbereitung dient. Der Schuldner, der sich gegen die Erteilung der vollstreckbaren Ausfertigung wendet, beispielsweise weil er übersehen hat, daß der ohne Vollstreckbarkeitserklärung erlassene Titel (vgl. § 712 Satz 1) inzwischen rechtskräftig geworden ist, kann nach § 732 Erinnerung einlegen, im Beispielsfall natürlich ohne Erfolg.

II. Klauselerteilung bei bedingten Titeln

1. *Regelungszweck und Anwendungsgebiet*

a) Eine der beiden Gruppen, in denen der Klausel eine besondere Bedeutung zukommt, bilden die Fälle, in denen das im Titel verbriefte Recht noch nicht fällig ist. Weil die vollstreckbare Ausfertigung die verselbständigte Vollstreckungsbefugnis ist, und weil dem Vollstreckungsorgan eine Prüfung des materiellen Rechts erlassen ist, auch soweit etwaige spezielle Wirksamkeitserfordernisse im Titel selbst vermerkt sind, ist grundsätzlich im sogenannten Klauselverfahren zu prüfen, ob das im Titel enthaltene Recht in concreto bereits durchsetzbar ist, § 726.

Beispiele: Urteile über aufschiebend bedingte Ansprüche, im Hinblick auf die Prozeßvoraussetzung des Rechtsschutzbedürfnisses kommen vor allem Klagen nach § 259 auf künftige Leistung bei Besorgnis der späteren Nichterfüllung infrage[4]. So kann unter dieser Voraussetzung der Gläubiger den Bürgen verklagen, an ihn, falls die Zwangsvollstreckung gegen den Schuldner zu keinem Ergebnis führe, vgl. § 771 BGB, die geschuldete Summe zu zahlen. Im Urteil wird dann nur die bedingte Zahlungspflicht ausgesprochen. Die vollstreckbare Ausferti-

[4] Darüber, daß § 259 bei aufschiebend bedingten Ansprüchen eingreifen kann, BGHZ 5, 342, 344; *A. Blomeyer*, Zivilprozeßrecht, 1963, § 35, II 2 b.

gung darf nur erteilt werden, wenn der Bedingungseintritt feststeht. Dasselbe gilt natürlich auch bei den anderen Vollstreckungstiteln[5]; insbesondere beim Prozeßvergleich[6], vor allem dem Räumungsvergleich mit Ersatzraumklausel, und bei den vollstreckbaren Urkunden spielt die Aufnahme bestimmter Bedingungen eine Rolle: so etwa, wenn der Geltendmachung des Anspruchs oder der Hypothek eine Kündigung vorauszugehen hat. Auch hier darf die Vollstreckungsbefugnis nur bei entsprechender materiell rechtlicher Berechtigung hergestellt werden, die Klauselerteilung setzt also den Nachweis der Kündigung voraus.

b) In all diesen Fällen hat das Klauselverfahren die Funktion, das inhaltlich bedingte im Titel verbriefte Gläubigerrecht auf seine sofortige Durchsetzbarkeit zu überprüfen. *Grundvoraussetzung* dazu ist, daß die Bedingtheit aus dem Titel selbst ersichtlich ist. Ferner stellt § 726 darauf ab, daß der Eintritt der nach dem Titel relevanten Tatsache zur Beweislast des Gläubigers steht. Nur dann muß sich der Gläubiger in dem von ihm zu betreibenden Klauselverfahren um diesen Nachweis bemühen. Das hat seinen guten Grund darin, daß ihm in der notwendigen Vorstufe einer (erforderlichen) zwangsweisen Rechtsdurchsetzung nichts aufgebürdet werden darf, was ihm nach der Rechtsordnung nicht obliegt. Normalerweise trägt der Gläubiger allerdings bei einer aufschiebenden Bedingung nach allgemeinen prozessualen Grundsätzen die Beweislast.

Praktisch bedeutsam und anschaulich ist in diesem Zusammenhang die Behandlung der sog. *kassatorischen Klausel*, also einer „Verfallsklausel" des Inhalts, daß in Fällen vereinbarter Ratenzahlung der gesamte Rest bei nicht pünktlicher Zahlung fällig wird. Hier soll der Gläubiger nicht erst die Nichtzahlung dartun und nachweisen müssen, bevor er die Gesamtsumme verlangt. Im Regelfall stellt diese Abmachung eine Wohltat für den Schuldner dar, der durch pünktliche Ratenzahlung die Zahlungspflicht und Vollstreckung hinsichtlich des Gesamtbetrages abwenden kann. Ist es also der — im Einzelfall natürlich anders ausgestaltbare — Inhalt der Verfallklausel, daß der Schuldner durch den Nachweis pünktlicher Ratenzahlung die sofortige Zahlungspflicht in voller Höhe abwenden kann, so bedeutet dies für das Vollstreckungsverfahren, daß dem Gläubiger die vollstreck-

[5] Dazu mit Einzelbeispielen *Stein-Jonas-Münzberg* § 726 Anm. II 7.

[6] Vgl. OLG Nürnberg MDR 1960, 318: Wirksamkeit des Anspruchs bei Erteilung der vormundschaftlichen Genehmigung.

bare Ausfertigung in vollem Umfang erteilt wird, — der Schuldner muß bei Inanspruchnahme in materiell rechtlich unberechtigter Höhe seinerseits die entsprechenden Verfahrensbehelfe ergreifen[7].

2. Sonderregelung

a) Kalendermäßige Befristung. Hängt die Fälligkeit und somit auch die Durchsetzbarkeit des titulierten Rechts von einem bestimmten Kalendertag ab, etwa bei Verurteilung zu künftiger Leistung: der Beklagte hat dem Kläger am 1. Januar 1974 20 000,— DM zu zahlen[8], so müßte an sich dasselbe wie oben gelten, weil Befristung und aufschiebende Bedingtheit insoweit gleich strukturiert sind, vgl. § 163 BGB[9]; die nach § 726 maßgebliche Tatsache wäre dann lediglich der Eintritt des bestimmten Kalendertages. Aus Praktikabilitätsgründen bleibt die Befristung jedoch im Klauselverfahren außer Betracht, d. h. die vollstreckbare Ausfertigung wird erteilt. Natürlich darf nicht vor Ablauf des maßgeblichen Kalendertages vollstreckt werden. Den Eintritt dieses Kalendertages oder eines nach dem Kalender bestimmbaren Termines kann jedoch das Vollstreckungsorgan selbst unschwer feststellen. Darum gilt § 726 für Befristungen nur dann, wenn die Frist nicht kalendermäßig feststellbar ist.

Beispiel: Die Unterhaltungsabfindung ist laut einem Prozeßvergleich im Scheidungsverfahren 14 Tage nach Rechtskraft des Scheidungsurteils zu zahlen.

b) Verurteilungen auf Leistung „Zug um Zug“. Verurteilungen Zug um Zug, die als Folge eines Zurückbehaltungsrechts nach § 273 BGB oder auf die „Einrede des nichterfüllten Vertrages“, § 320 BGB, ergehen, vgl. §§ 274, 322 BGB, bedeuten, daß dem Gläubiger zwar das Recht auf die eingeklagte Leistung zugesprochen wird, jedoch nur abhängig davon, daß er selbst die von ihm geschuldete Leistung bewirkt. Wollte man bei der

[7] Da es um die materiell rechtlichen Voraussetzungen geht, bleibt regelmäßig nur der Weg über die Vollstreckungsgegenklage, § 767. Dazu unten im Zusammenhang § 15.

[8] Denkbar etwa bei der Klage auf den Restbetrag eines in zwei Raten zahlbaren Kaufpreises; prozessual zulässig ist eine derartige Klage bereits nach § 257. Ein praktisch bedeutsames Beispiel bilden die Fälle des § 721; dazu im Zusammenhang unten § 17 I am Ende.

[9] Siehe z. B. *Manfred Wolf* § 13 I 2 in Athenäum-Zivilrecht I, S. 172 f.

Zwangsvollstreckung das Erbringen der eigenen Leistung nach § 726 Abs. 1 im Klauselverfahren verlangen, so würde dies den Gläubiger zur Vorleistung zwingen: damit wäre bei §§ 320 ff BGB ohne ausreichenden Grund das funktionelle Synallagma aufgehoben. Um dieses jedoch zu wahren, ist nach § 726 Abs. 2 die Klausel unabhängig von der Zug-um-Zug-Verurteilung zu erteilen. Die Beachtung des funktionellen Synallagmas erfolgt erst an der Stelle, die im Vollstreckungsverfahren dem Leistungsaustausch entspricht, nämlich bei dem konkreten Vollstreckungsakt als der Zwangsverwirklichung des Anspruchs.

Denkbar und im Einzelfall nicht auszuschließen ist, daß der Gerichtsvollzieher oder neben diesem der Gläubiger (vor allem bei einer Bringschuld) die vom Gläubiger geschuldete Leistung erst einmal „in einer den Annahmeverzug begründenden Weise“, vgl. § 756, anbieten muß. Dieser Weg erübrigt sich jedoch praktisch häufig angesichts der Regelung des § 274 Abs. 2 BGB, vgl. auch § 322 Abs. 3. Danach kann der Gläubiger nämlich ohne Bewirkung der ihm obliegenden Leistung vollstrecken, wenn der Schuldner im Annahmeverzug ist. Das ist bei Zug-um-Zug-Leistungen bereits dann der Fall, wenn der Vollstreckungsschuldner zwar gewillt ist, die ihm geschuldete Leistung anzunehmen, jedoch nicht seinerseits die von ihm geschuldete Leistung anbietet, § 298 BGB. War bereits die Einleitung des Zwangsvollstreckungsverfahrens gegen den Schuldner erforderlich, so greift § 298 BGB im Regelfall ein. Beim konkreten Vollstreckungsakt geht es dann praktisch nur noch um den Nachweis des Annahmeverzuges, wofür § 756 mit Rücksicht auf eine leichte Nachprüfbarkeit durch das Vollstreckungsorgan öffentliche oder öffentlich beglaubigte Urkunden und die Zustellung einer Abschrift davon an den Schuldner verlangt.

Eine *Ausnahme* von diesem Abwicklungsmechanismus bei Zug-um-Zug-Leistungen ist dann erforderlich, wenn der Schuldner zur *Abgabe einer Willenserklärung* verurteilt ist. Daß hier die Berücksichtigung der eigenen Verpflichtung bereits im Klauselverfahren erfolgt, liegt an dem besonderen Vollstreckungsvollzug derartiger Leistungspflichten: nach § 894 Abs. 1 Satz 1 werden die Willenserklärungen mit der Rechtskraft des verurteilenden Erkenntnisses als abgegeben fingiert; es besteht also kein besonderer, dem Leistungsaustausch gleichstehender und von einem Vollstreckungsorgan vorzunehmender Verfahrensabschnitt in der Zwangsvollstreckung. Einzige Möglichkeit bietet hier das Klauselverfahren, vgl. § 894 Abs. 1 Satz 2 und auch § 726 Abs. 2.

c) Prozessuale Sicherheitsleistungen. Der § 726 Abs. 1 findet ferner keine Anwendung auf „die dem Gläubiger obliegende Sicherheitsleistungen", also auf die im Zusammenhang mit der vorläufigen Vollstreckbarkeit auszusprechende prozessuale Sicherheitsleistung. Ob diese Bedingung für die Vollstreckbarkeit eingetreten ist, prüft das Vollstreckungsorgan vor dem konkreten Vollstreckungsakt, § 726 Abs. 1. Der innere Grund dafür liegt darin, daß hier nicht das zu vollstreckende materielle Recht von einer noch ausstehenden „Tatsache" abhängt, sondern lediglich die Vollstreckbarkeit[10]. Der (äußere) Grund ist der, daß die Sicherheitsleistung leicht nachprüfbar ist, sofern sie dem Vollstreckungsorgan in der Form des § 751 Abs. 2 nachgewiesen wird. Hier gilt dasselbe wie bei befristeten Titeln.

III. Die titelübertragende Vollstreckungsklausel

Vollstreckungsvoraussetzung ist, daß der Vollstreckungsgläubiger und der -schuldner genau bezeichnet sind, § 750[11]. Normalerweise sind sie identisch mit den im Titel als berechtigt und verpflichtet genannten Personen, so etwa beim Urteil oder Prozeßvergleich mit den im Rubrum aufgeführten Parteien, in der vollstreckbaren Schuldurkunde mit dem dadurch ausgewiesenen Gläubiger und dem sich der Vollstreckung Unterwerfenden. Sachgerecht erscheint es jedoch darüber hinaus, die Vollstreckung beispielsweise auch für oder gegen den Erben des im Titel ausgewiesenen Berechtigten bzw. Verpflichteten zuzulassen, auf den sich bei einem Urteil ohnehin die Rechtskraft erstreckte. Darum ermöglicht das Vollstreckungsrecht in einer Reihe von Fällen unter bestimmten Voraussetzungen die Umschreibung des Vollstreckungstitels für und gegen andere als im Titel genannte Personen. Das erfolgt im Klauselverfahren. „Transformationsmittel" ist also die Vollstreckungsklausel.

[10] Es bleibt darum bei § 726 Abs. 1, sofern das materielle Recht selbst durch eine Sicherheitsleistung nach materiellem Recht bedingt ist, z. B. im Fall des § 273 Abs. 3 Satz 1; vgl. RG JW 1936, 249.

[11] Vgl. auch den Wortlaut der Klausel, § 724.

Die Möglichkeit einer Titelumschreibung auf sich selbst oder gegen den Rechtsnachfolger des Schuldners ist für den Gläubiger eine erhebliche Erleichterung. Sie beruht auf der Erwägung, daß einerseits einem bereits titulierten Recht dieser „Vorzug" bei einer Rechtsübertragung nicht entzogen werden soll, daß andererseits eine Rechtsnachfolge auf der Schuldnerseite den Gläubiger nicht von vornherein um den Vorteil des einmal erlangten titulierten Rechts bringen soll. Die Erleichterung wirkt sich dahin aus, daß es keines neuen Prozesses bedarf; vielmehr wird das einmal im Erkenntnisverfahren erstrittene Ergebnis zugrunde gelegt; zusätzlich erfolgt die Prüfung der Rechtsnachfolge. Diese vereinfachte Möglichkeit der Rechtsdurchsetzung führt umgekehrt dazu, daß im Rahmen der Umschreibungsvoraussetzung eine selbständige Klage des Rechtsnachfolgers oder gegen diesen mangels Rechtsschutzbedürfnisses als unzulässig abzuweisen ist. Als Fälle einer derartigen titelübertragenden Klausel kommen infrage:

1. Die Rechtsnachfolge

Je nachdem, ob der Titel für oder gegen den Rechtsnachfolger umgeschrieben werden soll, ist zu differenzieren:

1. *Rechtsnachfolge auf der Gläubigerseite.* Die Vollstreckungsbefugnis kann auf sich übertragen lassen, wer Rechtsnachfolger des im Titel bezeichneten Gläubigers ist. Rechtsnachfolge ist im weitesten Sinne zu verstehen, sie umfaßt die Universalsukzession (z. B. beim Erbfall, § 1922 BGB), den rechtsgeschäftlichen, gesetzlichen und hoheitlichen Einzelrechtserwerb, ferner auch nur den Erwerb abgeleiteter Rechte, wie z. B. bei der Verpfändung[12]. Der maßgebliche *Zeitraum* für diese Rechtsnachfolge ist beim Urteil einerseits begrenzt durch die Rechtshängigkeit der Sache, andererseits praktisch erst durch den Erfolg der Vollstreckungsmaßnahme und damit durch den Verbrauch des Vollstreckungstitels.

2. *Rechtsnachfolge auf der Schuldnerseite.* Eine Umschreibung des Titels *gegen* den *Gesamtrechtsnachfolger* des im Titel aus-

[12] Zur speziellen, aber exemplarisch wertvollen und interessanten Frage der „Rechtsnachfolge" beim Wechselregreß *Karsten Schmidt*, Titelumschreibung im wechselrechtlichen Remboursregreß, 1973, ZZP 86, 188 ff.

gewiesenen Schuldners ist unbeschränkt möglich. Beim Erbfall sind die Fristen des § 1958 BGB zu beachten, jedoch kann ohne weitere Formalitäten eine beim Erbfall bereits begonnene Vollstreckung in den Nachlaß, aber natürlich nur in diesen, fortgesetzt werden, § 779.

Als *Einzelrechtsnachfolge* auf der Schuldnerseite kommt ferner, weil der Begriff der Rechtsnachfolge ganz weit auch im Sinne der Nachfolge in eine Verbindlichkeit auszulegen ist, die private Schuldübernahme infrage[13]. Schließlich ist eine Titelumschreibung gegen einen neuen Schuldner denkbar beim *Erwerb der in Streit befangenen Sache* oder des unmittelbaren Besitzes daran.

Dem Rechtsnachfolger ist der Eintritt in die Situation des Vollstreckungsschuldners zumutbar, sofern der Titel gegen ihn Rechtskraft wirkt, vgl. § 325. Das ist bei einer Schuldübernahme und dem Erwerb des *Besitzes* an der streitbefangenen Sache stets der Fall, da hier Gutglaubensschutz ausscheidet. Für den *Rechtserwerb* an der in Streit befangenen Sache bedeutet jene Beziehung auf die Rechtskraft allerdings, daß die Titelumschreibung nicht gerechtfertigt ist, sofern die einer Rechtskrafterstreckung entgegenstehende doppelte Gutgläubigkeit des § 325 Abs. 2, nämlich hinsichtlich der Berechtigung des Vorgängers und der Streitbefangenheit der Sache, vorliegt. Das wird zwar nicht — etwa als Art negativer Voraussetzung — bei der Klauselerteilung berücksichtigt, jedoch kann sich der Erwerber und nunmehrige „Vollstreckungsschuldner" gegen die erteilte Klausel nach § 732 wehren.

2. *Die Fälle des § 728*

§ 728 entspricht der Regelung des § 727 im Grundanliegen, die Vollstreckungsmöglichkeit gegen Dritte im Rahmen materiell-

[13] So die wohl h. M., *Baumbach-Lauterbach*, § 727 Anm. 1 A; *Lent-Jauernig* § 4, III; *Schönke-Baur* § 15, IV 1 b bb; *Thomas-Putzo* § 727 Anm. 3. Die *kumulative* Schuldübernahme entläßt den früheren Schuldner nicht aus der Haftung. Sie kommt also bei einer Übertragung der Vollstreckungsbefugnis nicht infrage, vgl. BGH NJW 1957, 420; OLG Schleswig JZ 1959, 668 (mit insoweit, allerdings auf die Urkunde nach § 794 Abs. 1 Nr. 5 beschränkter Anmerkung von *Sieg*); *a. A. Stein-Jonas-Münzberg* § 727 Anm. II 2 (allein zulässig beim „allgemeinen Rechtsnachfolger"). Daß § 727 insoweit auch eingreift, wenn man die Anwendbarkeit des § 265 auf die privative Schuldübernahme ablehnt (vgl. BGH NJW 1973, 1700), *A. Blomeyer*, Zivilprozeßrecht § 47, I 3, S. 234 und FN 4; § 92, V und § 93, II.

rechtlicher Verfügungsmacht des ursprünglichen Schuldners und daraus resultierender Bindung des Dritten zu ermöglichen. Rechtsnachfolge liegt zwar weder bei Eintritt des Nacherbfalls vor — der Nacherbe ist nicht Rechtsnachfolger des Vorerben, sondern des Erblassers §§ 2100, 2139 BGB — noch im Verhältnis zwischen Testamentsvollstrecker und Erben; so tritt etwa bei Beendigung der Testamentsvollstreckung keine Rechtsnachfolge ein, vielmehr erwirbt der Erbe seine (unbeschränkte) Verfügungsmacht. Sofern hier jedoch eine Rechtskrafterstreckung infrage kommt, §§ 326 f, die ihrerseits auf der entsprechenden materiell-rechtlichen Befugnis des Vorerben bzw. des Testamentsvollstreckers beruht, besteht die Möglichkeit der Klauselumschreibung nach § 727. Hier verdeutlicht sich ein sachgemäßes Zusammenspiel von materiell-rechtlichen Regeln und den verfahrensrechtlichen Grundsätzen über Prozeßführungsbefugnis und Rechtskraft, beide in der funktionsbedingten vollstreckungsrechtlichen Ausformung.

Zur Verdeutlichung dieses Zusammenwirkens und der gesetzlichen Regelung einige *Beispiele:*

1. Der Vorerbe hat im Prozeß auf Herausgabe eines zur Erbschaft gehörenden Gegenstandes obsiegt; das Urteil wirkt *zugunsten* des Nacherben Rechtskraft, § 326 Abs. 1, dieser kann den Titel auf sich umschreiben lassen, § 728 Abs. 1.

2. Beansprucht (umgekehrt) ein Dritter einen Gegenstand, den der Vorerbe zu Unrecht als Erbe in Besitz genommen hat, und wird der Klage stattgegeben, so erwächst das Urteil *gegen* den Nacherben in Rechtskraft, § 326 Abs. 2, soweit der Vorerbe prozeßführungsbefugt war, vgl. §§ 2112 und 2113 bis 2115 BGB[14]. In diesem Umfang kann der Kläger den Titel gegen den Nacherben umschreiben lassen, § 728 Abs. 1.

3. Zahlungsurteil gegen den (den Nachlaß verwaltenden) Testamentsvollstrecker wegen einer Nachlaßverbindlichkeit. Da der Testamentsvollstrecker prozeßführungsbefugt ist, § 2213 Abs. BGB, tritt nach § 327 Abs. 2 Rechtskrafterstreckung ein. Folglich besteht nach

[14] An sich versteht das Gesetz die Prozeßführung nicht als Verfügung; das Bindeglied stellt hier die Anknüpfung des § 326 Abs. 2 an die Verfügungsmöglichkeit dar.

Abschluß der Testamentsvollstreckung die Umschreibungsmöglichkeit gegen den Erben[15].

Entsprechendes würde zwischen Vorerben und Nacherben nicht gelten, da Rechtskrafterstreckung zuungunsten des Nacherben bei Zahlungsverbindlichkeiten nicht eintritt, vgl. insoweit die unterschiedliche Fassung der beiden Absätze des § 326.

3. Weitere Fälle der Anwendbarkeit des § 727

Das Gesetz regelt durch die Verweisung auf § 727 zwar die Fälle, daß die Testamentsvollstreckung entfällt und der Erbe das unbeschränkte Verfügungsrecht erwirbt und daß ein für oder gegen den Erblasser ergangenes Urteil für oder gegen den Testamentsvollstrecker — im Umfang der Testamentsvollstreckung — umgeschrieben werden kann, § 749; es fehlen jedoch sowohl für die Rechtskraft wie auch für die Klauselerteilung allgemeine Vorschriften für den Rechtsübergang auf sog. *„Parteien kraft Amtes"*, also beispielsweise den Konkursverwalter, § 6 KO, den Nachlaßverwalter, §§ 1984 ff BGB und den Zwangsverwalter, §§ 150, 150d ZVG. Kennzeichnend für diese Parteien kraft Amtes ist, daß hier keine Vertretung vorliegt, sondern eine Verfügungsmacht über fremdes Vermögen kraft *eigener* Amtsstellung, wenn auch für fremde Rechnung[16]. Darum erscheint hier — ebenso wie beim Testamentsvollstrecker, § 728 — zumindest eine entsprechende Anwendung des § 727 geboten[17]. Der Titel kann also für oder gegen die Partei kraft Amtes wie auch — wenn der Titel auf sie lautete und das Amt beendet ist — für und gegen den Rechtsinhaber umgeschrieben werden.

15 Während bestehender Testamentsvollstreckung ist dies nicht nötig, vgl. § 748 und als vorbereitenden Akt § 728 Abs. 2 Satz 2.

16 Der Meinungsstreit, ob es derartige Parteien kraft Amtes trotz ihrer Erwähnung in § 114 Abs. 3 gibt, ist immer noch — vor allem in Hinblick auf die Rechtsstellung des Konkursverwalters — virulent. M. E. begegnet eine Anerkennung generell wie auch in den genannten Fällen keinen durchgreifenden Bedenken. Zum Problem *A. Blomeyer*, Zivilprozeßrecht § 6, I 3, S. 42; *Henckel*, Parteilehre und Streitgegenstand, 1961, S. 118 ff; zum Meinungsstreit in jüngerer Zeit *Stein-Jonas-Pohle* Anm. II 3 vor § 50.

17 *Schönke-Baur* § 15, IV 1 c; *Stein-Jonas-Münzberg* § 727 Anm. III.

IV. Die titelerstreckende Klausel, § 729

Selbst bei weitester Auslegung des Begriffs der Rechtsnachfolge lassen sich hierunter die Fälle einer Schuldmitübernahme (mit der Folge einer Gesamtschuld) nicht mehr fassen. Nach der Sondervorschrift des § 729 kann bei einer Schuldmitübernahme, die kraft vertraglicher Vermögensübernahme, § 419 BGB, oder einer Firmenübernahme nach § 25 HGB eintritt, die vollstreckbare Ausfertigung auch gegen den neuen Schuldner erteilt werden. Nach allgemeiner Meinung fällt unter § 729 auch die Schuldübernahme beim — dem § 419 nachgebildeten — Erbschaftskauf, vgl. § 2382 BGB.

Die vollstreckbare Ausfertigung gegen den Übernehmer und zusätzlichen Schuldner ist unabhängig von der etwa schon gegen den bisherigen Schuldner gewährten zu erteilen; allerdings ist in der Klausel die Gesamthaftung zu erwähnen. Voraussetzung ist in § 729 über § 727 hinaus, daß die rechtskräftige Feststellung des vollstreckbaren Anspruchs bereits vor der Vermögens-, Erbschafts- oder Geschäftsübernahme erfolgt war. Ist die Schuld rechtskräftig festgestellt, so bestehen „in billiger Rücksicht auf die Gläubiger“[18] keine Bedenken, hier auch gegen neu hinzutretende Schuldner die Vollstreckung zuzulassen. Für nicht der Rechtskraft fähige Titel, vor allem § 794 Abs. 1 Nr. 1 und 5, kommt es auf den Zeitpunkt der Errichtung des Titels an.

V. Das Klauselverfahren insbesondere

1. Das Verfahren

Sofern die Vollstreckungsklausel nicht nur ein mehr oder weniger formelles schlichtes Positivattest der Vollstreckbarkeit ist, sofern also die Fälle des § 726 und §§ 727—729 vorliegen, ist auch das Prüfungsverfahren (gegenüber dem Normalfall des § 724) besonders ausgestaltet. Zuständig ist nicht mehr der Urkundsbeamte der Geschäftsstelle, sondern der Rechtspfleger, § 20 Nr. 12 RPflG. Der Schuldner kann gehört werden, § 730. Liegen die Voraussetzungen nach § 726 oder §§ 727 ff vor, so

[18] *Stein-Jonas-Münzberg* § 729 Anm. I.

ist die Vollstreckungsklausel zu erteilen; die Formulierung in § 727 ist mißverständlich: „kann" bedeutet nicht, daß hier dem Rechtspfleger Ermessen eingeräumt ist, sondern enthält lediglich eine „administrative Zuständigkeitsregel" und bezeichnet „in Verbindung mit dem übrigen Inhalt des Paragraphen lediglich die Voraussetzungen eines berechtigten Verlangens der Erteilung der Klausel"[19].

2. *Die Position des Gläubigers: der urkundliche Nachweis und die Rechtsbehelfe im weitesten Sinne*

Der Nachweis der die Vollstreckung rechtfertigenden Tatsache, sei es bei § 726 Abs. 1, sei es beim Rechtsübergang oder bei der Schuldmitübernahme, ist durch eine öffentliche oder öffentlich beglaubigte Urkunde zu führen. Eine umständliche Beweisaufnahme findet also im Klauselverfahren nicht statt. Allerdings reicht nach § 727 Abs. 2 auch Offenkundigkeit aus. Das muß auch für die als Bedingungseintritt relevante Tatsache des § 726 gelten. Ferner erübrigt sich ein Nachweis, wenn der Schuldner bei seiner Anhörung, § 730, die maßgebliche Tatsache zugesteht, § 288[20]. Da die Beschaffung öffentlicher Urkunden für den Gläubiger nicht immer ganz einfach ist, normiert das Vollstreckungsrecht eine besondere Antragsbefugnis zugunsten des Gläubigers, § 792. So kann der Gläubiger, der die Zwangsvollstreckung gegen den Erben betreiben will, anstelle des Schuldners einen Erbschein verlangen. Läßt sich der erforderliche Nachweis mit den genannten Urkunden nicht führen, so muß der Gläubiger „bei dem Prozeßgericht des ersten Rechtszuges aus dem Urteil auf Erteilung der Vollstreckungsklausel Klage erheben", § 731.

Die Klage ist gegen den Schuldner zu richten. Dieser kann jedoch die Vollstreckungsklausel nicht erteilen. Die h. M. sieht darum in der Klage eine Feststellungsklage des Inhalts, daß die Klauselerteilung gegen den Beklagten zulässig sei[21]: Stelle das Gericht rechtsbezeugend

[19] So bereits RGZ 57, 327, 330.

[20] Absolut h. M., vgl. *Stein-Jonas-Münzberg* § 726 Anm. V; *Thomas-Putzo* § 726 Anm. 3; § 727 Anm. 7.

[21] So z. B. *Baumbach-Lauterbach* § 731 Anm. 1; *Lent-Jauernig* § 4, V 4; *Schönke-Baur* § 16, IV 1 b; *Thomas-Putzo* § 731 Anm. 1 b; vgl. auch *Rosenberg* § 176, I 1 d.

fest, daß die Voraussetzungen der Erteilung vorlägen, so habe der Rechtspfleger diesem Anspruch zu gehorchen und die Klausel zu erteilen[22]. Das erscheint allerdings bedenklich, weil die Klage nicht auf Feststellung der für §§ 726 ff nachzuweisenden Tatsache gerichtet ist — mittelbar ist in den Gründen natürlich deren Vorliegen darzutun —, sondern unmittelbar auf die *Erteilung der Klausel.* Darum liegt die Vorstellung einer *Rechtsgestaltungsklage* mit dem Ziele, auf dem Wege des § 731 die Voraussetzung der Vollstreckungsklausel darzutun, näher[23].

Im Hinblick auf das Rechtsschutzinteresse für die Klage ist es erforderlich, daß der Kläger den für die einfache Umschreibung nach §§ 726 ff erforderlichen Nachweis nicht zu führen vermag. Der Kläger muß dann gegebenenfalls auch dartun, daß er sich entsprechende Urkunden nicht auf einfache Weise zu beschaffen vermag. Fraglich ist, ob der Gläubiger, der die Klauselerteilung nach §§ 726 ff erstrebt hat, seiner Ansicht nach jedoch zu Unrecht vom Rechtspfleger abschlägig beschieden wurde, unmittelbar nach § 731 Klage erheben kann oder erst den „Instanzenzug“ gegen diese ablehnende Entscheidung ausschöpfen muß, also die Erinnerung nach § 11 RPflG und ggf. sogar Beschwerde einlegen muß. Meiner Ansicht nach müßte es im Regelfall als ausreichend anzusehen sein, wenn bereits die nach der Zuständigkeitsordnung maßgebliche erste staatliche Instanz den Standpunkt vertritt, der Nachweis sei nicht erbracht; zuvor Erinnerung einzulegen ist dem Gläubiger allenfalls ausnahmsweise zumutbar, (leer)formelhaft gesprochen: nur bei größter Wahrscheinlichkeit, daß die Entscheidung abgeändert werde[24].

3. Die Rechtsbehelfe des Schuldners

a) Wie bei der Klauselerteilung durch den Urkundsbeamten der Geschäftsstelle kann sich der Schuldner gegen die vollstreckbare Ausfertigung durch den Rechtspfleger nach §§ 726—729 mit der Erinnerung gem. § 732 wehren. Da sich dieses Klauselverfahren auf die formellen Voraussetzungen der Vollstreckbarkeit bezieht, kann der Schuldner hier geltend machen, daß der Nach-

[22] So wörtlich *Baumbach-Lauterbach* aaO.

[23] So bereits *Bettermann*, Rechtshängigkeit und Rechtsschutzform, 1949, S. 58 ff (64 sub β); *Schlosser*, Gestaltungsrecht und Gestaltungsklage, 1966, S. 99; *Stein-Jonas-Münzberg* § 731 Anm. I 3.

[24] Im Ergebnis in etwa ebenso *Stein-Jonas-Münzberg* § 731 Anm. I 2 mit weiteren Nachweisen über den Meinungsstand. Die h. M. scheint dazu zu neigen, die vorherige Erinnerung zu verlangen, vgl. *Thomas-Putzo* § 731 Anm. 4 c.

weis des Bedingungseintritts oder der Rechtsnachfolge nicht in der gebotenen Form geführt sei. Er kann allerdings auch unmittelbar die Rechtsnachfolge oder den Bedingungseintritt, die an sich einen materiell-rechtlichen Mangel der Berechtigung darstellen, bestreiten, da damit zugleich die speziellen Voraussetzungen der Klauselerteilung angegriffen werden[25]. Da § 732 jedoch nur Vorbringen speziell gegen die Klausel zuläßt, sind Einwendungen gegen den materiell-rechtlichen *Anspruch* als solchen unstatthaft.

b) Neben § 732 kann der Schuldner, sofern er materiell-rechtliche Einwendungen gegen die Klauselerteilung in den Fällen der §§ 726 ff erheben will, nach § 768 Klage gegen die Vollstreckungsklausel erheben und hier vor allem zusätzlich Einwendungen gegen den materiell-rechtlichen Anspruch als solchen geltend machen. Ziel dieser Klage ist es, die Zwangsvollstreckung für unzulässig zu erklären[26].

c) In beiden Fällen kann das vom Schuldner angerufene Gericht nach § 732 Abs. 2 und nach §§ 769, 768 vor seiner Entscheidung *Eilmaßnahmen* zum Schutze des Schuldners treffen, insbesondere in einer einstweiligen Anordnung die vorläufige Einstellung der Zwangsvollstreckung — evtl. gegen Sicherheitsleistung des Schuldners — verfügen oder die Vollstreckung von einer vorherigen Sicherheitsleistung des Gläubigers abhängig machen[27].

§ 6. Die besonderen Voraussetzungen des Vollstreckungsbeginns, insbesondere die Zustellung

Landläufig werden die Vollstreckungsvoraussetzungen mit der klassischen Dreierformel Titel — Klausel — Zustellung umrissen. Das ist mißverständlich, weil nur der Titel und die

[25] Vgl. *Schönke-Baur* § 16, III 2 b; *Stein-Jonas-Münzberg* § 732 Anm. I 1 und 2.

[26] Zu dieser speziellen Art der Vollstreckungsgegenklage im Zusammenhang unten § 15.

[27] Zum Problem der Anfechtbarkeit derartiger Anordnungen *Baur*, Fälle und Lösungen, Fall 11, S. 46 ff.

Klausel im eigentlichen Sinne Voraussetzungen der Zwangsvollstreckung sind. Daneben gibt es bestimmte Erfordernisse, die vor dem *Beginn* der Vollstreckung vorliegen müssen, die also genauer als „Voraussetzungen für den Beginn der Zwangsvollstreckung“[1] anzusprechen sind.

1. Die Personen, für und gegen die vollstreckt werden soll, müssen vor Vollstreckungsbeginn im Titel oder in der beigefügten Klausel namentlich bezeichnet sein. Das Vollstreckungsorgan soll die Identität zweifelsfrei feststellen können. Danach sind die Anforderungen an die namentliche Bezeichnung zu bestimmen, die sich im wesentlichen mit den Erfordernissen für die Bezeichnung im Urteilsrubrum, vgl. § 313 Abs. 1 Nr. 1, decken. So ist die Angabe des Vornamens für § 750 zumindest dann erforderlich, wenn nur so „die Nämlichkeit des Betroffenen festzustellen ist“[2]. Im kaufmännischen Bereich ist die Angabe der Firma anstelle des Inhabernamens statthaft, vgl. auch § 17 Abs. 2 HGB[3].

2. *Die Zustellung*

a) Der Information des Schuldners und einer gewissen letzten Warnung dient die Regelung, daß der Vollstreckungstitel dem Schuldner zugestellt sein muß, bevor mit der Vollstreckung begonnen werden darf, § 750. Es kann angesichts der Möglichkeit der Ersatzzustellung, §§ 181 ff, vorkommen, daß der Beklagte vom Urteil keine Kenntnis erhält, unter Umständen sogar noch nicht einmal von der gegen ihn erhobenen Klage. Da Urteile im Regelfall nicht von Amts wegen vom Gericht zugestellt werden[4], sondern erst auf Parteiinitiative im „Parteibetrieb“, § 317, schafft § 750 also noch eine letzte Möglichkeit, vom Urteil zu erfahren. Notwendigkeit und Bedeutung der darin zugleich liegenden Warnung, daß nun mit der Zwangsbeitreibung zu rechnen sei, mag folgendes Beispiel veranschaulichen:

[1] So *Schönke-Baur* § 19 Überschrift und vor I in Gegenüberstellung zu den „Voraussetzungen für die Zwangsvollstreckung überhaupt“.

[2] RG JW 1914, 943; vgl. auch RGZ 85, 166 f und OLG Hamm MDR 1962, 994 mit weiteren Nachweisen.

[3] Im einzelnen dazu *Noack*, Vollstreckung für und gegen den Kaufmann, JR 1966, 18.

[4] Ausnahme: beim schriftlichen Verfahren, § 310 Abs. 2.

Ein Unterhaltsschuldner war seiner im Urteil oder im Prozeßvergleich ausgesprochenen Zahlungspflicht oder der in einer vollstreckbaren Urkunde niedergelegten Schuld stets nachgekommen, so daß eine Einleitung des Vollstreckungsverfahrens und eine Ausstellung der vollstreckbaren Ausfertigung überflüssig waren. Unterbleiben die Zahlungen aus irgendeinem Grunde (aus Versehen oder bewußt), verdeutlicht die Zustellung des Titels die rechtliche Situation, daß der Schuldner nunmehr mit einem unmittelbaren Zwangszugriff rechnen muß.

Allerdings geht im Regelfall die Schutzfunktion des § 750 nicht so weit, daß auch die Vollstreckungsklausel oder wenigstens die zur Vollstreckung benutzte Urteilsausfertigung zugestellt werden müßte. Hat der siegreiche Kläger die Zustellung betrieben, um den Lauf der Rechtsmittelfrist in Gang zu setzen, vgl. §§ 516, 552, so bedarf es keiner weiteren besonderen Zustellung zum Zwecke der Vollstreckung mehr[5]. Auch ist normalerweise keine besondere Karenzfrist für den Schuldner vorgesehen mit Ausnahme der in § 798 aufgeführten Sonderfälle, bei denen eine rechtzeitige vorherige Information über den zu zahlenden Betrag (Regelunterhaltsbezifferung, Prozeßkosten) und eine besondere Warnung, insbesondere bei der vollstreckbaren Urkunde, geboten erscheinen. Da der Gerichtsvollzieher zugleich das zuständige Zustellungsorgan der ZPO ist, vgl. § 166 und 750 Abs. 1 a. E., können sogar Zustellung und Beginn der Vollstreckungsmaßnahmen zeitlich zusammenfallen.

b) Hat die Klauselerteilung nicht nur die Bedeutung eines schlichten Positivattestes, sondern stellt sie den Eintritt einer Bedingung oder die Zulässigkeit der Vollstreckung für oder gegen andere als die im Titel genannten Personen fest, so bedarf es im besonderen Maße der Information des Betroffenen. Wenn § 750 Abs. 2 hier auch die Zustellung der Klausel verlangt, so bedeutet dies, daß Identität zwischen der zugestellten Urkunde und der zur Vollstreckung dienenden Urkunde vorliegen muß: hier muß die Zustellung notwendig auf die Vollstreckung hinweisen. Ferner müssen zur Information

[5] *Stein-Jonas-Münzberg* § 750 Anm. III 1.

auch die Urkunden, auf denen die Klauselerteilung im Verfahren nach §§ 726 f beruhen, abschriftlich beigefügt werden.

3. Voraussetzungen für den Beginn der Zwangsvollstreckung enthält schließlich § 751, wonach gegebenenfalls nicht vor dem Eintritt des materiell-rechtlich maßgeblichen Kalendertages oder des Nachweises der prozessualen Sicherheitsleistung vollstreckt werden darf[6].

[6] Dazu bereits oben § 4 II 2 a; § 5 II 1.

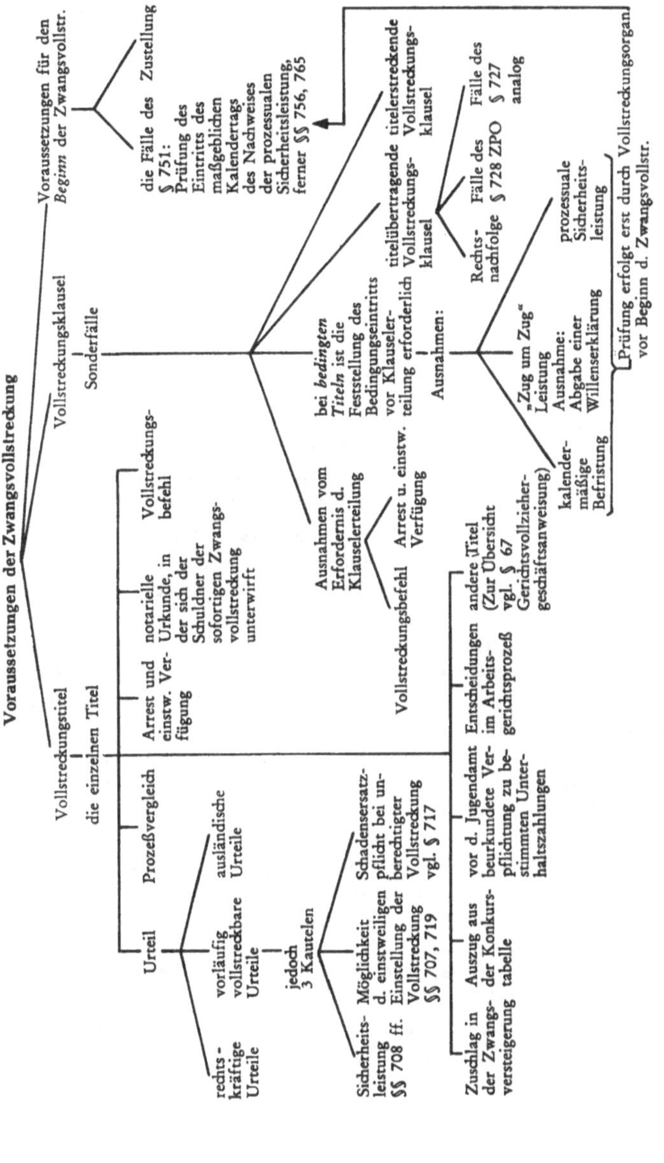
Voraussetzungen der Zwangsvollstreckung
Vollstreckungstitel
die einzelnen Titel
Urteil
rechts-kräftige Urteile
vorläufig vollstreckbare Urteile
ausländische Urteile
jedoch 3 Kautelen
Sicherheitsleistung §§ 708 ff.
Möglichkeit d. einstweiligen Einstellung der Vollstreckung §§ 707, 719
Schadensersatzpflicht bei unberechtigter Vollstreckung vgl. § 717
Prozeßvergleich
Arrest und einstw. Verfügung
notarielle Urkunde, in der sich der Schuldner der sofortigen Zwangsvollstreckung unterwirft
Vollstreckungsbefehl
Zuschlag in der Zwangsversteigerung
Auszug aus der Konkurstabelle
vor d. Jugendamt beurkundete Verpflichtung zu bestimmten Unterhaltszahlungen
Entscheidungen im Arbeitsgerichtsprozeß
andere Titel (Zur Übersicht vgl. § 67 Gerichtsvollziehergeschäftsanweisung)
Vollstreckungsklausel
Sonderfälle
Ausnahmen vom Erfordernis d. Klauselerteilung
Vollstreckungsbefehl
Arrest u. einstw. Verfügung
bei *bedingten Titeln* ist die Feststellung des Bedingungseintritts vor Klauselerteilung erforderlich
Ausnahmen:
kalendermäßige Befristung
„Zug um Zug" Leistung Ausnahme: Abgabe einer Willenserklärung
prozessuale Sicherheitsleistung
Prüfung erfolgt erst durch Vollstreckungsorgan vor Beginn d. Zwangsvollstr.
titelübertragende Vollstreckungsklausel
Rechtsnachfolge
Fälle des § 728 ZPO
Fälle des § 727 analog
titelerstreckende Vollstreckungsklausel
Voraussetzungen für den *Beginn* der Zwangsvollstr.
die Fälle des § 751: Prüfung des Eintritts des maßgeblichen Kalendertags des Nachweises der prozessualen Sicherheitsleistung, ferner §§ 756, 765
Zustellung

3. ABSCHNITT

Die Zwangsvollstreckung wegen Geldforderungen

A. Die Vollstreckung in das bewegliche Vermögen

§ 7. Anwendungsbereich und allgemeine Grundsätze der Vermögenshaftung und der Vollstreckung in das bewegliche Vermögen

A. Blomeyer, Zur Lehre vom Pfändungspfandrecht, Festgabe für von Lübtow, 1970, S. 803 ff; *Gaul,* Die Struktur der Zwangsvollstrekkung, RPfl. 1971, 1 ff, 4 ff, sub c); *Henckel,* Prozeßrecht und materielles Recht, 1970, 5. Kapitel, S. 309 ff; *G. Huber,* Die Versteigerung verpfändeter Sachen, 1970; *Karsten Schmidt,* Pfandrechtsfragen bei erlaubtem und unerlaubtem Eingriff der Mobiliarvollstreckung in schuldnerfremde Rechte, JuS 1970, 545 ff; *Kuchinke,* Pfändungspfandrecht und Verwertungsrecht bei der Mobiliarzwangsvollstrekkung, JZ 1958, 198; *Lüke,* Die Bereicherungshaftung des Gläubigers bei der Zwangsvollstreckung in eine dem Schuldner nicht gehörige bewegliche Sache, 1954, AcP 153, 533; Der Inhalt des Pfändungspfandrechts, JZ 1955, 484; Die Rechtsnatur des Pfändungspfandrechts, JZ 1957, 239; *Martin,* Pfändungspfandrecht und Widerspruchsklage im Verteilungsverfahren, 1963; dazu die ausführliche Besprechung von *Pieper,* AcP 166, 532 ff; *Pinger,* Der Gläubiger als Enteigner einer schuldnerfremden Sache, JR 1973, 94 ff; *Säcker,* Der Streit um die Rechtsnatur des Pfändungspfandrechts, JZ 1971, 156; *Stein,* Grundfragen der Zwangsvollstreckung, 1913; O. *Werner,* Die Bedeutung der Pfändungspfandrechtstheorie, JR 1971, 278 ff.

Ausgangsbeispiel: A hat gegen B eine (titulierte) Forderung in Höhe von 5000,— DM. Da alle Zahlungsaufforderungen nichts fruchten, ist eine Zwangsvollstreckung unumgänglich. Besonders geeignet dafür erscheint die luxuriöse Wohnungsausstattung des B (Teppiche, Gemälde, alte Möbel).

Anknüpfend an die Darstellung der Gesetzessystematik unseres Vollstreckungsrechts[1] ist zuerst festzustellen, daß es hier um die Zwangsdurchsetzung einer Geldforderung geht, also um die Realisierung des im Vermögen des B liegenden Haftungswertes. Worauf die Vollstreckung zu richten ist, bestimmt der Gläubiger bereits durch die Auswahl des Vollstreckungsorgans, an das er sich wendet: will er die Zwangsvollstreckung in das unbewegliche Vermögen in Form einer Zwangshypothek betreiben, so ist das Grundbuchamt zuständig, §§ 866 Abs. 1, 867 (im einzelnen unten § 11); soll in das bewegliche Vermögen vollstreckt werden, so wäre für eine beabsichtigte Lohnpfändung das Vollstreckungsgericht, §§ 828, 850 ff (unten § 9), für eine Zwangsverwertung der Wohnungseinrichtung dagegen der Gerichtsvollzieher, § 808 (im einzelnen unten § 8), zuständig. Im Ausgangsbeispiel wären also die Vorschriften über die Zwangsvollstrekkung in das bewegliche Vermögen einschlägig, und davon wieder diejenigen, die speziell auf die Vollstreckung in körperliche Sachen abstellen, §§ 808 ff, zusätzlich die §§ 803 ff als die allgemeinen Vorschriften für die Zwangsvollstreckung in das bewegliche Vermögen.

I. Geldforderungen und Vermögenshaftung

Zwangsdurchsetzung von Geldforderungen bedeutet zwangsweise Realisierung der Vermögenshaftung. Die einzelnen Rechte berechtigen nicht nur — je nach Inhalt des Rechts — zur Benutzung und Verfügung, vgl. für das Eigentum § 903 BGB, sie sind für die Gläubiger des Rechtsinhabers zugleich Haftungsgut. Mit einer Verfügung über eine Sache trifft der Eigentümer eine vermögensmäßige Entscheidung: verschenkt er die Sache, wendet er den gesamten in der Sache liegenden Vermögenswert einem anderen unentgeltlich zu, verringert also insoweit sein eigenes Vermögen. Beim Kauf und Tausch wird die Gegenleistung eigenes Vermögen. Mit dieser den wirtschaftlichen Wert einer Sache realisierenden Verfügungsfunktion, die beispielsweise im Eigentum enthalten ist, korrespondiert die Haftungsfunktion des Vermögens zugunsten der Gläubiger[2].

[1] Siehe oben § 3, I 3, S. 39.

[2] Vgl. zu den verschiedenen Vermögensfunktionen *v. Tuhr,* Allgemeiner Teil, Bd. I, 1914, § 18, S. 313 ff; *Wieacker,* Der Eigentumsvorbehalt als dingliche Vorzugshaftung, ZAkR 1938, 590 ff; *Paulus,* Sinn und Form der Gläubigeranfechtung, 1956, AcP 155, 277 ff, 294 f.

Um diese Haftungsfunktion des Vermögens geht es bei der Zwangsvollstreckung wegen Geldforderungen. Die Vermögenshaftung bezieht sich dabei nicht auf ein konkretes Objekt. Dem Gläubiger haftet im Regelfall, sofern nicht der Titel sachlich beschränkt ist, wie etwa bei der dinglichen Hypothekenhaftung, das gesamte dem Schuldner gehörende Vermögen, wertmäßig begrenzt durch die Höhe der Forderung. Darum erfolgt der Vollzug der Haftungsrealisierung auch nicht in einer Verwertung des gesamten Vermögens, Gegenstand der Vollstreckung sind nur die einzelnen Vermögensbestandteile.

Das ist anders, sofern eine Befriedigung des Gläubigers aus den einzelnen Vermögensbestandteilen nicht zu erwarten ist, sofern die Geldforderung also höher ist als der Wert des Haftungsgutes. Das ist die Insolvenzsituation. Hier greifen dann die speziellen als Gesamtvollstreckung ausgestalteten Insolvenzverfahren, der Konkurs und der Vergleich, ein.

Zugleich verdeutlicht sich aus der Vermögenshaftung der Anwendungsbereich der Vollstreckung *wegen Geldforderungen*. Dazu sind also nur die Ansprüche zu zählen, die durch eine Realisierung der Vermögenshaftung zu befriedigen sind.

Darum gehören hierhin nicht „Individualansprüche“, etwa auf Herausgabe eines bestimmten Gegenstandes, und auch nicht solche, die lediglich in einen Geldanspruch übergehen können[3], wie der Anspruch auf Herausgabe der gekauften Sache im Hinblick auf den etwaigen Schadensersatzanspruch wegen Nichterfüllung, solange es noch um den konkreten Sachherausgabeanspruch geht. Auch Befreiungsansprüche sind nicht unmittelbar auf Geld gerichtet, darum nicht als solche durch die „Geldvollstreckung“ zu erfüllen, und zwar auch dann nicht, wenn der Anspruch darauf gerichtet ist, die Befreiung von einer Geldschuld herbeizuführen. Wegen des besonderen Inhalts des Befreiungsanspruchs, nämlich tätig zu werden mit dem Ziel der Befreiung des anderen von einer Verbindlichkeit, kommt hier in jedem Falle nur eine Vollstreckung nach §§ 887 infrage[4].

[3] Vgl. diese Formulierung beim Arrest in § 916 Abs. 1; dazu unten im Zusammenhang § 18 I und II.

[4] Dazu im einzelnen mit weiteren Nachweisen *Gerhardt*, Der Befreiungsanspruch, 1966, S. 14 ff; anders für den oben genannten Fall der Befreiung von einer Geldverbindlichkeit die h. M., Nachweise bei *Gerhardt* aaO. FN 25, zusätzlich etwa KG MDR 1970, 1018 f; *Baumbach-Lauterbach* § 887 Anm. 1 A; *Thomas-Putzo* § 887 Anm. 1.

Um die unmittelbare Vermögenshaftung geht es dagegen bei Ansprüchen auf Geldzahlung an Dritte, so daß deren Vollstreckung gleichfalls nach §§ 803 ff, 808 ff erfolgt[5].

Anwendungsgebiet der Vermögenshaftung ist schließlich die dingliche Haftung, z. B. bei Grundpfandrechten. Hier kommt gerade der Haftung gegenüber der Zahlungsverpflichtung primäre Bedeutung zu, allerdings mit der Besonderheit, daß sie auf ein bestimmtes Vermögensobjekt beschränkt ist.

Weil die Vermögenshaftung durch den Wert des Gläubigerrechts begrenzt ist, hat eine *Überpfändung* zu unterbleiben, § 803 Abs. 1 Satz 2, ebenfalls eine Vollstreckungsmaßnahme, deren Erlös nicht dem Gläubigerrecht zugute kommen würde, weil er durch die — vorrangig zu berücksichtigenden — Kosten der Zwangsvollstreckung aufgezehrt würde, § 803 Abs. 2.

In beiden Fällen handelt es sich allerdings nur um Ordnungsvorschriften: deren Nichtbeachtung beeinträchtigt nicht die Wirksamkeit der Zwangsvollstreckung, sie kann jedoch durch den allgemeinen vollstreckungsrechtlichen Rechtsbehelf der Erinnerung, § 766, mit deren Hilfe die Einhaltung der vollstreckungsrechtlichen Verfahrensvorschriften überwacht und ggf. bewirkt werden kann, gerügt werden.

Eine Konsequenz des Verbots der Überpfändung ist zugleich die Möglichkeit der *Nachpfändung:* erkennt das Vollstreckungsorgan, daß der Wert des gepfändeten Gegenstandes aus irgendeinem Grunde die Forderung des Gläubigers nicht deckt, z. B. bei unerwartet schlechten Verwertungschancen oder einem Preissturz, so hat es die Zwangsvollstreckung bereits aufgrund des ursprünglichen Antrages auf weitere Vermögenswerte zu erstrecken.

II. Verstrickung und Pfändungspfandrecht

Die Realisierung der Haftungsfunktion des Vermögens erfolgt in der Zwangsvollstreckung zweistufig: durch die staatliche Beschlagnahme des Haftungsgutes, die unser Vollstreckungsrecht bei der Mobiliarzwangsvollstreckung als *Pfändung* be-

[5] Grundlegend hierzu *Keil,* Zwangsvollstreckung auf Leistung an Dritte, 1915, ZZP 45, 113 ff, 122 f; siehe auch *Gerhardt,* Die Vollstreckung aus dem Vertrage zugunsten Dritter, JZ 1969, 691 ff, 692 sub I 2.

zeichnet, § 803 Abs. 1 Satz 1, und durch die *Verwertung* des gepfändeten Gegenstandes; der in diesem liegende wirtschaftliche Wert ist, um als Befriedigungsobjekt für eine Geldforderung tauglich zu sein, in Geld umzusetzen, sofern nicht bereits Geld selber Gegenstand der Pfändung ist, vgl. § 808 und § 815 Abs. 1. Daran schließt sich als Abwicklung des Vollstreckungsvorgangs die Aushändigung des Geldes an den Gläubiger an: damit ist das Ziel der Vollstreckung erreicht, das staatliche Zwangsverfahren hat durch die Auszahlung zum Erlöschen der Geldforderung und damit zur Befriedigung des Gläubigers geführt.

1. Die öffentlich-rechtliche Komponente der Vollstreckung

Die Art der staatlichen Beschlagnahme wie auch die erforderlichen Verwertungsmaßnahmen richten sich notwendig nach dem konkreten Vollstreckungsobjekt. Einheitlich für Beschlagnahme und Verwertung ist in allen Fällen der öffentlichrechtliche Charakter dieser Maßnahmen. Durch hoheitliche Tätigkeit des Staates erfolgt der Eingriff in das Schuldnervermögen sowohl bei der Beschlagnahme als auch bei der Verwertung. Wenn das Vollstreckungsverfahren auch der Durchsetzung des materiellen Rechts dient, so entscheiden über Berechtigung und Wirksamkeit der Vollstreckungshandlungen die (öffentlich-rechtlichen) Verfahrensvorschriften. Die Rechtmäßigkeit der Handlungen des Vollstreckungsorgans orientiert sich allein am öffentlichen Recht, nicht am dem Titel zugrunde liegenden materiellen Recht. Das bedeutet praktisch für die Wirksamkeit der Beschlagnahme und des Verwertungsaktes, daß die *Beschlagnahme* eines Gegenstandes wirksam ist, auch wenn etwa die Titelforderung inzwischen erloschen ist oder der Gegenstand dem vollstreckenden Gläubiger als Haftungsgut nicht gebührt, beispielsweise weil er nicht dem Schuldner gehört. Die vom Gesetz mit „Pfändung“ angesprochene Beschlagnahme führt zur *Verstrickung*. Verstrickung bedeutet sonach staatliche Sicherstellung des Vollstreckungsobjekts. Daraus folgt für den Schuldner ein Verlust der Verfügungsmöglichkeit, der als notwendige Folge der Verstrickung in allen Fällen einer wirksamen Pfändung eintritt, auch wenn das Gesetz dies nur bei der Pfändung von Forderungen und anderen Vermögensrechten, vgl. § 829 und durch Verweisung in §§ 846 und 857, erwähnt.

Der *Umfang* der Verfügungsbeschränkung ergibt sich aus dem Zweck der Zwangsvollstreckung, so daß Verfügungen, die das Vollstreckungsrecht des Gläubigers nicht beeinträchtigen, wirksam sind, so etwa, wenn der Schuldner bei bereits erfolgter Zahlung auf die Vollstreckungsschuld und darum in berechtigter Aussicht auf Aufhebung der staatlichen Beschlagnahme den gepfändeten Gegenstand sicherungsübereignet und sich der Erwerber aus den ihm glaubwürdig geschildeten Umständen damit einverstanden erklärt. Im übrigen sind trotz Verlustes der Verfügungsmöglichkeit vorgenommene Verfügungen bürgerlich rechtlich nach §§ 136, 135 BGB zu beurteilen.

Die Verstrickung als solche genießt den speziellen strafrechtlichen Schutz des § 137 StGB; demgegenüber ist der einer Zwangsvollstreckung zugrunde liegende materielle Anspruch vor allem im Rahmen des § 288 StGB geschützt.

Die wirksame Verstrickung ist entscheidende Grundvoraussetzung für die *Verwertung*[6]. An ihr und nicht etwa am Bestand des zugrunde liegenden Rechtes oder an der Zugehörigkeit des verstrickten Gegenstandes zum Schuldnervermögen bemißt sich die Wirksamkeit der Verwertungshandlung, konkret also etwa der Rechtserwerb an dem gepfändeten Gegenstand bei dessen Veräußerung (Versteigerung) durch den Gerichtsvollzieher.

Diese entscheidende öffentlich-rechtliche Komponente ist heute weitgehend anerkannt[7]. Sie war jedoch weder für den Gesetzgeber unseres Vollstreckungsrechts noch für die Literatur bis einschließlich der ersten Jahrzehnte unseres Jahrhunderts selbstverständlich. Vielmehr bestand die streng zivilistische Grundauffassung, ein durch die Pfändung erlangtes privatrechtliches Pfändungspfandrecht sei Grundlage der Verwertung. Bezeichnenderweise findet sich darum weder im Ge-

[6] Insoweit ist es eine Formulierungsfrage (Vgl. *Henckel* aaO. S. 313 ff, vor allem 318), ob man hier unmittelbar auf die Verstrickung selbst abstellt oder auf ein mit der Verstrickung unlösbar verbundenes, dann nur öffentlich rechtlich zu verstehendes Pfändungspfandrecht. Dazu unten im Text sub 2; Vgl. aber auch *Stein-Jonas-Münzberg* § 804 Anm. III, vor allem FN 40 und dazu im Text. Siehe ferner *Gaul* aaO. RPfl. 1971, 4, der zutreffend darauf verweist, daß im Grunde auch nicht die Verstrickung die Verwertung rechtfertigt, sondern — m. E.: zusätzlich — das dazu ermächtigende Gesetz.

[7] Anders *Pinger* aaO. JR 1973, 94 f, 96 ff.

setz noch in den Motiven ein Hinweis auf die den öffentlich-rechtlichen Charakter kennzeichnende Verstrickung. Indessen hat sich die Auffassung über die Art der Staatstätigkeit im Rahmen der Vollstreckung gewandelt[8]. Sie läßt sich, nicht zuletzt auch angesichts der später in die ZPO aufgenommenen Aufgaben, beispielsweise zum Schutze des Schuldners, nicht mehr als Gehilfenschaft zugunsten des Gläubigers verstehen, sondern nur als (hoheitliche) Ausübung staatlicher Gerichtsbarkeit[9].

2. *Das Pfändungspfandrecht als materiell-rechtliche Komponente*

Nach § 804 Abs. 1 erwirbt der Gläubiger durch die Pfändung ein Pfandrecht an dem gepfändeten Gegenstand. Während die ausschließlich öffentlich-rechtliche Natur des *Verwertungsvorgangs* heute fast einhellig akzeptiert wird, ist es nach wie vor streitig, ob dem Pfändungspfandrecht trotz des öffentlich-rechtlich bestimmten Vollstreckungsvorgangs ein spezieller materiell-rechtlicher Gehalt zukommt. Im wesentlichen stehen sich hier zwei — wieder in zahlreichen Modifikationen vertretene — Ansichten gegenüber, eine öffentlich-rechtliche, die allein auf die öffentlich-rechtlichen Voraussetzungen der Vollstreckung abstellt, und eine sog. gemischt privat-öffentlich-rechtliche Theorie[10].

Die *öffentlich-rechtliche Theorie* sieht das Pfändungspfandrecht als ein spezielles Recht öffentlich-rechtlicher, prozessualer Art an, das mit der Verstrickung „als dessen notwendige und ausnahmslose Folge" unlösbar verbunden ist, mit ihr entsteht und

[8] Grundlegend *Stein*, Grundfragen der Zwangsvollstreckung, 1913; ferner in der Rechtsprechung RGZ 153, 257 ff, 261; 156, 395 ff, 398; im einzelnen zu dieser Entwicklung *Henckel* aaO. S. 313 ff.

[9] Siehe die FN zuvor, ferner mit weiteren Nachweisen *Gaul* aaO. RPfl. 1971, S. 4 und FN 40.

[10] Vgl. im einzelnen zu dieser klassischen Streitfrage des Vollstreckungsrechts, deren Bedeutung gering ist (dazu in klarer Gegenüberstellung O. *Werner* JR 1971, 278 ff, 283 sub III), die eingangs aufgeführte Literatur, jeweils mit weiteren zahlreichen Nachweisen, ferner die umfangreiche Auseinandersetzung einerseits bei *Lent-Jauernig* § 16, III S. 53 ff, andererseits bei *Stein-Jonas-Münzberg* § 804 Anm. I. Am Untertitel des Aufsatzes von *Karsten Schmidt* JuS 1970, 545 „Zugleich zum Wert der Pfändungspfandrechtstheorie" wird deutlich, daß bereits dieser Theorienstreit als solcher Gegenstand rechtstheoretischer Überlegungen ist. *Henckel* (aaO. S. 310) verweist auf die Bedeutung für das Verständnis des Verhältnisses vom Prozeßrecht zum materiellen Recht.

erlischt[11]. Die materiell-rechtlichen Voraussetzungen eines Pfandrechts, etwa das Eigentum des Pfandbestellers und, als Folge der Akzessorietät, das Bestehen der zugrunde liegenden Forderung, vgl. §§ 1204, 1250, 1252 BGB, sind nicht maßgeblich.

Demgegenüber mißt die *„gemischte" und insoweit also privatrechtliche Theorie* dem Pfändungspfandrecht eine eigene, nämlich an den materiell-rechtlichen Wertungen orientierte Bedeutung zu. Nach ihr ist das Pfändungspfandrecht neben dem rechtsgeschäftlichen und neben dem gesetzlichen Pfandrecht eine dritte Art Pfandrecht, das sich zwar in der Entstehung von den anderen beiden unterscheidet, im übrigen jedoch deren Wirksamkeits- und Bestandsvoraussetzungen teilt. Ihr zufolge entsteht also kein Pfändungspfandrecht an schuldnerfremden Gegenständen oder bei Fehlen des titulierten Rechts.

„Gemischt" ist diese Theorie — nur historisch verständlich — insoweit, als sie zwar dem Pfändungspfandrecht materiell-rechtlichen Charakter beimißt, jedoch, wie heute allgemein üblich, den Verwertungsvorgang öffentlich-rechtlich versteht und sich insofern von der (reinen) zivilrechtlichen Theorie der früheren Zeit unterscheidet.

Daß der Theorienstreit noch heute virulent ist und von beiden Seiten immer aufs neue erhärtet wird, läßt den Schluß zu, daß offenbar keine Ansicht zu völlig sachwidrigen Ergebnissen führt. Das liegt im wesentlichen an den Modifizierungen, die inzwischen von jeder Seite erfolgt sind. Die entscheidende und insoweit auch erforderliche Einschränkung der ursprünglichen privatrechtlichen Theorie liegt in der Anerkennung der rein öffentlich-rechtlichen Beurteilung der Verstrickung und des Verwertungsvorgangs. Andererseits erscheint es nicht notwendig, auf die inhaltlichen materiell-rechtlichen Funktionen eines durch die Pfändung begründeten „Pfandrechts" zu verzichten. Von der öffentlich-rechtlichen Theorie her konzediert bereits *Münzberg*, daß in bestimmten Situationen die Vorschriften über das Faustpfandrecht als Richtlinie in Betracht kämen[12]. Das Gesetz selbst weist auf die Rangreihenfolge, die nacheinander erwirkte Pfändungspfandrechte

[11] *Thomas-Putzo* § 803 Anm. 5.
[12] *Stein-Jonas-Münzberg* § 804 Anm. III.

ebenso wie rechtsgeschäftlich bestellte Pfänder, vgl. § 1209 BGB[13], erhalten, § 804; auch ist die Gleichbehandlung im Konkurs ausdrücklich vorgeschrieben, §§ 49 Nr. 2, 48 KO. Darüber hinaus rechtfertigt gerade die Tatsache, daß das Vollstreckungs*verfahren* als solches in seinen Rechtmäßigkeitsvoraussetzungen ausschließlich am öffentlichen Recht gemessen wird und diesem die Bewertung der Wirksamkeit der Einzelmaßnahmen entnimmt, auch eine materiell-rechtliche Komponente als Korrektiv heranzuziehen. Maßgeblich ist wieder[14], daß der Vollstreckungserfolg letztlich nicht dem materiellen Recht zuwiderlaufen darf. Darum geht es nicht an, das Vollstreckungsergebnis nur an der Einhaltung der öffentlich-rechtlichen Verfahrensvorschriften zu messen. Diese entscheiden zwar über die Rechtmäßigkeit der Handlung des Vollstreckungsorgans und über die Rechtswirksamkeit der Verwertung, sie besagen jedoch nichts darüber, ob die so geschaffene Vermögenslage auch zwischen den Beteiligten Bestand hat oder ob der dem materiellen Recht widersprechende Rechtszustand bereicherungsrechtlich oder deliktisch auszugleichen ist, so etwa, wenn ein schuldnerfremder Gegenstand versteigert und der Erlös dem Gläubiger ausgehändigt worden ist[15]. Beläßt man dem Pfändungspfandrecht den materiell-rechtlichen Gehalt eines Pfandrechts, so liegt hierin zugleich das Kriterium für den rechtlichen Bestand der durch die Vollstreckungsmaß-

[13] Zu dieser Parallelität BGHZ 52, 99, 107; eingehend zum Präventionsprinzip unten sub III.

[14] Ebenso bei der Frage der Schadensersatzpflicht nach § 717, oben sub § 4, II 2 c.

[15] Würde die öffentlichrechtliche Theorie auch insoweit für eine ausschließlich öffentlich orientierte Bewertung eintreten, so führte sie sich selbst ad absurdum, — so allerdings *Harald Böhm,* Ungerechtfertigte Zwangsvollstreckung und materiellrechtliche Ausgleichsansprüche, 1971, S. 18 ff, 38 ff, 46 ff und öfters; *Gloede,* Haftet der Vollstreckungsgläubiger, der in schuldnerfremde bewegliche Sachen vollstrecken ließ, dem früheren Eigentümer aus ungerechtfertigter Bereicherung? MDR 1972, 291. Dagegen *Kaehler,* Vollstreckung in schuldnerfremde Sachen und Bereicherungsausgleich, JR 1972, 445 ff (mit Erwiderung von *Gloede,* JR 1973, 99 ff). Zur Deduktion mit sachgerechten Ergebnissen auch vom Boden der öffentlich rechtlichen Theorie aus z. B. *Stein-Jonas-Münzberg* § 804 Anm. III und früher bereits *Lüke* aaO. AcP 153, 547, der allerdings zugleich — insoweit von *Münzberg* (aaO. FN 42) gerügt — eine gewisse Inkonsequenz konzediert.

nahme geschaffenen Vermögensverschiebung[16]. Mit *Rudolf Bruns* läßt sich die Bedeutung des Pfändungspfandrechts ganz allgemein dahin umschreiben, daß sich unter diesem Begriff für jeden einzelnen Schritt des Vollstreckungsverfahrens von der Pfändung bis zur Befriedigung die Frage nach der Berechtigung des Gläubigers stellt, aus dem Pfandgegenstand Befriedigung zu erlangen[17].

Klammert man aus dem Pfändungspfandrecht nicht alle Parallelen zum materiell-rechtlichen Pfandrecht aus, so erschließen sich zudem die gesetzlichen Vorschriften über die Pfändung des beweglichen Vermögens besser dem Verständnis. Da der Gesetzgeber von der für den gesamten Vollstreckungshergang ausschlaggebenden Bedeutung eines zivilistischen Pfändungspfandrechts ausging, hat er die Pfändungsakte im wesentlichen der rechtsgeschäftlichen Pfandbestellung nachgebildet. Diese Parallelität erleichtert vor allem den Zugang zu den Vorschriften über die konkreten Erfordernisse der Rechtspfändung.

3. *Folgerungen und Zusammenfassung*

a) Die *Verstrickung* beurteilt sich in Entstehung und Fortbestand nach dem öffentlichen Recht. Sie ist Grundvoraussetzung der Verwertung, deren Wirksamkeit sich gleichfalls am öffentlichen Recht orientiert. Die Verstrickung folgt aus jeder ordnungsgemäßen Pfändung. Nur ganz grobe Verfahrensverstöße, wie z. B. das Fehlen eines Titels oder die Pfändung für und gegen andere als in dem Titel oder der Klausel genannte Personen, führen zur Unwirksamkeit der Pfändung und lassen darum auch keine Verstrickung eintreten.

b) Das *Fehlen materiell-rechtlicher Voraussetzungen* ist nicht für die Verstrickung relevant, sondern lediglich für die Entstehung des Pfändungspfandrechts. Für dieses ist zwar eine wirksame Pfändung und also auch die Verstrickung

[16] Im Ergebnis ebenso *Gaul* aaO. und in: Ungerechtfertigte Zwangsvollstreckung und materielle Ausgleichsansprüche, 1973, AcP 173; 423 f; *Henckel* aaO. S. 31 ff, 347; *G. Huber* aaO. S. 94; *Pieper* aaO. AcP 166, 537 f; *K. Schmidt* aaO. Jus 1970, 545 ff, 547 ff; *Schönke-Baur* § 25, II. Speziell dagegen vor allem *Münzberg* (*Stein-Jonas-Münzberg* § 804 Anm. III und in der Urteilsanmerkung der BGH-Entscheidung vom 6. 10. 71, JZ 1972, 215); zum Meinungsstand im einzelnen vgl. die umfangreichen Nachweise beispielsweise bei *Säcker* und *Werner* aaO.

[17] § 19, III 2, S. 85.

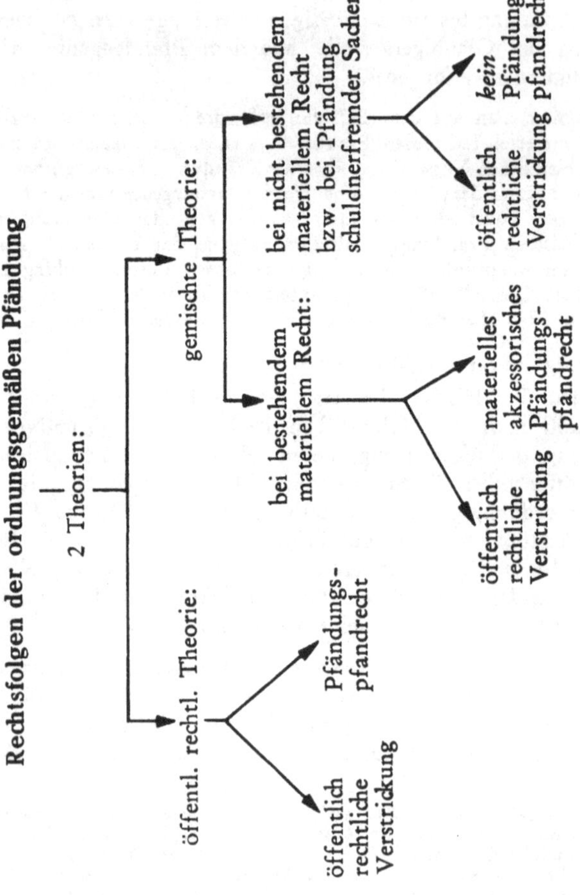
Rechtsfolgen der ordnungsgemäßen Pfändung
2 Theorien:
öffentl. rechtl. Theorie:
öffentlich rechtliche Verstrickung
Pfändungs- pfandrecht
gemischte Theorie:
bei bestehendem materiellem Recht:
öffentlich rechtliche Verstrickung
materielles akzessorisches Pfändungs- pfandrecht
bei nicht bestehendem materiellem Recht bzw. bei Pfändung schuldnerfremder Sachen:
öffentlich rechtliche Verstrickung
kein Pfändungs- pfandrecht

erste Wirksamkeitsvoraussetzung; zusätzlich müssen jedoch die materiell-rechtlichen Pfandrechtserfordernisse vorliegen. Darum tritt zwar die Verstrickung, nicht jedoch das Pfändungspfandrecht bei der Pfändung schuldnerfremder Sachen ein; ebenso ist es, wenn das titulierte Recht nicht besteht, etwa infolge inzwischen erfolgter Zahlung an den Gläubiger.

Weil das Pfändungspfandrecht im Vollstreckungsverfahren die materiell-rechtliche Komponente darstellt, sind hier nur materiell-rechtliche Mängel relevant: sie allein können bei einwandfreier Verstrikkung die Pfandrechtsentstehung verhindern. Überwiegend wird allerdings die Ansicht vertreten[18], bei Fehlen wesentlicher Vollstreckungsvoraussetzungen, die allerdings nicht so fundamental sind, daß bereits die Pfändung unwirksam ist, sei trotz wirksamer Verstrickung ein Pfändungsrecht zu verneinen. Jedoch ist insoweit eine Divergenz zwischen der wirksamen öffentlich-rechtlichen Verstrickung und der Unwirksamkeit des materiell-rechtlichen Pfandrechts nur aus den materiell-rechtlichen Regeln über die Haftungszuweisung zu entnehmen[19].

c) Das Pfändungspfandrecht ist nicht nur in der Entstehung streng akzessorisch, sondern auch im Fortbestand, vgl. § 1252 BGB. Es geht auch auf den Einzel- oder Gesamtrechtsnachfolger über, § 1250 BGB.

III. Das Präventionsprinzip

Kennzeichnendes Merkmal des Vollstreckungsrechts ist das Präventionsprinzip (Prioritätsprinzip): nach § 804 Abs. 3 geht das durch eine frühere Pfändung begründete Pfandrecht dem später begründeten vor. Entscheidend ist sonach der Zeitpunkt der Pfändung, also im Hinblick auf mehrere Gläubiger, die in etwa zur gleichen Zeit die Vollstreckung einleiten müssen, u. U. eine Zufälligkeit. „Wer zuerst kommt, mahlt zuerst" ist nur dann ein rechtlich erträglicher und akzeptabler Grundsatz, wenn die Kapazität der Mühle ausreicht, im Vollstreckungsrecht: wenn die Haftungssubstanz beim Schuldner zur Befriedigung der Gläubiger ausreicht. Ist das nicht der Fall, so ist es ungerecht, den zufälligen Zeitpunkt der Pfändung über die Befriedigung des einen (ersten) Gläubigers (in voller Höhe) entscheiden zu lassen und in Kauf zu nehmen,

[18] Z. B. *Bruns* § 19, III 2 d; *Schönke-Baur* § 25, III 2 a.
[19] Ebenso im Ergebnis *Lent-Jauernig* § 16, II und III C 1.

daß die anderen Gläubiger leer ausgehen[20]. Darum tritt nach unserer Rechtsordnung bei *Insolvenz* des Schuldners der Konkurs, ggf. auch der zur Abwendung des Konkurses geschlossene Vergleich, § 1 VglO, an die Stelle der Zwangsvollstreckung, also das Gesamtvollstreckungsverfahren mit der Verwertung des gesamten (pfändbaren) Vermögens zur Befriedigung aller Gläubiger an die Stelle des Einzelvollstreckungsverfahrens.

Die Gesamtvollstreckung beruht auf dem bereits im Römischen Recht bekannten Gerechtigungsprinzip der par conditio omnium creditorum[21], der gleichen Bedingungen für alle Gläubiger bei Insolvenz des Schuldners. Hier geht es in Anbetracht der Verfahrensvoraussetzungen, daß der Schuldner zahlungsunfähig ist, § 102 Abs. 1 KO, sonach seine Gläubiger nicht (voll) zu befriedigen in der Lage ist, um eine gleiche, möglichst hohe, anteilige Befriedigung der Gläubiger[22].

Immerhin birgt das bei uns im Vollstreckungsrecht geltende reine Präventionsprinzip auch trotz der Möglichkeit, die Eröffnung eines Konkursverfahrens zu beantragen, einige Härten: die durch eine kurz vor der Konkurseröffnung bewirkte Pfändung erlangte Rechtsstellung gewährt im Konkurs eine Vorzugsstellung; auch trifft den sich später um Befriedigung bemühenden Gläubiger die Notwendigkeit, den Konkursantrag zu stellen und das Eröffnungsverfahren zu betreiben, vgl. §§ 103 Abs. 2, 105 KO. Schließlich erscheint das Präventionsprinzip bedenklich bei sich über einen längeren Zeitraum hinziehenden Vollstreckungsmaßnahmen, wie etwa bei Lohn- oder Gehaltspfändungen, bei denen sich der einmal ordnungsgemäß erfolgte Pfändungsakt auch auf die in späteren Monaten fälligen Forderungen erstreckt, § 832[23].

Darum haben andere Rechtsordnungen (z. B. Italien, Schweiz, Frankreich) das reine Präventionsprinzip aufgegeben[24]. Sie behandeln meh-

[20] Vgl. zur geschichtlichen Entwicklung dieser Vorstellung mit weiteren Nachweisen und Quellenangaben *Gerhardt*, Die systematische Einordnung der Gläubigeranfechtung, 1969, S. 70 ff insbesondere 72 f und FN 184—191.

[21] Vgl. Ulpian D 42. 8. 6 § 7, a E.

[22] Zur Gegenüberstellung des Vollstreckungsrechts mit dem Konkursverfahren vgl. *Grunsky*, Einführung § 1, II 1 und 2, S. 3 ff.

[23] Dazu *Bruns* § 19, III 2 a und FN 23. Im einzelnen zu § 832 unten § 9 I 4 c.

[24] Dazu und im folgenden *Bruns* aaO., *Schönke-Baur* § 25, IV; *Stein-Jonas-Münzberg* § 804 Anm. III 6 mit weiteren Nachweisen in FN 65.

rere innerhalb eines bestimmten Zeitraums vollstreckende Gläubiger als *Verlustgemeinschaft:* hier findet ein „Konkursverfahren im kleinen“ statt, nämlich die anteilmäßige Befriedigung jener Gläubiger aus dem Pfändungsobjekt. Der — nicht Gesetz gewordene — Entwurf 1931 faßte alle binnen zehn Tagen mit der Erstpfändung entstandenen Pfandrechte als ranggleich auf, bildete also für entsprechende Zeiträume Verlustgemeinschaften, zwischen denen wiederum das Präventionsprinzip galt.

Das Präventionsprinzip mit den möglichen Folgen des Alles oder Nichts kann zu einem erbitterten Kampf zwischen zwei oder mehreren Pfändungsgläubigern führen, wenn der eine die Wirksamkeit der an sich vorausgegangenen Pfändung anzweifelt, oder auch dann, wenn an sich Pfändung, Verstrickung und Pfändungspfandrecht wirksam waren, jedoch ein Verfahrensmangel vorliegt, auf Grund dessen die erste Pfändung im Wege der Erinnerung hätte aufgehoben werden können[25]. Dieser Streit ist im speziellen *Verteilungsverfahren,* §§ 872 ff, auszutragen.

§ 8. Die Zwangsvollstreckung in bewegliche Sachen

H. F. Gaul, Die Struktur der Zwangsvollstreckung, RPfl. 1971, 1 ff; Materielle Rechtskraft, Vollstreckungsabwehr und zivilrechtliche Ausgleichsansprüche, JuS 1962, 1 ff; Ungerechtfertigte Zwangsvollstreckung und materielle Ausgleichsansprüche, 1973, AcP 1973, 323 ff; *Henckel,* Prozeßrecht und materielles Recht, 1970, vor allem Kap. 5, S. 309 ff; *G. Huber,* Die Versteigerung gepfändeter Sachen, 1970; *Kaehler,* Vollstreckung in schuldnerfremde Sachen und Bereicherungsanspruch, JR 1972, 475 ff; *Lüke,* Die Bereicherungshaftung des Gläubigers bei der Zwangsvollstreckung in eine dem Schuldner nicht gehörige bewegliche Sache, 1954, AcP 153, 533 ff; Versteigerung der gepfändeten Sache durch den Gerichtsvollzieher, 1955, ZZP 68, 341 ff; *Messer,* Die freiwillige Leistung des Schuldners in der Zwangsvollstreckung, 1966; *Pinger* (s. Literaturverzeichnis vor § 7).

Kennzeichnend für die Vollstreckung in bewegliche Sachen ist, daß der Zugriff auf einen gegenständlich verkörperten Vermögenswert erfolgt. Daraus folgt sowohl die Unterscheidung von nicht „verkörperten“ Vermögensrechten, wie Forderungen, Herausgabeansprüchen, Gesellschaftsanteilen, als auch die

[25] Vgl. dazu das sehr interessante Beispiel BGH JZ 1972, 214 mit ablehnender Anmerkung von *Münzberg.*

Ausgestaltung des Verfahrens. Die Verwirklichung der titulierten Gläubigerrechte erfolgt zweistufig: durch Pfändung und durch Verwertung der gepfändeten Sache.

I. Die Pfändung: Gegenstand und Vollzug

Zugriffsobjekt der Zwangsvollstreckung nach §§ 808 ff sind „körperliche Sachen", die sich im Gewahrsam des Schuldners befinden, § 808 Abs. 1.

1. *Pfändbare „körperliche Sachen"*

a) Körperliche Sachen sind alle beweglichen Sachen im Sinne des BGB. Sie sind also abzugrenzen von den Forderungen und anderen Vermögensrechten einerseits und andererseits von dem unbeweglichen Vermögen, also Grundstücken und Grundstücksrechten. Da *wesentliche Bestandteile* nicht sonderrechtsfähig sind, §§ 93 f BGB, folgt daraus erstens, daß sie nicht selbständig pfändbar sind, und zweitens, daß sie, sofern sie Grundstücksbestandteile im Sinne des § 94 BGB sind, der Immobiliarvollstreckung unterliegen. Andererseits sind *Scheinbestandteile,* § 95 BGB, sonderrechtsfähig und darum an sich wie bewegliche Sachen pfändbar, es sei denn, sie sind zugleich Grundstückszubehör (dazu im Text sub b).

b) Hinsichtlich der materiell-rechtlichen Auswirkungen des „Sachenrechts" auf die Vollstreckung in bewegliche Sachen sind zusätzlich zwei vollstreckungsrechtliche Besonderheiten, einmal zugunsten und einmal zuungunsten des vollstreckenden Gläubigers, zu beachten:

1. *Grundstückszubehör,* das zum Pfandverband der Hypothek, §§ 1120 ff BGB, gehört, ist, obwohl Zubehör nach dem BGB begriffsnotwendig eine selbständige bewegliche Sache ist, § 97 BGB, der Zwangsvollstreckung in das bewegliche Vermögen entzogen, § 865 Abs. 2 Satz 1; es unterliegt lediglich der Zwangsvollstreckung in das unbewegliche Vermögen[1], und zwar auch dann, wenn kein Grundpfandrecht besteht, sich

[1] Kritisch dazu, daß bei Grundstückszubehör nur das umständlichere Verfahren nach dem ZVG möglich ist, *Baur,* Fälle und Lösungen, Fall 13 FN 13.

also die Pfandverbands-Haftung nicht (unmittelbar) aktualisieren kann.

Beispiel (nach *Baur*)[2]:

> Der Werkslastwagen ist Zubehör des Werksgrundstücks nach § 97 BGB. Er zählt damit zum Pfandverband, § 1120 BGB, und ist also nur im Wege der Vollstreckung in das unbewegliche Vermögen zu verwerten, es sei denn, er sei bloß Fremdzubehör, gehörte also — weil unter Eigentumsvorbehalt gekauft — nicht dem Eigentümer des Werksgrundstücks, § 1120 BGB.

Der innere Grund für die Behandlung des (Eigen-)Zubehörs liegt darin, daß sich aus der Zubehörseigenschaft eine besonders enge wirtschaftliche Verbindung mit der Hauptsache ergibt. Diese soll in der Zwangsvollstreckung nicht — mit wertmindernder Folge und damit ungünstig für beide Teile — zerschlagen werden. Allerdings trägt das Gesetz dieser Vorstellung nur bei Grundstückszubehör, nicht beim Zubehör beweglicher Sachen, Rechnung.

2. Zugunsten des vollstreckenden Gläubigers ermöglicht § 810 die Zwangsvollstreckung in vom Boden noch *nicht getrennte Früchte*, obwohl diese wesentliche Bestandteile des Grundstücks sind, § 94 Abs. 1 Satz 1 BGB. Im landwirtschaftlichen Betrieb ist der Zeitraum zwischen der Ernte und der Veräußerung der Früchte u. U. sehr kurz. Um den Gläubiger nicht zur permanenten Überwachung zu zwingen, ermöglicht § 810 bereits die rechtzeitige Sicherstellung im — dafür durchaus ausreichenden — Zeitraum von einem Monat vor der üblichen Reife- und Erntezeit.

Allein eine Frage des konstruktiven Verständnisses ist es, ob man § 810 als unmittelbare Ausnahmeregel zu §§ 93 f BGB auffaßt[3] oder eine durch die Trennung vom Boden aufschiebend bedingte Pfändung annimmt, die vorher lediglich ein Anwartschaftsrecht gewährt[4].

Da die Früchte bis zur Trennung und Veräußerung bzw. Entfernung vom Grundstück zum Pfandverband der Hypothek

[2] *Schönke-Baur* § 26, II 2; ferner *Baur*, Fälle und Lösungen, Fall 13, S. 56 ff.

[3] So wohl *Baumbach-Lauterbach* § 810 Anm. 1; ausführlich *Stein-Jonas-Münzberg* § 810 Anm. I 1 (ab der 19. Aufl.).

[4] Zu dieser Frage mit weiteren Nachweisen *Henckel*, Prozeßrecht und materielles Recht, 1970, S. 334 FN 86.

gehören, §§ 1120—1123 BGB, darf diese vorrangige Haftung nicht außer acht gelassen werden. Darum ist eine Pfändung unzulässig, wenn bereits die Beschlagnahme im Wege der Liegenschaftsvollstreckung erfolgt ist. Ferner können die dinglichen Gläubiger[5], gestützt auf ihren materiellen Haftungsvorrang, auch vor der Beschlagnahme die Unzulässigkeit der Zwangsvollstreckung nach § 771 geltend machen und damit erreichen, daß Früchte nicht im Wege der Zwangsverwertung vom Grundstück entfernt werden.

c) Ausgenommen von der Vollstreckung in bewegliche Sachen sind ferner die (beweglichen und sonderrechtsfähigen) Gegenstände, die unser Vollstreckungsrecht als *unpfändbar* bezeichnet, §§ 811 f. Daß das Gesetz hier den schmalen und rechtspolitisch ggf. stets neu zu fixierenden Grat zwischen an sich berechtigter Durchsetzung ordnungsgemäß festgestellter Gläubigerpositionen und gebotenem Schuldnerschutz einhalten muß, ist bereits in der Einleitung hervorgehoben[6].

§ 811 stellt einen Katalog bestimmter Gegenstände auf und nimmt diese von der Pfändbarkeit aus, um dem Schuldner die wirtschaftliche Existenz und die Möglichkeit einer bescheidenen Lebensführung zu erhalten. Ob diese konkreten Schuldnerschutzmaßnahmen wie auch generell der Schuldnerschutz in der Zwangsvollstreckung aus der Beschränkung subjektiver Rechte um der Menschenwürde des Schuldners willen zu folgern[7] oder ob sie sozialpolitischer Natur sind[8], kann hier dahinstehen. Soweit diese Gedanken in der Ausformung der speziellen Unpfändbarkeitsregeln des § 811 ihren Niederschlag gefunden haben, bedarf es des Rückgriffs auf die Generalklausel des § 765a nicht. Andererseits ist gerade aus diesem gestaffelten Verhältnis zwischen Einzelfallregelung und Gene-

[5] § 810 verweist insoweit inhaltlich auf die in § 10 ZVG genannten Berechtigten; dazu im Zusammenhang mit der Immobiliarvollstreckung unten § 11 III 4, 6.

[6] Oben § 1 II 2 und III.

[7] So *Henckel* (FN 4) S. 349 ff, vor allem S. 357 ff.

[8] So z. B. RGZ 72, 183; BayObLG NJW 1950, 697; *Baumbach-Lauterbach* § 811 Anm. 1; *Bruns* § 20, III 3; *Lent-Jauernig* §§ 31, I; 32, II; *Schönke-Baur* § 21, I 1; *Stein-Jonas-Münzberg*, Vorbem. VI 6 vor § 704; *Thomas-Putzo* § 811 Anm. 1, 2 d; *Zöller-Scherübl* § 811 Anm. 1.

ralklausel zu entnehmen, daß die in § 811 speziell erwähnten Gegenstände eine insoweit abschließende Aufzählung darstellen, daß methodisch also eine rechtsanaloge Ausdehnung oder ein Rückgriff auf den Auffangbereich der Generalklausel ausscheidet.

1. Hinsichtlich der geschützten Gegenstände sei zunächst auf den gesetzlichen Katalog verwiesen, der in sich Gruppen höchst unterschiedlicher Zielsetzung und verschiedenen Gewichts enthält.

Von praktischer Bedeutung ist *Nr. 1,* die einen relativ großen Kreis von zumeist allerdings nicht sehr wertvollen Gegenständen erfaßt. Die Einbeziehung eines Radios und neuerdings auch eines Fernsehgeräts ist bereits paradigmatisch oben angesprochen[9]. Als problematisch vom Einzelfall abhängen dürfte die Behandlung eines Kühlschrankes und einer Waschmaschine.

Nr. 2 gilt praktisch für den monatlichen Geldbedarf, das Haushaltsgeld. Im Zusammenwirken mit den Pfändungsschutzvorschriften für Gehalt und Arbeitslohn, §§ 850—850h, und mit § 811 Nr. 8 sichert diese Vorschrift den erforderlichen finanziellen Mindestbedarf.

Wichtig und praktisch bedeutsam ist *Nr. 5*, ergänzt durch *Nr. 6 und 7* für spezielle Personenkreise, wonach Arbeitsgerät in weitestem Sinne der Pfändung entzogen ist. Zum *geschützten Personenkreis* gehören alle Personen, die durch *persönliche* Tätigkeit, sei sie körperlicher, geistiger, künstlerischer Art, im Arbeitsverhältnis oder freiberuflich, ihren Lebensunterhalt verdienen. *Geschützte Gegenstände* — oft von hohem Wert — sind beispielsweise unter Berücksichtigung der jeweils ausgeübten Tätigkeit Werkzeuge, Maschinen, Fahrzeuge, so der PKW des Handelsvertreters, der LKW des Fuhrunternehmers, Arbeitskleidung, Schreib-, Diktier-, Zeichengeräte, Musikinstrumente.

2. Die Pfändungsschutzvorschriften sind von Amts wegen zu beachten. Allerdings sind Pfändungen von nach § 811 geschützten Gegenständen wirksam: es entstehen Verstrickung und Pfändungspfandrecht[10], der Schuldner kann nur über die Erinnerung nach § 766 Abhilfe erreichen[11].

[9] § 1 III und § 3 I 3.

[10] Beides wird von *Rosenberg* § 192, I 2 a (siehe aber auch § 191, I 2), letzteres z. B. von *Bruns* § 20, III 3, *Henckel* aaO. S. 336 f und *Schönke-Baur* § 21, II, S. 89, verneint. Bedeutsam ist diese Frage z. B. für die Güterzuweisung nach der Verwertung, siehe dazu unten II 3. Wie hier *Baumbach-Lauterbach* § 811 Anm. 1 B; *Stein-Jonas-Münzberg* § 811 Anm. III; *Thomas-Putzo* § 811 Anm. 3.

Problematisch ist dabei, auf welchen Zeitpunkt es ankommt, sofern sich die maßgeblichen Umstände zwischen der Pfändung und der Entscheidung über die Erinnerung geändert haben.

Beispiel: Der Gerichtsvollzieher hat ein Radio gepfändet, weil der Schuldner noch ein Kofferradio besaß.

Legt der Schuldner, der das Kofferradio inzwischen veräußert hat, Erinnerung ein, so soll es nach *Rosenberg*[12] auf den Zeitpunkt der *Entscheidung über die Erinnerung* ankommen; jedoch sei dem Schuldner, sofern er die Unpfändbarkeit arglistig herbeigeführt habe, mit dem Arglisteinwand zu begegnen. Richtiger erscheint es, auf den Zeitpunkt der *Pfändung* abzustellen. Der Schuldner hat sich auf die Tatsache einer Pfändung einzustellen. Diese ist auch maßgeblich bei späteren ungünstigen Veränderungen ohne Zutun des Schuldners. Diese dürfen insoweit nicht auf Gefahr des Gläubigers erfolgen. Eine Korrekturmöglichkeit zugunsten des Schuldners bietet letztlich (allein) § 765a[13]. Liegt der Fall umgekehrt, daß der Schuldner zur Zeit der Pfändung nur *ein* Radio besaß, und erwirbt er nach der Entscheidung über die Erinnerung das Koffergerät, so ist der Erinnerung nach übereinstimmender Ansicht der Erfolg versagt. Daß hier der Zeitpunkt der Entscheidung maßgeblich ist, wird aus § 811c gefolgert und aus einem Fortfall der Beschwer für die Erinnerung[14]. Für die Interessenbewertung ist letztlich maßgeblich, daß nunmehr jederzeit eine einwandfreie Pfändung möglich wäre.

3. Einen interessanten und praktisch bedeutsamen Weg, nach § 811 unpfändbare Gegenstände von großem Wert doch noch der Zwangsverwertung zuzuführen, bietet die *Austauschpfändung*, § 811a. Danach ist der unpfändbare Gegenstand — kraft besonderer Entscheidung des Vollstreckungsgerichts — pfändbar, wenn der Gläubiger dem Schuldner vor der Wegnahme der Sache ein Ersatzstück, das dem geschützten Verwendungszweck genügt, zur Verfügung stellt bzw. den zur Anschaffung erforderlichen Gegenwert. So kann der Gläubiger in ein Farbfernsehgerät vollstrecken, wenn er dem Schuldner ein einfaches kleines Fernsehgerät zur Verfügung stellt; problematisch ist bei diesem Beispiel, ob es auch dem geschützten Infor-

11 Zur Frage, wie weit auf diese Schuldnerschutzvorschrift verzichtet werden kann, siehe bereits oben § 4 I 2.

12 § 191, I 2 b; ebenso ab der 19. Aufl. *Stein-Jonas-Münzberg* § 811 Anm. II 4.

13 So auch *Lent-Jauernig* § 32, II E.

14 Vgl. *Stein-Jonas-Münzberg* § 811 Anm. II 4.

mationsinteresse des Schuldners genügt, wenn ihm lediglich ein einfaches Rundfunkgerät zur Verfügung gestellt wird[15]. Die Entscheidung wird letztlich vom Einzelfall abhängen. Maßgeblich ist jedenfalls, daß der Ersatzgegenstand nicht artgleich zu sein braucht; es kommt lediglich darauf an, ob er zum selben Zwecke einzusetzen ist, also die gleiche Funktion erfüllen kann.

Die Entscheidung des Vollstreckungsgerichts hat auch auf die besondere Lage des Falles Rücksicht zu nehmen und danach die Angemessenheit der Austauschpfändung zu berücksichtigen. Unter diesem Gesichtspunkt läßt sich dem besonderen ideellen Wert des Gegenstandes für den Schuldner Rechnung tragen; ferner wird eine Austauschpfändung nicht gerechtfertigt sein, wenn ausreichend anderes pfändbares Vermögen zur Verfügung steht[16].

4. Als Sollvorschrift erweitert § 812 den Kreis der unpfändbaren Gegenstände auf den gewöhnlichen Hausrat. Maßgeblich für diese Vorschrift ist die Vorstellung, daß hier Gegenstände, die für den Schuldner einen bestimmten Gebrauchswert haben, nicht einer Zwangsverwertung, die allgemeiner Erfahrung nach nur geringen Erlös bringt, zugeführt werden sollen.

2. *Der Gewahrsam des Schuldners*

a) Gewahrsam und Formalisierung des Zugriffstatbestandes

Die Vollstreckung wegen Geldforderungen führt zur Befriedigung des Gläubigers, indem die Haftungsfunktion des Schuldnervermögens realisiert wird, der Gläubiger also aus dem Vermögen des Schuldners befriedigt wird. Das bedeutet zugleich, daß sich die Zwangsvollstreckung nur gegen das Schuldnervermögen richten darf.

In hohem Maße unpraktikabel wäre es jedoch, die Vermögenszugehörigkeit zur Vollstreckungsvoraussetzung zu erheben und damit dem Gerichtsvollzieher als dem Vollstreckungsorgan zuzumuten, vor jeder Pfändung zu prüfen, ob der beim Schuldner vorgefundene Gegenstand auch zum Schuldnervermögen gehört: der Gerichtsvollzieher wäre hier nicht nur

[15] So OLG Frankfurt NJW 1970, 153.
[16] Vgl. *Stein-Jonas-Münzberg* § 811a Anm. II 3 am Ende.

vor schwierige, unter Umständen selbst für einen ausgebildeten Juristen schwer lösbare Fragen gestellt; ein „Prüfungsverfahren" würde notwendigerweise Zeit erfordern, damit den Zugriff hinauszögern und dem Schuldner allzu verführerisch die Möglichkeit einer Beseitigung des Gegenstandes eröffnen. Darum knüpft unser Vollstreckungsrecht nicht an das Eigentum an, sondern an den als Tatsache feststellbaren Gewahrsam des Schuldners. Gewahrsam im Sinne des Vollstreckungsrechts ist also das tatsächliche Herrschaftsverhältnis, er ist gleichbedeutend mit dem unmittelbaren Besitz des BGB, sofern man hier die seltene Ausnahme der „Verrechtlichung" im § 857 BGB ausklammert und allein auf die konkrete Innehabung abstellt. Indem unser Vollstreckungsrecht auf diesen äußeren Befund abhebt, übernimmt es die gleichfalls an den unmittelbaren Besitz geknüpfte Eigentumsvermutung des § 1006 BGB und legt diesen Rechtsgedanken dem Vollstreckungsbegriff zugrunde. Es bleibt dem wahren Berechtigten überlassen, diese „Vermutung" zu entkräften und gegen die Pfändung anzugehen, also das eigene Recht aktiv zu verteidigen. Als Mittel dafür stellt das Vollstreckungsrecht die sog. Drittwiderspruchsklage, § 771, zur Verfügung, mit der Dritte geltend machen können, daß der gepfändete Gegenstand nicht zum Vermögen des Schuldners gehört, folglich dem vollstreckenden Gläubiger auch nicht als Haftungsgut gebührt.

Als *Musterbeispiel* sei hier auf die Pfändung einer schuldnerfremden, einem Dritten gehörenden Sache verwiesen. Der Gerichtsvollzieher begnügt sich mit der Feststellung des Gewahrsams (unmittelbaren Besitzes). Der Dritte muß unter Hinweis auf sein Eigentum die Widerspruchsklage erheben und auf diese Weise gerichtlich feststellen lassen, daß die Zwangsvollstreckung in den betreffenden Gegenstand unzulässig ist.

In der Anknüpfung an den äußerlich feststellbaren Gewahrsam unter Verzicht auf die vorherige Prüfung der Eigentumslage zeigt sich eine weitere Seite der *Formalisierung der Vollstreckung*. Bislang ging es unter diesem Gesichtspunkt um die Vollstreckungsvoraussetzungen, also um das Absehen vom konkreten materiellen Recht und um die ausschlaggebende Bedeutung der Titulierung und der (formellen) Prüfung bei der

Klauselerteilung. Diese Formalisierung und die mit ihr verbundene Funktionsteilung trägt gleichfalls den praktischen Erwägungen Rechnung, das Vollstreckungsorgan nicht mit der jederzeitigen Nachprüfung der Rechtslage zu belasten[17]. Bei der Anknüpfung an den Gewahrsam liegt die Formalisierung im *Zugriffstatbestand*[18]; sie bedeutet eine Orientierung an leicht überschaubaren Merkmalen. Wie die „wahre", vom Titelinhalt abweichende Rechtslage hinsichtlich des Gläubigerrechts nur durch entsprechende Aktivität des Schuldners mit der Vollstreckungsgegenklage geltend zu machen ist, so gilt dies entsprechend für Rechte an dem in der Vollstreckung beschlagnahmten Gegenstand: das von der Gewahrsamsfeststellung und von der aus dem Gewahrsam gefolgerten Vermutung abweichende Recht des Dritten nötigt zur Drittwiderspruchsklage[19].

Sinnvollerweise erfährt die Formalisierung des Zugriffstatbestandes eine Einschränkung, wo die Divergenz zum materiellen Recht ganz offensichtlich ist, so etwa bei Büchern, die einen Bibliotheksstempel tragen, oder bei Reparaturgegenständen, etwa den Kraftwagen in Autoreparaturwerkstätten[20].

Dazu bestimmt die Geschäftsanweisung für die Gerichtsvollzieher, daß „Gegenstände, die offensichtlich zum Vermögen eines Dritten gehören, der Gerichtsvollzieher nicht pfänden soll", § 119 Abs. 2 (mit weiteren Beispielen).

Andererseits kann auch die Zugriffsformalisierung das Vollstreckungsorgan nicht von jeder Prüfung entbinden. Der Gewahrsam versagt als alleiniger Anknüpfungspunkt, wo der Schuldner zugleich Verwalter eines fremden Vermögens ist, z. B. Testamentsvollstrecker, Konkursverwalter. Hier ist vor der Pfändung die Zugehörigkeit der zu pfändenden Sache zu dem der Vollstreckung unterworfenen Vermögen zu prüfen.

17 Im einzelnen dazu oben § 5 I 1.

18 Zu dieser Unterscheidung *Gaul* aaO. RPfl. 1971, 90 f sub 4 a und b.

19 Im einzelnen zu beiden Rechtsbehelfen unten im Zusammenhang §§ 15 und 16.

20 Vgl. BGH LM Nr. 2 zu § 808 ZPO; weitere Beispiele mit Nachweisen bei *Stein-Jonas-Münzberg* § 808 Anm. I 1; a. A. *J. Blomeyer*, Der Anwendungsbereich der Vollstreckungserinnerung, RPfl. 1969, 279 f, 283.

b) Zwangszugriff und Gewahrsamsschutz

Richtet sich die Pfändung nur auf Gegenstände im Gewahrsam des *Schuldners,* so besagt dies, daß unter den Vollstreckungsvoraussetzungen der Schutz der Gewahrsamssphäre aufgehoben ist. Daraus folgt dann zugleich, daß der Gewahrsam *Dritter* geschützt ist. Dritter ist hier jeder, der nicht durch den Titel oder die Klausel als Vollstreckungsschuldner ausgewiesen ist. Diese insoweit unbeteiligten Personen dürfen durch das gegen den Vollstreckungsschuldner betriebene Zwangsverfahren nicht beeinträchtigt werden, ihr Gewahrsam muß unberührt bleiben.

1. Wer Gewahrsamsinhaber ist, beurteilt sich nach der allgemeinen Lebenserfahrung. Die Parallele zum unmittelbaren Besitz des BGB verdeutlicht, daß mittelbare Besitzer und Besitzdiener keinen Gewahrsam haben, insoweit also auch keines Schutzes in der Zwangsvollstreckung bedürfen.

2. Konsequenz des fortbestehenden Schutzes fremden Gewahrsams ist, daß (dem Schuldner gehörende) Gegenstände, die sich im Gewahrsam Dritter befinden, nur mit deren Einverständnis gepfändet werden dürfen, § 809; das gilt auch dann, wenn der Dritte nur Mitgewahrsam hat.

Ist der Dritte nicht zur Herausgabe bereit, so ist zwar der Gegenstand selbst als Haftungsobjekt nicht greifbar, jedoch der Herausgabeanspruch des Schuldners gegen den Dritten aus § 985 BGB oder aus dem der Besitzübertragung zugrunde liegenden Schuldverhältnis, beispielsweise der Rückforderungsanspruch aus Verwahrung, Leihe oder Miete. Dem Gläubiger steht somit dieser Herausgabeanspruch als vermögenswertes Pfändungsobjekt zur Verfügung, die Haftungsrealisierung erfolgt nach §§ 846 ff[21].

Der Dritte kann sich gegen Verletzungen seines Gewahrsams mit der Erinnerung, § 766, wehren.

Problematisch ist der Fall, wenn der Schuldner den Gegenstand dem Dritten übergeben hat, um diesen Vermögenswert vor dem Zwangszugriff des Gerichtsvollziehers zu retten. Nach h. M. ist die Pfändung dann ohne Rücksicht auf den Gewahrsam des Dritten zulässig, wenn feststeht, daß dieser den Gegenstand im Zusammenwirken mit

[21] Im einzelnen siehe unten: Zwangsvollstreckung in Herausgabeansprüche, § 10 I.

dem Schuldner in seinen Gewahrsam gebracht hat, um ihn dem Vollstreckungszugriff zu entziehen[22], nach vereinzelter Auffassung sogar auch dann, wenn eine materiell rechtliche Herausgabepflicht an den Schuldner oder den Gläubiger offensichtlich und unstreitig ist[23]. Letzteres setzt nicht nur eine im Vollstreckungsverfahren grundsätzlich unzulässige Prüfung materieller Rechte voraus, sondern widerspricht auch dem Grundsatz, daß der staatliche Vollstreckungsakt Titel und Klausel gegen den Betroffenen verlangt. Diese Bedenken sprechen im Ergebnis auch gegen die Zulassung der Pfändung bei einer Kollusion zwischen Schuldner und Drittem[24]. Deren Korrektur ist nicht dem Gerichtsvollzieher zuzumuten. Die sachgerechte Sanktion darauf obliegt dem Strafrecht über die Strafbarkeit der Beihilfe einer Vollstreckungsvereitelung, §§ 288, 49 StGB, und dem materiellrechtlichen Schadensersatzrecht über § 823 Abs. 2 BGB, ggf. auch über § 826 BGB. — Eine andere, davon zu trennende Frage ist es, ob der Gerichtsvollzieher ordnungsgemäß gepfändete und also verstrickte Sachen auch in den Gewahrsamsbereich Dritter verfolgen darf[25]. Ein derartiges Verfolgungsrecht dürfte in den verfassungsrechtlichen Grenzen des Art. 13 Abs. 2 GG vom Vollstreckungsrecht gedeckt sein[26].

3. Einer besonderen Regelung bedarf die *Vollstreckung gegen Ehegatten*[27], da diese in der Regel Mitgewahrsam an den Gegenständen in der gemeinsamen Wohnung haben. Im materiellen Recht besteht für bewegliche Sachen zugunsten der jeweiligen Gläubiger über § 1006 BGB hinaus die Vermutung, daß diese Sache, sofern sie sich im Besitze eines oder beider Ehegatten befindet, Eigentum des Ehegatten ist, der als Schuldner in Anspruch genommen wird. Im Vollstreckungsrecht gilt der nach § 1362 BGB als Eigentümer vermutete Ehegatte un-

[22] Z. B. *Lent-Jauernig* § 17, III; *Schönke-Baur* § 26, II 3; *Zöller-Scherübl* § 809 Anm. 1.

[23] *Baumbach-Lauterbach* § 809 Anm. 1 A und 2 B.

[24] Im Ergebnis ähnlich *Thomas-Putzo* § 809 Anm. 2 b aa; *Stein-Jonas-Münzberg* § 809, I 1 (weniger bedenklich sei es nur, sofern der Dritte ersichtlich keinerlei Rechte an der Sache habe).

[25] So LG Essen MDR 1965, 213; *Noack*, Zwangsvollstreckung und Verhaftung in Räumen Dritter, MDR 1967, 894 ff.

[26] *Lent-Jauernig* aaO.; anderer Ansicht allerdings mit gewichtigen Bedenken *A. Blomeyer*, Zur Lehre vom Pfändungspfandrecht, Festgabe für v. Lübtow, 1970, 803 ff, 807 f und *Stein-Jonas-Münzberg* § 808 Anm. IV ab der 19. Aufl. mit umfangreichen Nachweisen in FN 105.

[27] Zur Vertiefung siehe die Gesamtdarstellung *Hj. Müller*, Die Zwangsvollstreckung gegen Ehegatten, 1970, vor allem S. 18 f.

widerleglich als Alleingewahrsamsinhaber, § 739[28]. Dem anderen Ehegatten ist der Schutz seiner Gewahrsamssphäre versagt[29], er kann sich also nicht mit der Erinnerung auf seinen Gewahrsam berufen.

§ 739 bezieht sich lediglich auf den Gewahrsam; er besagt nichts über die materielle Berechtigung. Der andere Ehegatte kann der Vollstreckung also nach § 771 unter Hinweis auf sein Eigentum widersprechen. Er muß dann allerdings die materiell-rechtliche Vermutung des § 1362 BGB widerlegen. Auch greift die Erleichterung des § 739 allein im Umfang der Vermutung des § 1362 BGB ein, vgl. dazu die Ausnahmetatbestände in Abs. 1 Satz 2 und Abs. 2 sowie die ausdrückliche Beschränkung auf bewegliche Gegenstände[30].

3. *Der Vollzug der Pfändung*

a) Bewirkt wird die Pfändung stets dadurch, daß der Gerichtsvollzieher die gepfändete Sache in Besitz nimmt. Hierin liegt eine unerläßliche Wirksamkeitsvoraussetzung, die allerdings, je nach der Beschaffenheit des Gegenstandes, unterschiedlich ausgestaltet ist.

— *Geld, Kostbarkeiten* und *Wertpapiere* nimmt der Gerichtsvollzieher mit, § 808 Abs. 2, schafft sie in die sog. „Pfandkammer"[31] und bewahrt sie dort bis zur Verwertung auf[32]. Diese Gegenstände sind ihrer Beschaffenheit nach leicht wegzuschaffen, so daß dies einerseits dem Gerichtsvollzieher nicht zuviel Mühe bereitet, andererseits die Gefahr eines Beiseitebringens durch den Schuldner verringert wird.

28 Zur Rechtsnatur als Fiktion sowie zum theoretischen Charakter der Streitfrage, ob nicht nur eine unwiderlegliche Vermutung vorliege, *Gernhuber*, Lehrbuch des Familienrechts, 2. Aufl. 1971, § 22, II 5, S. 209 und FN 4.

29 Für Verfassungswidrigkeit des § 1362 BGB und sonach auch der Regelung des § 739 *Bosch* Anm. zu BVerfG-Beschluß vom 10. 6. 1963 FamRZ 1963, 421; für Verfassungsmäßigkeit die absolut h. M. vgl. *Brox*, Die Folge der Nichtigkeit des § 45 KO, FamRZ 1968, 406 f, (407 f); *Müller* aaO. S. 42 f; *Lent-Jauernig* § 17, II am Ende; siehe zur Entwicklungsgeschichte auch *Stein-Jonas-Münzberg* § 739 Anm. I 2.

30 Diese Beschränkung spielt bei der Räumungsvollstreckung eine erhebliche Rolle (siehe dazu unten § 13, II 2 b sub 1).

31 Darüber sowie über die speziellen Pflichten des Gerichtsvollziehers bei der Verwahrung siehe die Geschäftsanweisung für Gerichtsvollzieher (GVGA) §§ 138 f; zur Möglichkeit einer Verwahrung (mit Zustimmung von Gläubiger und Schuldner) BGH LM Nr. 1 zu ZPO § 808.

32 Dadurch entsteht ein öffentlich rechtliches Verwahrungsverhältnis.

— *Andere Gegenstände* läßt der Gerichtsvollzieher im Regelfall im Gewahrsam des Schuldners. Die Besitzergreifung ist durch „Anlegung von Siegeln oder auf sonstige Weise" deutlich sichtbar zu machen, § 808 Abs. 2[33].

Hauptanwendungsfall ist das berühmte Pfandsiegel, das an der Sache selbst so deutlich anzulegen ist, daß es bei Anwendung der im Verkehr erforderlichen Sorgfalt erkennbar ist; andererseits ist es aus Rücksicht auf den Schuldner nicht zulässig, gerade den sichtbarsten Platz zu wählen, so darf das Siegel nicht etwa in der Mitte der Flügeloberfläche oder eines Bildes angeheftet werden; ob die Anbringung an der Rück- oder Unterseite der Möbel ausreicht, hängt von den konkreten Verhältnissen ab; nicht ausreichend ist jedoch ein lose in das Schrankschubfach gelegtes Siegel[34]. Gegenüber zu deutlicher oder ungenügender Siegelanlegung können der Schuldner bzw. der Gläubiger Erinnerung, § 766, einlegen.

Wird ein gewisser Teil eines bestimmten Bestandes, etwa eines Lagers, gepfändet, so ist Aussonderung erforderlich. In derartigen Fällen wäre die Anlegung nur eines Siegels nicht ausreichend, die Anbringung einer großen Menge kaum praktisch; darum wird hier die *Pfandanzeige* bevorzugt[35], eine Urkunde, in der neben der Tatsache der Pfändung Art und Stückzahl der gepfändeten Gegenstände anzugeben sind[36]. Bei Pfändung von Früchten auf dem Halm muß zusätzlich durch „Pfandwische" das betreffende Gebiet eindeutig abgegrenzt werden, §§ 150, 152 f GVGA.

— Da die Pfändung die bestimmungsgemäße Weiterbenutzung des Gegenstandes nicht ausschließt[37], bedeutete es eine Gefährdung für die Befriedigung des Gläubigers, wenn *Gegenstände, die einer besonderen Abnutzung unterliegen*, dem Schuldner überlassen blieben.

Dasselbe gilt, wenn ein Beiseiteschaffen durch den Schuldner wahrscheinlich ist oder — infolge unsachgemäßer Behandlung — ein Verderben der gepfändeten Sachen. In diesen Fällen, die der Gerichtsvollzieher nach seinem pflichtgemäßen Ermessen zu beurteilen hat, sind die gepfändeten Gegenstände gleich-

[33] Im einzelnen dazu GVGA §§ 132 ff.
[34] Zu Einzelfällen *Stein-Jonas-Münzberg* § 808 Anm. III 3.
[35] Diese ist nicht etwa subsidiär gegenüber der Möglichkeit einer Siegelanlegung, dazu als anschauliches Beispiel RGZ 126, 346.
[36] Dazu § 132 Nr. 2, 3 und 6 GVGA.
[37] OLG Hamburg MDR 1967, 763 f; *Wieczorek* § 808 C II a 2.

falls wegzuschaffen; Musterbeispiel: die Pfändung eines neuen PKW[38]. Als geringerer Eingriff wäre auch eine Maßnahme zulässig, die lediglich die Gebrauchsmöglichkeit ausschließt[39].

Musterbeispiel:

> Schiffe werden im unmittelbaren Wortsinne „an die Kette gelegt", § 134 GVGA.

Schuldhafte Fehlbehandlungen durch den Gerichtsvollzieher führen zur Schadensersatzpflicht aus Amtspflichtverletzung, § 839 BGB, Art. 34 GG; so kann z. B. eine übersteigerte Großzügigkeit Schadensersatzansprüche des Gläubigers gegen den Staat zur Folge haben.

b) Nur bei deutlich sichtbarer Kenntlichmachung der Besitzergreifung entsteht die *Verstrickung*. Diese entfällt wieder, wenn der Gerichtsvollzieher den Pfändungsakt aufhebt, sog. Entstrickung, also das Siegel abnimmt, die Pfandanzeige oder den Pfandwisch entfernt, und zwar auch dann, wenn dies ohne Berechtigung, ja selbst in strafrechtlich relevanter Weise erfolgt. Dasselbe gilt, wenn der Gerichtsvollzieher den Schuldner zur Vornahme der Entstrickungshandlung ermächtigt[40]. Ohne Einfluß auf die Wirksamkeit der Pfändung und also den Fortbestand der Verstrickung ist es dagegen, wenn der Schuldner ohne Ermächtigung, sei es böswillig, sei es selbst mit Zustimmung des Gläubigers, das Siegel ablöst, oder wenn dieses von allein abfällt. Für die Verstrickung kommt es also nur beim Pfändungsakt auf die deutliche Kennzeichnung der Besitzergreifung an, nicht jedoch auf deren Fortbestand.

c) Beispiel, zugleich zu den *Besitzverhältnissen:*

> Der Schuldner hat das Pfandsiegel von dem gepfändeten Klavier abgelöst und dieses an einen gutgläubigen Dritten veräußert.

Da die eigenmächtige Siegelablösung die Verstrickung nicht aufhebt, kann der Dritte von dem in der Verfügung über sein Eigentum

[38] OLG Düsseldorf MDR 1968, 424; OLG Hamburg MDR 1967, 763 f; die Geschäftsanweisung, § 157, sieht in diesen Fällen die Gefährdung des Gläubigers als Regel an.

[39] Einzelheiten s. §§ 132—134 a GVGA.

[40] RGSt 16, 273; *Stein-Jonas-Münzberg* § 803 Anm. II 4 a.

beschränkten Schuldner[41] nur Eigentum erworben haben, wenn insoweit ein gutgläubiger Erwerb vorliegt. Da §§ 136, 135 BGB Anwendung finden, ist das nicht von vornherein ausgeschlossen. Allerdings verweist § 135 Abs. 2 BGB auf die allgemeinen Vorschriften der §§ 932 ff BGB, damit auch auf § 935 BGB. Entscheidend ist also, ob das Klavier dem Gerichtsvollzieher abhanden gekommen ist, ihm also „ohne seinen Willen aus dem unmittelbaren Besitz gekommen ist". Das wäre der Fall, wenn der Gerichtsvollzieher unmittelbarer Besitzer wäre.

Sofern der Gerichtsvollzieher die gepfändeten Gegenstände mitnimmt, hat er unmittelbaren Besitz. Ebenso soll es nach *Rosenberg*[42] sein, wenn er den gepfändeten Gegenstand beim Schuldner beläßt. Jedoch ist der Schuldner mangels Abhängigkeit nicht als Besitzdiener, § 855 BGB, zu qualifizieren, sondern in Anbetracht der tatsächlichen Gegebenheiten als unmittelbarer Besitzer[43]. Der Gerichtsvollzieher, der durch die Pfändung zunächst unmittelbarer Besitzer geworden ist, hat ihm die allein maßgebliche tatsächliche Sachherrschaft wieder eingeräumt. Kraft dieses Rechtsverhältnisses ist der Gerichtsvollzieher mittelbarer Besitzer, so daß die Anwendbarkeit des § 935 BGB ausscheidet[44].

Der Gläubiger ist mittelbarer Fremdbesitzer zweiter Stufe; der Schuldner schließlich sowohl unmittelbarer Pfandbesitzer als auch mittelbarer Eigenbesitzer dritter Stufe[45].

d) Einen vereinfachten Pfändungsvorgang ermöglicht die *Anschlußpfändung*, § 826. Sie geht von der bereits mit dem Präventionsprinzip angesprochenen Möglichkeit einer mehrfachen Pfändbarkeit aus, ist also nur dann sinnvoll, wenn

41 Siehe zu dieser Wirkung der Verstrickung und zum möglichen gutgläubigen Erwerb oben § 7 II.
42 § 191, III 2.
43 Soweit ersichtlich heute unbestritten; vgl. bereits RGZ 118, 276, 277; 126, 25; BGHSt 16, 330, 332; *Baumbach-Lauterbach* § 808 Anm. 2 C; *Lent-Jauernig* § 17, V; *Stein-Jonas-Münzberg* § 8 Anm. IV m. w. N.; gegen die Annahme eines Besitzdieners bereits sehr deutlich RGZ 94, 341 f.
44 Daß diese Beziehung öffentlich-rechtlicher Natur ist, verdeutlicht anschaulich *Goldschmidts* Bezeichnung „Amtsbesitzer" (Zivilprozeßrecht, 2. Aufl. 1932, § 95, 2).
45 Siehe zu diesen gestuften Besitzverhältnissen bereits *Goldschmidt* aaO.; ferner z. B. *Schönke-Baur* § 26 III 5.

die erste Pfändung die Haftungssubstanz des gepfändeten Gegenstandes nicht aufzehrt oder wenn mit einem Fortfall des vorrangigen Pfandrechts zu rechnen ist. Da kein selbständiger Pfändungsakt stattfindet, ist die Anschlußpfändung — und darin liegt eine gewisse Gefahr für den Gläubiger — von der Wirksamkeit der bisherigen Verstrickung abhängig. Im übrigen gewährt sie dem Gläubiger die volle Rechtsposition eines Pfandgläubigers, so insbesondere, die Verwertung selbständig zu betreiben, vgl. ferner § 827. Sie ist allerdings nicht der ausschließliche Weg für weitere Pfändungen. Eine zweite Pfändung unter den normalen Vollzugsformen ist nicht nur zulässig, sondern im Einzelfall in Anbetracht der Abhängigkeit einer Anschlußpfändung von der Erstpfändung durchaus ratsam.

4. *Anhang: Eidesstattliche „Offenbarungsversicherung" bei fruchtloser Pfändung*

Findet der Gerichtsvollzieher keine pfändbaren Gegenstände vor oder reicht das Haftungsgut nicht aus, so teilt er dies dem Gläubiger mit, der daraufhin vom Schuldner die Abgabe einer eidesstattlichen Versicherung über Umfang und Gegenstände seines Vermögens verlangen kann: die seit 1970 an die Stelle des Offenbarungseids getretene „Eidesstattliche Offenbarungsversicherung", § 807. Diese Möglichkeit besteht an sich bei jeder Vollstreckung wegen Geldforderungen. Sie setzt voraus, daß die bisherigen Vollstreckungsversuche in das greifbare, weil bekannte Vermögen (körperliche Gegenstände, Forderungen und andere Vermögensrechte, aber auch unbewegliches Vermögen) ganz oder teilweise ergebnislos verlaufen sind. Praktisch bedeutet dies in der Regel, daß die Sachpfändung, die für den Gerichtsvollzieher zugleich mit der Möglichkeit des Umschauens und ggf. Herumsuchens verbunden ist, fruchtlos geblieben ist.

Die Versicherung bezieht sich darauf, daß die Angaben im Vermögensverzeichnis nach bestem Wissen und Gewissen richtig und vollständig gemacht sind, § 807 Abs. 2. In das Vermögensverzeichnis sind auch frühere Vermögenswerte aufzunehmen, bei denen die Möglichkeit besteht, sie trotz rechtsgeschäftlich wirksamer „Aufgabe" noch dem Zwangszugriff der Gläubiger zuzuführen: die in § 807

Abs. 1 genannten Verfügungen erfüllen zugleich die Voraussetzungen der Anfechtung nach dem Anfechtungsgesetz und können darum zugunsten der vollstreckenden Gläubiger als unwirksam behandelt werden, vgl. § 1 AnfG[46].

Das *Verfahren* bei Abgabe der Versicherung richtet sich nach § 899 ff. Der Schuldner braucht binnen drei Jahren nur weitere entsprechende Versicherungen abzugeben, wenn der Gläubiger glaubhaft macht, daß der Schuldner neues (pfändbares) Vermögen erworben hat, Einzelheiten § 903. Der Übersicht halber führt das Vollstreckungsgericht darum das Schuldnerverzeichnis, die sog. „Schwarze Liste", in die alle diejenigen einzutragen sind, die eidesstattliche „Offenbarungsversicherungen" abgegeben haben, § 915.

II. Verwertung und Befriedigung

1. Erforderlichkeit und Zeitpunkt einer Zwangsverwertung

Die Pfändung führt zur Sicherstellung eines bestimmten Gegenstandes aus dem Schuldnervermögen. Da Zwangsvollstrekkung nicht nur Beschlagnahme und Erlangung eines Haftungsvorranges nach Art des Pfandrechts bedeutet, sondern die Befriedigung des Gläubigers bezweckt, ist grundsätzlich als zweiter Schritt die Verwertung des gepfändeten Gegenstandes vorgesehen. Beide Maßnahmen könnten in unmittelbarem zeitlichen Zusammenhang stehen, der Gerichtsvollzieher könnte die in die Pfandkammer mitgenommenen Sachen gleich verwerten, er könnte die mit dem Pfandsiegel gekennzeichneten Sachen zwecks Verwertung unmittelbar abholen lassen. Das wäre jedoch nicht sinnvoll, es würde eine letzte und erfahrungsgemäß sehr wirksame Möglichkeit unterbinden, den Schuldner unter dem Druck der Zwangsverwertung zur „freiwilligen" Zahlung anzuhalten. Praktisch führen Vollstrekkungsaufträge verhältnismäßig selten zur Versteigerung der gepfändeten Sache[47]. Das *Gesetz* bestimmt unter anderem

[46] Im einzelnen zu diesem außerordentlichen Behelf der Haftungsrealisierung unten § 12.

[47] Die Zahl der Versteigerungen beträgt nur wenige Prozent der erteilten Vollstreckungsaufträge, *Stein-Jonas-Münzberg* § 817, Anm. I 2. Vgl. dazu auch die allerdings ungenauen, weil mit einer großen Schätzziffer versehenen Angaben von *Polzius*, Der Gerichtsvollzieher in der modernen Industriegesellschaft, DGVZ 1971, 145 ff, 147 und FN 19, wonach nur 3 % der gepfändeten Mobilien versteigert werden; ferner *H. F. Gaul*, Zur Reform des Zwangsvollstreckungsrechts, JZ 1973, 473 f.

auch im Hinblick auf die psychologische Druckwirkung der Pfändung, daß zwischen der Pfändung und der Verwertung der gepfändeten Sache im Wege der Versteigerung mindestens eine Woche liegen muß, § 816 Abs. 1.

Das ist allerdings nicht der einzige Grund für diese Frist; zu berücksichtigen ist ferner, daß Dritten die Möglichkeit bleiben muß, ihr Recht im Wege der Widerspruchsklage zu wahren. Auch müssen sich die Beteiligten auf die Versteigerung einstellen können.

Zulässig, praktisch und sinnvoll ist es auch, daß der *Gerichtsvollzieher* in entsprechendem Auftrage des Gläubigers die Verwertung für einen späteren Zeitraum ansetzt und dafür mit dem Schuldner bestimmte Teilzahlungen in bestimmten Zeiträumen vereinbart. Allerdings ist die Möglichkeit einer derartigen, auf privater Vereinbarung beruhenden Ausnutzung der Drucksituation einer Pfändung nur sechs Monate lang zulässig, § 141 Nr. 2 GVGA.

Schließlich kann das *Vollstreckungsgericht*[48], primär aus Gründen des Schuldnerschutzes, Zahlungsfristen bewilligen, § 813a. Diese Regelung ist von großer praktischer Bedeutung, ihr ist es zu danken, daß die Zwangsverwertung so häufig unterbleiben kann. Die Maßnahmen nach § 813a bieten die Möglichkeit einer interessengerechten Behandlung der speziellen Vollstreckungssituation. Der *Gläubiger*, der, so möglich, zu hören ist, bleibt durch Pfändung und Pfandrecht gesichert; der *Schuldner* erhält den Umständen nach angemessene Zahlungsfristen; letztlich ist es für *beide* günstig, wenn die Zwangsverwertung, die eine Verschleuderung wirtschaftlicher Werte darstellen kann, unterbleibt. Damit allerdings die Zwangsvollstreckung nicht zu einem permanenten Druckmittel umgestaltet wird und damit die letztlich auf Rechtsdurchsetzung ausgerichteten Gläubigerinteressen genügend berücksichtigt werden, dürfen die Zahlungsfristen nicht länger als ein Jahr betragen, § 813a Abs. 4.

[48] Der Rechtspfleger nach § 20 Nr. 17 RPflG.

2. *Der Verwertungsvorgang*

Die Verwertung soll zur Befriedigung des Gläubigers führen. Sie richtet sich im einzelnen nach der Art des gepfändeten Gegenstandes.

a) Am einfachsten ist es bei der Pfändung von *Geld*, das der Gerichtsvollzieher mitnimmt, § 808 Abs. 2, und an den Gläubiger abliefert, § 815. Eines besonderen Verwertungsaktes bedarf es nicht, da keine Umsetzung des Haftungsgutes in den zur Schuldtilgung geeigneten Gegenstand „Geld“ erforderlich ist.

Die Vollstreckung erfolgt ohne gesetzlich vorgesehenen zeitlichen Aufschub. Konnte der Gerichtsvollzieher Bargeld vorfinden, so bietet sich für eine psychologische Auswirkung des in der Pfändung liegenden Druckmittels im Regelfall praktisch kein Ansatzpunkt. Allerdings ist den — seltenen — Fällen Rechnung zu tragen, in denen Dritte mit dem Hinweis, dieses Geld gehöre ihnen, Widerspruchsklage einlegen können. Darum ist, falls diese Situation glaubhaft gemacht wird, insoweit eine Hinterlegung und eine Zweiwochenfrist vorgesehen, § 815 Abs. 2.

Inhalt des Gläubigerrechts ist die Befriedigung für eine Geldschuld. Die Befriedigung tritt nicht etwa mit der Wegnahme des Geldes durch den Gerichtsvollzieher ein, sondern erst dann, wenn der Gerichtsvollzieher das Geld dem Gläubiger abgeliefert hat, bzw. bei zulässiger Postanweisung oder Überweisung vom Dienstkonto[49], wenn das Geld ausgezahlt oder wenn die Gutschrift auf dem Konto des Gläubigers erfolgt ist[50]. § 815 Abs. 3 enthält also nur eine Gefahrtragungsregel: weil die Wegnahme „als Zahlung von Seiten des Schuldners gilt“, geht die Gefahr, daß der Gerichtsvollzieher das Geld nicht an den Gläubiger weitergibt, auf diesen über. Der Schuldner wird zwar nicht nach § 362 BGB durch Erfüllung seiner Verbindlichkeit frei, jedoch braucht er nicht noch einmal zu leisten. Der Vollstreckungstitel ist kraft der Fiktion des § 815 Abs. 3 in Höhe der Zahlung verbraucht.

[49] Dazu *Stein-Jonas-Münzberg* § 815 FN 1.

[50] Zur Erfüllungswirkung m. w. N. *Gerhardt* § 1, III 3 in Athenäum Zivilrecht I, S. 720 f.

Diese Regelungen gelten allerdings nur, sofern das Geld dem Schuldner gehört; denn selbst die Ablieferung an den Gläubiger könnte sonst keine Erfüllungswirkung haben: auch wenn diese hoheitlich erfolgt und der Gläubiger infolgedessen ohne Rücksicht auf guten oder bösen Glauben Eigentümer des Geldes wird[51], so setzt die Erfüllung durch eine Maßnahme der Zwangsvollstreckung voraus, daß die Befriedigung „aus dem Vermögen des Schuldners erfolgt", denn nur dieses ist dem Gläubiger als Haftungsgut zugewiesen[52]. Das läßt sich wieder damit verdeutlichen, daß an schuldnerfremdem Geld kein Pfändungspfandrecht des Gläubigers entsteht.

Streitig ist, ob die Gefahrtragungsregel des § 815 Abs. 3 bei *freiwilligen Zahlungen des Schuldners* an den Gerichtsvollzieher eingreift[53]. Eine *unmittelbare Anwendung* des § 815 dürfte an der unterschiedlichen Struktur einer Wegnahme durch den Gerichtsvollzieher ohne jede rechtlich relevante Handlung des Schuldners einerseits und einer Erfüllung durch den Schuldner mit allen einer Leistung innewohnenden Merkmalen andererseits scheitern. Immerhin sind diese Unterschiede von der Interessenlage und von dem Gesetzeszweck her nicht so erheblich, daß sich ein unterschiedliches Ergebnis rechtfertigte. Jedoch erscheint eine *entsprechende Anwendung* des § 815 zumindest nicht nötig, denn der zutreffende Lösungsansatz liegt gerade in dem von den Fällen des § 815 unterschiedlichen Merkmal der Leistung des Schuldners zwecks Erfüllung: Nach § 754 ist der Gerichtsvollzieher kraft des öffentlich-rechtlichen Auftragsverhältnisses und der Aushändigung der vollstreckbaren Ausfertigung ermächtigt, Leistungen des Schuldners in Empfang zu nehmen[54]. Das hat für eine Erfüllung durch den Schuldner die Anwendbarkeit des § 362 Abs. 2 BGB zur Folge. § 754 begründet also eine „Erfüllungszuständigkeit" des Gerichtsvollziehers[55]. Folglich erlischt durch die

[51] Siehe dazu bereits oben § 7 I 2, vgl. ferner unten d) sub 3).

[52] Diese Rechtsfolge ist vor allem beim materiell-rechtlichen Ausgleich zwischen den Betroffenen entscheidend. Dazu im Zusammenhang unten 3.

[53] Für Anwendbarkeit z. B. *Lent-Jauernig* § 8, II 1c; *Schönke-Baur* § 4, I; *dagegen* und für Gefahrtragung des Schuldners bis zur Ablieferung des Geldes an den Gläubiger: *Baumbach-Lauterbach* § 815 Anm. 3 B; *Zöller-Scherübl* § 815 Anm. 3; ferner *Stein-Jonas-Münzberg* § 815 Anm. V, *Bruns* § 20 V 2, S. 104, *Thomas-Putzo* § 815 Anm. 1 c und *Wieczorek* § 815 A II a 1, die eine (sofortige?) Befriedigung des Gläubigers aus der Vertreterfunktion des Gerichtsvollziehers ableiten.

[54] So sehr deutlich BGH (in Strafsachen) NJW 1963, 773; *Wieczorek* § 754 B I.

[55] Dazu allgemein *Gerhardt* § 1, II 3 b in Athenäum Zivilrecht I, S. 709 f mit weiteren Nachweisen und Einzelfällen.

Leistung des Schuldners an den Gerichtsvollzieher die Forderung des Gläubigers.

b) In *anderen Fällen* als bei der Wegnahme von Geld bedarf es eines besonderen „Umsetzungsaktes". Das ist im Regelfall die öffentliche Versteigerung durch den Gerichtsvollzieher, § 814. Die äußeren Modalitäten wie Zeit und Ort sind in § 816 geregelt, der innere Ablauf in § 817. Ausfluß der insoweit überwiegend anerkannten öffentlich-rechtlichen Theorie ist es, daß der Gerichtsvollzieher bei der Versteigerung hoheitlich handelt[56]. Sonach sind öffentlich-rechtlich nicht nur die Rechtsbeziehungen zwischen Gerichtsvollzieher und dem einzelnen Bieter, sondern auch gegenüber dem Ersteher und dem Gläubiger, dem der Erlös auszuhändigen ist. Maßgeblich für die Wirksamkeit ist nicht das Pfändungspfandrecht, sondern die Verstrickung. Im einzelnen lassen sich die Vorgänge der Reihe nach wie folgt analysieren:

1. Dem Meistbietenden ist der *Zuschlag* zu erteilen, § 817. Die einzelnen Gebote sind nicht privatrechtlicher Art, sondern dem öffentlichen Recht zugeordnet, unterliegen somit vor allem nicht den Wirksamkeitsvoraussetzungen und Anfechtungsmöglichkeiten nach §§ 104 ff, 119, 123 BGB[57]. Der Gläubiger kann mitbieten, § 817 Abs. 4, also auch bei fehlendem Sachinteresse auf diese Weise den Erlös in die Höhe zu treiben versuchen.

Erreicht das Mindestgebot nicht die Hälfte des gewöhnlichen Verkaufswerts, der darum bei der Pfändung vom Gerichtsvollzieher geschätzt, § 813, und im Pfändungsprotokoll vermerkt werden soll, § 762 Abs. 1 und Abs. 2 Nr. 2, so muß der Zuschlag unterbleiben. Der Gläubiger kann erneute Versteigerung beantragen, diese Versuche auch praktisch unbegrenzt wiederholen lassen: stets ist das Mindestgebot als ein gewisser Schutz des Schuldners vor Verschleuderung zu beachten. Das Pfandrecht des Gläubigers bleibt bestehen, allerdings kann der Gerichtsvollzieher nach dem Rechtsgedanken des § 803 Abs. 2 die Pfändung aufheben, wenn auch weitere Versteigerungsversuche keinen Erfolg versprechen, § 145 Nr. 3c GVGA[58].

[56] So oben § 7 II 1 u. 2.

[57] Vgl. m. w. N. *Stein-Jonas-Münzberg* § 817 Anm. II 3 u. FN 7, 12 und 13.

[58] Zum Verfahren siehe *Stein-Jonas-Münzberg* § 817 Anm. III und FN 6.

Wird der Zuschlag erteilt, so kommt ein öffentlich-rechtlicher Vertrag zustande; der Meistbietende erwirbt einen öffentlich-rechtlichen Anspruch auf die Sache. Es wird also nicht etwa ein zivilrechtlicher Kaufvertrag nach §§ 156, 433 BGB abgeschlossen, bei dem allerdings gleichfalls, jedoch nur bei Sachmängeln, die Gewährpflicht nach § 461 BGB entfiele[59].

2. Mit der *Ablieferung der Sache* überträgt der Gerichtsvollzieher — wieder hoheitlich handelnd — das Eigentum auf den Zuschlagsempfänger. Voraussetzung für den Eigentumserwerb ist die wirksame Verstrickung, nicht aber das Pfändungspfandrecht, so daß es weder auf das bestehende Gläubigerrecht noch auf die Zugehörigkeit des gepfändeten Gegenstandes zum Schuldnervermögen ankommt. Insoweit schadet auch Bösgläubigkeit beim Erwerber nichts[60], während andererseits Gutgläubigkeit nichts hilft, sofern die Verstrickung unwirksam ist[61].

Die Ablieferung bedeutet Übertragung des unmittelbaren Besitzes. Sie darf nur gegen Barzahlung erfolgen, es sei denn, dem Gläubiger selbst ist der Zuschlag erteilt: nach vorherigem Abzug der Kosten werden dann die Verpflichtung zur Zahlung des Versteigerungsbetrages und das vollstreckbare Gläubigerrecht (automatisch) verrechnet, der Gläubiger braucht nur zu zahlen, soweit seine Forderung geringer ist, im einzelnen § 817 Abs. 4 Satz 1. Im übrigen gilt diese Verrechnung als Zahlung durch den Schuldner, § 817 Abs. 4 Satz 2.

3. An die Stelle der Sache tritt kraft *Surrogation* der *Anspruch auf den Erlös* und — soweit dieser gezahlt ist — der *Erlös* selbst. Es liegt nahe, diese Surrogation dem Rechtsge-

[59] Der öffentlich-rechtliche Charakter ist heute ganz überwiegend anerkannt. *Bruns* (§ 20, V 3 a aa) und *Schönke-Baur* (§ 27, III 1 a aa) sprechen von einem „kaufähnlichen öffentlich rechtlichen Vertrag". *A. A. Pinger* aaO. JR 1973, 94 ff, siehe auch dort FN 4 und 5.

[60] H. M., bereits RGZ 156, 395, 397 ff; vgl. dazu die Bedenken bei *Paulus*, Schranken des Gläubigerschutzes aus relativer Unwirksamkeit, Festschrift für Nipperdey, 1965, Bd. I, S. 909 ff, 918 ff; *G. Huber* aaO. S. 143 ff. *Bruns* (§ 19, III 3 a bb) will bei Kenntnis aus dem Gesichtspunkt der Arglist einen Erwerb ausschließen; vgl. auch *Lent-Jauernig* § 18, IV am Ende; für Modifizierung und entsprechende Anwendung des § 1244 BGB *Henckel* aaO. S. 317 ff. *Pinger* (JR 1973, 98) verneint bei Bösgläubigkeit (einschließlich grober Fahrlässigkeit) einen Rechtserwerb.

[61] Auch das ist h. M.; anderer Ansicht und für analoge Anwendbarkeit des § 1244 BGB z. B. *Bruns* aaO. sub cc); *Lindacher*, Fehlende oder irreguläre Pfändung und Wirksamkeit des vollstreckungsrechtlichen Erwerbs, JZ 1970, 360 ff mit ausführlicher Interessenabwägung.

danken des § 1247 Satz 2 BGB zu entnehmen, — zumindest unter Zuhilfenahme eines dementsprechenden Grundsatzes, der „von jeher der selbstverständliche Inhalt jeder Ordnung der Zwangsvollstreckung gewesen ist und deshalb keiner besonderen Anordnung bedurfte“[62]. Daraus ergibt sich als praktisch wichtige Konsequenz, daß sich Pfandrecht und Verstrickung am Erlös fortsetzen; auch kann bei Versteigerung schuldnerfremder Sachen der ursprüngliche Eigentümer noch immer nach § 771, gestützt auf sein nunmehriges Eigentum am Geld, die Unzulässigkeit der Zwangsvollstreckung geltend machen.

Daß nach § 819 die Empfangnahme des Erlöses durch den Gerichtsvollzieher als Zahlung des Schuldners gilt, steht weder der Annahme einer Surrogation entgegen noch läßt sich hieraus etwa gar eine Befriedigung des Gläubigers entnehmen. Wie bei § 815 Abs. 3 handelt es sich lediglich um eine Gefahrtragungsregel[63].

4. Ziel der Versteigerung ist die Umsetzung der Sachwerte in Geld, um damit die Geldforderung des Gläubigers zu begleichen. Folglich ist der letzte Schritt des Versteigerungsverfahrens die Aushändigung des Erlöses an den Gläubiger. Dieser erwirbt — stets unter der Prämisse wirksamer Verstrickung — auch dann Eigentum am Geld, wenn die verwertete Sache und — infolge der Surrogation — der Erlös dem Schuldner nicht zugestanden haben sollten.

c) Andere Verwertungsformen

Eine Besonderheit gilt für die Verwertung bestimmter *Wertpapiere*. Diese soll in Übersichtsform zugleich als Wiederholung der Strukturen einer Sach- bzw. Forderungspfändung zusammenhängend unter § 9 III 1 dargestellt werden.

Eine andere Art als durch die in §§ 814 ff vorgeschriebene Versteigerung kann das Vollstreckungsgericht im Einzelfall anordnen, § 825. Antragsberechtigt sind Gläubiger und Schuldner, da ein möglichst hoher Erlös in beider Interesse liegt. Eine derartige anderweitige Verwertung kann sich auf die Versteigerungsmodalitäten (Zeit, Ort, versteigernde Person) be-

62 *Stein-Jonas-Münzberg* § 819 Anm. I unter ausdrücklicher Ablehnung jeden Heranziehens des § 1247 BGB; ebenso bereits *Stein-Juncker* Grundriß § 142, III, S. 381.

63 Zu den Konsequenzen im einzelnen siehe oben sub II 2 a.

ziehen, allerdings auch — und darin liegt die praktische Bedeutung — auf andere Verwertungsformen, z. B.: freihändiger Verkauf durch den Gerichtsvollzieher[64]; Überweisung der Pfandsache zu einem bestimmten Betrage an den Gläubiger.

3. *Materiell-rechtlicher Ausgleich bei der Verwertung ohne Pfändungspfandrecht*

Mit der Ablieferung des Versteigerungserlöses oder des sonstigen Verwertungserlöses an den Gläubiger ist das Ziel der Zwangsvollstreckung erreicht, diese ist beendet. Damit entfällt auch der Anwendungsbereich vollstreckungsrechtlicher Rechtsbehelfe. Jedoch ist der materiell-rechtliche Rechtserfolg, der seinen Behaltensgrund nicht im Ablauf eines (selbst) ordnungsgemäßen Verfahrens findet, u. U. mit Rücksicht auf die bürgerlich-rechtliche Güterzuweisung zu korrigieren[65]. In Betracht kommen Mängel im Gläubigerrecht oder in der Haftungszuweisung des verwerteten Gegenstandes:

a) Besteht das der Vollstreckung zugrunde liegende titulierte *Gläubigerrecht nicht oder nicht mehr*, so hätte sich der Schuldner gegen eine Fortsetzung des infolge der Formalisierung ordnungsgemäßen Verfahrens mit der Vollstreckungsgegenklage, § 767, wehren können, um auf diese Weise die Abweichung des materiellen Rechts gegenüber dem Titel zur Geltung zu bringen[66]. Nach Ablieferung des Erlöses kann sich der Schuldner darauf berufen, daß der Erlös dem Gläubiger nicht gebührt, weil kein Pfändungspfandrecht entstanden sei[67]. Er kann also den Erlös nach § 812 BGB herausverlangen[68].

[64] Sofern das Vollstreckungsgericht kein Preislimit aufnimmt, ist § 817a zu beachten.

[65] Siehe oben § 7 I 2 bei FN 16.

[66] Zu dieser Konstellation und ihren besonderen Problemen *Gaul* aaO. JuS 1962, 1 ff, vor allem bei FN 9, 10, 22; *Henckel* aaO. S. 331 ff sub II; s. auch *Münzberg* Anmerkung zu BGH JZ 1972, 215.

[67] Darüber, daß auch die streng öffentlich-rechtliche Auffassung zu diesem Ergebnis gelangt, oben § 7 I 2 und FN 15, ferner *Münzberg* FN zuvor.

[68] Die Kondiktionsmöglichkeit verneinen *H. Böhm* und *Gloede*, siehe FN 15 zu § 7. Gegen *H. Böhm* ausführlich *Gaul* aaO. AcP 173, 323. Vertiefend zum Rechtsgrund *Henckel* aaO. und *Lüke* aaO. AcP 153, 533 ff, 538 ff. — Zum Umfang (Brutto- oder Nettoerlös, also abzüglich der Verfahrenskosten) vgl. *Nicklisch*, Zum Umfang des Bereiche-

Demgegenüber besteht kein Bereicherungsanspruch gegen den Erwerber, weil dieser in der Versteigerung und also entgeltlich erworben hat[69].

Teilweise wird ganz allgemein als bereicherungsrechtliche Ausgleichsnorm § 816 BGB herangezogen, weil der Gerichtsvollzieher insoweit (mangels Pfändungspfandrechts) als Nichtberechtigter verfügt habe[70]. Das ist jedoch mit der herrschenden Meinung abzulehnen, weil der Gerichtsvollzieher kraft seines hoheitlichen Amtes im Rahmen der staatlichen Verstrickung handelt und keine *Verfügung* auf privatrechtlichem Gebiet vornimmt, diese Handlungen auch schon gar nicht Verfügungen *eines Nichtberechtigten* gleich zu erachten sind[71].

Beispiel: Der Schuldner S hat nach Rechtskraft des Urteils an seinen Gläubiger G gezahlt, die Vollstreckung samt Versteigerung jedoch nicht mehr verhindert. Der gepfändete Gegenstand ist versteigert und D zugeschlagen. D hat die von ihm gebotene Summe an den Gerichtsvollzieher gezahlt, dieser hat ihm die Sache ausgehändigt und den Erlös an G abgeführt: Der Eigentumserwerb des D ist unangreifbar. S kann jedoch von G den Erlös als ungerechtfertigte Bereicherung nach § 812 BGB herausverlangen.

Gleichfalls kommt bei Verschulden des Gläubigers eine deliktische Schadensersatzpflicht aus §§ 823 ff BGB infrage. Die Rechtmäßigkeit des Verhaltens der Vollstreckungsorgane schließt lediglich die Amtshaftung aus, steht jedoch der Annahme eines rechtswidrigen Verhaltens des Gläubigers nicht entgegen[72].

rungsanspruchs wegen Versteigerung schuldnerfremder Sachen, NJW 1966, 434 f.

69 Diese Frage ist im konstruktiven Verständnis, jedoch nicht im Ergebnis streitig. Näheres zur Lösung oben im Text *Gerhardt,* Die systematische Einordnung der Gläubigeranfechtung, 1969, S. 213 f und FN 247 mit weiteren Nachweisen, ferner *Kaehler* aaO. S. 449 sub a. Die herrschende Lehre entnimmt den Rechtsgrund offenbar „aus dem Zuschlag und der Übergabe der Sache zu Eigentum" *(Schönke-Baur* § 27, IV am Ende, S. 124), ohne sich daran zu stoßen, daß die öffentlich-rechtliche Ablieferung des Geldes und die damit verbundene Eigentumsübertragung auf den Gläubiger nicht ausreichen (dazu bereits oben bei der Bedeutung des Pfändungspfandrechts und unten im Text sub 3).

70 *G. Huber* aaO. S. 166 ff; *Zöller-Scherübl* § 819 Anm. s. dazu auch *Pinger* aaO. JR 1973, 95 u. FN 13.

71 So die Rechtsprechung seit RGZ 156, 395, 399 f und die heute ganz überwiegende Lehre.

72 *Stein-Jonas-Münzberg* § 767 Anm. VI und FN 5 u. 132. Siehe ferner *A. Blomeyer,* Rechtskraft und Gestaltungswirkung der Urteile im Prozeß

Allerdings darf durch das materiell-rechtliche Ausgleichsverlangen, sei es bereicherungsrechtlicher, sei es deliktischer Natur, nicht die materielle Rechtskraft eines Urteils unterlaufen werden. Sofern also aus einem Urteil vollstreckt worden ist, kann das Ausgleichsbegehren nur auf solche Tatsachen gestützt werden, deren Vorbringen nicht durch die zeitlichen Grenzen der Rechtskraft ausgeschlossen ist[73].

Beispiel: Der Schuldner kann einen Anspruch aus § 812 BGB oder aus §§ 823, 826 BGB nicht darauf stützen, daß er bereits vor der maßgeblichen letzten mündlichen Verhandlung die Klageforderung getilgt habe, die Verurteilung und also auch die nachfolgende Vollstreckung unberechtigt gewesen seien. Die Bindungswirkung der materiellen Rechtskraft kann nicht durch ein derartiges Ausgleichsbegehren nach durchgeführter Vollstreckung unterlaufen werden.

b) Ist eine *unpfändbare Sache* gepfändet worden oder liegt ein sonstiger, die Verstrickung nicht beeinträchtigender Verfahrensmangel vor, so hat dies keinen Einfluß auf die Entstehung des Pfändungspfandrechts. Daraus folgt dann, da nach der Aushändigung des Erlöses und der damit verbundenen Verfahrensbeendigung auch die Möglichkeit einer Verfahrenskorrektur durch die Erinnerung entfällt, für die hier vertretene Ansicht (siehe oben § 7 I 2), daß die Güterverschiebung zwischen Gläubiger und Schuldner bestehenbleibt, weil ein wirksames Pfändungspfandrecht bestanden hat.

Das entspricht auch im Ergebnis der herrschenden Ansicht[74]. Selbst die Vertreter der gemischt öffentlich-privatrechtlichen Theorie, die bei der Pfändung unpfändbarer *Sachen* die Entstehung eines Pfändungspfandrechts ablehnen (*Baur, Bruns, Henckel*), gelangen zum selben Ergebnis: ein Bereicherungsausgleich finde nicht statt, weil entweder eine Billigung und also eine Heilung anzunehmen sei, oder, soweit dafür keine Anzeichen vorliegen, weil der Gläubiger gegen den Bereicherungsanspruch mit seiner titulierten Forderung aufrechnen könne. Das läßt sich jedoch einfacher und leichter nach-

auf Vollstreckungsgegenklage und Drittwiderspruchsklage, 1965, AcP 165, 481 ff, 483; *Henckel* aaO.; *Gaul* aaO. JuS 1962, 1 ff u. aaO. RPfl. 1971, S. 6.

[73] Im einzelnen hierzu Gaul aaO. JuS 1962, 7 ff. Maßgeblich sind praktisch die in § 767 Abs. 2 aufgezeigten zeitlichen Grenzen. Näheres dazu unten bei der Vollstreckungsgegenklage.

[74] Vgl. als Vertreter der öffentlich-rechtlichen Theorie *Stein-Jonas-Münzberg* § 811 Anm. III mit weiteren Nachweisen in FN 91. Siehe im einzelnen auch die Nachweise oben § 8, I 1 c 2).

vollziehbar dem Bestehen eines Pfändungspfandrechts entnehmen. Die Annahme, ein derartiges Pfandrecht bestehe bis zum Erfolg des Erinnerungsverfahrens auch an unpfändbaren Gegenständen, rechtfertigt sich letztlich daraus, daß der Schuldner über diese Gegenstände ohne Beschränkung frei verfügen kann. Läßt sich danach rechtsgeschäftlich ein Haftungsvorrecht zugunsten der Gläubiger begründen, beispielsweise ein Pfandrecht nach §§ 1204 ff BGB bestellen[75], so kann unpfändbaren Sachen die Eigenschaft als Haftungsgut nicht grundsätzlich abzusprechen sein.

c) Ist schließlich in eine *schuldnerfremde Sache* vollststreckt worden und aus diesem Grunde kein Pfändungspfandrecht entstanden, so kann auf die entsprechende Rechtslage oben zu 1. verwiesen werden: Stets steht dem Dritten gegen den Gläubiger und nicht gegen den Erwerber ein Bereicherungsanspruch aus § 812 BGB zu, unter den engeren Verschuldensvoraussetzungen der §§ 823, 826 BGB auch der deliktische Schadensersatzanspruch. Für die Rechtsgrundlosigkeit des Erwerbs durch den Gläubiger ist entscheidend, daß ihm lediglich die (Zwangs-)Befriedigung aus dem Schuldnervermögen gebührt, nicht jedoch die aus einem anderen Vermögen[76]. Das hat nicht nur zur Folge, daß er dem Dritten gegenüber rechtsgrundlos erworben hat, sondern auch, daß die Ablieferung des Geldes keine Erfüllungswirkung haben konnte, so daß also das titulierte Forderungsrecht gegen den Schuldner fortbesteht[77].

§ 9. Die Zwangsvollstreckung in Geldforderungen

F. Baur, Einige Bemerkungen zur Pfändung künftiger Lohnforderungen, DB 1968, 250 ff; *J. Blomeyer*, Die Erinnerungsbefugnis Dritter in der Mobiliarzwangsvollstreckung, 1966; *Gaul*, siehe den Nachweis vor § 1; *Henckel*, Besprechung von *Schönke-Baur*, Vollstreckungs-, Konkurs- und Vergleichsrecht, 8. Aufl. und von *Baur*, Fälle

[75] Dazu in größerem Zusammenhang *Gerhardt*, Sicherungsübereignung und Pfändungsschutz, JuS 1972, 696 ff, vor allem S. 689 f sub b.

[76] So bereits RGZ 156, 395, 399; OLG Celle MDR 1959, 930.

[77] Vgl. *Pinger* aaO. JR 1973, 95 (m. w. N. in FN 26); *Stein-Jonas-Münzberg* § 733 Anm. 1 und vor allem § 815 Anm. III 3; *Kaehler* aaO. JR 1972, 451 f sub 6), der allerdings offenbar die Geltendmachung des ursprünglichen Gläubigerrechts von der vorherigen Ersatzzahlung des Gläubigers an den Dritten abhängig macht.

und Lösungen zum Vollstreckungs-, Konkurs- und Vergleichsrecht, 2. Aufl., in ZZP 84 (1971), S. 447 ff; *Lüke*, Forderungsübertragung durch Hoheitsakt, JuS 1962, 418 ff; *Stöber*, Forderungspfändung, 3. Aufl. 1972; *Tempel*, Zwangsvollstreckung in Grundpfandrechte, JuS 1967, 75—80; 117—124; 167—170; 215—218; 268—270; *Walter*, Kommentar zum Lohnpfändungsrecht, 3. Aufl. 1972.

Bei der Zwangsvollstreckung in Ansprüche, die der Vollstreckungsschuldner gegen einen Dritten hat, muß das Vollstreckungsrecht erstens der Tatsache Rechnung tragen, daß die Haftungsobjekte nicht körperlich faßbare Gegenstände sind; daraus folgt, daß der Einsatz des Gerichtsvollziehers als „Zugriffsorgan" ausscheidet, Vollstreckungsorgan für die nicht gegenständlich sichtbaren Pfändungsakte ist das Vollstreckungsgericht, § 828 Abs. 1, nach § 20 Nr. 17 RPflG der Rechtspfleger. Zweitens ist zu berücksichtigen, daß mit dem Schuldner des Vollstreckungsschuldners ein Dritter einzubeziehen ist, daß also der Zwangszugriff in seiner Struktur diesem Dreiecksverhältnis zwischen Gläubiger und Schuldner einerseits und „Drittschuldner" andererseits Rechnung tragen muß.

Eine ähnliche Beteiligung dreier Personen mit allerdings anderen Bezeichnungen entsteht bei der Abtretung — Neugläubiger (Zessionar), Altgläubiger (Zedent) und Schuldner — und bei der Verpfändung von Forderungen (Pfandgläubiger, Gläubiger, Schuldner).

Schließlich und drittens ist auch hier wie bei der Sachpfändung zu unterscheiden zwischen der Pfändung und der Verwertung, also zwischen dem Akt, der das Recht des Schuldners gegen den Dritten mit *Beschlag* belegt und damit zu Zwecken der Vollstreckung bindet, und der *Verwirklichung* des in dem gepfändeten Recht liegenden Vermögenswertes.

I. Die Pfändung bei der Zwangsvollstreckung in Geldforderungen

„Soll eine Geldforderung gepfändet werden", so richtet sich das Verfahren nach §§ 829 ff. Die — hier wörtlich wiedergegebene — Gesetzesfassung des § 828 Abs. 1 verdeutlicht das Wahlrecht des Gläubigers, der über die in der Wahl des Vollstreckungsorgans liegende allgemeine Bestimmung des zu verwertenden Haftungsgutes (bewegliche körperliche Sachen,

Forderungen, unbewegliches Vermögen) hinaus[1] das konkrete Schuldnerrecht anzugeben hat, in das zu vollstrecken ist. Der Gläubiger hat insoweit jedoch nicht nur die Wahl*möglichkeit* und das Initiativrecht wie bei der Zwangsvollstreckung in körperliche bewegliche Gegenstände: dort reicht es aus, den Gerichtsvollzieher ganz allgemein mit der Pfändung zu beauftragen, wobei der Gläubiger allerdings bestimmte Weisungen auch hinsichtlich der zu pfändenden Sache erteilen kann, die, soweit sie nicht dem Gesetz oder der Geschäftsanweisung für Gerichtsvollzieher widersprechen, zu befolgen sind[2]. Dagegen muß der Gläubiger bei der Vollstreckung in „Forderungen und andere Vermögensrechte" das Recht selbst genau angeben. Er muß bei einer beabsichtigten Forderungspfändung die Forderung nach Entstehungsgrund und den beteiligten Rechtssubjekten (Gläubiger, Schuldner) genau bezeichnen; allgemein gesprochen: da er mit der Verwertung der Forderung an Stelle des Schuldners praktisch eine Verfügung über diese beabsichtigt, muß er diese so „individualisieren", wie dies bei einer Verfügung (z. B. Abtretung, Verpfändung) erforderlich wäre.

1. Die Geldforderung als Vollstreckungsobjekt

Vollstreckungsobjekt der Zwangsvollstreckung in Geldforderungen sind alle auf Geld gerichteten Forderungen. Zur inhaltlichen Konkretisierung des Begriffs „Geldforderung" läßt sich auf die Ausführungen zum Gläubigerrecht bei einer Vollstreckung *wegen* Geldforderungen verweisen[3]; daraus folgt beispielsweise, daß ein Befreiungsanspruch, selbst wenn er auf Befreiung von einer Geldverbindlichkeit gerichtet ist, für einen Zwangszugriff auf Geldforderungen kein geeignetes Vollstreckungsobjekt ist[4]. Zu den pfändbaren Geldforderungen gehören auch solche, die betagt, bedingt oder von einer Gegen-

[1] Siehe dazu auch oben § 7 vor I. Ferner *H. F. Gaul*, Zur Reform des Zwangsvollstreckungsrechts JZ 1973, 473 ff, insbes. FN 10 und S. 481.

[2] GVGA § 130 Nr. 3; als interessanten Beispielsfall vgl. RGZ 161, 115: Wunsch des Gläubigers, Trauben auf dem Stock zu pfänden.

[3] Siehe oben § 7 I.

[4] So zutreffend *Stöber* aaO. S. 24, der allerdings mit dem Hinweis auf die Vollstreckung nach § 887 und in seinen Nachweisen FN 4 zu weit in die Ausführungen zur Geldforderung als *Gläubigerrecht* gerät. Zur Problematik *Gerhardt*, Der Befreiungsanspruch, 1966, S. 44 ff.

leistung abhängig sind, vgl. § 844. Ferner sind hierzu auch *künftige* Forderungen zu zählen, also — im Gegensatz zu lediglich bedingten oder betagten Rechten — Forderungen, deren Entstehungstatbestand (und nicht nur Wirksamkeitsvoraussetzungen) in einen späteren Zeitpunkt fällt[5]; im Hinblick auf die notwendige Individualisierung ist allerdings erforderlich, daß der Entstehungsgrund und die Person des Schuldners hinreichend bestimmbar sind[6].

Enger als etwa bei der Abtretbarkeit künftiger Forderungen stellt die h. M. darauf ab, daß eine *Rechtsbeziehung* zwischen Schuldner und Drittschuldner bestehen muß, aus der die künftige Forderung bestimmt werden kann[7]; nicht ausreichend sei — wieder anders als bei der Abtretung —, daß die künftige Entstehung der Forderung überhaupt denkbar erscheine[8]. Indessen vermag das Kriterium der „bereits bestehenden Rechtsbeziehung“ eine unterschiedliche Beurteilung von Abtretbarkeit und Pfändbarkeit nicht zu begründen. Das Gesetz stellt eine gewisse Wechselbeziehung zwischen beiden rechtlichen Befugnissen auf: so ist nicht pfändbar, was nicht übertragbar ist, § 851, vgl. auch allgemein § 857; und es ist umgekehrt nicht abtretbar, was nicht pfändbar ist, § 400 BGB. Daraus läßt sich zwar nicht logisch zwingend folgern[9], daß künftige Forderungen im Umfang ihrer Abtretbarkeit auch pfändbar seien; jedoch läßt sich hieraus die Grundwertung entnehmen, daß „der Abstand zwischen Abtretbarkeit und Pfändbarkeit möglichst gering gehalten werden sollte“[10].

Für die *Bestimmbarkeit* kann es auf das Bestehen oder Nichtbestehen einer Rechtsbeziehung nicht ankommen, insoweit rechtfertigt

[5] Vgl. dazu *R. Bruns,* Die Vollstreckung in künftige Vermögensstücke des Schuldners, 1971, AcP 171, 358.

[6] BGHZ 53, 29, 32.

[7] Vgl. z. B. BGH LM Nr. 4 Blatt 3 zu ZPO § 857; BGHZ 53, 29, 32; ähnlich die Formulierung RGZ 134, 225, 227, es müsse eine *Rechtsgrundlage* für die *Möglichkeit* des Entstehens künftiger Forderungen vorhanden sein; ebenso RGZ 135, 139, 140 f; *Stöber* aaO. S. 27 m. w. Nachweisen, ferner *Baumbach-Lauterbach* § 829 Anm. 1 A; *Lent-Jauernig* § 19, IV; *Bruns* § 21, IV 1: nicht ausreichend sei die in einer gegenständlichen Beziehung enthaltene tatsächliche Möglichkeit der Entstehung künftiger Forderungen.

[8] *Stöber* aaO. S. 27 f unter Hinweis auf RGZ 134, 225, 227: Pfändung eines Anspruchs vor Erlaß des ihn begründenden Gesetzes. Ebenso für einen insoweit grundsätzlich engeren Anwendungsbereich als bei der Abtretung *Lent-Jauernig* aaO.; *Baur* aaO. DB 1968, 251 ff, 253; *Bruns* aaO.; wohl auch BGH NJW 1955, 544.

[9] Ebenso *Stein-Jonas-Münzberg* § 829 Anm. I.

[10] *Stein-Jonas-Münzberg* aaO.

sich keine unterschiedliche Behandlung; in beiden Fällen ist die ausreichende Individualisierung des „Verfügungsgegenstandes" maßgeblich, die besondere und unter Umständen darüber hinausgehende Voraussetzung der bestehenden Rechtsbeziehung entbehrt der Berechtigung. Unterschiede zur Abtretung können sich nur dort ergeben, wo es um die Rechts*entstehung* geht. Hier stellt sich speziell für die Pfändung zusätzlich die Frage, ob es ein Rechtsschutzinteresse für staatliche Zwangsmaßnahmen gibt, die (noch) nicht existenten Rechten gelten, sofern deren Entstehung nicht einmal besonders wahrscheinlich ist. Das ist wiederum unabhängig von der Bestimmbarkeit zu beurteilen und hängt auch nicht zwingend von einer bereits bestehenden Rechtsbeziehung ab. — Im Ergebnis bedeutet das praktisch eine Gleichbehandlung von Abtretbarkeit und Pfändbarkeit[11].

Bestimmbarkeit ist stets Grundvoraussetzung. Im übrigen wird ein Gläubiger künftige Rechte nur bei einer gewissen reellen Verwertungschance pfänden, also nur, wenn er guten Grund zur Annahme hat, die Forderung werde auch entstehen; Vorratspfändungen ohne konkreten Anhaltspunkt lassen sich nach der hier vertretenen Ansicht mangels Rechtsschutzbedürfnisses zurückweisen.

Geeignetes Vollstreckungsobjekt sind auch Geldforderungen des Schuldners gegen den Vollstreckungsgläubiger. Die Vollstreckung darauf zu richten kann sinnvoll sein, wenn dem Gläubiger, dem die Vollstreckung das Einziehungsrecht über die Forderung des Schuldners einräumt[12], die Möglichkeit der „Selbstexekution durch Aufrechnung" fehlt und er nunmehr kraft der Rechtsposition des Schuldners aufrechnen kann.

Beispiel: G hat eine titulierte Kaufpreisforderung über 500,— DM gegen S, diesem steht ein Schadensersatzanspruch aus § 824 BGB gegen G wegen vorsätzlicher Kreditgefährdung zu. S könnte aufrechnen, nicht jedoch G, § 393 BGB. Verschafft sich nun G durch Pfändung des Anspruchs gegen sich selbst die Aufrechnungsmöglichkeit (s. dazu im einzelnen unten sub II), so bedeutet dies keine unzulässige Umgehung des in § 393 BGB liegenden Schutzgedankens:

11 Zu Recht weisen *Stein-Jonas-Münzberg* (aaO. FN 13) auf die Gefahr hin, daß andernfalls der Schuldner noch nicht pfändbare Forderungen auf Gläubiger seiner Wahl übertragen könnte, ohne daß ein Zwangszugriff möglich wäre.

12 Allgemein dazu *Rimmelspacher/Spellenberg*, Pfändung einer Gegenforderung und Aufrechnung, JZ 1973, 271 ff; im einzelnen zum Vollzug als „Befriedigung aus der gepfändeten Forderung" unten II.

der Schuldner, der ein gegen ihn gerichtetes Recht weder befriedigt noch aufrechnet und damit den Gläubiger zur Vollstreckung nötigt, bedarf eines Schutzes nicht.

2. Die Unpfändbarkeit von Geldforderungen im allgemeinen

Auf die gegenseitige Abhängigkeit von Pfändbarkeit und Abtretbarkeit, §§ 851, 857 ZPO, 400 BGB, war bereits hingewiesen[13]. Das Gesetz dehnt diese Regelung auch auf die rechtsgeschäftliche Verpfändung, § 1274 Abs. 2 BGB, und, als interessanter Beleg für die Natur der Aufrechnung als Selbstexekution des Gläubigers, auf die Aufrechnung, § 394 BGB, aus. Dabei knüpft die *Rechtsverpfändung* an die Übertragbarkeit an und die *Aufrechnung* an die Pfändbarkeit. Die wechselseitigen Verweisungen aus der ZPO auf das BGB und umgekehrt stellen keinen Zirkel dar, sondern sollen sicherstellen, daß der jeweilige Anwendungsbereich identisch ist, sei es aus prozessualen, sei es aus materiell-rechtlichen Gründen.

a) Nicht pfändbar, weil *nicht übertragbar*, sind beispielsweise höchstpersönliche Rechte, also — um im Bereich der Geldforderungen zu bleiben — Ansprüche auf Ersatz immateriellen Schadens, §§ 847, 1300 Abs. 2 BGB, vor der vertraglichen Anerkennung oder der Rechtshängigkeit. Ferner sind hierzu die Ansprüche zu zählen, deren Übertragbarkeit an einer besonderen Zweckbindung scheitert, z. B. Ansprüche auf Prozeßkostenvorschuß.

b) Nach der allgemeinen Regelung des § 399 BGB ist ein *vertraglicher Ausschluß* der Abtretbarkeit möglich[14]; hätte diese Absprache nun allerdings auch die Unpfändbarkeit zur Folge, so könnte ein Gläubiger den in einer eigenen Forderung liegenden Vermögenswert dadurch jedem Zwangszugriff seiner Gläubiger entziehen, daß er mit seinem Schuldner die Nicht-

[13] Oben sub 1. im Zusammenhang mit der Pfändbarkeit künftiger Rechte, s. dazu auch FN 6—13.

[14] Ein derartiges pactum de non petendo nimmt der Forderung durch eine inhaltliche Modifizierung die Abtretbarkeit mit Wirkung gegen jedermann, BGHZ 40, 156, 159; 56, 173, 176 und 228, 230. Zum praktischen Anwendungsbereich vor allem bei Lohnansprüchen und auf dem Bausektor *Grunsky* § 3 I 3 a) in Athenäum *Zivilrecht* I S. 656 f.

abtretbarkeit vereinbart. Darum ermöglicht § 851 Abs. 2 für den vereinbarten Abtretungsausschluß eine Abweichung der Pfändbarkeit von der Übertragbarkeit und läßt hier den Zwangszugriff zu, soweit der geschuldete Gegenstand pfändbar ist: das ist bei Geld stets der Fall[15]. Sonderregelungen für die Unpfändbarkeit enthält schließlich § 852.

3. *Der Schuldnerschutz bei der Pfändung von Arbeitseinkommen*[16]

Vom Gläubiger aus gesehen sind die Lohn- und Gehaltsforderungen wichtigstes und praktisch bedeutsamstes Vollstreckungsobjekt bei der Zwangsvollstreckung in Geldforderungen. Andererseits sind gerade hier besondere Schutzmaßnahmen zugunsten des Schuldners unerläßlich, weil das Arbeitseinkommen im Regelfall dazu dient, den erforderlichen Lebensbedarf für den Schuldner und dessen Familie sicherzustellen. Die gesetzliche Regelung muß beiden Positionen Rechnung tragen. Sie steht dabei vor der rechtspolitischen Frage, wie weit der Schuldner, der bei unbeschränkter Pfändungsmöglichkeit auf Sozialhilfe angewiesen wäre, praktisch „auf Kosten des Gläubigers" unterhalten werden darf, mit der Formulierung *Henckels:* wie weit auf Kosten des Gläubigers Sozialpolitik getrieben werden kann[17]. Zu berücksichtigen ist auch, daß dem Gläubiger schließlich ein Rechtsanspruch auf den geschuldeten Geldbetrag zusteht, — andernfalls bietet sich die Vollstreckungsgegenklage, um geltend zu machen, daß das vollstreckte materielle Recht nicht besteht: insoweit abzuhelfen ist nicht Aufgabe des Vollstreckungsschutzrechts. Zumindest in Fällen, in denen der Gläubiger auf das Geld angewiesen ist, es sich beispielweise um Unterhaltsforderungen handelt, braucht der Schuldner nicht besser zu leben als der Gläubiger.

Schließlich sind bei der Festsetzung eines Pfändungsfreibetrages auch gewisse psychologische Momente berücksichtigenswert: Bleibt ein

[15] Die im Gesetz angedeutete Beschränkung wird sonach nur bei Individualansprüchen relevant; hier sind die Pfändungsschutzvorschriften des § 811 maßgeblich; *Zöller-Scherübl* § 851 Anm. 2.

[16] Generell dazu z. B. die Darstellung von *Walter* aaO., *Stöber* aaO. S. 281 ff.

[17] Siehe oben § 1 III.

bestimmter unpfändbarer Teil des Arbeitseinkommens unangreifbar, so sollen dadurch die wirtschaftliche Existenz und zugleich die Arbeitsfreudigkeit des Schuldners so weit wie möglich erhalten bleiben[18]. Das Gewicht dieses Kriteriums ist allerdings unterschiedlich je nach Höhe der Schulden und der Chance baldiger Tilgbarkeit, nicht zuletzt auch nach der Schuldnermentalität. Praktisch entscheidende Voraussetzung ist, daß die Pfändungsfreibeträge großzügiger als die Sozialhilfesätze bemessen sind[19].

Für die Festsetzung der *Höhe* des unpfändbaren Betrages ist zudem auf Unterhaltspflichten des Schuldners gegenüber Dritten abzustellen: Der Familienvater mit drei minderjährigen Kindern ist anders zu behandeln als ein Schuldner ohne Unterhaltsverpflichtungen. Andererseits muß der Betrag wiederum in gewissem Sinne von der *Bedürftigkeit des Gläubigers* abhängen; das läß sich generalisierend dem Charakter des Gläubigerrechts, z. B. als Unterhaltsforderung, entnehmen. Die Berücksichtigung dieser vielschichtigen Kriterien und widerstreitenden Interessen muß notwendig zu einem Kompromiß führen, der einerseits mit einer von zahlreichen Komponenten abhängigen möglichst hohen Flexibilität ausgestattet sein muß, andererseits um Praktikabilität und Transparenz willen typisiert werden muß.

Die Notwendigkeit eines Schuldnerschutzes ist altbekannt. Frühe Rechtsquelle für unsere Regelung ist bereits das Lohnbeschlagnahmegesetz vom 21. 6. 1869, in späteren Fassungen von 1897 und 1898; die jüngeren bedeutsamen Maßnahmen fanden sich vor allem in den Lohnpfändungsverordnungen von 1819 und 1823, im Lohnpfändungsgesetz von 1934[20] und in der Lohnpfändungsverordnung von 1940, die durch das Gesetz vom 20. 8. 1953 als §§ 850—850i in die ZPO eingefügt wurde. Vor allem im Hinblick auf die — angeho-

[18] *Lent-Jauernig* §§ 33, I.

[19] Für eine Familie mit zwei Kindern liegt der Sozialhilfesatz etwa bei 670,— DM (landesrechtlich verschieden), zuzüglich der Mietkosten. Unterstellt man hierfür 330,— DM, so bezieht die Familie also 1000,— DM pro Monat; vgl. dieses Beispiel bei *Jäger*, Sozialversicherungsrecht, 4. Aufl. 1972, S. 207. — Der pfändungsfreie Betrag einer gleichen Familie ist abhängig vom Einkommen. Beträgt das Einkommen 1700,— DM so verbleiben der Familie 1385,— DM, bei 1500,— DM verbleiben ihr 1245,— DM; vgl. hierzu die gesetzliche Tabelle zu § 850c ZPO, abgedruckt z. B. in der Gesetzessammlung von Schönfelder als Anlage zur ZPO und bei *Walter* aaO.

[20] Siehe dazu *J. Goldschmidt*, Zivilprozeßrecht, 2. Aufl. 1931, § 10, 1 d.

benen — Pfändungsfreigrenzen ist diese Regelung mehrfach geändert worden, zuletzt durch Gesetz vom 1. 3. 1972.

Ein Überblick über das geltende Pfändungsschutzrecht für Arbeitseinkommen läßt sich in folgenden neun *Grundzügen* zusammenfassen:

1. Pfändungsschutz gilt nur für *Arbeitseinkommen*, vgl. § 850. Maßgeblich ist, ob eine „stetig fließende Einnahmequelle" vorliegt. Weder kommt es auf die Art der geleisteten Dienste an, noch darauf, ob ein Arbeitsverhältnis im Sinne des Arbeitsrechts vorliegt. Unerheblich ist auch die Benennung, § 850 Abs. 4[21]. Abzugrenzen ist das Arbeitseinkommen vor allem von den Kapitalerträgen.

2. Bestimmte *Sonderzuwendungen* sind grundsätzlich unpfändbar, § 850a; allerdings tritt dieser Schutz gegenüber den unten in Gruppe 5 genannten besonders bevorrechtigten Forderungen zurück.

Die oben angesprochenen Erwägungen psychologischer Art haben beispielsweise bei der Einbeziehung der Überstundenbezüge Berücksichtigung gefunden.

3. Einige Forderungsgruppen — zum Beispiel gesetzliche Unterhaltsrenten — sind nur *subsidiär pfändbar*, § 850b; Grundvoraussetzung ist, daß die Pfändung in das sonstige bewegliche Vermögen nicht zur Befriedigung des Gläubigers geführt hat; zusätzlich erfolgt eine Billigkeitsabwägung in doppelter Richtung, nämlich sowohl hinsichtlich des Gläubigers als auch hinsichtlich des Schuldners. Die Pfändbarkeit ergibt sich erst aus der Entscheidung des Vollstreckungsgerichts[22]; das ist beispielsweise wichtig für die Rückwirkung auf die materiell-rechtliche Abtretbarkeit.

[21] Vgl. dazu als Musterbeispiel BAG NJW 1962, 1221.

[22] BGH FamRZ 1970, 24. Ausnahmslos unpfändbar sind jedoch Sozialversicherungsrenten, vgl. § 76 AVG u. § 119 RVO. Das öffentliche Interesse, die Versorgung des früheren Arbeitnehmers sicherzustellen, gebietet hier einen umfassenden Vollstreckungsschutz. Zur Verfassungsmäßigkeit vgl. BVerfGE 11, 283 ff, 289. Abweichend hiervon wird neuerdings dieser gesetzliche Sozialschutz verfassungsrechtlich wieder in Frage gestellt, siehe den erneuten Vorlagebeschluß des OLG Düsseldorf MDR 1972, 59 f; das Bundesverfassungsgericht hat diese Vorlage aus prozessualen Gründen als unzulässig zurückgewiesen, BVerfG NJW 1972, 1701 f.

4. Grundsätzlich ist der *Pfändungsfreibetrag* zu beachten, § 850c, mit einer Gleitklausel für Veränderungen in § 850g. Zur Zeit beträgt der Pfändungsfreibetrag ohne Berücksichtigung etwaiger Unterhaltsverpflichtungen 338,— DM monatlich. Die Freibeträge sind nach dem Nettolohn zu berechnen, § 850e, vor allem Nr. 1 Satz 1, ferner Nr. 3.

Ist das Geld bereits ausgezahlt, so findet § 811 Nr. 8 Anwendung. Problematisch ist es bei Überweisung des Gehalts auf ein Bankkonto. Die herrschende Meinung wendet auf das bei der Bank liegende Geld § 811 Nr. 8 analog an[23]. Das erscheint sachgerecht, soweit dadurch nicht eine Verdoppelung des pfändungsfreien Betrages, Bargeld einerseits, der Anspruch gegen die Bank andererseits, erzielt wird: danach ist § 811 Nr. 8 grundsätzlich auf den Anspruch gegen die Bank anwendbar; sind Beträge bereits ausgezahlt, so mindert sich dieser Anspruch entsprechend; das läßt sich notfalls im Wege der Erinnerung, § 766, klarstellen.

5. Gewisse *unterhaltsberechtigte Gläubiger* sind *bevorrechtigt:* ihnen gegenüber tritt der Schutz des Schuldners zurück, § 850d. Die „grundsätzlich unpfändbaren" Bezüge des § 850a werden teilweise pfändbar. Auch entfallen die Pfändungsfreigrenzen; hier ist die untere Grenze lediglich der notwendige Unterhalt für den Schuldner selbst.

Innerhalb dieser Gruppen bevorrechtigter Gläubiger stellt § 850d Abs. 2 eine Befriedigungsrangordnung auf.

6. Eine besondere *Härteklausel* mit Ermessensspielraum enthält § 850f, und zwar zugunsten des Schuldners in Abs. 1, zugunsten des Gläubigers in Abs. 2 und 3. Hier läßt sich insbesondere der Charakter der Schuld berücksichtigen, so etwa, wenn der Anspruch aus einer vorsätzlich unerlaubten Handlung stammt.

7. Sehr wichtig und praktisch bedeutsam ist § 850h, der *Lohnschiebungen* entgegenwirkt. Er enthält zwei Zielrichtungen, nämlich erstens gegen Lohnschiebungen (Abs. 1, dazu siehe 7a), und zweitens gegen die Verschleierung des Arbeitseinkommens (Abs. 2, dazu siehe 7b):

[23] Z. B. *Schönke-Baur* § 22, II b; *Stein-Jonas-Münzberg* § 811 Anm. IV 8; *Thomas-Putzo* § 811 Anm. 7a. — Anderer Ansicht: *Rosenberg* § 192, I 2a A; siehe auch *Lent-Jauernig* § 33, I A und KG MDR 1967, 849.

7a) Die *Lohnschiebung* des § 850h Abs. 1 geht von dem Leitbild aus, daß der ausbedungene Lohn an einen Dritten, z. B. die Ehefrau, auf Grund eines Vertrages zugunsten Dritter gezahlt wird. Kennzeichnender Ansatzpunkt ist hier, daß eine entsprechende Vereinbarung mit dem Dienstherren vorliegt; im Gegensatz dazu steht die — lediglich anfechtbare — Abtretung der Gehaltsbezüge an den Dritten.

Das Gesetz begegnet diesen Lohnschiebungen dadurch, daß es die Augen vor der Berechtigung des Dritten verschließt und Schuldner und Dritten als identisch behandelt: dazu bietet § 850h Abs. 1 konstruktiv zwei Möglichkeiten, erstens den Anspruch des Dritten so zu pfänden, als wäre dieser Dritte der Schuldner, also ohne Titel und Klausel gegen ihn; und zweitens, den Anspruch des Schuldners so zu pfänden, als bestände die Drittberechtigung nicht: dann umfaßt die Pfändung des Schuldnerrechts ohne weiteres auch den Anspruch des Dritten.

7b) § 850h Abs. 2 betrifft die Fälle des *verschleierten Arbeitseinkommens* im engeren Sinne: Der Schuldner läßt sich nur den pfändungsfreien Betrag auszahlen, im übrigen wirkt sich seine geleistete Arbeit im Hinblick auf seine enge Beziehung zum „Arbeitgeber" (z. B. dem anderen Ehegatten) auch für ihn vermögensrechtlich positiv aus: Mitarbeit des Ehemanns im Geschäft der Frau, des Sohnes im elterlichen Betrieb. Entscheidend für die Anwendbarkeit des § 850h Abs. 2 ist, daß es sich um Dienste handelt, die nach Art und Umfang üblicherweise vergütet werden. Hierbei ist zu berücksichtigen, daß Mithilfe im Haushalt und Geschäft ohne Vergütung für Ehegatten im Rahmen des § 1356 Abs. 2 BGB sogar Pflicht ist, für im Haushalt lebende Kinder zumindest vielfach üblich ist[24]. § 850h Abs. 2 fingiert einen Vergütungsanspruch. Dieser ist Gegenstand der Pfändung.

Gemeinsam für Ziff. 7a) und 7b) gilt, daß beide Fälle — entgegen der insoweit irreführenden Bezeichnung — nicht auf den

[24] Dazu *Fenn*, Die Bedeutung der verwandtschaftlichen Beziehungen für die Pfändung des „Arbeitseinkommens" nach § 850h Abs. 2 ZPO, 1967, AcP 167, 198 ff.

Nachweis eines entsprechenden subjektiven Merkmals bei den Beteiligten abstellen[25]. Auch prüft das Vollstreckungsgericht nicht die Voraussetzungen einer Pfändung nach § 850h Abs. 1 oder Abs. 2; im letzteren Fall gilt dies auch für die Höhe des in Anspruch genommenen Rechtes. Diese Prüfung bleibt dem Verfahren vorbehalten, das der Gläubiger zur Verwirklichung seines vollstreckbaren Rechts gegen den Drittschuldner, also den „Arbeitgeber" im weitesten Sinne, anstrengen muß. Zuständig sind dafür dann nach ArbGG § 2 Abs. 1 Nr. 2 mit Abs. 4 Satz 1 die Arbeitsgerichte.

8. Handelt es sich *nicht* um wiederkehrende Vergütungen für Arbeits- oder Dienstleistungen, also etwa um Gebührenforderungen eines Rechtsanwalts, um Honorare von Zahnärzten, Ärzten oder Künstlern, so besteht nach § 850i gleichfalls die Möglichkeit eines Pfändungsschutzes. Dieser ist allerdings nicht so detailliert geregelt wie die zuvor genannten Fälle. Voraussetzungen und Höhe eines Pfändungsschutzes sind nach freiem Ermessen unter Berücksichtigung aller Umstände zu würdigen. Dabei ist der notwendige Unterhalt des Schuldners für einen angemessen Zeitraum pfändungsfrei zu lassen.

9. Abgesehen von der Sonderregelung des § 850i, die den Pfändungsschutz lediglich auf Antrag eingreifen läßt, sind die Vorschriften zum Schutze des Arbeitseinkommens gegen Pfändungen *von Amts wegen* zu beachten, weil es sich insoweit um sozialstaatliche unverzichtbare Grundregeln handelt. Das bedeutet allerdings nicht, daß die Pfändungsgrenzen jeweils ex officio zu ermitteln seien. Die Pfändung kann nur abgelehnt werden, wenn die Unpfändbarkeit aus den Angaben des Gläubigers ersichtlich oder sonst amtlich bekannt ist[26]. Dem Schuldner bleibt es überlassen, die Unpfändbarkeit im Wege der Erinnerung geltend zu machen, § 766.

[25] BGH WM 1968, 1254.

[26] Zur Rechtsfolge bei der Pfändung einer unpfändbaren Forderung im Zusammenhang unten II 3.

4. Der Vollzug der Pfändung

a) Der Pfändungsbeschluß, Inhalt, Wirksamkeitsvoraussetzung und Rechtsfolge

Der Gläubiger muß in seinem Vollstreckungsgesuch die zu pfändende Forderung durch Bezeichnung des Schuldgrundes und Gegenstandes sowie des (Dritt-)Schuldners genügend bestimmt bezeichnen (individualisieren). Der Schuldner darf nicht gehört werden; er soll — um etwaigen unlauteren Machenschaften (Einziehung der Forderung, Abtretung) vorzubeugen — vor der Wirksamkeit der Pfändung keine Kenntnis von der Vollstreckung erhalten[27]. Die Pfändung erfolgt durch Gerichtsbeschluß, und zwar ohne Prüfung, ob die vom Gläubiger genannte Forderung besteht und ob die Schuldhöhe zutrifft. Gepfändet wird nur die „angebliche Forderung" des Schuldners gegen den Drittschuldner. Über die materielle Rechtslage ist bei der Geltendmachung der gepfändeten Forderung gegen den Drittschuldner (notfalls) im normalen Erkenntnisverfahren zu entscheiden.

In der Beschränkung der Vollstreckungsmaßnahmen auf die angebliche Forderung zeigt sich wieder das durchgängige Bestreben unseres Vollstreckungsrechts, das Zwangsverfahren möglichst von einer Überprüfung materieller Rechte freizuhalten. Das hat seine Grenzen allerdings dort, wo sich bereits aus der Angabe des Gläubigers ergibt, daß die Forderung nicht besteht, etwa weil sie wegen Sittenwidrigkeit oder Gesetzesverstoßes nichtig ist oder aus Spiel und Wette stammen soll.

Erweist sich später, daß die Forderung nicht besteht, geht die Pfändung ins Leere; sie ist wirkungslos und bleibt es auch dann, wenn der Schuldner die Forderung nach der Pfändung erwirbt[28]. Weil die Pfändung zugleich die Beschlagnahme (Ver-

[27] Zur Vereinbarung mit dem Verfassungspostulat des „rechtlichen Gehörs", Art. 103 Abs. 1 GG, im Hinblick auf die Erinnerung und das im Erinnerungsverfahren unabdingbare Gehör des Schuldners BVerfGE 9, 98.

[28] Heute im wesentlichen unstreitig; vgl. zugleich als interessanten Beispielsfall BGHZ 56, 339, 350 f: Die Pfändung einer zuvor wirksam abgetretenen und nach der Pfändung vom Vollstreckungsschuldner zurückerworbenen Forderung geht ins Leere und ist daher schlechthin nichtig. — Anders, wenn im Hinblick auf den Rückerwerb die künftige Forderung gepfändet wäre.

strickung) der Forderung darstellt, so enthält der Pfändungsbeschluß neben dem Ausspruch der Pfändung zwei ausdrückliche Verbote: der Drittschuldner darf nicht mehr an den Schuldner leisten (sog. arrestatorium); der Schuldner darf nicht mehr über die Forderung verfügen, insbes. diese nicht einziehen (sog. inhibitorium), § 829 Abs. 1. Das zu allgemein formulierte Verfügungsverbot ist allerdings aus seinem Zweck heraus auf lediglich vollstreckungsbeeinträchtigende Verfügungen zu beschränken[29]. Verbotswidrige Verfügungen unterliegen der Regelung der §§ 135 f BGB: sie sind relativ unwirksam. Wie bei der Sachpfändung, deren deutliche Kenntlichmachung Wirksamkeitsvoraussetzung ist, z. B. die genügend erkenntliche Siegelanlegung, so ist auch bei der nicht vergegenständlichten Forderungspfändung die Verlautbarung an die Betroffenen erforderlich: der Pfändungsbeschluß ist dem Schuldner und dem Drittschuldner zuzustellen, letztere Zustellung ist Wirksamkeitsvoraussetzung, mit ihr treten die im Pfändungsbeschluß auszusprechenden Rechtsfolgen der Verstrickung sowie des Verfügungs- bzw. Zahlungsverbots ein, § 829 Abs. 3.

Zugleich mit der Verstrickung erwirbt der Gläubiger ein *Pfändungspfandrecht,* sofern die hierfür maßgeblichen materiell-rechtlichen Voraussetzungen vorliegen: bei der Sachpfändung war darzulegen, daß ein Pfändungspfandrecht trotz Verstrickung nicht entsteht, wenn entweder die gepfändete Sache nicht zum Schuldnervermögen gehört oder das vollstreckbare Gläubigerrecht nicht besteht. Der erste Fall scheidet hier aus, weil bereits nach dem Wortlaut des Pfändungsbeschlusses nur Forderungen des *Schuldners* gepfändet werden; schuldnerfremde Rechte sind nicht Gegenstand der Vollstreckung. Einschlägig ist indessen der zweite Fall, in dem — wie bei der Sachpfändung — kein Pfändungspfandrecht entsteht[30]. Das durch wirksame Pfändung erworbene Pfandrecht, vgl. § 804 Abs. 1, gewährt dem Gläubiger ein Sicherungsrecht an der

[29] Siehe bereits oben § 7, II 1, ferner mit weiteren Nachweisen BGH NJW 1968, 2060 („anerkanntermaßen").

[30] Zum Ausgleich bei materiell-rechtlich unberechtigten Pfändungen, insbesondere der Lage bei der Vollstreckung in unpfändbare Rechte unten im Zusammenhang nach der Darstellung der konkreten Befriedigungsformen.

Forderung, nicht jedoch die beabsichtigte Befriedigung. Forderungsinhaber ist nach wie vor der Schuldner, die Rechtsstellung des Vollstreckungsgläubigers entspricht der eines Pfandgläubigers, § 1281 ff BGB. Während es zur Befriedigung des Pfandgläubigers nach materiellem Recht des Duldungstitels bedarf, § 1277 BGB, ist im Vollstreckungsverfahren zur Verwertung die Überweisung als der auf die Pfändung folgende zweite Schritt erforderlich und maßgeblich.

b) Die Auswirkung der Pfändung auf den Drittschuldner

Ebenso wie für die Abtretung gilt auch für die Forderungspfändung der Grundsatz, daß das rechtliche Schicksal des Gläubigerrechts den (Dritt-)Schuldner möglichst wenig beeinträchtigen soll. Als unerläßliche Folge des Vollstreckungsverfahrens ist allerdings hinzunehmen, daß der Drittschuldner kraft des arrestatoriums nicht mehr an den Schuldner leisten darf; immerhin sorgt das Vollstreckungsrecht durch die als Wirksamkeitsvoraussetzung ausgestaltete Zustellung dafür, ihm Kenntnis von dem Pfändungsbeschluß zu verschaffen. Zahlt der Drittschuldner dennoch an den Schuldner, so wird er nur frei, wenn er die Pfändung nicht gekannt hat; konkrete Unkenntnis ist trotz des Erfordernisses der Zustellung etwa bei einer Ersatzzustellung des Pfändungsbeschlusses möglich.

Ein derartiger Gutglaubensschutz, der auf die positive Kenntnis abstellt, gilt nach § 407 BGB bei der Abtretung und nach §1275 BGB entsprechend zugunsten des Schuldners einer verpfändeten Forderung; er muß auch dem Drittschuldner zugute kommen, wobei von ihm allerdings angesichts der erfolgten Zustellung der Nachweis zu verlangen ist, daß er in Unkenntnis der Pfändung gezahlt hat[31].

Betroffen von der Pfändung wird der Drittschuldner des weiteren dadurch, daß er aufgrund der Pfändung dem Gläubiger gegenüber verpflichtet ist, binnen zwei Wochen seit der Zustellung u. a. zu erklären, ob er das Gläubigerrecht an-

[31] So die ganz überwiegende Meinung, sehr ausführlich bereits RGZ 87, 412 ff, 418; ferner OLG Stuttgart NJW 1961, 34; *Lent-Jauernig* § 19, IV 1 a; *Stein-Jonas-Münzberg* § 829 Anm. VII 1 a. Anderer Ansicht *Flume*, Allgemeiner Teil des Bürgerlichen Rechts, Bd. II, 1965, S. 360 und FN 54 f, der Kenntnis der Beschlagnahme und die Zustellung gleichstellt.

erkenne und zu zahlen gewillt sei, im einzelnen § 840. Hierbei handelt es sich weder um ein abstraktes Schuldanerkenntnis nach § 781 BGB noch lediglich um ein sog. deklaratorisches Anerkenntnis, — das zu verlangen ginge über die verfahrensbedingte notwendige Beeinträchtigung des Drittschuldners hinaus. Vielmehr ist lediglich von einer inhaltlich besonders umschriebenen prozessualen Auskunftspflicht auszugehen[32]. Zwar kann nicht wie bei einer materiell-rechtlichen Auskunftspflicht auf Erfüllung geklagt werden[33], jedoch führt die schuldhafte Verletzung zur Schadensersatzpflicht[34].

c) Pfändung des „Stammrechts" bei fortlaufend zu zahlender Vergütung

Für die Pfändung vor allem von Arbeitseinkommen und Gehaltsforderungen gilt die Erleichterung des § 832[35]. Bereits die Pfändung einer Rate, eines Monatsgehalts z. B., ergreift von selbst die künftige, aus dieser Rechtsbeziehung fortlaufend zu zahlende Vergütung, vgl. auch § 833.

Das läßt sich mit der Vorstellung verdeutlichen, daß bereits bei der Pfändung einer Rate das „Stammrecht" mit in Beschlag genommen

[32] Die rechtliche Qualifizierung ist streitig, für rechtsgeschäftlichen Charakter des Anerkenntnisses die wohl herrschende Meinung, vgl. zum Streitstand im einzelnen die Nachweise bei *Marburger*, Das Anerkenntnis des Drittschuldners nach § 840 Abs. 1 Ziff. 1 ZPO, JR 1972, 2 ff. Neuerdings für die Annahme eines bloß deklaratorischen Anerkenntnisses, jedenfalls im Regelfall, *Stein-Jonas-Münzberg* § 840 Anm. III. Lediglich für eine besondere Auskunftspflicht *Baumbach-Lauterbach* § 840 Anm. 2 B; *Bruns* § 22, II 2, S. 120; *Lent-Jauernig* § 29, VII; *Marburger* aaO.; *Schönke-Baur* § 28, V 1 c, S. 128; streitig ist allerdings, ob es sich hier um eine (übliche) materiell-rechtliche oder um eine speziell prozessuale Auskunftspflicht handelt.

[33] Auch das ist streitig, vgl. *Lent-Jauernig* aaO. und *Marburger* aaO. S. 10 FN 43. Soweit eine selbständige Klage abgelehnt wird (vgl. etwa *Stein-Jonas-Münzberg* § 840, Anm. IV 1 mit weiteren Nachweisen), soll das Rechtsschutzbedürfnis fehlen, weil der Gläubiger unmittelbar auf Leistung klagen könne. Meines Erachtens ergibt sich dasselbe Ergebnis bereits aus der speziell *prozeßrechtlichen* Natur dieser Auskunftspflicht und (mittelbar) aus der verfahrensbedingten Ausgestaltung, vgl. § 840 Abs. 2. Siehe ferner *Stöber* aaO. 2. Kap. J V 3, S. 205 f, der mit anderen Überlegungen zum selben Ziel gelangt.

[34] Ob Verschulden erforderlich ist, wird gleichfalls unterschiedlich beurteilt, siehe z. B. *Stein-Jonas-Münzberg* § 840 Anm. IV 1, ferner die Nachweise bei *Marburger* aaO. JR 1962 S. 7 FN 2.

[35] Dazu im einzelnen *Baur* aaO. DB 1968, 250 ff.

ist. Aus dessen Pfändung folgt dann wiederum, daß auch die weiteren aus ihm entstehenden Forderungsrechte von der Beschlagnahme erfaßt sind.

d) Die Vorpfändung, § 845

Um Verzögerungen durch die Klauselerteilung und Zustellung samt etwaiger irreparabler Folgen nicht dem Gläubiger anzulasten, kann dieser bereits ab der Titelerlangung sichernde Maßnahmen ergreifen und im Wege der — privaten — „Vorpfändung" praktisch den Erfolg des staatlichen Beschlagnahmeaktes herbeiführen: an die Stelle des Vollstreckungsbeschlusses tritt eine — mit Hilfe des Gerichtsvollziehers zuzustellende — schriftliche Erklärung des Gläubigers, die — statt des Ausspruchs der Pfändung — den Hinweis auf die bevorstehende Vollstreckungsmaßnahme enthält und zugleich (ebenso wie ein Pfändungsbeschluß, nur in Aufforderungsform) die entsprechenden Verfügungs-, Einziehungs- bzw. Zahlungsverbote gegenüber dem Schuldner und Drittschuldner (inhibitorium und arrestatorium) ausspricht. Eine derartige Vorpfändung hat mit der Zustellung der Aufforderung an den Drittschuldner nach § 845 die Wirkung eines Arrestes, § 930, begründet also wie eine Pfändung die Verstrickung und das (Arrest-)Pfandrecht; § 930 verweist für das Arrestpfandrecht auf das Pfändungspfandrecht des § 804[36]. Allerdings ist diese private Befugnis mit ihrem mindestens quasihoheitlichen Charakter im Ergebnis auflösend bedingt, § 845 Abs. 2: sie verliert ihre Wirkung, wenn nicht binnen drei Wochen seit der Benachrichtigung des Drittschuldners die staatliche Pfändung bewirkt ist[37].

Eine Frage des konstruktiven Verständnisses ist es, ob man die Wirkung der Vorpfändung auch als durch die nachfolgende Pfändung auflösend bedingt ansieht, ob also eine Rechtsauswechslung stattfindet, oder ob man annimmt, daß das Arrestpfand nach § 845 nur bestärkt wird durch das kraft staatlicher Pfändung erworbene Pfandrecht: entscheidend ist für den Zeitpunkt und damit für die *Rang-*

[36] Im einzelnen unten zum Arrest im Zusammenhang § 18 II.

[37] Die andere Ansicht, es handele sich um eine aufschiebend bedingte Pfändung, dürfte heute aufgegeben sein. RGZ 151, 267 ließ die Streitfrage ausdrücklich offen.

frage, daß nach jeder Auffassung bereits die Vorpfändung maßgeblich ist[38].

II. Die Verwertung gepfändeter Geldforderungen

Die Zwangsvollstreckung, in der es um die Befriedigung des Gläubigers geht, kann sich nicht mit der Sicherung durch Erlangung eines Pfandrechts begnügen. Die Realisierung des durch die Pfändung beschlagnahmten und also sichergestellten Vermögenswertes einer Geldforderung erfolgt normalerweise dadurch, daß die Forderung dem Gläubiger überwiesen wird. Dieser kann sich aus ihr für seine eigene Geldforderung gegen den Vollstreckungsschuldner befriedigen.

1. Der Überweisungsbeschluß, Inhalt und Wirkung

Der zweite Akt der Vollstreckung, die Überweisung der gepfändeten Forderung, erfolgt wie die Pfändung durch einen Beschluß des Vollstreckungsgerichts (Rechtspflegers), den sog. *Überweisungsbeschluß*. Da dessen Wirksamkeitsvoraussetzungen mit denen des Pfändungsbeschlusses identisch sind, § 835 Abs. 3 verweist auf § 829 Abs. 2 und 3, ergeht er zulässiger- und üblicherweise zusammen mit dem Pfändungsbeschluß in der Form des *„Pfändungs- und Überweisungsbeschlusses"*.

a) Die Überweisung zur Einziehung

Aus Sinn und Zweck der Vollstreckung heraus bietet sich die Überweisung einer gepfändeten Forderung zur Einziehung als der normale Weg an: das Gericht spricht dem Gläubiger die Befugnis zu, die Forderung, die nach wie vor dem Schuldner zusteht, einzuziehen. Soweit dies gelingt, ist der Gläubiger befriedigt. Diese Einziehungsbefugnis umfaßt alle Handlungen, die vorzunehmen sind, um die Geltendmachung der Forderung zu ermöglichen[39]. Damit erhält der Vollstreckungsgläubiger zugleich die Klagebefugnis gegen den Drittschuldner. Da Rechts-

[38] Widersprüchlich erscheint es mir allerdings, die wirksame Pfändung als auflösende Bedingung anzusehen und zugleich dieser späteren Pfändung lediglich rechtsbestätigende Wirkung zuzuschreiben, vgl. z. B. *Baumbach-Lauterbach* § 845 Anm. 3 A bzw. C.

[39] Interessanter Beispielsfall RGZ 169, 54 ff.

inhaber jedoch der Vollstreckungsschuldner bleibt und der Gläubiger, ebenso wie bei der materiell-rechtlichen Einziehungsermächtigung, ein fremdes Recht kraft des Überweisungsbeschlusses im eigenen Namen geltend macht, handelt es sich um einen Fall der Prozeßstandschaft[40].

Der Gläubiger hat dem Schuldner den Streit zu verkünden, § 841. Ihm droht darüber hinaus eine Schadensersatzpflicht, wenn er schuldhaft die Beitreibung der gepfändeten Forderung verzögert, § 842. Die erfolgreiche Einziehung führt zur Befriedigung des Gläubigers. Darum kann dieser vorher jederzeit auf seine Rechte aus dem Pfändungs- und Überweisungsbeschluß durch eine förmliche, dem Schuldner und dem Drittschuldner zuzustellende Erklärung verzichten, § 843. Daß dieses ohne Einfluß auf den vollstreckbaren Anspruch selbst bleibt, ist das notwendige Korrelat dazu, daß Vollstreckungsobjekt nur der *angebliche* Anspruch des Schuldners ist. Da das Vollstreckungsverfahren dem Gläubiger keine rechtliche Gewähr für den Bestand des gepfändeten Rechts bietet, muß dieser jederzeit auch die Möglichkeit haben, das gepfändete Recht wieder aufzugeben, zumal er häufig von vornherein die Schwierigkeiten der Rechtsverfolgung gegen den Drittschuldner nicht überschauen kann, ihm diese also nicht endgültig anzulasten sind. Entschließt sich der Gläubiger zu spät zum Verzicht nach § 843, droht ihm unter Umständen die Schadensersatzpflicht nach § 842. Obendrein sind durch die bisherige (zwecklose) Rechtsverfolgung entstandene Kosten nur insoweit als „Kosten der Zwangsvollstreckung" dem Schuldner aufzuerlegen, als sie notwendig waren: Kosten für leichtfertiges Prozessieren ohne reale Obsiegenschance kann der Gläubiger also nicht auf den Vollstreckungsschuldner abwälzen.

[40] *Berg*, Die Prozeßführungsbefugnis im Zivilprozeß, JuS 1966, 461 ff, 463 bei FN 24; *Lent-Jauernig* § 19, VI 2; *Stein-Jonas-Münzberg* § 835 Anm. V, insbes. 3; *Stein-Jonas-Pohle* Anm. II vor § 50; im einzelnen allerdings streitig, vgl. z. B. *Thomas-Putzo* § 835 Anm. 2 B und Vorbem. IV B 2 vor § 253; schärfer differenzierend *Henckel*, Einziehungsermächtigung und Inkassozession, Festschrift für Larenz, 1973, S. 643 ff, 645; siehe auch *Baur*, Fälle und Lösungen, Fall 5, S. 20: da nicht ausschließlich aufgrund fremden Rechtes geklagt werde, der Vollstreckungsgläubiger vielmehr sein eigenes materielles Recht, das Pfändungspfandrecht, geltend mache, fielen Prozeßführungsbefugnis und Sachlegitimation zusammen. — Die Rechte gegenüber dem Drittschuldner beruhen indessen auf der hoheitlichen Einziehungsberechtigung und nicht auf dem Pfändungspfandrecht, siehe dazu auch *Henckel* aaO. ZZP 84, 447 ff, 452 ff sub. 4.

b) Die Überweisung an Zahlungs Statt

Die Überweisung an Zahlungs Statt zum Nennwert überträgt die Forderung auf den Gläubiger, wie wenn der Schuldner sie abgetreten hätte. Es findet also ein Wechsel in der Inhaberschaft statt. Zugleich gehen alle (akzessorischen) Nebenrechte auf den Gläubiger über. Diese Art der Überweisung hat Erfüllungswirkung: soweit die Forderung besteht, ist der Gläubiger „als befriedigt anzusehen", § 835 Abs. 2. Praktisch bedeutet dies: er trägt die Gefahr dafür, daß er die Forderung beim Drittschuldner erfolgreich einziehen kann, nicht aber auch für den Bestand der Forderung selbst.

Hier bietet sich eine Parallele zum Rechtskauf (Übertragung der Forderung) an, bei dem der Käufer nach materiellem Recht gleichfalls nicht die Gefahr für den Bestand des Rechts trägt: insoweit obliegt dem Verkäufer die Gewährpflicht für die *Verität* der Forderung, § 437 BGB; hinsichtlich der Zahlungsfähigkeit des Schuldners (Drittschuldners) und der damit angesprochenen *Bonität* besteht eine Einstandspflicht des Verkäufers nur bei besonderer Übernahme, vgl. § 438 BGB.

In Anbetracht des Risikos, das der Gläubiger für die Zahlungsfähigkeit des Drittschuldners trägt, ist verständlich, daß Überweisungen an Zahlungs Statt selten sind, daß also im Zweifel, sofern sich der Gläubiger nicht präzise ausgedrückt hat, lediglich eine Überweisung zur Einziehung anzunehmen ist[41].

Wegen der unterschiedlichen Wirkungen beider Überweisungen läßt sich die Parallele zur materiell-rechtlichen Leistung an Erfüllungs Statt (mit Erfüllungswirkung) und der Leistung lediglich erfüllungshalber ziehen, bei der die Erfüllung nur eintritt, sofern der Gläubiger aus der Verwertung der Leistung erfüllungshalber Befriedigung gefunden hat[42]. Auch hier ist nach § 364 Abs. 2 BGB im Zweifel letzteres anzunehmen.

Weil die Überweisung an Zahlungs Statt den Rechtsübergang bewirkt und insoweit Erfüllungswirkung hat, ist sie nur in Höhe des bei-

[41] *Stein-Jonas-Münzberg* § 835 Anm. II.

[42] Vgl. RGZ 56, 79, 81; *Gerhardt* § 1, III 2 in Athenäum, Zivilrecht I, S. 719.

zutreibenden Betrages (Gläubigerrecht mit Zinsen zuzüglich der Kosten) statthaft.

c) Wirkung des Überweisungsbeschlusses, insbesondere die Rechtsstellung des Drittschuldners

Der Überweisungsbeschluß ersetzt die rechtsgeschäftlichen Erklärungen des Schuldners, die zur entsprechenden Rechtseinräumung erforderlich wären, vgl. § 836 Abs. 1. Für die Einziehung durch den Vollstreckungsgläubiger gilt darum, daß der Drittschuldner nicht schlechter gestellt werden darf als bei der Rechtsverfolgung durch seinen ursprünglichen Gläubiger. Weigert sich der (Dritt-)Schuldner zu leisten, so muß ihn der Vollstreckungsgläubiger verklagen, denn die zur Zwangsvollstreckung gegen den Schuldner vorliegenden Vollstreckungsvoraussetzungen (Titel, Klausel) rechtfertigen nicht eine sofortige Zwangsmaßnahme ohne gerichtliches Erkenntnisverfahren gegen den Drittschuldner. Dieser kann dem Vollstreckungsgläubiger alle materiell-rechtlichen Einwendungen und Einreden entgegenhalten, die ihm zur Zeit der Pfändung seinem Gläubiger gegenüber zustanden, so z. B. die Unwirksamkeit der überwiesenen Forderung geltend machen oder mit einer Forderung gegen den Vollstreckungsschuldner dem Gläubiger gegenüber aufrechnen: für die Überweisung an Zahlungs Statt folgt das aus §§ 404, 406 BGB, für die Überweisung zur Einziehung daraus, daß der Vollstreckungsschuldner nach wie vor Inhaber der Forderung ist.

1. *Problematisch* ist es, wie weit sich der Drittschuldner auf *Mängel im Vollstreckungsverfahren* oder hinsichtlich des vollstreckbaren Rechtes berufen kann; hier ist zu unterscheiden:

Bei einer (gerichtlichen) Inanspruchnahme durch den Vollstreckungsgläubiger kann der Drittschuldner unbeschränkt die *Unwirksamkeit des Pfändungs- und Überweisungsbeschlusses* geltend machen, denn allein aus jenem kann die Befugnis des Vollstreckungsgläubigers abzuleiten sein[43]. Dagegen bleiben Mängel, die *ohne unmittelbaren Einfluß auf die Wirksamkeit* des Pfändungsaktes sind, dem Erinnerungsverfahren vorbe-

[43] RGZ 93, 74, 77.

halten, weil nur das Vollstreckungsgericht eine abschließende Entscheidung über den Fortbestand der Pfändung treffen kann; sie sind also im Einziehungsprozeß nicht geltend zu machen.

Das gilt auch für die streitige Frage nach der Behandlung überwiesener *unpfändbarer Rechte*. Unabhängig von der Entstehung eines Pfändungspfandrechts, das auf die materiell-rechtliche Haftungszuordnung zwischen Vollstreckungsgläubiger und -schuldner abstellt, wird hier dem Pfändungs- und Überweisungsbeschluß als der an den öffentlich-rechtlichen Verfahrensvorschriften orientierten Grundlage des Zwangszugriffs die Wirksamkeit nicht abzusprechen sein[44]. Das Gericht, das zwar die öffentlich-rechtlichen Pfändungsschutzvorschriften von Amts wegen zu beachten hat, kann praktisch mangels Kenntnis der maßgeblichen Daten die Unpfändbarkeit nicht berücksichtigen. Recherchen in dieser Richtung sind ihm schon deswegen verwehrt, weil der Schuldner nicht gehört werden darf, § 834. Der Schuldner ist also auf die Erinnerung angewiesen; diese einzulegen ist auch dem Drittschuldner nicht verwehrt[45], so daß dann letztlich das Vollstreckungs- bzw. das Beschwerdegericht über die Unpfändbarkeit entscheidet. In der damit angesprochenen Funktionsteilung liegt zugleich der innere Grund dafür, im Einziehungsprozeß zwischen Vollstreckungsgläubiger und Drittschuldner vor dem erkennenden (Arbeits-)Gericht die Geltendmachung der Unpfändbarkeit auszuschließen. Das ist evident für die Fälle, in denen dem Vollstreckungsgericht ein Ermessensspielraum bleibt, vgl. §§ 850d[46], 850f, 850i, in denen es sich also nur um einen richterlichen Vollstreckungsschutz handelt[47]. Dasselbe muß auch für die anderen Fälle der Unpfändbarkeit gelten: es ist funktionell ausschließlich Aufgabe des Voll-

[44] So jedoch *Bruns* § 21, IV 3; *Henckel* aaO. ZZP 84, 452 f sub 4; *Rosenberg* § 192, I 2a, S. 1013; im Ergebnis wie oben die abs. h. M., vgl. die Nachweise bei *Lüke* aaO. JuS 1962, 418 ff, 421 und FN 19. — Zum Problem des Pfändungspfandrechts und im Zusammenhang mit der Frage, ob die durch die Einziehung herbeigeführte Rechtslage Bestand hat oder den Vollstreckungsschuldner zur Kondiktion gegen den Gläubiger berechtigt, siehe sub 3 b.

[45] RGZ 93, 74, 77 f; KG MDR 1963, 853; mit weiteren Nachweisen *J. Blomeyer* aaO. S. 69 ff.

[46] BAG NJW 1961, 1180 (= AP Nr. 4 zu ZPO § 850d mit Anm. *Pohle* und MDR 1961, 779 f mit Anm. *Bötticher*); NJW 1962, 510; siehe dazu auch *Lüke* aaO. JuS 1962, 418 ff, 421.

[47] *Pohle*, Kann der Drittschuldner der Klage aus einem Pfändungsbeschluß die Pfändungsverbote der §§ 850 ff ZPO entgegenhalten? JZ 1962, 344 ff, 346.

streckungsgerichts zu prüfen, ob die Vollstreckungsorgane die Pfändungsgrenzen eingehalten haben[48].

Ferner sind im Einziehungsprozeß Einwendungen des beklagten Drittschuldners gegen das *titulierte Gläubigerrecht* ausgeschlossen[49]. Dieses für den Zwangszugriff gegen den Vollstreckungsschuldner maßgebliche Recht *vom Drittschuldner* angreifen zu lassen, liefe den Grundsätzen des am Titel orientierten formalisierten Vollstreckungsverfahrens zuwider. Danach ist es Sache des beeinträchtigten Schuldners, das Nichtbestehen des vollstreckbaren Rechtes durch die Vollstreckungsgegenklage geltend zu machen. Für den Drittschuldner ist entscheidend, daß er von seiner Schuld gegenüber seinem Gläubiger frei wird. Dafür kommt es indessen nicht auf das Gläubigerrecht des Vollstreckungsgläubigers an, sondern auf den Pfändungs- und Überweisungsbeschluß; zum weitergehenden Schutz nach § 836 Abs. 2 siehe im Text passim sub 2.

2. Eine etwaige Unwirksamkeit des Überweisungsbeschlusses darf nicht zu Lasten des an den Vollstreckungsgläubiger zahlenden Drittschuldners gehen. Darum normiert § 836 Abs. 2 einen Gutglaubensschutz, genauso wie § 409 BGB den Schuldner schützt, der bei unwirksamer Abtretung an den „Zessionar" zahlt: der Drittschuldner wird in seinem Vertrauen auf die Wirksamkeit und den Fortbestand des Überweisungsbeschlusses geschützt.

Allerdings gilt das nur dem (Vollstreckungs-)Schuldner gegenüber. Steht die gepfändete und überwiesene Forderung einem anderen zu, so daß die Pfändung also „ins Leere ging", so wird der Drittschuldner bei Leistung an den Vollstreckungsgläubiger dem Forderungs-

[48] So sehr klar *Gaul* aaO. RPfl. 1971, 89 f und *Lüke* aaO. JuS 1962, 418, 421; ebenso die h. M., vgl. z. B. *J. Blomeyer* aaO. S. 84 ff, 87; *Lent-Jauernig* § 33, I J, S. 113; *Stein-Jonas-Münzberg* § 829 Anm. VII 2; modifizierend *Böttcher* aaO. MDR 1961, 800.— *Anderer Ansicht* und also für Berücksichtigung im Einziehungsprozeß folgerichtig *Henckel* und *Rosenberg* (siehe FN 44 oben); ferner *Wieczorek* § 829 G II a 1; *Zöller-Scherübl* § 835 Am. 1c; *Schönke-Baur* § 22, VII 2c und *Baur*, Fälle und Lösungen, Fall 5, S. 20 ff, 22, allerdings zu sehr auf das Pfändungspfandrecht als Grundlage der Einziehung abstellend; dazu bereits oben FN 40 und *Henckel* aaO.; modifizierend Bruns § 21, IV 3.

[49] RGZ 93, 74, 77 („wie allgemein anerkannt"); BGH BB 1969, 776 f; *Lent-Jauernig* § 20, VII 1; anderer Ansicht BAG AP Nr. 1 zu ZPO § 766; BAG NJW 1964, 687: Zulässigkeit der Einwendung, der Prozeßvergleich, aus dem vollstreckt werde, sei wegen Sittenwidrigkeit nichtig.

inhaber gegenüber nicht frei: Insoweit bleibt ein gewisses, jedoch nicht speziell durch die Vollstreckung geschaffenes Risiko für den leistenden Drittschuldner und im selben Umfange also die Prüfungs„last", ob das überwiesene Recht dem Schuldner zusteht.

3. Folge des Überweisungsbeschlusses ist eine besondere gesetzliche Pflicht des Vollstreckungsschuldners, dem Gläubiger die zur Geltendmachung der Forderung nötige Auskunft zu erteilen und ihm über die Forderung ausgestellte Urkunden (Schuldschein, Sparkassenbuch) herauszugeben, § 836 Abs. 3.

Diese Verpflichtung ist zu unterscheiden von der kraft des *Pfändungs*beschlusses entstehenden Verpflichtung des Drittschuldners nach § 840 Abs. 3. — Wichtig ist, daß die *Urkundenherausgabe* nach § 836 Abs. 3 Satz 2 „im Wege der Zwangsvollstreckung erwirkt werden" kann, und zwar auf Grund des Überweisungsbeschlusses. Es bedarf also nicht eines speziell darauf gerichteten Titels, schon gar nicht braucht der Gläubiger dieses Recht auszuklagen. Der Überweisungsbeschluß als solcher ist Titel für die Erzwingung der Herausgabe, es liegt hier somit ein Fall der sogenannten *Hilfspfändung* vor. Die Vollziehung erfolgt dann genau wie bei titulierten materiell-rechtlichen Herausgabeansprüchen nach §§ 883 ff[50]. Demgegenüber ist die *Auskunftspflicht* nicht im Wege einer Hilfsvollstreckung erwingbar; § 836 Abs. 3 Satz 2 ist ersichtlich auf die Urkundenherausgabe beschränkt. Möglich wäre es, diesen Anspruch in einem besonderen Verfahren auszuklagen und dann nach § 888 zu vollstrecken[51]. Praktisch weit bedeutsamer ist allerdings die Möglichkeit einer materiell-rechtlichen Schadensersatzpflicht nach §§ 280, 286 BGB.

2. *Andere Art der Verwertung, § 844*

Sofern die Überweisung nicht zur alsbaldigen Befriedigung des Gläubigers führen kann, weil die Forderung bedingt oder betagt ist oder weil ihre Einziehung im Hinblick auf eine zu erbringende Gegenleistung oder aus sonstigen Gründen schwierig ist, kann das Vollstreckungsgericht auf Antrag des Gläubigers oder des Schuldners eine andere Art der Verwertung anordnen, § 844; der Gegner ist vorher zu hören, § 844 Abs. 2. Infrage kommt etwa ein freihändiger Verkauf oder

[50] Dazu im einzelnen unten § 13 II.

[51] Im einzelnen zur Erzwingung „unvertretbarer Handlungen" unten § 13 III 3.

die öffentliche Versteigerung, auch eine Überweisung an Zahlungs Statt zum *Schätzwert,* nicht — wie in § 835 Abs. 2: zum *Nennwert.*

3. *Materiell-rechtliche Ausgleichsbeziehung*

Vom Vollstreckungsverfahren her bedeuten die Überweisung an Zahlungs Statt und die erfolgreiche Geltendmachung des zur Einziehung überwiesenen Rechts die Befriedigung des Gläubigers aus der gepfändeten Forderung des Vollstreckungsschuldners. Steht dieser Rechtserfolg jedoch nicht im Einklang mit dem materiellen Recht, so stellt sich die Frage nach dem Ausgleich zwischen Vollstreckungsschuldner und Vollstreckungsgläubiger; die Beziehung zum Drittschuldner ist insoweit ohne Belang. Entscheidend ist wie bei der Vollstreckung in bewegliche Sachen, ob die kraft der hoheitlichen Vollstreckungsabwicklung rechtswirksam erfolgte Vermögensverschiebung (Übergang der Forderung auf den Gläubiger oder das Erlöschen durch Zahlung des Drittschuldners an den Vollstreckungsgläubiger) vom materiellen Recht her Bestand hat. Das ist auch hier anhand des Bestehens eines Pfändungspfandrechts zu beurteilen[52].

a) Bestand das *Gläubigerrecht nicht oder nicht mehr,* so ist trotz wirksamen Pfändungsbeschlusses kein Pfändungspfandrecht entstanden. Der Vollstreckungsschuldner kann während des Vollstreckungsverfahrens die Vollstreckungsgegenklage erheben, § 767, nach dessen Abschluß steht ihm ein Bereicherungsanspruch gegen den Vollstreckungsgläubiger auf Rückabtretung der Forderung bzw. Herausgabe des eingezogenen Betrages zu.

b) Streitig ist die Rechtsfolge nach der *Verwertung unpfändbarer Forderungen.* Auszugehen ist davon, daß die Pfändung in unpfändbare Forderungen die Wirksamkeit des Pfändungs- und Überweisungsbeschlusses nicht berührt, sondern nur dessen Anfechtbarkeit begründet[53]. Sonach stellt sich die maßgebliche

[52] Vgl. allgemein zu den Parallelen bei beweglichen Sachen wie auch zu den materiell-rechtlichen Anspruchsvoraussetzungen und der Funktion des Pfändungspfandrechts oben § 8 II 2d.

[53] Wer dessen Wirksamkeit leugnet, z. B. *Bruns, Henckel,* siehe oben FN 44, gelangt auch notwendig zur Ablehnung eines Pfändungspfandrechts.

Frage dahin, ob der wirksame Pfändungsbeschluß ein Pfändungspfandrecht des Vollstreckungsgläubigers an unpfändbaren Forderungen entstehen läßt[54]. Entscheidend dafür ist, ob diese Forderungen als *Haftungsgut* des Gläubigers anzusehen sind. Das ist nicht der Fall, denn angesichts der Wechselwirkung von Unpfändbarkeit und Unübertragbarkeit ist dem Schuldner insoweit auch die freie Dispositionsmöglichkeit über diese Vermögensrechte entzogen: wie er den in der unpfändbaren Forderung liegenden wirtschaftlichen Wert nicht durch entsprechende Verfügung realisieren kann, so ist auch die Haftungsfunktion zugunsten des Gläubigers beschränkt[55]. Das ist anders bei der *Sach*pfändung unpfändbarer Gegenstände, weil sich dort die Unpfändbarkeit nicht auf die materiellrechtliche Verfügungsmöglichkeit auswirkt[56]. Es ist also kein Widerspruch, ein Pfändungspfandrecht an unpfändbaren beweglichen Sachen zu bejahen, an unpfändbaren Rechten jedoch abzulehnen, sondern entspricht der gesetzlichen Wertung, wie sie sich in der jeweiligen Beziehung zwischen Pfändbarkeit und Übertragbarkeit niedergeschlagen hat[57]. Entsteht sonach an unpfändbaren Forderungen kein Pfändungspfandrecht[58], so besteht nach durchgeführter Vollstreckung ein Bereicherungsanspruch des Vollstreckungsschuldners gegen den Vollstrekkungsgläubiger[59]; insbesondere ist es angesichts der absoluten Verfügungsschranken, zudem unter Berücksichtigung der sozialpolitischen Gründe für den Pfändungsschutz nach §§ 850 ff,

[54] Zu dieser Fragestellung sehr klar *Lüke* aaO. JuS 1962, 418 ff, 421 FN 19.

[55] Zur Vertiefung *Henckel,* Prozeßrecht und materielles Recht, 1970, S. 398 ff.

[56] Siehe dazu oben § 8 II 3 b.

[57] Zu dieser unterschiedlichen Behandlung und ihren Folgen *Henckel* aaO. ZZP 84, 453; siehe auch *Gerhardt,* Sicherungsübereignung und Pfändungsschutz, JuS 1972, 696 ff, 698 f.

[58] Ebenso *Schönke-Baur* § 22, VII 2a in Übereinstimmung mit der Auffassung zur Behandlung unpfändbarer Sachen, und *Henckel* (aaO.), der dies allerdings bereits aus der Unwirksamkeit des Pfändungsbeschlusses entnimmt. Anders, die h. M., z. B. mit weiteren Nachweisen *Lent-Jauernig* § 33, I J.

[59] Ebenso *Henckel* aaO.; *Baumbach-Lauterbach,* Einführung 1 E vor § 850; anders allerdings *Schönke-Baur* § 22, VII 2a mit § 21, II 3 am Ende und (folgerichtig, weil von einem Pfändungspfandrecht ausgehend) die ganz überwiegende Meinung, vgl. *Lent-Jauernig* aaO.

nicht gerechtfertigt, den Ausgleichsanspruch aus dem Gesichtspunkt einer Verwirkung oder Heilung zu versagen[60].

III. Die Besonderheiten der Zwangsvollstreckung in Wertpapiere und Hypotheken, zugleich als zusammenfassende Betrachtung des Vollstreckungsverfahrens in bewegliche Sachen und Forderungen

1. *Wertpapiere*

Die Vollstreckung in Wertpapiere richtet sich begreiflicherweise nicht auf den Papierwert als solchen, sondern auf das in dem Papier verbriefte Recht. Daher stellt sich die Frage, wie weit hier die Grundsätze der Sachpfändung (Papier) oder der Rechts-, insbesondere der Forderungspfändung Anwendung finden. Maßgeblich ist, ob nach der Natur des Wertpapiers die sachenrechtliche Behandlung oder der Forderungscharakter dominiert. Soweit letzteres der Fall ist, es sich also um sogenannte „unechte Wertpapiere“[61] handelt, bei denen der üblichen Formel nach „das Recht am Papier dem Recht aus dem Papier nachfolgt“, vgl. § 952 Abs. 1 BGB (Rekta-, Legitimationspapiere, z. B. Sparkassenbücher, Pfandscheine, Gepäckscheine), könnte der Vollstreckungszugriff auf das Papier das darin verbriefte Recht selbst nicht ergreifen. Hier kommt also nur eine Vollstreckung nach den Regeln der Forderungspfändung in Betracht, ebenso beispielsweise bei reinen Beweisurkunden; das Pfändungspfandrecht an der Forderung erstreckt sich dann auch auf den Schuldschein, vgl. § 952 Abs. 1 Satz 2 BGB.

Da andererseits der Besitz der Urkunde zur Geltendmachung zumindest praktisch erforderlich ist, ermöglicht § 836 als Auswir-

[60] So zutreffend *Henckel* aaO. und *Baumbach-Lauterbach* Einführung 1 D vor § 850. Es bleibt allerdings — scl. in den materiell-rechtlichen Schranken des § 393 BGB — die Möglichkeit einer Aufrechnung mit der titulierten Forderung gegen diesen Bereicherungsanspruch, wobei zu erwägen wäre, die Pfändungsschutzvorschriften auf diesen an die Stelle der unpfändbaren Forderung getretenen Bereicherungsanspruch überzuleiten, so daß die Aufrechnungsmöglichkeit nach § 394 BGB entfiele; treffender als eine derartig weite Surrogation erscheint es mir, dasselbe Ergebnis aus der Zweckbindung und einer daraus resultierenden Unabtretbarkeit und also auch Unpfändbarkeit, § 851, abzuleiten.

[61] Vgl. zu den Arten der Wertpapiere und den maßgeblichen Kriterien im einzelnen z. B. *Rehfeldt-Zöllner*, Wertpapierrecht 9. Aufl. 1970, § 2, II, S. 6 ff.

kung des auf die verbriefte Forderung gerichteten Überweisungsbeschlusses die Wegnahme des Papieres im Wege der sog. Hilfpfändung[62].

Eine Behandlung nach sachenrechtlichen Grundsätzen kommt also nur bei den sog. *„echten"* *Wertpapieren* infrage, bei denen „das Recht aus dem Papier dem Recht am Papier" folgt. Darum beziehen sich die Regeln, die unser Vollstreckungsrecht für die Vollstreckung in Wertpapiere betrifft, lediglich auf diese Wertpapiere im engeren Sinne, also auf die *Inhaberpapiere* (z. B. Inhaberschuldverschreibungen, Lotterielose, Schecks mit Überbringerklausel, Art. 5 Abs. 2 ScheckG) und die *Orderpapiere* (Musterbeispiel: der normale Wechsel, ferner die kaufmännischen Orderpapiere, § 363 HGB). Auch hier ist wieder zu differenzieren zwischen der Pfändung und der Verwertung:

a) Die Pfändung

Da das Papier für das rechtliche Schicksal des verbrieften Rechts maßgeblich ist, erfolgt die Pfändung nach sachenrechtlichen Grundsätzen, § 808: der Gerichtsvollzieher nimmt die Wertpapiere in Besitz, § 808 Abs. 1, vgl. auch Abs. 2.

Das gilt auch für die in § 831 besonders erwähnten indossablen Papiere, die eine Forderung verbriefen: deren Hervorhebung in § 831 besagt praktisch nichts über eine von § 808 abweichende *Pfändung*, sondern — wie sich aus dem Gesamtzusammenhang ergibt — nur über eine Abweichung von der normalen Wertpapier*verwertung* des § 821: nach § 831 werden auch die Orderpapiere hinsichtlich der *Pfändung* wie alle anderen (echten) Wertpapiere behandelt, für die Verwertung kommen dann entsprechend der Gesetzessystematik die Regeln der Forderungspfändung zur Anwendung (dazu sogleich sub b).

b) Die Verwertung

1. Wertpapiere (mit Ausnahme der in § 831 genannten) werden nach § 821 verwertet: sofern sie einen Börsen- oder Marktpreis haben (Musterbeispiel: Aktien), verkauft sie der Gerichtsvollzieher aus freier Hand, anderenfalls werden sie versteigert (z. B. Lotterielose). Zugleich besteht die Möglichkeit einer anderweitigen Verwertung nach § 825.

[62] Siehe dazu oben II 1 c sub 3).

§ 821 gilt auch für Orderpapiere, die keine Forderung verbriefen, also deswegen nicht unter § 831 fallen, Musterbeispiel: die Namensaktie, §§ 10, 67 f AktG. Das zur Legitimation des Erwerbers erforderliche Indossament kann der Gerichtsvollzieher nach besonderer Ermächtigung durch das Vollstreckungsgericht anstelle des Schuldners erteilen, § 822.

2. Indossable Papiere, die eine Forderung verbriefen, unterliegen der Verwertung nach den Grundsätzen der Forderungsvollstreckung. Während es für deren Pfändung und das Pfändungspfandrecht allein auf die Wegnahme des Papieres ankommt, § 808, wird das Wechselrecht selbst dem Vollstrekkungsgläubiger durch Überweisungsbeschluß zur Einziehung überwiesen[63]. Er erlangt dadurch die Stellung eines Einziehungsermächtigten nach Art. 18 WG[64]. Eine — zulässige — Überweisung an Erfüllungs Statt ist hier noch gefährlicher als bei der üblichen Forderungspfändung. Schließlich besteht ferner die Möglichkeit einer anderen Art der Verwertung nach § 844, z. B. die Zulassung einer Diskontierung des Wechsels[65].

2. *Hypotheken*

Die wesentliche Besonderheit für die Vollstreckung in Hypotheken resultiert aus der rechtlichen Verbindung zwischen der gesicherten Forderung und dem dinglichen Sicherungsrecht; erst sekundäre Bedeutung kommt demgegenüber der Tatsache zu, daß über die Hypothek im Regelfall, sofern dies nicht ausdrücklich ausgeschlossen ist, § 1116 Abs. 1 und Abs. 2 Satz 1 BGB, ein Hypothekenbrief erteilt wird, also ein Wertpapier im weiteren Sinne, vgl. § 952 Abs. 2 BGB. Aus der Akzessorietät der Hypothek folgt, daß die Forderung nicht ohne die Hypothek, die Hypothek nicht ohne die Forderung übertragen und verpfändet werden kann, vgl. §§ 1153 Abs. 2, 1274 BGB. Zweitens ist zu berücksichtigen, daß das materielle Recht die Hypothek der Forderung folgen läßt: da es danach entscheidend auf den *Forderungsübergang* ankommt, war dieser ent-

[63] Dazu und zum folgenden *Bruns* § 22, II 1 a und b; *Stöber* aaO. 8. Kapitel Abschnitt A sub III, S. 624 ff.
[64] *Bruns* aaO.; *Schönke-Baur* § 28, VI 1.
[65] Im einzelnen *Stöber* aaO. FN 63 sowie 5. Kapitel, A VII, S. 450 ff.

sprechend auszugestalten, vgl. §§ 1153 Abs. 1, 1154 BGB. Beide Grundsätze sind für das Vollstreckungsverfahren zu beachten:

a) Die Pfändung

Grundvoraussetzung ist zunächst ein Pfändungsbeschluß über die Forderung. Dieser entspricht der Verpfändungserklärung, §§ 1274 Abs. 1, 1154 BGB. Zusätzlich ist — wie bei der Verpfändung — die Übergabe des Hypothekenbriefes bzw. die Eintragung der Pfändung im Grundbuch erforderlich, § 830. Die Briefherausgabe läßt sich im Wege der Hilfspfändung erzwingen[66].

Auch das ist ein Fall der *Hilfspfändung:* es geht nicht um den Brief als Verwertungsobjekt; auch ist kein darauf gerichteter Anspruch tituliert; es kommt jedoch auf den Brief*besitz* nicht nur für die Verwertung der Hypothek an, sondern nach § 830 bereits für die Entstehung des Pfandrechts. Letzteres ist zugleich der Grund dafür, daß § 830 Abs. 1 Satz 2 die Wegnahme durch den Gerichtsvollzieher als Übergabe fingiert: ohne die Ablieferung entstehen bereits damit Verstrickung und Pfändungspfandrecht.

Anders als bei § 829 ist demgegenüber die Zustellung an den Drittschuldner — d. h. den Schuldner der Forderung, sofern dieser der Grundstückseigentümer ist, sonst sind beide als Drittschuldner anzusehen[67] — nicht Wirksamkeitsvoraussetzung, wohl aber ratsam, weil ihm (oder ihnen) gegenüber damit die Rechtswirkungen des arrestatoriums eintreten, vgl. § 830 Abs. 2 mit § 829 Abs. 1 Satz 1.

b) Verwertung

Wie bei Forderungen erfolgt die Verwertung durch den *Überweisungsbeschluß*. Zur Wirksamkeit bedarf es wie bei der Pfändung nicht der Zustellung an den oder die Drittschuldner, es genügt die Aushändigung dieses Beschlusses an den Vollstreckungsgläubiger. Die Überweisung kann zur Einziehung oder an Zahlungs Statt erfolgen. Sie ist mit der schriftlichen Abtretungserklärung des § 1154 BGB gleichzusetzen; insbeson-

[66] Seiner Formulierung nach unterstellt § 830 Abs. 1 Satz 2 diese Möglichkeit als zulässig, *Stein-Jonas-Münzberg* § 830 Anm. IV 2; vgl. auch LG Köln MDR 1963, 933; siehe ferner zum Problem *Tempel* aaO. JuS 1967, 119 sub IV.

[67] *Tempel* aaO. JuS 1967, 80 mit weiteren Nachweisen in FN 87.

dere ersetzt sie bei der Überweisung an Zahlungs Statt nach § 836 Abs. 1 Satz 1 die Form der öffentlichen Beglaubigung, § 1155 BGB[68]. Die *Briefübergabe* erübrigt sich, da diese bereits Wirksamkeitsvoraussetzung für die Pfändung ist. Die Eintragung speziell der Überweisung im Grundbuch ist lediglich bei der rechtsübertragenden Überweisung an Zahlungs Statt erforderlich, und dann — wiederum in Übereinstimmung mit dem materiellen Recht — nur bei einer Buchhypothek, § 837 Abs. 1 Satz 2.

Auch bei der Vollstreckung in Hypotheken ist ein einheitlicher Pfändungs- und Überweisungsbeschluß üblich. Die speziellen Wirkungen der Überweisung treten dann natürlich erst mit der Wirksamkeit der Pfändung ein[69].

§ 10. Die Zwangsvollstreckung in Herausgabeansprüche und andere Vermögensrechte

Bauknecht, Die Pfändung des Anwartschaftsrechts aus bedingter Übereignung, NJW 1954, 1749 ff; *Clasen*, Vollstreckungs- und Kündigungsrecht des Gläubigers einer OHG gegen Gesellschaft und Gesellschafter, NJW 1965, 2141 f; *Flume*, Die Rechtsstellung des Vorbehaltskäufers, 1960, AcP 1961, 385 ff; *Furtner*, Pfändung des Mitgliedsrechts bei Personalgesellschaften, MDR 1965. 613 ff; Zwangsvollstreckung in Bruchteilseigentum, NJW 1955, 161 ff; *Hoche*, Verpfändung und Pfändung des Anspruchs des Grundstückskäufers, NJW 1955, 161 ff; *R. Hoffmann*, Zwangsvollstreckung in Miteigentumsanteile an Grundstücken, OLG Köln OLGZ 1969, 338, JuS 1971, 20 ff; *Liermann*, Zweifelsfragen bei der Verwertung eines gepfändeten Miterbenanteils, NJW 1962, 2189 ff; *G. Reinicke*, Zur Lehre von der Anwartschaft aus bedingter Übereignung, MDR 1959, 613 ff; *Schönle*, Zur Haftung des OHG-Gesellschafters für Gesellschaftsverbindlichkeiten, NJW 1966, 1797 ff; *Schuler*, Die Pfändung von GmbH-Anteilen und die miterfaßten Ersatzansprüche, NJW 1960, 1423 ff; *Stöber*, siehe zu § 9.

[68] Siehe BGH NJW 1957, 1138 f mit weiteren Nachweisen.

[69] Nach § 857 Abs. 6 finden die Vorschriften über die Zwangsvollstreckung in Hypotheken auch auf die — nicht akzessorischen — *Grundschulden* sowie Reallasten und Rentenschulden entsprechende Anwendung. Zur Streitfrage, ob dies auch für *Eigentümergrundschulden* gilt, und zur Relevanz dieser Problemstellung m. w. N. *Tempel* aaO. JuS 1967, 215 ff.

Bei der Zwangsvollstreckung wegen Geldforderungen ist die Realisierung des Gläubigerrechts am einfachsten, wenn der Gerichtsvollzieher Geld vorfindet: er kann dieses mitnehmen und an den Gläubiger zur Befriedigung aushändigen, §§ 808, 815 Abs. 1. Relativ einfach ist auch die Struktur der Vollstreckung in Rechte des Schuldners, sofern es sich um *Geld*forderungen handelt; der dem Vollstreckungsschuldner geschuldete Gegenstand ist identisch mit dem des titulierten Gläubigerrechts, so daß sich der Gläubiger durch die Einziehung der Forderung seines Vollstreckungsschuldners unmittelbar befriedigen kann. Wie es schon bei der Sachpfändung der Versteigerung als eines besonderen Umsetzungsvorgangs in den Schuldgegenstand „Geld" bedarf, so ist dies ebenso bei der Rechtspfändung dann erforderlich, wenn das Recht keinen Anspruch auf Geld enthält. Dem Inhalt des zu pfändenden Rechtes und dem daran ausgerichteten Vollstreckungsverfahren entsprechend nehmen die Ansprüche auf Sachherausgabe oder -leistung (unten zu I) eine Sonderstellung gegenüber der allgemeinen Rechtspfändung (unten zu II) ein.

I. Zwangsvollstreckung in Herausgabeansprüche

1. Anwendungsgebiet und Haftungsrealisierung im allgemeinen

Zur Einführung sei an das Beispiel oben erinnert: der Schuldner, der einer ihm drohenden Vollstreckung begegnen will, schafft wertvolle Vermögensstücke zu seinem Nachbarn[1]. Oben ging es um den Grundsatz, daß sich die Vollstreckung nur auf Gegenstände im Gewahrsam des Schuldners oder eines herausgabebereiten Dritten richten darf, daß also Zwangsmaßnahmen nur gegen den Schuldner, nicht gegen Dritte zu richten sind.

Da die in fremden Gewahrsam gegebenen Gegenstände des Schuldners nach wie vor zu dessen Vermögen gehören, müssen sie auch als Haftungsgut der Zwangsvollstreckung zugunsten der Gläubiger unterliegen. Ist der *Gegenstand selbst* mangels Gewahrsams des Vollstreckungsschuldners dem Zugriff entzogen, so bietet sich als Vollstreckungsobjekt nunmehr der Anspruch des Vollstreckungsschuldners gegen den Dritten

[1] Siehe § 8 I 2 b bei FN 22.

aus § 985 BGB oder z. B., falls ein rechtswirksames Rechtsverhältnis in Betracht kommt, auf Rückgabe der (verwahrten) Sache aus § 695 BGB.

Daß der Vermögenswert eines Herausgabe- oder Sachleistungsanspruchs dem Haftungszugriff vollstreckender Gläubiger unterliegen muß, gilt nicht nur wie im Beispiel bei vollstrekkungsvereitelnden Machenschaften, sondern uneingeschränkt, so z. B. auch bei Ansprüchen auf Rückgabe verliehener Sachen oder beim Kaufvertrag auf Leistung der gekauften Sache. Entscheidend ist, daß es sich um Vermögenswerte des Vollstrekkungsschuldners handelt. Aus der Anknüpfung an den im konkreten Recht liegenden Vermögenswert und dessen Haftungsfunktion ergeben sich jedoch zwei Beschränkungen des Vollstreckungszugriffs: das materielle Recht entscheidet nach wie vor darüber, ob im Einzelfall (bereits) Herausgabe verlangt werden kann: so bleibt ein Recht zum Besitz aus § 986 BGB ebenso zu berücksichtigen wie eine noch nicht eingetretene Fälligkeit; insbesondere gewährt die Vollstreckung in den künftigen Rückgabeanspruch (z. B. aus einem Mietverhältnis) kein außerordentliches oder auch nur ordentliches Kündigungsrecht[2]. Zweitens ist zu berücksichtigen, daß sich der zu pfändende Herausgabe- oder Leistungsanspruch nach dem Vermögenswert und also nach der Haftungssubstanz des vom Dritten geschuldeten Gegenstandes bemißt. Daraus folgt, daß die Ansprüche unpfändbar sind, soweit sie sich auf einen Gegenstand richten, der beim Schuldner unpfändbar wäre.

Die Verwirklichung der Haftung erfolgt zweiaktig: sie ist erst einmal auf den Anspruch des Vollstreckungsschuldners gegen den Dritten zu richten, und zwar mit dem Ziel, den geschuldeten Gegenstand als Verwertungsobjekt in den Zugriffsbereich der Vollstreckung hineinzubekommen. Das läßt sich — bei Geldforderungen — mit der Überweisung und der Einziehung

[2] Eine andere und davon zu trennende Frage ist es, ob bei einer Zwangsvollstreckung in Grundstücke im Wege der Versteigerung der Erwerber ein Kündigungsrecht gegenüber den Mietern des Grundstücks hat, — allgemeiner formuliert: welche Auswirkungen eine Vollstreckung in das Recht selbst (Eigentum, Gesellschaftsanteil) hat. Dazu unten sub § 10, II und § 11.

des überwiesenen Rechts erreichen. Sodann geht es im zweiten Akt — genau wie bei der Sachpfändung — darum, den Gegenstand zu verwerten, um den Erlös an den Gläubiger auszukehren.

2. *Die Vollstreckungsmaßnahmen im einzelnen*

Wie die Befriedigung im einzelnen herbeigeführt wird, richtet sich nach dem geschuldeten Gegenstand, um dessen Befriedigung es letztlich geht, vgl. §§ 846—849:

a) Bei Ansprüchen auf *bewegliche Sachen* spricht der Pfändungsbeschluß zugleich aus, daß die Sache *an den Gerichtsvollzieher* herauszugeben ist, § 847. Damit erübrigt sich der Doppelschritt: Herausgabe an den Vollstreckungsschuldner (wie nach dem ursprünglichen Anspruchsinhalt) und dann Pfändung (Wegnahme) durch den Gerichtsvollzieher. Mit der Herausgabe der Sache an den Gerichtsvollzieher erlangt der Gläubiger ein Pfandrecht an dem Gegenstand. Sofern es um auf Eigentumsübertragung gerichtete Leistungsansprüche geht, erwirbt der Schuldner mit der Übergabe an den Gerichtsvollzieher Eigentum an der Sache, entsprechend §§ 847a, 848 Abs. 2 ZPO, § 1287 BGB; der Gerichtsvollzieher wird hier also in der Funktion eines Vertreters für den Schuldner gesehen[3]. Wie bei der Forderungspfändung berechtigt der Pfändungsbeschluß nicht zu Zwangsmaßnahmen gegen den Dritten: Erforderlich ist erstens ein Überweisungsbeschluß, der zur klageweisen Geltendmachung des Rechts ermächtigt[4], und zweitens notfalls die entsprechende erfolgreiche Klage samt der etwa erforderlichen (Herausgabe-)Zwangsvollstreckung gegen den Drittschuldner: „ein dornenreicher Weg für den Gläubiger, aber unvermeidlich, um unbeteiligte Dritte zu schützen"[5]. Die *Verwertung* erfolgt dann nach den üblichen Regeln der Zwangsvollstreckung in bewegliche Sachen, im Regelfall also durch Versteigerung. Die Befriedigung durch eine Überweisung an Zahlungs Statt herbeizuführen, ist unstatthaft, § 849.

b) Betrifft der Herausgabe- oder Leistungsanspruch eine *unbewegliche Sache*, unterliegt das Verfahren denselben Grundregeln, vgl. § 848. Da vom Gegenstand her die Mitwirkung des Gerichtsvoll-

[3] Zur Konstruktion der materiell-rechtlichen Erklärungen vgl. *Hoche* aaO. NJW 1955, 162 sub II.

[4] Bestritten; wie hier *Lent-Jauernig* § 20, II 1, S. 74; *Schönke-Baur* § 29, II 1. — Anderer Meinung *Hoche* aaO. NJW 1955, 164 (mit ausführlichem Überblick über Problem- und Meinungsstand); *Zöller-Scherübl* §§ 847 Anm. 1c (ab der 10. Aufl.): ausreichend sei bereits der Pfändungsbeschluß.

[5] *Lent-Jauernig* § 20, II 1.

ziehers ausscheidet, ist bei Grundstücken an einen Sequester (Treuhänder, vgl. § 847a) herauszugeben bzw. an ihn als Vertreter des Schuldners aufzulassen. § 848 Abs. 1 und 2[6]. Mit dem Eigentumsübergang auf den Schuldner erlangt der Gläubiger kraft Gesetzes — entsprechend dem Pfändungspfandrecht bei beweglichen Gegenständen — eine Sicherungshypothek am Grundstück[7]. Die *Verwertung* unterliegt dann den Regeln über die Zwangsvollstreckung in das unbewegliche Vermögen[8].

II. Zwangsvollstreckung in „andere“ Vermögensrechte

1. Sinn und Anwendungsgebiet der Auffangsregelung des § 857

Die dem Gesetz entlehnte Formulierung und die entsprechende Einordnung als „Zwangsvollstreckung in andere Vermögensrechte“ ist als Auffangsregelung zu verstehen. Es geht um „andere Vermögensrechte“ als die vom Gesetz zuvor behandelten beweglichen (körperlichen) Sachen, die (Geld-)Forderungen und die Herausgabeansprüche, ferner — wie § 857 selbst hervorhebt — um andere Rechte als solche, die der Vollstreckung in das unbewegliche Vermögen unterliegen. Da sich die Vermögenswerte nicht in den aufgeführten Rechten erschöpfen, hat die Auffangsnorm ihren guten Sinn darin, auch das übrige Haftungsgut dem Zwangszugriff der Gläubiger zu eröffnen. Zu denken ist dabei vor allem an die oft einen erheblichen Vermögenswert darstellenden Beteiligungen an Personenzusammenschlüssen: Anteile an Gemeinschaften (Beispiel: Miteigentum an beweglichen Sachen, vgl. § 864 Abs. 2)[9], an Personal- oder Kapitalgesellschaften (z. B.: Gesellschaftsanteil einer OHG oder einer GmbH) und am Nachlaß (Mit-

[6] Von der Pfändung dieses Auflassungsanspruchs ist die Frage zu trennen, ob und wie der Gläubiger das durch eine bereits erfolgte Auflassung vor der Eintragung entstandene „Anwartschaftsrecht“ des Auflassungsempfängers pfänden und verwerten kann. Dafür maßgeblich sind die Vorschriften über die Rechtspfändung, siehe unten § 10 II, insbes. sub 4.

[7] Das gilt allerdings lediglich bei der Vollstreckung in Leistungs-, nicht in Herausgabeansprüche.

[8] Dazu unten § 12.

[9] Ob die Vollstreckung in Miteigentumsanteile an Grundstücken nach § 857 (so *Furtner* aaO. NJW 1969, 872) oder nach den Grundsätzen der Immobiliarvollstreckung erfolgt (h. M.; *Hoffmann* aaO. JuS 1971, 20 ff) ist streitig.

erben). Ferner können die Immaterialgüterrechte wie Patent- und Urheberrechte (im einzelnen dazu die Besonderheiten §§ 112 ff UrhG) für die vollstreckenden Gläubiger von Interesse sein.

Aus dem Regelungszwecke des § 857, als Auffangsnorm grundsätzlich alle nicht besonders behandelten vermögenswerten Rechte des Schuldners dem Haftungszugriff des Gläubigers zuzuführen, ergeben sich zugleich zwei spezielle Erfordernisse:

a) Nur *Vermögensrechte* unterliegen der Zwangsvollstreckung, also z. B. nicht Mitgliedsschaftsrechte an Idealvereinen, familienrechtliche Ansprüche oder Persönlichkeitsrechte.

Sofern das Persönlichkeitsrecht jedoch in den vermögenswerten Bereich der Kapitalisierung übergeleitet ist, unterliegt es der Pfändung: der Erfindergedanke ist „frei"; ist jedoch die vermögensmäßige Verwertung durch die Anmeldung zum Patent oder Gebrauchsmuster eingeleitet, so ist der Zwangszugriff offen, vgl. §§ 49 PatG, 13 GebMG.

b) Voraussetzung der Zwangsverwertung ist ferner, daß es sich um *selbständige Vermögensrechte* handelt. Es scheiden also sowohl tatsächliche Zustände aus (Beispiel: die Stellung als Alleinerbe) als auch alle akzessorischen, nicht selbständigen Rechte, z. B. die Bürgschaft oder die Vormerkung. Ebensowenig sind mangels eigener Vermögenssubstanz Gestaltungsrechte, wie das Kündigungs- und Anfechtungsrecht, selbständig pfändbar. Die Selbständigkeit zeigt sich grundsätzlich an der *Übertragbarkeit*, vgl. § 851. Jedoch erweitert § 857 Abs. 3 den Kreis pfändbarer Rechte auf solche unübertragbaren Rechte, deren Ausübung einem anderen überlassen werden kann, Musterbeispiel: der Nießbrauch, der zwar nicht übertragbar, dessen Ausübung jedoch einem Dritten überlassen werden kann, § 1059 Satz 2 BGB. Weil insoweit der wirtschaftliche Wert eines Nießbrauchs rechtsgeschäftlich zu realisieren ist, muß ein entsprechender Haftungszugriff in der Zwangsvollstreckung möglich sein.

2. *Das Verfahren zur Verwertung im allgemeinen*

Für die Pfändung und Verwertung gelten grundsätzlich die Regeln über die Forderungspfändung, § 857 Abs. 1. Erforderlich ist danach ein Pfändungs- und Überweisungsbeschluß, allerdings mit folgenden Besonderheiten:

a) Für die *Wirksamkeit* ist an sich auch die *Zustellung an den Drittschuldner* Voraussetzung. Dieser läßt sich hier nicht so einfach ermitteln wie bei der Vollstreckung in Forderungen oder Herausgabeansprüche. Als „Drittschuldner" kommt bei der Rechtspfändung jeder infrage, der an dem gepfändeten Recht im weitesten Sinne *beteiligt* ist: so die anderen Miteigentümer, Miterben oder Mitgesellschafter, bei der Nießbrauchpfändung nach § 857 Abs. 3 der Eigentümer. Läßt der Inhalt des gepfändeten Rechts keinen Drittschuldner (selbst im weitesten Sinne) zu, etwa bei Rechten gegen jedermann wie beim Urheberrecht, so ist lediglich die Zustellung an den Vollstreckungsschuldner Wirksamkeitsvoraussetzung, § 857 Abs. 2.

b) Als *Verwertungsform* führt die Überweisung dazu, daß der Vollstreckungsgläubiger zu seiner Befriedigung anstelle des Schuldners die nach dem materiellen Recht gewährten Befugnisse ausüben kann, z. B. beim Patent die Lizenzgebühren einziehen. Im einzelnen kommt es dazu auf die materiell-rechtliche Ausgestaltung an: so muß etwa bei der Pfändung von Miterben- oder Gesellschaftsanteilen im Hinblick auf die anderen Beteiligten und den Zweck der Personengesamtheit die Befugnis eines Vollstreckungsgläubigers genau geregelt sein (dazu im einzelnen die Beispiele unten sub 3). Jedoch ermöglicht das Vollstreckungsrecht — vor allem in Fällen, in denen die Wertrealisierung nach materiellem Recht schwierig ist — eine anderweitige Verwertung nach der Grundregel des § 844 und insbesondere § 857 Abs. 4 und 5, wobei in erster Linie eine Veräußerung des Rechts selbst sinnvoll und praktisch sein kann.

3. *Einzelheiten und Sonderprobleme*

Anwendungsbereich, Bedeutung und Regelungsmechanismus der Zwangsvollstreckung lassen sich mit folgenden Einzelbeispielen verdeutlichen:

a) Miteigentumsanteil, §§ 741 ff, 1008 ff BGB[10].

Der „ideelle" Anteil des Schuldners ist frei verfügbar, § 747 Satz 1 BGB, darum auch pfändbar, §§ 851, 857.

Der Gläubiger kann sich:

1. den Anspruch auf die Nutzungen überweisen lassen, § 743 Abs. 1 BGB;

[10] Vgl. im einzelnen *Furtner* aaO. NJW 1969, 1871 f; *R. Hoffmann* aaO. JuS 1971, 20 ff.

2. den Aufhebungsanspruch aus § 749 Abs. 1 BGB überweisen lassen und die Auseinandersetzung betreiben, und zwar auch dann, wenn die Aufhebung ausgeschlossen oder eine Kündigungsfrist vereinbart ist. Auf diese Weise kann sich der Vollstreckungsgläubiger aus dem Auseinandersetzungsguthaben befriedigen. Voraussetzung dazu ist allerdings hinsichtlich der weitreichenden Auswirkungen auf die anderen Miteigentümer, daß der Titel nicht nur vorläufig vollstreckbar ist, § 751 Satz 2 BGB.

b) Gesellschaftsanteil (3 Musterbeispiele)

1. *BGB-Gesellschaft*[11]. Der Anteil als solcher ist pfändbar, § 859 Abs. 1; — das ist eine ausdrückliche Ausnahme von § 851 mit § 719 Abs. 1 BGB. Daß der (gedachte) Anteil an den einzelnen Gegenständen des Gesellschaftsvermögens unpfändbar ist, § 859 Abs. 1 Satz 2, siehe auch § 719 Abs. 1 BGB, folgt notwendig aus der Gesamthandsbindung.

Der Vollstreckungsgläubiger kann:

— sich die Ansprüche auf den Gewinnanteil und, sofern bereits gekündigt ist, auf das Auseinandersetzungsguthaben überweisen lassen, vgl. auch § 725 Abs. 2 BGB;
— die Gesellschaft kündigen, § 725 Abs. 1, und selbst die Auseinandersetzung betreiben[12], um sich aus dem Erlös zu befriedigen. Voraussetzung ist allerdings wie bei der Bruchteilsgemeinschaft, daß der Titel nicht nur vorläufig vollstreckbar ist.

2. *OHG* (und KG, vgl. § 161 Abs. 2 HGB)[13]. Es gilt im Prinzip dasselbe wie bei der BGB-Gesellschaft. Allerdings stellt § 135 HGB für die Kündigung durch den Vollstreckungsgläubiger zwei Besonderheiten auf: erstens ist eine Kündigungsfrist von 6 Monaten auf das Ende des Geschäftsjahres einzuhalten; zweitens muß in den letzten 6 Monaten die Vollstreckung in das bewegliche Vermögen des Vollstreckungsschuldners vergeblich verlaufen sein[14]. Mit dem Erfordernis der vorherigen fruchtlosen Vollstreckung stellt § 135 HGB eine interessante Ausnahme von dem Grundsatz unseres Vollstreckungs-

[11] Siehe dazu *Furtner* aaO. MDR 1965, 613 ff sub A.

[12] Ebenso *Baumbach-Lauterbach* § 859 Anm. 1 B; Bruns § 21, IV 2a, S. 112; *Schönke-Baur* § 30, II 3 a; *Zöller-Scherübl* § 859 Anm. 1c; nach älterer Auffassung soll der Vollstreckungsgläubiger einen klagbaren (schadensersatzbewerten) Anspruch gegen den Schuldner und die anderen Mitgesellschafter auf Vornahme der Auseinandersetzung haben.

[13] Dazu *Clasen* aaO. NJW 1965, 2141 f; *Schönle* aaO. NJW 1966, 1797 f.

[14] Zur streitigen Rechtslage bei Vollstreckungsakten durch einen *Gesellschaftsgläubiger* einerseits *Schönle* aaO., andererseits *Clasen* aaO.

rechts auf, daß alle Vermögensgegenstände nach *Wahl des Gläubigers* als Haftungsgut zur Verfügung stehen, daß insoweit also keine vorgegebene Befriedigungsreihenfolge einzuhalten ist wie die nach dem gemeinrechtlichen gradus executionis: mobilia, immobilia, nomina, wonach die Vollstreckung zuerst auf bewegliche Gegenstände, nach deren Erschöpfung auf Grundstücke und Grundstücksrechte und schließlich auf Forderungen zu richten war[15]. Mittelbar bewirkt allerdings § 807 eine gewisse, zumindest praktisch häufige Reihenfolge: da die „Offenbarungsversicherung“ die erfolglose Sachpfändung durch den Gerichtsvollzieher voraussetzt, ist damit zugleich der übliche erste Vollstreckungsweg vorgezeichnet.

3. GmbH[16]. Der Geschäftsanteil ist übertragbar und also pfändbar, § 15 Abs. 1 GmbHG mit § 851, auch eine Bindung („Vinkulierung“) durch die Gesellschaft nach § 15 Abs. 5 GmbHG hindert die Vollstreckung nicht[17]. Durch die Pfändung entsteht das Pfändungspfandrecht am Gesellschaftsanteil, das dem Gläubiger „eine Art Mitinhaberschaft“ verschafft; der Gläubiger soll „durch Abspaltung einer selbständigen Befugnis vom Stammrecht Inhaber eines Splitterrechts (werden), das zukünftig eine selbständige, von diesem nicht mehr abhängige Existenz führt“[18]. Die daraus ableitbare Befugnis des Vollstreckungsgläubigers im einzelnen ist streitig[19]. Sie ist jedenfalls, weil sie ihre Rechtfertigung nur im Hinblick auf die Realisierung der Haftungssubstanz erfährt, auf die unmittelbar vermögensbezogenen Rechte des Gesellschaftsanteils zu beschränken. Gesellschaftliche Mitgliedschaftsrechte, vor allem etwa das Stimmrecht, darf der Vollstreckungsgläubiger nicht ausüben[20]. Für die *Verwertung* sieht das GmbHG keine Möglichkeit einer Kündigung durch den Gläubiger vor; das widerspräche der Struktur einer Kapitalgesellschaft. Dafür ist hier jedoch der Anteil selbst „Handelsobjekt“. Die Verwertung ist

15 Siehe z. B. *J. Goldschmidt*, Zivilprozeßrecht § 6, 3 am Ende; § 87, 4, vgl. auch § 98, 1; *Rosenberg* § 180, II 2.

16 Siehe *Schuler* aaO, NJW 1960, 1423 ff.

17 Grundlegend bereits RGZ 70, 64, 66 unter Bezugnahme auf die Motive: § 15 Abs. 5 GmbHG sei auf freiwillige Veräußerungen beschränkt; *Baumbach-Lauterbach* Anhang zu § 859 Anm. 3 A. Das beruht letztlich auf dem Rechtsgedanken des § 851 Abs. 2

18 OLG Hamburg NJW 1960, 870 f.

19 Vgl. *Schuler* NJW 1960; 2423 ff.

20 RGZ 60, 126, 130 f; 95, 230, 232 ff; *Baumbach-Lauterbach* § 859 Anm. 1 B; *Schönke-Baur* § 30, II 3b; *Zöller-Scherübl* § 859 Anm. 5. — Für die Personalgesellschaften folgt dies aus § 725 Abs. 2 BGB. Im einzelnen m. w. N. *Teichmann*, Gestaltungsfreiheit in Gesellschaftsverträgen, 1970, S. 234 f.

stets durch Veräußerung möglich, die das Vollstreckungsgericht nach §§ 844, 857 Abs. 5 anordnen kann[21].

c) Miterbenanteil[22]

Nach § 859 Abs. 2 gilt für die Pfändbarkeit des Miterbenanteils, der bereits nach § 2033 BGB übertragbar ist, dasselbe wie für den Anteil an einer Gesamthandsgesellschaft. Der Gläubiger kann die Auseinandersetzung betreiben, §§ 2042, Abs. 1 mit 749 BGB, nach § 86 Abs. 2 FGG darf er (aus eigenem Recht) das Nachlaßgericht um Vermittlung ersuchen. Erfolgt die Auseinandersetzung realiter, bedarf es zur Befriedigung des Gläubigers eines weiteren Umsetzungsvorganges, nämlich der Verwertung der dem Vollstreckungsschuldner zugefallenen Vermögensgegenstände[23]. Wegen der Veräußerlichkeit des Miterbenanteils besteht — anders als bei der BGB-Gesellschaft — auch die Möglichkeit, den Anteil als solchen nach § 857 Abs. 5 veräußern zu lassen.

d) Anwartschaftsrechte[24]

Problemstellung und Musterbeispiel:

K hat von V ein Auto auf Raten unter Eigentumsvorbehalt gekauft. Sein Eigentumserwerb ist also durch die Zahlung der letzten Kaufpreisrate aufschiebend bedingt. Dieser Rechtsposition, dem sogenannten „Anwartschaftsrecht", wird eine gewisse Selbständigkeit zuerkannt, die sich nicht nur in der Übertragbarkeit zeigt, sondern auch in dem „Direkterwerb", daß nämlich ein Dritter, der dieses Anwartschaftsrecht von K erwürbe, bei Eintritt der Bedingung (Zahlung der letzten Rate) das Eigentum unmittelbar von V erlangte, also ohne einen „Durchgangserwerb" durch das Vermögen des K, — dieses wiederum ist entscheidend, falls K inzwischen in Konkurs gefallen ist.

Die angedeuteten Grundsätze zur Behandlung eines Anwartschaftsrechts dürfen heute weitgehend als anerkannt gelten[25].

21 *Bruns* § 21, IV 2, S. 112.

22 *Liermann* aaO. NJW 1962, 2189.

23 Im einzelnen *Liermann* aaO.

24 *Flume* aaO. AcP 161, 385 ff; *Bauknecht* aaO. NJW 1954, 1749 ff; *G. Reinicke* aaO. MDR 1959, 613 ff.

25 Grundlegend für die Rechtsprechung BGH NJW 1954, 1325 (behandelt bei *Baur*, Fälle und Lösungen, als Fall 7, S. 27 ff; dazu auch *Bauknecht* aaO. NJW 1954, 1749); BGHZ 20, 88; speziell zur Frage, wann ein derartiges Anwartschaftsrecht anzunehmen ist, BGHZ 49, 197 ff, dessen Übertragbarkeit, Verpfändbarkeit und Pfändbarkeit als solche bereits als

Aus der Selbständigkeit dieses Vermögenswertes folgt zugleich seine Eignung als Haftungsgut. Das Anwartschaftsrecht als solches unterliegt somit dem Vollstreckungszugriff der Gläubiger des Anwartschaftsberechtigten. Problematisch ist dabei allerdings, in welcher Weise die Vollstreckung zu erfolgen hat[26]. Diese Schwierigkeiten resultieren daraus, daß es im Regelfall nicht um das Anwartschaftsrecht geht, sondern um den Vermögenswert der Sache selbst. Vor dem Bedingungseintritt kann der Verkäufer, gestützt auf sein noch bestehendes (auflösend bedingtes) Eigentum, der Vollstreckung in den *Gegenstand* nach § 771 widersprechen und damit die letztlich bezweckte Sachverwertung verhindern[27]. Das Interesse des Vollstreckungsgläubigers, dem es um die Haftungssubstanz der Sache geht, muß also darauf gerichtet sein, durch Zahlung des Restkaufpreises den Bedingungseintritt herbeizuführen und sich damit den Vollstreckungszugriff auf die Sache zu ermöglichen. Wirtschaftlich sinnvoll ist dieser Befriedigungsversuch für einen Gläubiger nur dann, wenn der mutmaßliche Versteigerungserlös höher ist als die noch ausstehende Kaufpreissumme.

Zum *Vollstreckungsvorgang* im einzelnen werden drei Grundauffassungen vertreten:

1. Nach den materiell-rechtlichen Grundsätzen zur Übertragung eines Anwartschaftsrechts, die den sachenrechtlichen Regeln der §§ 929 ff BGB folgt[28], läge es nahe, das Anwartschaftsrecht ebenso wie bei der Vollstreckung in das Eigentum des Schuldners im Wege

nicht mehr problematisch behandelt wurde. Im übrigen vgl., jeweils m. w. N., *Flume* aaO. AcP 161, 389 f, 393; *Mühl* in Soergel-Siebert, 10. Aufl. 1968, § 929 RZ 37 ff; *Serick*, Eigentumsvorbehalt und Sicherungsübertragung, Bd. I 1963, S. 303 ff; *anderer Ansicht* hinsichtlich der aufschiebenden Bedingtheit des Vollrechts *A. Blomeyer*, Eigentumsvorbehalt und gutgläubiger Erwerb, 1954, AcP 153, 239 ff, 245 ff. Grundsätzlich gegen die Rechtsfigur eines Anwartschaftsrechts *Ernst Wolf*, Sachenrecht, 1971, S. 185 ff.

26 Zum Problem und zum Meinungsstand im einzelnen die sehr klare Übersicht bei *Baur*, Fälle und Lösungen, Fall 7, S. 27 ff und *Schönke-Baur* § 30, III.

27 Herrschende Meinung. Im einzelnen vgl. zum Umfang der Befugnis aus § 771 unten § 16 III 1 e.

28 BGHZ 20, 88; 28, 16, 27; *Baur* Fälle und Lösungen S. 28; *Mühl* in Soergel-Siebert § 929 RZ 37.

der (bloßen) *Sachpfändung* zu pfänden[29]. Das aber würde die Gläubiger zwingen, — anerkanntermaßen — schuldnerfremde Sachen pfänden zu lassen und sich der Widerspruchsklage des Vorbehaltsverkäufers auszusetzen. Dieser ließe sich auch nicht stets wirksam durch Zahlung des Restkaufpreises begegnen, da der Verkäufer die Zahlung durch Dritte (den Vollstreckungsgläubiger) nach § 267 Abs. 2 BGB ablehnen könnte, sofern der Schuldner, der seine Sache im Regelfall ja zu behalten wünscht, wiederspräche.

2. Würde man sich mit der *Rechtspfändung* nach § 857 begnügen[30], so bleibt offen, wie das Pfändungspfandrecht am Anwartschaftsrecht nach Zahlung des Restkaufpreises eine Vollstreckung in die Sache selbst rechtfertigen soll. Entscheidend ist, daß hier der für eine Sachpfändung unerläßliche Publizitätsvorgang fehlt[31]. Auch der Surrogationsgedanke, nach dem sich das Pfändungspfandrecht am Anwartschaftsrecht nach dem Bedingungseintritt am Eigentum an der Sache selbst fortsetzen würde[32], könnte nicht weiter helfen, weil es an der speziell vollstreckungsrechtlichen Voraussetzung zur Entstehung des Pfändungspfandrechts fehlt, nämlich an der Verstrickung[33], die eine deutliche Kenntlichmachung der Pfändung an der Sache selbst erfordert, § 808 Abs. 2.

3. Darum bleibt nur die *Doppelpfändung*, eine Kombination von Sach- und Rechtspfändung[34]: dem Publizitätserfordernis trägt die Sachpfändung Rechnung. Der Drittwiderspruchsklage des Eigentümers, § 771, ist wirksam mit der Zahlung des Restkaufpreises zu begegnen, weil mit der Pfändung des Anwartschaftsrechts nach § 857 zugleich dem Schuldner aufgegeben

29 „Theorie der bloßen Sachpfändung", so z. B. OLG Braunschweig MDR 1972, 57; *Bauknecht* aaO. NJW 1954, 1749 f; *Georgiades,* Die Eigentumsanwartschaft bei Vorbehaltskauf, 1963, S. 140 ff; *Raiser,* Dingliche Anwartschaften 1961, S. 91 ff.

30 So vor allem *Baur* aaO., im Ansatz auch *Flume* AcP 161, 404, und *Tiedke,* Die verdeckte Pfändung des Anwartschaftsrechts, NJW 1972, 1404.

31 Folgerichtig verlangt *Flume* (aaO.) darum, die Pfändung des Anwartschaftsrechts entsprechend § 808 Abs. 2 durch Anlegung von Siegeln kenntlich zu machen.

32 So *Baur* aaO. Fälle und Lösungen sub 3, S. 29 f.

33 *Lent-Jauernig* § 21, III 2, S. 77.

34 So die h. M., grundlegend BGH NJW 1954, 1325; *Baumbach-Lauterbach* Grundzüge 9 vor § 704 Stichwort „Anwartschaft auf Eigentumsübergang"; *Lent-Jauernig* aaO.; *G. Reinicke* aaO. MDR 1959, 613 ff; *Rosenberg* § 195, II 1; *Serick* aaO. S. 303; *Thomas-Putzo* § 857 Anm. 4b; *Zöller-Scherübl* § 857 Anm. 1, S. 919.

wird, alle für den Gläubiger im Hinblick auf das Haftungsgut nachteiligen Rechtshandlungen zu unterlassen (inhibitorium vgl. § 829 Abs. 1); ein etwaiger Widerspruch nach § 267 Abs. 2 BGB wäre also irrelevant; wiese der Vorbehaltsverkäufer die Zahlung zurück, um den Bedingungseintritt zu verhindern, vollzöge sich der Rechtserwerb trotzdem nach § 162 BGB. Daß sich das Pfandrecht nach Bedingungseintritt an der Sache selbst fortsetzt, läßt sich hier wegen der Verstrickung der Sache mit *Baurs* Surrogationsgedanken begründen[35]. Maßgeblich ist der Zeitpunkt der (wirksamen) Pfändung des Anwartschaftsrechts; das ist wegen des Präventionsgrundsatzes, § 804 Abs. 3, bei der Vollstreckung durch mehrere Gläubiger wichtig[36].

§ 11. Die Zwangsvollstreckung in das unbewegliche Vermögen (Überblick)[1]

Siehe die allgemeine Literatur zum ZVG in der Übersicht am Anfang. Ferner insbesondere: *Lüke*, Die Auswirkung der öffentlichrechtlichen Theorie der Zwangsvollstreckung auf die Zwangshypothek, NJW 1954, 1969 ff.

I. Haftungsverwirklichung und Gegenstand

1. Zur Haftungsrealisierung

Auch bei der Zwangsvollstreckung in das unbewegliche Vermögen geht es um die Zwangsbeitreibung von Geldforderungen, also um die Haftungsrealisierung. Das Gesetz, § 866 Abs. 1, stellt dem Gläubiger drei Zugriffsformen zur Verfügung[2]:

[35] Siehe oben im Text FN 32.

[36] Vgl. *Lent-Jauernig* § 21, III 2; ferner auch *G. Reinicke* aaO. MDR 1959 sub 3, S. 616 ff.
Zum Problem, ob auch dem Vorbehaltsverkäufer als „Drittschuldner" zuzustellen ist oder ob die Zustellung an den Vollstreckungsschuldner ausreicht, BGHZ 49, 197 und *Strutz*, Pfändung der Eigentumsanwartschaft bei einer beweglichen Sache und Zustellung an den Drittschuldner, NJW 1969, 831.

[1] Siehe dazu die in dieser Reihe vorgesehenen Spezialdarstellungen von *A. Hornung*, Zwangsversteigerungsrecht.

[2] Siehe dazu auch den Überblick §§ 3 III, 7 I.

— die *Sicherungshypothek* (Zwangshypothek), die dem bisher dinglich nicht gesicherten Gläubiger ein Sicherungsrecht an dem Haftungsgut verschafft: damit erzielt der Gläubiger zwar nicht unmittelbar Befriedigung für seine Geldforderung; er sichert sich jedoch — wie bei jeder Hypothek — einen entsprechenden Vermögenswert, der ihm nicht mehr von anderen Gläubigern entzogen werden kann und den er jederzeit zu realisieren in der Lage ist;
— die *Zwangsversteigerung*, bei der die Befriedigung — wie bei der Versteigerung gepfändeter beweglicher Sachen — aus der Substanz des Haftungsguts, dem Versteigerungserlös, erfolgt (geregelt im ZVG);
— die *Zwangsverwaltung:* hier sucht der Gläubiger seine Befriedigung aus den Nutzungen des Grundstücks, vgl. § 155 ZVG, also aus den Früchten und Gebrauchsvorteilen, § 100 BGB, vor allem aus den Miet- und Pachtzinsen oder (bei landwirtschaftlichen Grundstücken) aus den Sachfrüchten (— geregelt gleichfalls im ZVG §§ 146 ff).

Zwischen diesen drei Möglichkeiten kann der Gläubiger frei wählen; er kann sie auch kumulieren, so etwa neben der Zwangsversteigerung zusätzlich die Zwangsverwaltung beantragen, um sich bis zur Versteigerung, deren Vollzug sich länger hinziehen kann, den wirtschaftlichen Wert der Nutzungen zu sichern. In diesem Zusammenhang ist von entscheidender Bedeutung, daß keine bestimmte Reihenfolge der Vollstreckungsversuche (gradus executionis)[3] vorgeschrieben ist, daß also die freie Wahlmöglichkeit für den Gläubiger auch zwischen der Vollstreckung in das bewegliche Vermögen und in das unbewegliche Vermögen besteht. Hinzu kommt, daß keine bestimmte Mindestgrenze für die Höhe der Gläubigerforderung normiert ist, so daß auch wegen geringfügiger Geldforderungen die Zwangsversteigerung und -verwaltung eines Grundstücks betrieben werden kann.

Dem steht nicht entgegen, daß die Zwangshypothek nur für eine Forderung von mehr als 500,— DM eingetragen werden darf[4]; denn

[3] Dazu bereits oben § 7 I. Im einzelnen *H. F. Gaul*, Zur Reform des Vollstreckungsrechts, JZ 1973, 473 f.

[4] Anders scl., sofern es nicht um die Zwangsbefriedigung von *Geldforderungen* geht, sondern um den materiell-rechtlichen Anspruch auf Bestellung einer Hypothek, wie etwa aus § 648 BGB.

dieses Limit, das ohnehin nicht für die Zwangsversteigerung und -verwaltung gilt, besteht lediglich aus Rücksicht auf die Übersichtlichkeit des Grundbuchs, das nicht durch eine Fülle kleiner Sicherungshypotheken unüberschaubar werden soll.

Die aufgezeigte Wahlmöglichkeit des Gläubigers und die genannten drei Arten des Vollstreckungszugriffs verdeutlichen zugleich, daß nicht nur dingliche Gläubiger die Zwangsvollstreckung in das unbewegliche Vermögen betreiben können, daß also insbesondere nicht etwa der Erwerb der Zwangs(sicherungs)hypothek eine notwendige Zwischenstufe zur Zwangsversteigerung ist. Andererseits ist allerdings zu berücksichtigen, daß auch eine Zwangsverwertung nicht die bereits bestehenden vorrangigen und darum „besseren" Rechte Dritter, vor allem die vorangehenden Grundpfandrechte, beeinträchtigen darf: dem ist bei der Ausgestaltung des Vollstreckungsverfahrens im einzelnen Rechnung zu tragen (dazu unten sub III).

2. *Der Gegenstand der Vollstreckung*

Der Zwangsvollstreckung in das unbewegliche Vermögen unterliegen nach § 864 Grundstücke und deren Bestandteile (§ 96 BGB)[5], grundstücksgleiche Rechte (z. B. das Erbbaurecht, § 11 ErbbauVO, das Wohnungseigentum nach dem WEG)[6] sowie Miteigentumsanteile an Grundstücken und grundstücksgleichen Rechten, § 864 Abs. 2, schließlich die Gegenstände, auf die sich die Haftung der Hypothek erstreckt, § 865 Abs. 1[7].

II. Die Sicherungshypothek

Weil eine Sicherungshypothek dem Vollstreckungsgläubiger lediglich die Rechtsposition eines (am Grundstück dinglich gesicherten) Hypothekars verschafft, ist sie nur dann sachgerecht, wenn der Gläubiger noch nicht dinglich gesichert ist[8] und

[5] Zur Ausnahmeregelung des § 810 für vom Boden noch nicht getrennte Früchte oben § 8 I 1.

[6] Weitere Einzelheiten bei *Baumbach-Lauterbach* Übersicht 1 B vor § 864 und § 864 Anm. 1 A, C und D.

[7] Darüber, daß zum Haftungsverband der Hypothek gehörendes Grundstückszubehör lediglich im Wege der Immobiliarvollstreckung verwertbar ist, § 865 Abs. 2 Satz 1, und daß die Gegenstände des Haftungsverbandes im übrigen (vor allem Früchte) vor einer Beschlagnahme im Wege der Immobiliarvollstreckung der Mobiliarvollstreckung unterliegen, siehe bereits oben § 8 I 1.

[8] Die Eintragung einer Zwangshypothek ist sogar unzulässig, wenn dem Gläubiger für die der Vollstreckung zugrunde liegende Forderung an

wenn die konkreten Umstände eine bloße Sicherung anstelle der Zwangsversteigerung oder -verwaltung, die einen unmittelbaren Gelderlös ermöglichen, sinnvoll erscheinen lassen.

1. Entstehung und Rechtscharakter

Die Zwangshypothek ist privatrechtlicher Natur[9]. Sie unterliegt den hypothekenrechtlichen Regeln und steht damit einer vertraglich bestellten Sicherungshypothek gleich[10]: unterschiedlich ist lediglich der Entstehungstatbestand insofern, als an die Stelle des dinglichen Bestellungsvertrages der Vollstreckungsvorgang tritt. Die Sicherungshypothek wird auf (formlosen) Antrag des Gläubigers eingetragen und entsteht mit der Eintragung, § 867.

Bei der Eintragung wird das Grundbuchamt als Vollstreckungsorgan tätig. Es prüft die vollstreckungsrechtlichen Voraussetzungen einer Eintragung, in erster Linie also den Titel, die Klausel und die Zustellung. Zusätzlich hat es auf die Einhaltung der grundbuchrechtlichen Vorschriften zu achten: die Eintragung ist zugleich ein Akt der freiwilligen Gerichtsbarkeit[11].

Diese *Doppelfunktion* des Grundbuchamtes ist bedeutsam für die Frage der Rechtsbehelfe: gegen Entscheidungen im Vollstreckungsverfahren wäre letztlich — von der vorausgehenden Erinnerung gegen Entscheidungen des Rechtspflegers nach § 11 RPflG abgesehen — die sofortige Beschwerde des § 793 gegeben, im Grundbuchverfahren käme dagegen die einfache Beschwerde nach § 71 GBO mit den Schranken des Absatz 2 infrage. Die herrschende Meinung will gegen *Entscheidungen* des Grundbuchamtes, z. B. die Eintragung[12] oder die Zurückweisung eines Eintragungsantrages, lediglich die Behelfe der GBO nach §§ 71, ggf. 78 zulassen[13]. Das erscheint im Hin-

demselben Grundstück bereits ein Grundpfandrecht zusteht, arg. § 867 Abs. 2, vgl. *Rosenberg* § 206, II 1, S. 1070, m. w. N.

[9] Dazu im einzelnen m. w. N. *Lüke* aaO. NJW 1954, 1670 f.

[10] RGZ 105, 71, 77.

[11] Grundbuchrechtlich ersetzt der Vollstreckungsvorgang nach § 867 die Eintragungsbewilligung des § 19 GBO.

[12] Auch die Eintragung ist eine Entscheidung im Sinne dieser Norm, § 71 Abs. 2 normiert insofern eine Ausnahme; im einzelnen dazu *Horber*, Grundbuchordnung, 12. Aufl. 1972, § 71 Anm. 3 A und a.

[13] RGZ 106, 74, 75 f (mit Überblick über die frühere Reichsgerichtsrechtsprechung); *K. Blomeyer* § 18, II 3; *Bruns* § 38, III; *Lüke* aaO. NJW 1954, 1669 (m. w. N. in FN 10); *Schönke-Baur* § 36, II; *Thomas-Putzo* § 867 Anm. 7; *Zöller-Scherübl* § 867 Anm. 1c.

blick auf die Doppelfunktion angesichts der Schwierigkeit, in concreto die Art der Tätigkeit zu bestimmen, bedenklich. Eine dabei gebotene „Meistbegünstigung" zugunsten der Betroffenen müßte zur Zulässigkeit beider Rechtsbehelfe führen, wobei allerdings, sofern es inhaltlich um eine Grundbucheintragung geht, die Schranke des § 71 Abs. 2 GBO zu beachten wäre: im Ergebnis bedeutet das letztlich einen Rückgriff auf den umfassenden und nicht zeitlich begrenzten Behelf nach der GBO[14].

Da die eingetragene Sicherungshypothek von der Eintragung ab den Regeln des BGB folgt, ist sie auch streng akzessorisch, § 1184 BGB. An ihre Stelle tritt eine Eigentümergrundschuld, wenn die Forderung z. Z. der Eintragung nicht besteht oder später erlischt[15]. Für den der Vollstreckung zugrunde liegenden Titel gilt dasselbe, wenn dieser durch eine vollstreckbare Entscheidung[16] aufgehoben wurde, z. B. bei einem Erfolg des Vollstreckungsschuldners in der nächsten Instanz oder mit der Vollstreckungsgegenklage, vgl. im einzelnen und zu weiteren Fällen § 868.

2. *Zur Realisierung*

Hat sich der Gläubiger zunächst mit der Sicherungshypothek begnügt und will er dann den Wert dieser Hypothek realisieren, so muß er, wie jeder andere Hypothekengläubiger, die dingliche Hypothekenklage erheben und kraft dieses Vollstreckungstitels die Vollstreckung mit dem Ziel der Zwangsversteigerung oder -verwaltung betreiben.

Die Zwangshypothek, d. h. das Ergebnis der ersten Vollstreckung, verschafft dem Gläubiger damit immerhin den Vorteil, daß er aus „ihrem Rang" vorgehen darf, daß er sich also um nachrangige Rechtspositionen nicht zu kümmern braucht[17]. Der zweite dingliche Teil ist nicht etwa überflüssig, weil auch der Zwangshypothek bereits ein Titel zugrunde lag. Zwar kann der Gläubiger, der alle drei Formen der Zwangsvollstreckung nebeneinander betreiben darf, § 866 Abs. 2, diese auch zeitlich nacheinander vornehmen; dann läßt sich aller-

[14] Im Ergebnis zumindest ähnlich *Lent-Jauernig* § 23, III; *Baumbach-Lauterbach* § 867 Anm. 4.
[15] Dazu und zum folgenden *Lüke* aaO. NJW 1954, 1670 f und FN 31.
[16] Auch hier liegt ein Fall der Vollstreckbarkeit im weiteren Sinne vor, dazu bereits oben § 4 II 2 bei FN 20.
[17] Im einzelnen dazu unten bei der Zwangsversteigerung sub III.

dings für die später aus demselben Titel betriebene Zwangsversteigerung oder -verwaltung nicht der Rang der Sicherungshypothek beanspruchen: das ist nur statthaft, wenn die Sicherungshypothek als solche in der üblichen Form der Hypothekenklage geltend gemacht wird[18].

III. Die Zwangsversteigerung

Die Zwangsversteigerung zielt auf die Befriedigung des Gläubigers aus der Vermögenssubstanz. Wie bei beweglichen Sachen ist dazu, weil es um Geldforderungen des Gläubigers geht, als Umsetzungsvorgang die Veräußerung erforderlich. Dabei ist insbesondere auf die geschützten Rechtspositionen Dritter Rücksicht zu nehmen, denn das Grundeigentum ist in erheblich höherem Maße als bewegliche Sachen Gegenstand von Belastungen und besonderen Nutzungsrechten. Bestes Indiz dafür ist bereits das Grundbuch als solches, auf dessen Existenz und Erfordernisse hinwiederum das Zwangsversteigerungsverfahren abzustellen ist.

Gesetzliche Grundlage ist das ZVG, das nach dem 1. Titel, den für die Zwangsversteigerung und die Zwangsverwaltung gemeinsam geltenden Vorschriften der §§ 1—14, die Zwangsversteigerung in §§ 15—145 regelt. Weil das ZVG ein Teil des zivilprozessualen Vollstreckungsrechts ist, findet ergänzend das 8. Buch der ZPO Anwendung.

Dem Verfahrensablauf folgend lassen sich *sieben wesentliche Verfahrensstationen* hervorheben:

1. Verfahrenseinleitung und -beteiligte

Nach § 15 ZVG wird die Zwangsversteigerung auf Antrag des Gläubigers angeordnet. Vollstreckungsorgan ist das Vollstreckungsgericht (der Rechtspfleger, § 3 Nr. 1 Buchst. i RPflG), und zwar das Amtsgericht, in dessen Bezirk das Grundstück liegt, § 15 mit § 1 Abs. 1 ZVG. Das Vollstrek-

[18] So im Ergebnis auch die h. M., vgl. BGH NJW 1966, 2009, OLG Hamburg MDR 1969, 770; *Baumbach-Lauterbach* § 866 Anm. 1; *Baur*, Fälle und Lösungen, Fall 20, S. 93 ff, FN 14; *Lent-Jauernig* § 23, IV; *Schönke-Baur* § 33, I; *Thomas-Putzo* § 867 Anm. 5d. A. A. *Finger*, Ist für die Zwangsvollstreckung aus einer Zwangshypothek ein besonderer Duldungstitel notwendig? MDR 1969, 717 ff; *Stein-Jonas-Schönke-Pohle*, 18. Aufl. § 866 Anm. II; *Wieczorek* § 866 C.

kungsgericht prüft die allgemeinen Vollstreckungsvoraussetzungen, zusätzlich die besonderen für eine Zwangsversteigerung: *antragsberechtigt* ist jeder dingliche oder persönliche Gläubiger, der einen *Titel gegen den eingetragenen Eigentümer* oder dessen Erben hat, § 17 ZVG; zum Inhalt des Antrags vgl. § 16 ZVG.

Außer dem Gläubiger und dem Schuldner sind diejenigen am Verfahren beteiligt, die im Grundbuch als (irgendwie) dinglich Berechtigte am Grundstück ausgewiesen sind oder zu deren Gunsten eine grundbuchrechtliche Sicherung (Vormerkung, Widerspruch, Verfügungsbeschränkung) eingetragen ist, § 9 Nr. 1 ZVG. Während hier die Verfahrensbeteiligung aus der Grundbucheintragung folgt und darum von Amts wegen zu beachten ist, bedarf es bei nicht eingetragenen Berechtigten zur Verfahrensbeteiligung der besonderen Initiative in Form einer Anmeldung, vgl. § 9 Nr. 2 ZVG. Die Stellung als „Beteiligter" berechtigt nicht nur zur allgemeinen Verfahrensteilnahme, sondern gewährt zum Teil auch besondere Einwirkungsmöglichkeiten auf den Verfahrensablauf einschließlich der Befugnis zur Einlegung von Rechtsbehelfen; die maßgeblichen Entscheidungen sind den Beteiligten zuzustellen, z. B. §§ 41, 43 Abs. 2 ZVG.

2. *Anordnung der Zwangsversteigerung und Beschlagnahme*

Der Beschluß, durch den das Vollstreckungsgericht dem Antrag des Gläubigers entspricht und die Versteigerung anordnet, gilt zugunsten des Gläubigers als Beschlagnahme des Grundstückes und der zum Haftungsverband der Hypothek gehörenden Gegenstände, §§ 20, 21 Abs. 1 ZVG.

Von der Beschlagnahme werden nicht erfaßt die Miet- und Pachtzinsforderungen sowie die vom Boden getrennten land- und forstwirtschaftlichen Erzeugnisse, § 21 Abs. 2 und Abs. 1 ZVG. Das erklärt sich daraus, daß sich die Zwangsversteigerung — anders als die Zwangsverwaltung, vgl. § 148 ZVG — auf die Substanz des Grundstücks bezieht. Erhalten bleibt auch das Recht des Pächters auf Fruchtgenuß, § 21 Abs. 3 ZVG, weil dieses durch den Pachtzins wirtschaftlich abgegolten ist, auf den der Gläubiger im Vollstreckungswege der Zwangsverwaltung zugreifen kann.

Die Beschlagnahme hat die *Wirkung* eines relativen *Veräußerungsverbots,* §§ 23 ZVG, 135 f BGB. Gutgläubiger Erwerb nach § 135 Abs. 2 BGB ist erschwert, weil die Kenntnis vom Versteigerungsantrag der Kenntnis von der Beschlagnahme gleichsteht, § 23 Abs. 2 ZVG, und im übrigen der Versteigerungsvermerk auf Ersuchen des Vollstreckungsgerichts im Grundbuch eingetragen wird, § 19 ZVG, siehe auch § 23 Abs. 2 Satz 2 ZVG. Die Beschlagnahme wird mit der Zustellung an den Vollstreckungsschuldner wirksam, §§ 22 ZVG, und sichert dem Gläubiger damit den maßgeblichen Befriedigungsrang bei der Verteilung des Versteigerungserlöses, § 10 Abs. 1 Nr. 5 ZVG; das Gesetz verzichtet bei der Immobiliarvollstreckung auf das rechtlich konstruktive Verständnis eines Pfändungspfandrechts, das bei der Mobiliarvollstreckung zugrunde gelegt ist. Es begnügt sich hier allein mit der Beschlagnahme als solcher und leitet aus ihr das materiellrechtliche Befriedigungsrecht ab. Dem entspricht es, daß im Konkurs die Beschlagnahme im Wege der Zwangsversteigerung ein Absonderungsrecht begründet, wie es bei beweglichen Gegenständen das Pfandrecht, § 48 KO, und das Pfändungspfandrecht, § 49 Abs. 1 Nr. 2 KO, gewähren.

3. *Die Berücksichtigung entgegenstehender Grundbuchrechte*

Bei der Vollstreckung in bewegliche Sachen bleibt eine der Vollstreckung entgegenstehende materielle Berechtigung Dritter außer Betracht, bis der Dritte sein Recht im Wege der Drittwiderspruchsklage, § 771, geltend macht. Anders ist es bei der Immobiliarvollstreckung: bereits bei der Anordnung der Versteigerung wird geprüft, ob der Vollstreckungsschuldner (wenigstens) als Eigentümer eingetragen oder Erbe des eingetragenen Eigentümers ist, § 17 ZVG. War das Grundbuch falsch und wird es während des Versteigerungsverfahrens berichtigt, so hat das Vollstreckungsgericht dem — sobald es davon Kenntnis erhält — von Amts wegen Rechnung zu tragen und das Verfahren einstweilen einzustellen bzw. sofort (ganz) aufzuheben, § 28 ZVG. Dasselbe gilt, wenn während des Verfahrens eine relevante Rechtsänderung eintritt, so z. B., wenn aufgrund einer vor der Beschlagnahme eingetragenen Auflassungsvormerkung, vgl. § 883 Abs. 2 BGB, ein anderer als der Vollstreckungsschuldner als Eigentümer eingetragen wird. Darum läßt sich die Regelung des § 28 ZVG als von Amts wegen zu beachtender Anwendungsbereich des

§ 771 begreifen, jedenfalls soweit es um eingetragene Rechtspositionen geht. Nicht eingetragene entgegenstehende Rechte sind im üblichen Wege der Drittwiderspruchsklage geltend zu machen, vgl. auch § 37 Nr. 5 ZVG.

4. Die Versteigerung im allgemeinen

a) Terminbestimmung

Den Versteigerungstermin bestimmt das Vollstreckungsgericht, zum Zeitpunkt vgl. § 36 ZVG; er ist öffentlich bekanntzumachen, §§ 39 f ZVG, den Beteiligten durch Zustellung. Inhaltlich, vgl. § 37 ZVG, muß die Terminsbestimmung die Aufforderung an nicht eingetragene (dingliche) Gläubiger enthalten, ihre Rechte geltend zu machen: Nr. 4 für die Gläubiger, die ein Recht auf Befriedigung aus dem Grundstück haben, und Nr. 5 für die Gläubiger, deren Recht die Versteigerung als solche nicht gerechtfertigt erscheinen läßt; zugleich ist auf die Folgen der Nichtanmeldung hinzuweisen (vgl. in Nr. 4 und 5 jeweils die Nachsätze: „widrigenfalls . . .").

b) Die Versteigerungsprinzipien

Für die Versteigerung als eine Zwangsveräußerung des Grundstücks gilt der Grundsatz, daß „bessere", also vorrangige Grundstücksrechte nicht beeinträchtigt werden dürfen. Daraus folgt, daß die Zwangsversteigerung nur dann zu einer Veräußerung führen kann, wenn alle vorrangigen Rechtspositionen „gedeckt" sind, somit von dem Gebot des Ersteigerers umfaßt werden, vgl. § 44 Abs. 1 ZVG: *Deckungsprinzip*.

Für den *Rang* stellt § 10 ZVG eine bestimmte *Reihenfolge* auf. Nach den Erhaltungskosten i. w. S. (Nr. 1) und den Löhnen für die Weiterführung des Betriebes (Nr. 2) sowie den öffentlichen Grundstückslasten (Nr. 3) finden in Nr. 4 die dinglichen Grundbuchrechte in der aus dem Grundbuch folgenden Reihenfolge, § 879 BGB, Berücksichtigung, sodann folgt in Gruppe 5 der die Zwangsvollstreckung betreibende (persönliche) Gläubiger; hat der Vollstreckungsgläubiger selbst ein dingliches Recht am Grundstück, so kann er sich auf seinen (besseren) Rang der Gruppe 4 stützen; siehe ergänzend und im einzelnen § 10 Abs. 1 Nr. 1 bis 8 ZVG.

Ist danach aus dem Rang des Vollstreckungsgläubigers zu bestimmen, welche Rechte vorgehen und also nicht beeinträchtigt werden dürfen, so ergibt sich aus dem *Übernahmegrundsatz,* daß diese Rechte nicht erlöschen, sondern daß sie vom Erwerber übernommen werden: § 52 Abs. 1 ZVG. Praktisch bedeutet dies, daß die dinglichen Rechte (§ 10 Nr. 4 ZVG) nicht „abgelöst" werden: der Erwerber übernimmt das Grundstück mit diesen Belastungen, braucht insoweit also keinen Kaufpreis zu entrichten.

Aus dem Zusammenspiel des Deckungs- und des Übernahmeprinzips erklären sich die gesetzlichen Begriffe des *geringsten Gebots* und des *Bargebots:* stets abzudecken sind die Verfahrenskosten. Die Kosten und die nach § 10 ZVG vorrangigen Rechte bilden das *geringste Gebot,* § 44 ZVG. Weil die dinglichen Rechte übernommen werden, umfaßt das *Bargebot* lediglich die Kosten und die Rechte aus § 10 Abs. 1 Nr. 1—3, ferner § 12 Nr. 1 und 2 ZVG *(Mindestbargebot)* sowie den Teil des Gebots, der über das geringste Gebot hinausgeht, das *Mehrgebot,* das auch bar zu entrichten ist, § 49 Abs. 1 ZVG. Das letzte und höchste Gebot ist das *Meistgebot,* vgl. § 81, ferner z. B. auch §§ 74a und 74b ZVG. In der Versteigerung wird stets nur das Bargebot genannt. Zur Berechnung des Gegenwertes, den man für das Grundstück zu erbringen gedenkt, sind also stets die bestehenbleibenden Belastungen ziffernmäßig mit in Ansatz zu bringen.

Beispiel: Auf dem Grundstück des Vollstreckungsschuldners E lasten Grundpfandrechte in Höhe von je 30 000,— DM in der Reihenfolge für A — B — C — D. Ist der Vollstreckungsgläubiger G ein persönlicher Gläubiger, so beträgt das *geringste Gebot* (ohne Berücksichtigung von Zinsen) 120 000,— DM plus Kosten (1 000,— DM) sowie Rechte nach § 10 Abs. 1 Nr. 1—3 (2 000,— DM), also 123 000,— DM. Das *Mindestbargebot* beträgt 3 000,— DM. G wird in dem Umfang befriedigt, in dem das *Meistgebot* über 123 000,— DM hinausgeht, in dem also die bei der Versteigerung genannten Bargebote über 3 000,— DM liegen. Betreibt C die Vollstreckung, so sind nur die Rechte des A und B zu berücksichtigen, das *geringste*

Gebot beträgt 63 000,— DM. Gehen die Gebote darüber hinaus, liegt das Bargebot also auch hier über 3 000,— DM[19], so wird C aus diesem Mehrbetrag befriedigt, und zwar vor D, da die Reihenfolge des § 10 ZVG auch für die Befriedigung aus dem Erlös gilt.

Die formalen Prinzipien des Deckungs- und Übernahmegrundsatzes besagen nichts über den Wert, den das Grundstück an sich darstellt. Zum Schutz gegen eine Verschleuderung bei der Zwangsversteigerung sieht § 74a ZVG vor, daß das Meistgebot nicht weniger als 7/10 des (zu schätzenden) Grundstückswertes betragen soll. Dieser Schutz ist allerdings sehr unvollkommen: der Schuldner selbst darf sich nicht darauf berufen, vgl. Abs. 1, siehe ferner auch § 74b ZVG; immerhin wird insoweit bereits das Eigeninteresse der dinglichen Gläubiger, denen der Ausfall ihrer nach § 10 ZVG nachrangigen Berechtigungen droht, genug Anlaß zum Ergreifen dieses Rechtsbehelfs sein. Hinzu kommt, daß der betreibende Gläubiger Widerspruch gegen den Aufschub einlegen kann und daß die Wertgrenze ohnehin bei dem nächsten Versteigerungsversuch entfällt, § 74a Abs. 1 Satz 2 und Abs. 4 ZVG. Einen praktisch bedeutsamen Schuldnerschutz bei Zwangsversteigerungen bietet allerdings die Regelung des § 30a ZVG: auf seinen Antrag hin kann der Schuldner die befristete Aussetzung der Verwertung seines Grundstücks erreichen (Verwertungsmoratorium), wenn gewisse wirtschaftliche Umstände zu seiner gegenwärtigen Notlage geführt haben und wenn begründete Aussicht auf baldige Sanierung besteht[20]. Zusätzlich bleibt zugunsten des Schuldners die Möglichkeit, auf die allgemeine Norm des Vollstreckungsschutzes, § 765a, zurückzugreifen[21].

c) In den (konkreten) *besonderen Versteigerungsbedingungen* lassen sich Abweichungen von den gesetzlichen Versteigerungsbedingungen regeln, §§ 59—61, 65 ZVG; es bedarf allerdings beispielsweise für

[19] Im Gegensatz zum ersten Beispiel oben hat der Ersteher hier bei gleich hohem Bargebot das Grundstück praktisch für einen Gegenwert von 63 000,— DM erhalten, während dieser oben 123 000,— DM betrug.
[20] Vgl. im einzelnen *Zeller* ZVG § 30a Anm. 2 ff.
[21] Zur Zulässigkeit dieses Rückgriffs neben den speziell geregelten einzelnen Vollstreckungsschutzmaßnahmen *Henckel*, Prozeßrecht und materielles Recht, 1970, 385; vgl. ferner auch § 30d Abs. 2 ZVG.

eine Abweichung von den gesetzlichen Vorschriften über das geringste Gebot der Zustimmung aller betroffenen Beteiligten, § 59 Abs. 1 Satz 2 ZVG.

5. *Der Versteigerungsvorgang, §§ 66 ff ZVG*

Die eigentliche Versteigerung folgt als zweiter Schritt im Versteigerungstermin, § 66 Abs. 2 ZVG, nachdem zuvor die gesetzlichen Versteigerungsbedingungen konkretisiert und die besonderen Bedingungen vereinbart sind, § 66 Abs. 1 ZVG. Die einzelnen Gebote, für die eine besondere Bieterkaution zu leisten ist, §§ 67—69 ZVG, sind auf ihre Wirksamkeit hin zu überprüfen, unwirksame Gebote sind zurückzuweisen, § 71 ZVG. Die Unwirksamkeit kann sich aus dem materiellen Recht ergeben[22] oder aus speziell verfahrensrechtlichen Gründen, z. B. der Verletzung des Deckungsgrundsatzes, beruhen. Das (zugelassene) Gebot erlischt durch ein (zugelassenes) Übergebot, § 72 Abs. 1 ZVG, vgl. des weiteren Abs. 2 und 3. Bis dahin bleibt der Bieter an sein zugelassenes und nicht nach § 72 ZVG erloschenes Gebot gebunden. Das letzte Gebot ist notwendig das höchste, weil nur *Übergebote* zugelassen sind, siehe im einzelnen § 73 ZVG.

6. *Der Zuschlag*

Nach dem (zulässigen) Meistgebot ist die Versteigerung abgeschlossen. Bevor der Zuschlag erteilt wird, sind die (anwesenden) Beteiligten zu hören, § 74 ZVG. Liegt kein Ver-

[22] Nach abs. h. M. sind die Gebote privatrechtliche Willenserklärungen, unterliegen also den Wirksamkeitsanforderungen des BGB und sonach auch der Anfechtungsmöglichkeit (*Zeller* § 71 Anm. 2 m. w. N.), vgl. zu letzterer etwa OLG Hamm MDR 1972, 59 = RPfl. 1972, 378; kritisch dazu *Schiffhauer*, Zur Anfechtung eines Gebots wegen Irrtums, RPfl. 1972, 341, ohne allerdings die privatrechtliche Natur des Gebots anzuzweifeln. Die *unmittelbare* Anwendung der BGB-Vorschriften erscheint jedoch in Übereinstimmung mit der gleichfalls als öffentlichrechtlichem Vorgang zu qualifizierenden Fahrnisversteigerung (erst recht) unangebracht. Im Hinblick auf die besondere Verfahrensausgestaltung und eine gewisse Vorläufigkeit bis zur Entscheidung über den Zuschlag dürfte eine *entsprechende* Anwendung der materiell-rechtlichen Regeln bis spätestens zur Rechtskraft des Zuschlages angemessen sein. Nach Rechtskraft des Zuschlags ist ohnehin nach allgemeiner Auffassung die Anfechtung versagt, vgl. etwa *Bruns* § 31, II 2a; *Steiner-Riedel* § 71 Anm. 2a mit weiteren Nachweisen.

sagungsgrund der §§ 74a, 83, 85 ZVG vor, so ist der Zuschlag dem Meistbietenden zu erteilen, § 81 Abs. 1 ZVG. Dieser (Zuschlags-)Beschluß wird (bereits) mit der Verkündung wirksam. Gegen ihn kann sofortige Beschwerde, § 793 ZPO, vgl. auch § 98 ZVG, eingelegt werden, die jedoch nur auf bestimmte Verfahrensfehler gestützt werden kann, § 100 ZVG.

Der Zuschlag hat folgende sehr bedeutsame *Wirkungen:*

- der Ersteigerer wird *kraft dieses Hoheitsaktes* — also unabhängig von der bisherigen Eigentumslage, ohne Grundbucheintragung und ohne Rücksicht auf einen etwaigen guten Glauben — Eigentümer, § 90 Abs. 1. Der Eigentumserwerb bezieht sich auch auf die Gegenstände, auf welche sich die Versteigerung erstreckt, § 90 Abs. 2 ZVG: das sind die von der Beschlagnahme erfaßten Gegenstände, §§ 55 Abs. 1 mit 20 f ZVG, sowie auch das (nicht der Beschlagnahme unterliegende) Fremdzubehör, sofern es nicht rechtzeitig vom Berechtigten nach §§ 37 Nr. 5 ZVG, 771 ZPO freigekämpft worden ist, § 55 Abs. 2 ZVG. Eine Übergabe der beweglichen Gegenstände ist zum Eigentumserwerb des Erstehers nicht erforderlich[23].
- Alle nach den (gesetzlichen und besonderen) Versteigerungsbedingungen nicht bestehenbleibenden Rechte *erlöschen,* — wiederum kraft Hoheitsaktes und also ohne entsprechende Eintragung im Grundbuch, die lediglich berichtigender Natur ist. Jedoch setzen sich diese an der Sache erloschenen Rechte kraft *Surrogation* am Erlös fort, § 92 Abs. 1, vgl. auch § 37 Nr. 5 ZVG.

  Beispiel: Der frühere Eigentümer des Fremdzubehörs kann jetzt den entsprechenden Anteil am Versteigerungserlös „kraft Eigentums" beanspruchen und also der Verteilung nach § 771 widersprechen. Der ausgefallene, weil gegenüber dem die Vollstreckung betreibenden Gläubiger nachrangige Hypothekar kann „mit dem Range seiner Hypothek" aus dem noch verbliebenen Erlös Befriedigung suchen, also vor weiteren nachrangigen dinglichen Rechten und auch vor den Gruppen des § 10 Abs. 1 Nr. 5 ff ZVG[24].

[23] Absolut herrschende Meinung bei der Immobiliarversteigerung, vgl. *Zeller* § 90 Anm. 3 m. w. N. und darüber, daß sich erfaßtes Zubehör im Besitz des Schuldners befinden muß, z. B. in RGZ 49, 253, 255.
[24] Zum konstruktiven Verständnis *Lent-Jauernig* § 24, V 2.

— Der Zuschlagsbeschluß ist *Vollstreckungstitel* gegen den Besitzer des Grundstücks oder einer mitversteigerten Sache: aus ihm kann also auf Räumung oder Herausgabe vollstreckt werden, § 93 Abs. 1 Satz 1 ZVG.
Miet- und Pachtrechte sind durch die Zwangsversteigerung nicht unmittelbar betroffen; vielmehr ist das an den gesetzlichen Fristen orientierte Kündigungsrecht durch den Ersteher maßgeblich, §§ 57 ff ZVG. Darum kann hier die Räumungsvollstreckung während der bestehenden Rechtsbeziehung nicht zum Erfolg führen; notfalls ist ihr mit der Drittwiderspruchsklage aus § 771 wirksam zu begegnen: § 93 Abs. 1 Satz 2 ZVG.

— *Nutzungen und Lasten* gehen auf den Ersteher über, ebenso die *Gefahr* des zufälligen Untergangs; *Gewährleistungsansprüche* sind ausgeschlossen, § 56 ZVG.

7. Verteilungsverfahren und Befriedigung

Als Versteigerungserlös steht für die Gläubiger das Bargebot abzüglich der Verfahrenskosten zur Verfügung. Darüber ist im Verteilungsverfahren zu befinden, §§ 105 ff ZVG. Das Gericht bestimmt dazu einen Verteilungstermin, in dem der Teilungsplan aufgestellt wird. Maßgeblich für die Rangfolge ist das Grundbuch, bei nicht eingetragenen Rechten die Anmeldung, § 114. Das Verteilungsverfahren entspricht im wesentlichen dem nach erfolgter Verwertung beweglicher Sachen, §§ 872 ff, siehe § 115 ZVG.

Ausgeführt wird der Teilungsplan durch Zahlung an die Beteiligten. Wenn der Ersteigerer den Erlös noch nicht bar bezahlt hat, etwa weil nach § 60 ZVG Zahlungsfrist bewilligt wurde oder weil die Verwertung der Bieterkaution, §§ 67 ff ZVG, weniger als erwartet und erforderlich eingebracht hat, § 108 ZVG, wird die (Rest-)Forderung gegen den Ersteher auf den nach dem Teilungsplan Berechtigten übertragen, § 118 Abs. 1 ZVG. Diese richterliche Übertragung wirkt — sofern kein Verzicht nach § 118 Abs. 2 Satz 2 ZVG erfolgt — „wie die Befriedigung aus dem Grundstück", d. h.: die Forderung gegen den früheren Grundstückseigentümer/Vollstreckungsschuldner erlischt. Für das an deren Stelle getretene Gläubigerrecht gegen den Erwerber ist auf dem Grundstück eine Sicherungshypothek einzutragen, § 128 ZVG;

die Forderung ist im übrigen unmittelbar vollstreckbar, § 132 ZVG.

IV. Die Zwangsverwaltung

Weil die Zwangsverwaltung auf die Befriedigung aus den Erträgen des Grundstücks zielt, ist sie als Zwangsbeitreibung für Geldforderungen praktisch nur tunlich bei landwirtschaftlichen Betrieben und großen Mietshäusern. Vom Gläubigerrecht her betrachtet bietet sie sich zudem nur dort an, wo es nicht um die alsbaldige Befriedigung für hohe Kapitalforderungen geht, sondern wo laufende (kleinere) Beträge, so etwa Schuldzinsen, Unterhaltsansprüche, beizutreiben sind.

Während im allgemeinen die Vorschriften über die Zwangsversteigerung entsprechende Anwendung finden, § 146 Abs. 1 ZVG, sind vor allem drei durch Befriedigungsart und -zweck bedingte *Besonderheiten* hervorzuheben:

1. Der Umfang der Beschlagnahme greift über den der Zwangsversteigerung hinaus, § 148 ZVG: weil es um die Erträge geht, sind auch die bereits getrennten Erzeugnisse, die Miet- und Pachtzinsen und die mit dem Eigentum am Grundstück verbundenen Rechte auf wiederkehrende Leistungen (vgl. § 1126 BGB, „subjektiv-dingliche Rechte", z. B. Reallasten, Überbau- und Notwegrenten) einbezogen, im Hinblick auf den Pachtzins jedoch nicht das Recht des Pächters auf den Fruchtgenuß, § 21 Abs. 3 mit § 148 Abs. 1 Satz 3 ZVG[25].

2. Dem Schuldner wird durch die Beschlagnahme die *Verwaltung und Benutzung* des Grundstücks *entzogen,* § 148 Abs. 2 ZVG. An seine Stelle tritt ein vom Gericht zu ernennender *Verwalter,* § 150 ZVG, bei land- und forstwirtschaftlichen Grundstücken ist der Schuldner selbst zum Verwalter zu bestellen, § 150b ZVG, wobei ihm allerdings vorsorglich zugleich eine Aufsichtsperson zur Seite zu stellen ist, § 150c ZVG.

Der Verwalter steht unter Aufsicht des Gerichts, § 153; er übt das Erhaltungs-, Verwaltungs- und Nutzungsziehungs-

[25] Dazu auch oben sub III 2 und FN 7.

recht aus, § 152; dabei haftet er allen Beteiligten auf Schadensersatz, § 154 ZVG[26]; er hat andererseits — sofern nicht der Schuldner selbst der Verwalter ist — Anspruch auf Vergütung, vgl. §§ 153 Abs. 2, 150e ZVG. Die Rechtsstellung des Verwalters läßt sich am besten als „Partei kraft Amtes" begreifen, deren Rechtshandlungen unmittelbar für und gegen den Vollstreckungsschuldner/Grundstückseigentümer wirken[27].

3. Die *Verteilung* der Nutzungen und also die Befriedigung erfolgt etappenweise nach einem für die gesamte Verfahrensdauer aufgestellten Teilungsplan. Die nach Deckung der Verwaltungsausgaben und Verfahrenskosten verbleibenden Verwaltungsüberschüsse dienen — abweichend von der Rangordnung des § 10 ZVG, vgl. § 155 ZVG — in erster Linie der Befriedigung laufend wiederkehrender Ansprüche (§ 13 ZVG) der Realgläubiger aus den Rangklassen 1 bis 5 des § 10 ZVG: bei ordnungsgemäßer Verwaltung stände der Verwaltungserlös zur Deckung dieser laufenden Kosten zur Verfügung. Das ist auch bei der Zwangsverwaltung zu beachten. Nach Abdeckung jener laufenden Ansprüche ist die Kapitalforderung des die Vollstreckung betreibenden Gläubigers zu berücksichtigen, vgl. §§ 155, 10 ZVG. Sofern eine dingliche Sicherung bestand und somit der Gläubiger befriedigt worden ist, ersucht das Vollstreckungsgericht das Grundbuchamt um Löschung des Rechts. Die Zwangsverwaltung selbst ist aufzuheben, sobald der betreibende Gläubiger voll befriedigt ist, § 161 ZVG. Weil oft Zwangsversteigerung und Zwangsverwaltung zusammen angeordnet werden, ist praktisch der häufigste Grund für die Aufhebung der Zwangsverwaltung die Erteilung des Zuschlags in der Zwangsversteigerung. Damit bietet sich kein Betätigungsfeld mehr im Rahmen einer Zwangsverwaltung[28].

[26] Z. B. BGHZ 39, 235, 241: sinnlose Vergeudung von Heizmaterial bei der Heizung eines Mietshauses.

[27] Zur Rechtsstellung m. w. N. *Steiner-Riedel* § 152 Bem. 1; *Zeller* § 152 Anm. 2, siehe vor allem sub e; zur interessanten Frage, welches Haftungsvermögen nach dem Zuschlag in der Zwangsversteigerung maßgeblich ist, BGHZ 39, 235, 239 und dazu *Baur*, Fälle und Lösungen, Fall 10, S. 42 ff.

[28] Zu nachwirkenden Abwicklungspflichten des Verwalters siehe wieder BGHZ 39, 235 ff und *Baur* aaO. FN 27.

§ 12. Die Erweiterung des Haftungsgutes im Wege der Gläubigeranfechtung

Einschlägig sind die Gesamtdarstellungen zum Anfechtungsrecht, insbesondere die Kommentare zum Anfechtungsgesetz, z. B.: *Böhle-Stamschräder*, Gesetz betreffend die Anfechtung von Rechtshandlungen eines Schuldners außerhalb des Konkursverfahrens, Kommentar, 3. Aufl. 1967; *Jaeger*, Gläubigeranfechtung, 2. Aufl. 1938; *Warneyer-Bohnenberg*, Anfechtungsgesetz, Berlin 1955; siehe ferner: *Costede und Kaehler*, Haftungszuweisung und Haftungszugriff Dritten gegenüber, 1971, ZZP 84, 395 ff; *Gerhardt*, Die systematische Einordnung der Gläubigeranfechtung, 1969, *Paulus*, Sinn und Formen der Gläubigeranfechtung, 1956, AcP 155, 277 ff; *Rutkowsky*, Rechtsnatur und Wirkungsweise der Gläubigeranfechtung, Diss. Bonn 1969; *Wacke*, Zur Geschichte und Dogmatik der Gläubigeranfechtung, 1970, ZZP 83, 418 ff; weitere Nachweise auch über ältere Monographien und Kommentare bei *Gerhardt* aaO.

I. Regelungszweck und Anwendungsbereich

Ausgangsbeispiel:

1. S, der einen sehr aufwendigen Lebensstil liebt, hat seiner Frau ein Schmuckstück im Werte von 50 000,— DM geschenkt. Kurz darauf gerät er in Vermögensverfall, so daß Vollstreckungsversuche des Gläubigers G erfolglos verlaufen.

2. S befindet sich in nahezu auswegloser Vermögenssituation. Er entschließt sich, den wesentlichen Teil seiner pfändbaren Habe zur Sicherheit auf den mit ihm befreundeten Großgläubiger D zu übertragen, wobei es S nicht darum geht, den Anspruch des D auf Sicherheitsbestellung zu befriedigen, sondern darum, den anderen Großgläubiger G leer ausgehen zu lassen.

In beiden Fällen stellt sich die Frage, wie weit die Rechtshandlungen des S von G hinzunehmen sind. Gläubiger G ist um sein Haftungsgut gebracht, und zwar unter Umständen, die ihn als schutzwürdiger erscheinen lassen könnten als den Empfänger: die Ehefrau hat den Vermögenswert als Geschenk und also ohne Gegenleistung erhalten; D hatte zwar einen materiell-rechtlichen Anspruch auf Sicherheitsleistung, jedoch handelte S in der Absicht, seinen anderen Gläubiger zu benachteiligen. Unsere Rechtsordnung schützt in derartigen

Situationen unter bestimmten Voraussetzungen das Interesse des Gläubigers mehr als das des Erwerbers: § 1 Anfechtungsgesetz (AnfG) bezeichnet „anfechtbare“ Rechtshandlungen des Schuldners als dem Gläubiger gegenüber unwirksam. Die Geltendmachung dieser Unwirksamkeit erfolgt nach der gesetzlichen Terminologie durch „Anfechtung“, wobei heute darüber Einigkeit besteht, daß dieser außerordentliche haftungsrechtliche Rechtsbehelf der Anfechtung mit der rechtsgestaltenden Anfechtung des BGB, z. B. nach §§ 119, 123, 142, keine Gemeinsamkeit hat[1]. Daß hier der sog. „Anfechtungsgegner“, obwohl er nach den materiell-rechtlichen Regeln des BGB wirksam erworben hat, zugunsten des Gläubigerinteresses zurücktreten muß, beruht auf der besonderen Anfechtungssituation: das Gläubigerrecht ist infolge der anfechtbaren Rechtshandlung gefährdet oder gar beeinträchtigt, weil der Schuldner seiner Verbindlichkeit nicht nachkommen kann. Darum ist Grundvoraussetzung einer Anfechtung nach dem Anfechtungsgesetz, vgl. § 2, daß ein vollstreckbarer Schuldtitel über eine fällige Forderung vorliegt und daß die Zwangsvollstreckung in das Vermögen des Schuldners nicht zur vollständigen Befriedigung geführt hat oder daß dies wenigstens anzunehmen ist. Das Anfechtungsrecht ist also gewissermaßen die ultima ratio für den Haftungszugriff: der Anfechtung gegenüber hat die durch die im übrigen wirksame Rechtshandlung geschaffene Rechtslage keinen Bestand. Am Beispiel 1 erläutert bedeutet dies: ist die Schenkung des S anfechtbar im Sinne der Anfechtungsregeln (zu den Anfechtungstatbeständen im einzelnen unten sub II), so hat der schuldrechtlich (§ 516 BGB) und dinglich einwandfreie Eigentumserwerb an dem Schmuckstück keinen Bestand gegenüber dem Gläubigerrecht des G; das Schmuckstück haftet „trotzdem“ weiter für die Forderung des G gegen S.

Im Regelfall wird der Schuldner auch konkursreif sein, vgl. zum Konkursgrund § 102 KO, wenn die Voraussetzungen des § 2 AnfG

[1] Dazu m. w. N. *Gerhardt* aaO. S. 110 ff; insoweit sogar zustimmend Wacke aaO. ZZP 83, 423.

vorliegen. Auch der Konkurs, das typische Verfahren zur Gläubigerbefriedigung bei Insolvenz eines Schuldners, kennt einen dem Anfechtungsgesetz entsprechenden Behelf, die sog. Anfechtung innerhalb des Konkurses nach §§ 29 ff KO, die auch hier dazu dient, bestimmten gläubigerbenachteiligenden Handlungen die Rechtswirksamkeit wenigstens dahin zu versagen, daß der Konkursverwalter die zuvor vom (späteren) Gemeinschuldner aufgegebenen Vermögenswerte wieder zur Konkursmasse ziehen kann, vgl. §§ 29, 37 KO[2]. Der Regelungszweck und Ansatzpunkt beider Anfechtungen ist also identisch, unterschiedlich sind die konkrete Ausgestaltung und die Voraussetzungen, die in dem einen Falle der Situation des vollstreckenden Gläubigers, im anderen dem Konkursverfahren samt der Verwaltungs- und Verfügungszuständigkeit des Konkursverwalters Rechnung tragen. Die Anfechtung nach dem Anfechtungsgesetz erübrigt sich jedoch nicht etwa angesichts der Möglichkeit, die Konkurseröffnung zu beantragen und hier das Anfechtungsrecht (durch den Konkursverwalter) auszuüben; denn sonst wäre jeder Einzelgläubiger gezwungen, das — teurere und umständlichere, speziell auf die Existenz mehrerer Gläubiger und deren Interessen zugeschnittene — Konkursverfahren um dieses Anfechtungsbehelfs willen zu betreiben.

II. Die Anfechtungsfälle im einzelnen

Die Gläubigeranfechtung ermöglicht die Ausdehnung des Vollstreckungszugriffs auf Vermögenswerte, die der Schuldner aus seinem Vermögen in das eines Dritten übertragen hat. Darum müssen die besonderen Voraussetzungen, unter denen der Gläubigerschutz dem Interesse des Erwerbers vorgeht, also ausnahmsweise die Haftungsfunktion des Vermögenswertes stärker ist als der normale zivilrechtliche Erwerbstatbestand, im einzelnen genau umschrieben sein. Das gebietet schon der Schutz des Dritten, dessen — im übrigen unangreifbarer — Erwerb für fremde Schulden, im Ausgangsbeispiel für die des S, haften soll. Das Anfechtungsgesetz kennt die sog. *Absichtsanfechtung*, § 3 Abs. 1 Nr. 1 und 2, und die *„Schenkungsanfechtung“*, § 3 Abs. 1 Nr. 3 und 4. Im Konkurs ist angesichts der hier erforderlichen Totalliquidation ein darüber

[2] Vgl. dazu die Darstellungen zum Konkursrecht, z. B. *Lent-Jauernig* §§ 50 und 51; *Schönke-Baur* § 64; in dieser Reihe *Eickmann*, Konkurs- und Vergleichsrecht, 1973, S. 78 ff.

hinausgehender Anfechtungstatbestand, die sog. (besondere) Konkursanfechtung, vorgesehen.

1. Die Absichtsanfechtung

a) Unter den allgemeinen Tatbestand der Absichtsanfechtung nach § 3 Abs. 1 Nr. 1 AnfG können grundsätzlich *alle Rechtshandlungen* (im weitesten Sinne) fallen, die das Ausscheiden vermögenswerter Gegenstände aus dem Schuldnervermögen zur Folge haben, also nicht nur Verfügungen (Rechtsübertragungen wie in den Beispielen 1 und 2, Erlaß, Verzicht), sondern auch ein Unterlassen des Schuldners, sofern dieses vermögensbeeinträchtigende Folgen hat, ferner z. B. Prozeßhandlungen, wie Geständnisse, Anerkenntnisse, Klageverzicht, selbst das Unterlassen, ein Rechtsmittel einzulegen[3]. Relevant sind nur Rechtshandlungen, die eine *objektive Benachteiligung* des Gläubigers zur Folge haben, also die Befriedigung mittelbar oder unmittelbar vereiteln oder beeinträchtigen.

Weitere Voraussetzung ist die *Benachteiligungsabsicht* des Schuldners. Der Schluß darauf liegt nahe bei Geschäften ohne Gegenleistung sowie bei solchen Rechtshandlungen, die eine Befriedigung oder Sicherung gewähren, auf die der Gläubiger jedenfalls in dieser Form keinen Anspruch hat (Beispiel: der mittellose Schuldner leistet an Erfüllungs Statt Sachwerte statt des geschuldeten Geldes). Schwieriger ist es in den Fällen sog. kongruenter Deckung, vgl. das 2. Beispiel, in dem G einen Anspruch auf die Bestellung der Sicherheit hat: hier bedarf es des Nachweises, daß unlautere Gründe den Schuldner gerade zur Erfüllung dieser Verbindlichkeit veranlaßt haben[4]. Schließlich ist *Kenntnis des Erwerbers* von der Benachteiligungsabsicht erforderlich; denn allein der Vorwurf gegen den *Schuldner*, er habe seine Gläubiger benachteiligen wollen, könnte ein Vorgehen gegen Dritte nicht rechtfertigen. Entscheidend für die Zulässigkeit des Zugriffs gegenüber dem Anfechtungsgegner ist vielmehr der Vorwurf, daß dieser die Benachteiligungsabsicht des anderen gekannt habe. Erforderlich ist positives Wissen. Im Beispiel 2) hängt die Anfechtbarkeit also davon ab, ob D Kenntnis von der Benachteiligungsabsicht des S nachzuweisen ist.

b) Einen Sonderfall enthält § 3 Abs. 1 Nr. 2 AnfG für entgeltliche Verträge mit dem Ehegatten oder engen Verwandten: hier bedarf

[3] Vgl. dazu m. w. N. *Gerhardt* aaO. S. 170 ff, siehe auch S. 36 und FN 215, S. 39 FN 228.

[4] Vgl. zum Beispielsfall 2) BGHZ 12, 232, 238; BGH NJW 1956, 337.

es wegen der familiären Beziehungen, die eine entsprechende Kenntnis des Anfechtungsgegners nahelegen, und die zudem einen Nachweis durch den außenstehenden Dritten erschweren könnten, des „Entlastungsbeweises", daß keine Kenntnis von der beabsichtigten Gläubigerbenachteiligung bestanden hat. Enger ist der Anwendungsbereich gegenüber Nr. 1 insoweit, als nur im letzten Jahr vor der Anfechtung geschlossene *entgeltliche Verträge* betroffen sind, die zudem *unmittelbar* eine Gläubigerbenachteiligung zur Folge haben mußten, eine Benachteiligung durch Hinzutreten anderer außerhalb liegender Umstände reicht nicht aus, vgl. insoweit den unterschiedlich gefaßten Wortlaut in Nr. 2 gegenüber Nr. 1.

2. *Die Schenkungsanfechtung*

Zurechnungsgrund für die Zulässigkeit eines Zugriffs auf den Vermögenserwerb Dritter ist in den Fällen der Schenkungsanfechtung die *Unentgeltlichkeit:* unentgeltlicher Erwerb ist nach unserer Rechtsordnung weniger schutzwürdig als entgeltlicher, wie bereits § 816 Abs. 1 Satz 2 BGB zeigt[5]. Das Gesetz begrenzt die Anfechtbarkeit unentgeltlichen Erwerbs auf Verfügungen im letzten Jahre, bei Ehegatten binnen der letzten zwei Jahre vor der Anfechtung, § 3 Abs. 1 Nr. 3 und 4 AnfG. Für das erste Ausgangsbeispiel wäre also allein der unentgeltliche Erwerb binnen der letzten beiden Jahre maßgeblich; besondere subjektive Merkmale sind nicht erforderlich, so daß es also der Anfechtung nicht entgegensteht, wenn weder S noch dessen Ehefrau zur Zeit des Geschenkes mit dem Vermögensverfall gerechnet haben.

3. *Zur Anfechtung gegenüber Rechtsnachfolgern*

Unter den Voraussetzungen des § 11 AnfG besteht die Anfechtungsmöglichkeit gegenüber dem Rechtsnachfolger des (ursprünglichen) Anfechtungsgegners; dabei begegnen bei der Einzelrechtsnachfolge in Abs. 2 wieder dieselben Zurechnungsgründe für den Zugriff auf den Erwerb Dritter wie bei der Absichtsanfechtung und der Schenkungsanfechtung, nämlich Bösgläubigkeit bzw. Unentgeltlichkeit[6].

[5] Vgl. dazu jeweils m. w. N. *Costede-Kaehler* aaO. ZZP 84, 408 und FN 52; *Rothoeft*, Vermögensverlust und Bereicherungsausgleich, 1963, AcP 163, 215 ff, 221; siehe auch *Gerhardt* aaO. S. 208 ff.

[6] Dazu im einzelnen *Gerhardt* aaO. S. 225 ff.

III. Inhalt und Geltendmachung des Anfechtungsrechts

1. Die „Rechtsnatur“

Anfechtbarer Erwerb ist nach § 1 AnfG unwirksam. Nach § 7 AnfG kann der anfechtungsberechtigte Gläubiger verlangen, „daß dasjenige, was durch die anfechtbare Handlung aus dem Vermögen des Schuldners veräußert, weggegeben oder aufgegeben ist, als noch zu demselben gehörig von dem Empfänger zurückgewährt werde“. Diese Formulierungen gaben und geben Anlaß zu einem grundlegenden Meinungsstreit über die „Rechtsnatur“ der Gläubigeranfechtung[7].

Die Rechtsprechung und die herrschende Lehre[8] qualifizieren das Anfechtungsrecht als ein gesetzliches Schuldverhältnis (mit einem Anfechtungsanspruch und einer dementsprechenden Schuld des Anfechtungsgegners), kraft dessen der Anfechtungsgegner zur Rückgewähr verpflichtet sei;[9] da es jedoch nur um die Wiederherstellung der Zugriffslage für die Zwangsvollstreckung gehe, müsse der Anfechtungsgegner die Zuwendung — sofern diese noch unterscheidbar vorhanden sei — für die Vollstreckung durch den Gläubiger zur Verfügung stellen, er müsse also die Zwangsvollstreckung des Einzelgläubigers in die anfechtbar erlangten Vermögensstücke dulden[10].

Demgegenüber ist mit *Paulus*[11] auf die speziell haftungsrechtliche Ausrichtung der Gläubigeranfechtung abzustellen. Die

[7] Vgl. dazu bereits den Titel meiner oben angeführten Schrift.

[8] Z. B. *Böhle-Stamschräder* § 7 AnfG Anm. I, 1—6; *Schönke-Baur* § 24, VI; im einzelnen die Nachweise bei Gerhardt aaO. S. 6 ff, vor allem FN 38.

[9] Insoweit stimmen nach der h. M. die Anfechtungsrechte des AnfG und der KO überein.

[10] Anders für die Anfechtung nach der Konkursordnung: hier könne der Konkursverwalter den schuldrechtlichen Anspruch aus § 37 KO auf Herausgabe an die Masse geltend machen.

[11] AaO. AcP 155, 277 ff, 300, siehe dazu und zum folgenden *Gerhardt* S. 11 ff, 262 ff, 273 ff; zustimmend *Costede-Kaehler* aaO. ZZP 84, 401; im Ergebnis ähnlich für die Einzelanfechtung, dagegen für die Konkursanfechtung der h. M. folgend, *Lent-Jauernig* § 31, IV 1. Differenzierend für die Anfechtung innerhalb und außerhalb des Konkurses auch *Rutkowksy* aaO. S. 123 ff, der für den Konkurs der h. M. folgt, im übrigen die Einzelanfechtung als typisch haftungsrechtlichen Behelf je nach Sachlage als Haftungsübergang, -übernahme und -bevorrechtigung oder wie die gesetzliche Regelung des § 850h verstanden wissen will. Die hier in Anschluß an *Paulus* vertretene Ansicht geht von identischen Grundzügen beider Anfechtungen aus, differenziert nur im konkreten Inhalt, sofern dies (konkurs)verfahrensbedingt ist.

Wiederherstellung der Vermögenslage erfolgt lediglich zwecks Realisierung der Haftung. Der Verfügungsvorgang als solcher ist nicht rückgängig zu machen. Darum bedarf es keiner Auswirkung auf die erfolgte Änderung in der Rechtszuständigkeit und in der Vermögenszuordnung im allgemeinen; es geht nur um die mit wirksamen Verfügungen normalerweise zugleich eintretende Enthaftung: allein diese tritt bei anfechtbarem Erwerb nicht ein, es liegt also eine lediglich haftungsrechtliche Unwirksamkeit vor. Im Regelfall wird die Haftungsfunktion des Vermögens zwar von der Verfügungswirkung mit betroffen: mit der Übereignung einer Sache scheidet dieser Gegenstand aus dem Haftungsgut für die Gläubiger des bisherigen Eigentümers aus und haftet nunmehr dem Gläubiger des Erwerbers. Daß in den Anfechtungsfällen jedoch die Haftungszuordnung erhalten bleibt, rechtfertigt sich aus der besonders zugespitzten Vermögenssituation, unter der Anfechtungsbehelfe (vgl. § 2 AnfG und die Konkursvoraussetzungen, § 102 KO) statthaft sind: anfechtungsrechtliche Unwirksamkeit ist haftungsrechtliche Unwirksamkeit. Weil die materiale Rechtfertigung für die Inanspruchnahme des Dritten in dessen Bösgläubigkeit oder in der Unentgeltlichkeit des Erwerbs liegt, entspricht der Anfechtungstatbestand insoweit der Eingriffskondiktion, allerdings mit der Besonderheit, daß Anknüpfungspunkt nicht ein Eingriff in geschützte Rechtspositionen ist, sondern die Beeinträchtigung der Haftungsfunktion vermögenswerter Rechte, also ein „Eingriff in die Haftungszuordnung"[12]. Wegen dieses unterschiedlichen Ansatzpunktes ist die Gläubigeranfechtung zwar nicht als ein Fall der Eingriffskondiktion unseres BGB zu begreifen, jedoch als eine besondere Ausprägung der ihr zugrunde liegenden Wertungen, so daß es gerechtfertigt ist, für den Inhalt und Umfang des Anfechtungsbehelfs, der im Anfechtungsgesetz selbst nur höchst lückenhaft geregelt ist, ergänzend die Vorschriften der §§ 818 ff BGB heranzuziehen, sofern die Vorstellung der haftungsrechtlichen Unwirksamkeit allein nicht weiterhilft,

[12] Das habe ich im einzelnen aaO. S. 162 ff zu begründen versucht; weitgehend zustimmend *Costede-Kaehler* aaO.; völlig ablehnend auch gegenüber diesem Ansatz *Wacke* aaO.

etwa weil der anfechtbare Erwerb beim Anfechtungsgegner untergegangen ist[13].

2. *Der konkrete Inhalt des Anfechtungsrechts in typischen Fallgruppen*

Ist anfechtbarer Erwerb haftungsrechtlich unwirksam und läßt sich die Rechtsbeziehung zwischen beeinträchtigtem Gläubiger und dem Anfechtungsgegner auf einen Eingriff in die Haftungszuordnung zurückführen, der zu entsprechenden Wertungen wie bei der Eingriffskondiktion berechtigt und darum für die Ausgestaltung den Rückgriff auf die Vorschriften der §§ 818 ff BGB gestattet, so ergibt sich für die einzelnen Fallkonstellationen anfechtbaren Erwerbs[14]:

Ist ein Gegenstand (im weitesten Sinn) *anfechtbar übertragen*, so kann der anfechtungsberechtigte Vollstreckungsgläubiger in den anfechtbaren Erwerb beim Dritten vollstrecken: dieser muß also trotz eigenen Rechtserwerbs (als Eigentümer oder Inhaber einer Forderung) die Vollstreckung in seinen Gegenstand dulden[15]. Befindet sich der anfechtbare Erwerb nicht mehr beim Anfechtungsgegner, beispielsweise weil er gestohlen worden oder untergegangen ist, so sind die *Surrogationsvorschriften* des § 818 Abs. 1 BGB anwendbar[16]. Der gutgläubige Anfechtungsgegner wird nach § 818 Abs. 3 bei Fortfall der Bereicherung frei, vgl. § 7 Abs. 2 AnfG. Im übrigen ist *Wertersatz* zu leisten. Anders als nach der h. M. setzt diese Ersatzpflicht, die als schuldrechtliche Anspruchsbeziehung zu verstehen ist, Verschulden auf Seiten des Anfechtungsgegners voraus, vgl. §§ 819 Abs. 4, 989 f BGB[17].

[13] Für *Paulus* (aaO.) erschöpft sich die dogmatische Fundierung des Anfechtungsbehelfs in der haftungsrechtlichen Unwirksamkeit. Die erforderliche Konkretisierung der Anfechtung auf die einzelnen Tatbestände folgert *Paulus* allein aus dem „rigor iurls" des Haftungsrechts.

[14] Im einzelnen dazu jeweils m. w. N. über die abweichenden Ansichten *Gerhardt* aaO. § 5, S. 273 ff, insbes. S. 326 ff sowie die Übersicht S. 17 ff.

[15] Im Ergebnis praktisch ebenso die h. M. und *Paulus*. Befindet sich der anfechtbare Erwerb nicht mehr beim Anfechtungsgegner, beispielsweise weil er gestohlen worden oder untergegangen ist, so sind die *Surrogationsvorschriften* des § 818 Abs. 1 BGB anwendbar.

[16] Anders die h. M., siehe im einzelnen die Übersicht bei *Gerhardt* aaO. S. 282 f.

[17] *Gerhardt* aaO., insbes. S. 242 ff, zustimmend insoweit *Wacke* aaO. ZZP 83, 435; anders hier *Paulus* aaO. AcP 155, 318 f.

Besteht die anfechtbare Rechtshandlung in einem *Erlaßvertrag* (§ 397 BGB) über eine Forderung des Vollstreckungsschuldners gegen den Dritten (Anfechtungsgegner), so hat die haftungsrechtliche Unwirksamkeit derartiger Rechtshandlungen zur Folge, daß die Forderung als Haftungsobjekt fortbesteht und also nach wie vor bei einer Vollstreckung in das Schuldnervermögen gepfändet und überwiesen werden kann. Klagt der Vollstreckungsgläubiger sodann diese Forderung gegen den Drittschuldner aus, und erhebt dieser die Einrede des Schulderlasses, so ist dem mit der Replik der Anfechtbarkeit jenes Erlaßvertrages zu begegnen. Entsprechendes gilt für den (einseitigen) Verzicht auf dingliche Rechte[18].

Ähnlich verhält es sich bei *Belastungen*, beispielsweise einer anfechtbaren Hypothekenbestellung[19]. Das belastete Grundstück ist so zu verwerten, „als sei die anfechtbare Rechtshandlung nicht erfolgt". Die Hypothek bleibt also bei der Feststellung des geringsten Gebots außer Ansatz[20].

3. Das Zeitmoment

Für das Anfechtungsrecht ist das Zeitmoment in mehrfacher Hinsicht entscheidend:

a) Erstens setzt eine Anfechtungsmöglichkeit nicht voraus, daß die Forderung des anfechtungsberechtigten Gläubigers z. Z. der anfechtbaren Rechtshandlung bereits bestanden hat. Aufgegebene Vermögenswerte sind in den Kreis der Haftungsobjekte sogar zugunsten späterer Gläubiger einbezogen; die Haftung ist also entsprechend weit ausgedehnt[21].

b) Zweitens begrenzt der zeitliche Rahmen die Anfechtbarkeit, soweit nur auf Rechtshandlungen binnen des letzten oder der letzten beiden Jahre abzustellen ist, § 3 Abs. 1 Nr. 2, 3 und 4 AnfG. Die Möglichkeit einer Absichtsanfechtung des § 3 Abs. 1 Nr. 1 AnfG *entfällt* nach § 12 Ab. 1 AnfG, sofern zehn Jahre seit der Vollstreckungmöglichkeit gegen den Schuldner ver-

[18] Zusammenfassend *Gerhardt* aaO. S. 326 ff.

[19] Siehe *Gerhardt* aaO. S. 328 ff.

[20] Das gilt jedenfalls, wenn ihr keine weiteren Rechte nachfolgen. Andernfalls ist das Aufrücken nicht anfechtungsberechtigter nachrangiger Gläubiger zu verhindern, — dazu einerseits *Paulus* aaO. AcP 155, 311, andererseits *Gerhardt* aaO. S. 329.

[21] *Gerhardt* aaO. S. 188 ff; siehe dazu auch *Costede-Kaehler* aaO. ZZP 84, 405.

strichen sind; ganz ausgeschlossen ist die Anfechtung schließlich, wenn die gläubigerbeeinträchtigende Rechtshandlung über 30 Jahre zurückliegt, § 12 Abs. 3 AnfG.

Auffällig ist, daß der Gesetzgeber hier — unmittelbar auf den Bestand des Rechts einwirkende — *Ausschlußfristen* gesetzt und nicht wie bei der Verjährung eine Einredemöglichkeit gewährt hat. Das läßt sich lediglich aus dem rechtlichen Verständnis des damaligen Gesetzgebers erklären, es ist für uns heute dogmatisch irrelevant[22].

4. Die Verwirklichung des Anfechtungsrechts

Weitgehend wird die Auffassung vertreten, das Anfechtungsrecht könne nur gerichtlich geltend gemacht werden[23]. Das erscheint nur insoweit richtig, als es — in entsprechender Anwendung des § 209 BGB — um die Wahrung der Anschlußfristen (siehe oben sub 3b) geht[24]. Im übrigen ist das Anfechtungsrecht auch ohne Prozeß wirksam. Der Anfechtungsgegner kann also durch freiwillige Herausgabe des Gegenstandes zum Zwecke der Zwangsvollstreckung oder durch Leistung des Wertersatzes wirksam erfüllen; ebenso entfaltet die Einrede der Anfechtbarkeit (siehe dazu die Replik in dem Beispiel des anfechtbaren Erlaßvertrages oben S. 191) außerhalb eines Prozesses Wirksamkeit, vgl. auch § 5 AnfG. Beugt sich jedoch der Anfechtungsgegner nicht freiwillig, so ist gegen ihn Klage erforderlich. Sofern der anfechtbare Erwerb als solcher (oder das Surrogat nach § 818 Abs. 1 BGB) noch unterscheidbar vorhanden ist, muß die Klage auf Duldung der Zwangsvollstreckung gerichtet werden. Dabei handelt es sich wie bei jeder Realisierung gegenständlicher Haftung um die sog. „*Haftungsklage*“[25] (Musterbeispiel: die Hypothekenklage als Haftungsklage zur Realisierung einer Hypothek)[26].

In jedem Falle, also auch bei den normalen Leistungsklagen auf Wertersatz, ist ein bestimmter Klageantrag erforderlich, eine Fest-

[22] Vgl. dazu *Gerhardt* aaO. S. 100 ff, 306 f.

[23] Vgl. z. B. *Schönke-Baur* § 24, V, weitere Nachweise auch zu Differenzierungen innerhalb der unterschiedlichen Ansichten zur Rechtsnatur der Gläubigeranfechtung *Gerhardt* aaO. S. 133 FN 117.

[24] Dazu *Gerhardt* aaO. S. 306 ff.

[25] *Gerhardt* aaO. S. 305 ff; ebenso insoweit die h. M., siehe bereits oben sub III 2.

[26] Siehe dazu z. B. oben § 11, II 2.

stellungsklage ist ausgeschlossen, § 9 AnfG. Der Anfechtungsgegner kann sich im Prozeß auch damit wehren, daß er das Gläubigerrecht des Anfechtenden bestreitet[27]. Das Bestehen dieses Gläubigerrechts ist unerläßlich, um eine entsprechende Haftung zugunsten des Anfechtenden und also auch eine Beeinträchtigung der Haftungszuordnung annehmen zu können. Ein Rückschluß aus dem Vorliegen des nach § 2 AnfG erforderlichen Titels auf die materielle Rechtsposition des Anfechtenden praktisch zulasten des Dritten (Anfechtungsgegners) wäre unzumutbar; selbst ein gegen den Schuldner ergangenes Urteil bindet den Anfechtungsgegner nicht[28]. § 2 AnfG stellt also mit dem Titelerfordernis lediglich eine engere Voraussetzung zur Anfechtbarkeit auf, indem er (zusätzlich) die Titulierung des Gläubigerrechts verlangt.

IV. Die Rechte des Anfechtungsgegners gegenüber dem Schuldner

Nach § 8 AnfG kann sich der Anfechtungsgegner, der den Zugriff auf seine Vermögenswerte durch den Gläubiger eines anderen (des Vollstreckungsschuldners) dulden muß, „wegen Erstattung einer Gegenleistung" nur an den Schuldner halten. § 8 AnfG besagt damit (lediglich) mittelbar, daß insoweit kein Zurückbehaltungsrecht und keine Aufrechnungsmöglichkeit gegenüber dem Anfechtenden besteht. Im übrigen gewährt § 8 AnfG keinen Ersatzanspruch, sondern setzt lediglich eine Regreßforderung voraus[29]. Einschlägig sind die *Gewährleistungsvorschriften* wegen eines Rechtsmangels, die aus dem zwischen dem Schuldner und dem Anfechtungsgegner bestehenden Rechtsverhältnis abzuleiten sind: der anfechtbare Erwerb hat rechtlich — wegen der Anfechtungsmöglichkeit —

[27] *Jaeger* AnfG § 2 Anm. 34 ff und sehr eindrucksvoll *Paulus* aaO. AcP 155, 277 ff, 352—377; ihm folgend *Gerhardt* aaO. S. 320 ff; zustimmend *Henckel*, Besprechung der 8. Aufl. von Schönke-Baur und der 2. Aufl. von Baur, Fälle und Lösungen, 1971, ZZP 84, 447 ff, 454 sub 5.

[28] Anders im Ergebnis die h. M. (siehe die Nachweise bei *Gerhardt* S. 321 FN 205 und 206), die in der Regel eine Bindung zumindest in den zeitlichen Grenzen des § 767 Abs. 2 annimmt und sonst nur bei einem Kolludieren Ausnahmen zulassen will. Ergänzend zu den Nachweisen aaO. z. B. BGHZ 55, 20, 28; *Georg Drischel*, Urteilswirkungen und Drittbeziehungen, Diss. Freiburg 1972, S. 133 ff; *Lent-Jauernig* § 31, IV 3; *Schönke-Baur* § 24, III 1.

[29] Abs. h. M. vgl. *Böhle-Stamschräder* § 8 Anm. 1; *Gerhardt* aaO. S. 310 ff und Anm. 158.

keinen Bestand. Hat sich diese „Schwäche" des Erwerbs infolge der Geltendmachung der fortbestehenden Haftung konkretisiert, so ist das rechtliche Schicksal einer etwaigen Gegenleistung aus den Rechtsmängelvorschriften abzuleiten[30]. Ist infolge der anfechtbaren Leistung die Forderung, deren Tilgung beabsichtigt war, erloschen, so lebt sie, wenn und soweit die Zuwendung zurückgewährt ist, von selbst und rückwirkend wieder auf, vgl. auch § 39 KO, der diese konkrete Rechtsfolge für eine Anfechtung im Konkurs ausdrücklich normiert[31]. Das folgt letztlich daraus, daß Forderungen erst erfüllt sind, wenn die Leistung erbracht ist und der Empfänger sie auch behalten darf[32].

[30] Ebenso die herrschende Meinung.
[31] Vgl. *Gerhardt* aaO. S. 311 f.
[32] Siehe *R. Schmidt* in Soergel-Siebert § 362 RZ 1; im Ergebnis in concreto ebenso die h. M.

4. ABSCHNITT:

§ 13. Die Zwangsdurchsetzung anderer Ansprüche als Geldforderungen

Adomeit, Unlautere Werbung durch Beauftragte und das Verschuldenserfordernis in § 890 ZPO, NJW 1967, 1994 ff; *Wolfgang Böhm*, Die Zwangsvollstreckung nach § 890 ZPO, 1971, Schriften zum Prozeßrecht, Band 26; *Gerhardt*, Sicherungsübereignung und Pfändungsschutz — OLG Stuttgart NJW 1971, 50, JuS 1972, 696 ff; *Lindacher*, Zur „Natur" der Strafe nach § 890 ZPO, 1972, ZZP 85, 239 ff (zugleich eine Besprechung des Buchs von Pastor): *Pastor*, Die Unterlassungsvollstreckung nach § 890 ZPO, 1969; *F. Ritter*, Zum Widerruf einer Tatsachenbehauptung, 1971, ZZP 84, 163 ff; *Manfred Wolf*, Die Vollstreckung des Anspruchs auf Arbeitsleistung, JZ 1963, 434 ff.

I. Leitgedanke und Anwendungsbereich

Bei der Zwangsvollstreckung von Geldforderungen richtet sich der Zwang nicht unmittelbar gegen den Schuldner, um diesen zur Zahlung anzuhalten. Die geschuldete Leistung wird normalerweise durch die Zwangsrealisierung der Vermögenshaftung herbeigeführt: geldwertes Vermögen des Schuldners wird verwertet und der Erlös an den Gläubiger zur Befriedigung für seine Geldforderung abgeführt. Dieser Weg zur Zwangsbefriedigung scheidet aus, wenn es nicht um Geldforderungen und also auch nicht um die Realisierung der Vermögenshaftung geht: der Kaufpreisanspruch des Verkäufers läßt sich durch Zwangsverwertung vermögenswerter Schuldnerhabe befriedigen, nicht jedoch der Anspruch des Käufers auf Übereignung des Kaufgegenstandes. Zwar führt die Nichterfüllung dieser Verkäuferpflicht nach §§ 440, 325, 326 BGB zu einem Schadensersatzanspruch, also einer durch die Haftungsrealisierung erzwingbaren Geldforderung; jedoch kann sich die Erzwingbarkeit materieller Rechte nicht mit einem derartigen allenfalls mittelbar wirkenden Schutz begnügen;

auch der konkrete (Individual-)Anspruch eines Gläubigers, der vom Schuldner ein bestimmtes Handeln im weitesten Sinne zu verlangen berechtigt ist, bedarf des rechtlichen Schutzes und also der unmittelbaren Durchsetzbarkeit: Wer von seinem Schuldner die Herausgabe eines Gegenstandes, die Vornahme einer bestimmten Handlung (z. B. die Reparatur einer Sache, die Abrechnung nach einer Geschäftsbesorgung, die Erteilung eines Zeugnisses oder die Unterlassung beeinträchtigender Handlungen im Wettbewerb oder durch Verbreitung ehrenrühriger Behauptungen) verlangen kann, muß diese Rechte auch erzwingen können; mit einer Geldentschädigung läßt sich die geschuldete Leistung nicht abgelten. Darum sind entsprechende Leistungsklagen im Erkenntnisverfahren zulässig und darum müssen diese Rechte auch im Vollstrekkungsverfahren durchsetzbar sein.

Eine interessante Ausnahme enthält § 888a insofern, als hier in einem besonderen Fall die Zwangsdurchsetzung des primär geschuldeten Anspruchs auf eine vom Schuldner vorzunehmende Handlung entfällt. Ist der Schuldner zu einer Handlung verurteilt und zugleich für den Fall, daß die Handlung nicht binnen einer bestimmten Frist vorgenommen wird, zur Zahlung einer Entschädigung, § 510b, so ist nach § 888a nur letztere vollstreckbar. Während normalerweise die Klage auf Vornahme einer Handlung und für den Fall der Nichterfüllung auf Schadensersatz nur unter der Voraussetzung des § 259 zulässig ist, gestattet § 510b um der Beschleunigung willen im amtsgerichtlichen Verfahren ohne weitere *prozessuale* Voraussetzungen[1] die Verbindung beider Klageanträge. Erforderlich ist lediglich der entsprechende Antrag des Klägers, der damit zugleich zu erkennen gibt, daß er hilfsweise auf die Entschädigungsforderung zurückgreifen werde. Als Konsequenz dieser zur Beschleunigung ermöglichten wahlweisen Verurteilung unterbindet § 888a darum die Zwangsvollstreckung des Handlungsanspruchs.

Gilt also — von dieser Ausnahme des § 888a abgesehen — der Grundsatz, daß Ansprüche auf Vornahme bestimmter Handlungen im weitesten Sinne auch im Zwangswege unmittelbar durchsetzbar sein müssen, so schließt das natürlich im Einzelfall nicht aus, daß sich der Gläubiger gewissermaßen auf seinen Schadensersatzanspruch

[1] Die *materiell-rechtlichen* Voraussetzungen der „Entschädigungspflicht" muß der Richter natürlich prüfen.

„zurückzieht", also beispielsweise statt des Anspruchs aus § 433 Abs. 1 BGB den Weg über § 326 BGB oder — erheblich einfacher — über § 283 BGB wählt und das Erfüllungsinteresse beansprucht, vgl. § 893[2].

Bei der Ausgestaltung des staatlichen Zwangsverfahrens, das sich unmittelbar auf die Bewirkung der geschuldeten Leistung richtet, ist auf den konkreten Anspruchsinhalt abzustellen. Das Vollstreckungsrecht muß möglichst den einfachsten und zugleich effizientesten Weg wählen; dabei darf es den Schuldner nicht mehr als notwendig beeinträchtigen. Entsprechend unterscheidet unser Vollstreckungsrecht drei Grundtypen[3]: die Zwangsdurchsetzung von Herausgabeansprüchen, §§ 883 bis 886, die Erzwingung von Handlungen im weitesten Sinne einschließlich der Unterlassungen, §§ 887—892, und als Sonderfall die Abgabe von Willenserklärungen, §§ 894—897.

II. Die Vollstreckung von Herausgabeansprüchen

1. Grundform

Kommt der Schuldner seiner (dinglichen oder schuldrechtlichen) Verpflichtung, eine bestimmte Sache herauszugeben, nicht nach, so ist der geschuldete Leistungserfolg dadurch zu bewirken, daß die Sache dem Schuldner weggenommen und dem Gläubiger übergeben wird, § 883. Weil es hier um direkten Zwang geht, ist als Vollstreckungsorgan der Gerichtsvollzieher zuständig, der unmittelbar den geschuldeten Erfolg herbeiführt. Das gilt jedoch nur für die *Sachübergabe*. Ist der Schuldner zu einer Übereignung verpflichtet, so bedarf es zusätzlich noch des zur Übereignung erforderlichen dinglichen Vertrages, § 929 BGB, für den die Vorschriften über die Erzwingung von Willenserklärungen (zusätzlich) anzuwenden sind.

Die Sachwegnahme und deren Übergabe an den Gläubiger ähnelt dem Zwangsvorgang der Vollstreckung wegen Geldforderungen, wenn der Gerichtsvollzieher Geld vorfindet und

[2] Infolge des besonderen Vollzuges der Vollstreckung gelten für die Erzwingung von Willenserklärungen Besonderheiten, dazu unten sub IV.

[3] Siehe dazu auch die Übersicht § 3 III, entsprechend ist im folgenden sub II, III und IV untergliedert.

dieses dem Gläubiger aushändigt, § 815 ZPO. Die Vorstufe der Pfändung und ebenso die Entstehung eines Pfändungspfandrechts scheidet allerdings notwendig aus, weil es nicht um eine zu sichernde Geldforderung geht. Aus demselben Grunde finden auch die Pfändungsschutzvorschriften der §§ 811 f keine Anwendung: es ist allein nach dem materiellen Recht zu beurteilen, ob der Gläubiger den bestimmten Gegenstand fordern darf oder nicht[4].

Problematisch kann hier die Wirkung der Sicherungsübereignung sein. Der Schuldner kann über unpfändbare Sachen — anders z. B. als bei unpfändbaren Forderungen — verfügen, sie also auch zur Sicherheit übereignen. Nach Verfall des Sicherungsgutes kann der Gläubiger also bei entsprechender Verfallklausel aus § 985 BGB, in jedem Falle aus der zugrunde liegenden schuldrechtlichen Sicherungsabrede die Herausgabe dieses Gegenstandes verlangen und letztlich nach § 883 erzwingen; dagegen versagen die Pfändungsschutzvorschriften einen Zwangszugriff auf diese Gegenstände, sofern der Gläubiger die Vollstreckung aus der zugrunde liegenden gesicherten Geldforderung betreibt[5]. Dieses Ergebnis ist die Konsequenz der Regelung unseres Gesetzes, das aus den Unpfändbarkeitsvorschriften keine Verfügungssperre für bewegliche Sachen ableitet. Dann kann auch die Sicherungsübereignung nicht deswegen unwirksam sein, weil sie unpfändbare Gegenstände betrifft[6]; äußerstenfalls kann sie in concreto sittenwidrig und darum nichtig sein, wenn sie allein den Zweck verfolgt, den Pfändungsschutz des § 811 ZPO auszuschalten[7].

Findet der Gerichtsvollzieher den geschuldeten Gegenstand nicht vor, so muß der Schuldner auf Antrag des Gläubigers in einer eidesstattlichen Versicherung erklären, daß er die Sache nicht besitze und auch nicht wisse, wo sie sich befinde, § 883 Abs. 2.

[4] Dazu *Gerhardt* aaO. JuS 1973, 697 sub II 1a m. w. N.

[5] Anders insoweit LG Bonn NJW 1961, 367 f und *Baumbach-Lauterbach* § 811 Anm. 1 B, die hier, sofern das Eigentum klar zutage liegt, mit dem Arglisteinwand die Unpfändbarkeit aufgehoben wissen wollen.

[6] So allerdings OLG Stuttgart NJW 1971, 50 mit abl. Anm. von *Reich* NJW 1971, 757 und *Trinkner* BB 1971, 24. Wie hier (vgl. im einzelnen m. w. N. meine gleichfalls ablehnende Rezension dieser Entscheidung aaO. JuS 1972, 696) die abs. h. M.

[7] In diesem Zusammenhang ist zusätzlich zu beachten, daß ein entsprechender vorheriger Verzicht auf den Pfändungsschutz unwirksam wäre, siehe bereits oben § 4 I 2, zusätzlich im konkreten Beispiel *Gerhardt* aaO. JuS 1972, 698 sub II 1b und S. 700 sub III 2.

2. *Besonderheiten*

a) *Die Vollstreckung des Herausgabeanspruchs bei mehreren Sachen und bei Gattungsschulden*

Bezieht sich die Herausgabepflicht auf eine bestimmte Menge vertretbarer Sachen, so wird die Herausgabe wie bei einer bestimmten Sache erzwungen. Das Gesetz unterscheidet: Handelt es sich um eine Menge bestimmter Gegenstände, so gilt § 883 Abs. 1 unmittelbar. *Beispiel:* der Schuldner schuldet 5 Zentner Äpfel aus seinem Vorrat von insgesamt 20 Zentnern (beschränkte Gattungsschuld). Demgegenüber betrifft § 884 ganz allgemein die Gattungsschulden, allerdings nur insoweit, als es sich — wie im Regelfall — um vertretbare Sachen handelt[8]; Beispiel: 20 Zentnern Eierkohlen. Zwangsmaßnahmen nach §§ 884, 883 setzen im übrigen auch hier voraus, daß sich der Schuldner im Besitz der geschuldeten Sachquantität befindet. Der Gerichtsvollzieher trifft anstelle des Schuldners die Auswahl aus dem Vorrat, sofern dieser größer ist als die geschuldete Menge. Mit der Wegnahme konkretisiert sich die bisherige Gattungsschuld, § 243 Abs. 2 BGB.

Findet der Gerichtsvollzieher keine Gegenstände der geschuldeten Art vor, so scheidet in den Fällen der (reinen) Gattungsschuld die Möglichkeit einer Offenbarungsversicherung aus, vgl. die beschränkte Verweisung auf § 883 Abs. 1, weil es angesichts der Beschaffungspflicht auf den Besitz des Schuldners nicht ankommen kann. Aus dieser notwendig unterschiedlichen Ausgestaltung erklärt sich die gesetzliche Differenzierung zwischen der aus einer bestimmten Menge geschuldeten Mehrheit von Sachen, § 883 Abs. 1, und der Gattungsschuld des § 884. Bei letzterer bleibt für den Gläubiger nur der Schadensersatzanspruch. Das bedeutet zugleich, daß die einer Gattungsschuld innewohnende Verschaffungspflicht in der Vollstreckung keine Berücksichtigung findet, vgl. auch § 887 Abs. 3. Das ist zumutbar, weil hier die Möglichkeit einer anderweitigen Eindeckung gegeben ist. Anders ist es dagegen bei der beschränkten Gattungs- oder Vorratsschuld des § 883 Abs. 1: die Interessenlage für den Gläubiger ist hier normalerweise die gleiche wie bei einer Speziesschuld. Darum hat er wenig-

[8] Sind unvertretbare Sachen Inhalt einer Gattungsschuld, so scheidet § 884 aus: vgl. OLG Köln NJW 1958, 1355: Leistung von fünf neuen Walzrollen nach Plan.

stens die Möglichkeit, den Gegenständen mit Hilfe der Offenbarungsversicherung auf die Spur zu kommen.

b) Die Herausgabe unbeweglicher Sachen

Da bei Grundstücken eine Wegnahme der geschuldeten Sache und deren unmittelbare Ablieferung an den Gläubiger ausscheidet, „hat der Gerichtsvollzieher den Schuldner aus dem Besitz zu setzen und den Gläubiger in den Besitz einzuweisen", § 885 Abs. 1. Die Sache selbst bleibt also praktisch unberührt, der nach § 758 Abs. 3 ggf. anwendbare körperliche Zwang richtet sich gegen den Schuldner. Vollstreckungsrechtlich ergeben sich dabei insbesondere zwei Probleme:

1. Im praktisch wichtigen Anwendungsfall des § 885, der *Räumung von Wohnungen,* stellt sich die Frage, wie einem Mitgewahrsam der Familienangehörigen Rechnung zu tragen ist. Grundsätzlich erfordert die Zwangsvollstreckung einen Titel gegen jeden Gewahrsamsinhaber[9]. § 739 gilt nur im Umfang der Vermutung des § 1362 BGB und somit nur für bewegliche Sachen, ferner § 1362 Abs. 1 Satz 2 und Abs. 2 BGB; folglich greift diese Erleichterung bei der *Räumungsvollstreckung* nicht ein; das Ergebnis wäre jedoch bedenklich:

Beispiel: Vertragspartner der Wohnungsmiete ist nur der eine Ehegatte. Er ist erfolgreich auf Räumung verklagt.

Könnte sich der andere Ehegatte auf seinen Mitbesitz berufen und damit der Vollstreckung begegnen, so wäre an sich auch ein Titel gegen ihn erforderlich, er müßte also etwa Mitbeklagter des Räumungsprozesses gewesen sein oder den Räumungsvergleich mit abgeschlossen haben[10]. Die Praxis läßt zum Teil den Titel gegen den Vertragspartner ausreichen[11]; sie hilft sich dabei mit der Vorstellung, der andere habe nur einen abgeleiteten oder abgeschwächten Besitz, der nicht den Gewahrsamsschutz in der Zwangsvollstreckung ge-

[9] Siehe oben § 8 I 2a und b.

[10] So OLG Hamburg MDR 1960, 769.

[11] So z. B. OLG Hamm NJW 1956, 1681; OLG Köln NJW 1958, 598, vgl. auch LG Tübingen NJW 1964, 2021; im Ergebnis zustimmend *Schönke-Baur* § 37, III 2a und *Baur,* Fälle und Lösungen, Fall 6, S. 24 ff; zum Problem vgl. *H. Lange* in Soergel-Siebert, 10. Aufl. 1971, § 1362 RZ 16.

nieße[12]. *Baur* gründet dieses Ergebnis überzeugend auf § 885 Abs. 2 und 3, worin das Gesetz Familienangehörige als von der Räumungsvollstreckung betroffen anerkenne, ohne sie jedoch als Räumungsschuldner (mit dem Erfordernis eines speziellen gegen sie gerichteten Titels) zu behandeln. Das gilt indessen nur für diesen Personenkreis. Darum berechtigt der Räumungstitel gegen den Mieter nicht zugleich zur Zwangsvollstreckung gegen den Untermieter: hierzu ist ein eigener Titel erforderlich[13].

2. Sofern bewegliche Sachen nicht von der Herausgabepflicht umfaßt und also nicht Gegenstand der Zwangsvollstreckung sind, sind sie zu entfernen: das gilt bei einer Zwangsräumung z. B. für die gesamte Wohnungseinrichtung. Diese Regelung liegt im Interesse des Gläubigers und des Schuldners: die Besitzeinweisung nach § 885 Abs. 1 muß dazu führen, daß der Gläubiger die tatsächliche Gewalt über das Grundstück ausüben kann. Zugleich darf die Vollstreckung nicht weiter gehen, als dies der Titel zuläßt, also nicht andere Sachen des Schuldners betreffen. Nach § 885 Abs. 2 hat der Gerichtsvollzieher diese beweglichen Sachen wegzuschaffen und dem Schuldner zu übergeben. Ist das nicht möglich, so sieht § 885 Abs. 2—5 eine Reihe anderer Maßnahmen vor, äußerstenfalls die Veräußerung der Sache durch das Vollstreckungsgericht und anschließende Hinterlegung des Erlöses zugunsten des Schuldners.

c) Drittbesitz

Befindet sich der herauszugebende Gegenstand im Besitz eines Dritten, so verläuft die Vollstreckung ähnlich wie bei der Zwangsrealisierung von Geldforderungen, sofern sich das Haftungsobjekt im Gewahrsam Dritter befindet[14]. Im Verhältnis zu dem Dritten geht es jeweils um den konkreten Gegenstand. Für den Gläubiger liegt der Unterschied lediglich darin, daß die Sache bei der Vollstreckung wegen Geldforderungen nur als Haftungsobjekt infrage kommt und darum einer anschließenden Verwertung bedarf, während es bei §§ 883 ff um den (zumindest dem Schuldner gegenüber festgestellten) Anspruch des Gläubigers auf die Sache selbst geht. Ist der Dritte zur Herausgabe bereit, so übernimmt der Ge-

[12] So etwa OLG Hamm und OLG Köln aaO. Ähnlich *Baumbach-Lauterbach* § 885 Anm. 1 B; *Zöller-Scherübl* § 885 Anm. 1c Gegen diese Begründungsversuche sehr dezidiert *Baur* aaO. Fall 6, S. 24 ff.

[13] Vgl. *Thomas-Putzo* § 885 Anm. 2: „allgemeine Meinung".

[14] Vgl. zu § 809 im einzelnen oben § 8 I 2b sub 2).

richtsvollzieher die Sache, § 809 analog, und übergibt sie dem Gläubiger. Anderenfalls muß der Gläubiger den Herausgabeanspruch des Schuldners gegen den Dritten pfänden und sich überweisen lassen, § 886. Dadurch ist er — wie bei überwiesenen Forderungen — berechtigt, notfalls gegen den Dritten auf Leistung an sich zu klagen und diesen Anspruch nach § 833 zu vollstrecken. Unter Umständen kommt auch eine Titelumschreibung infrage, so wenn der Dritte den Gegenstand nach Rechtshängigkeit einer Eigentumsherausgabeklage vom Beklagten und (später) verurteilten Schuldner erworben hat, sofern nicht die doppelte Gutgläubigkeit im Sinne des § 325 Abs. 2 vorliegt[15].

III. Die Vollstreckung von Handlungs- und Unterlassungsansprüchen

Ist Gegenstand der Schuldnerpflicht ein bestimmtes Verhalten, so differenziert das Gesetz in den Mitteln zur Durchsetzung des Gläubigerrechts je nachdem, ob eine vertretbare Handlung, eine unvertretbare Handlung oder eine Unterlassung geschuldet ist.

1. Zum unterschiedlichen Ansatz der Zwangsmaßnahmen

Bei *unvertretbarem Handeln* ist die Person des Schuldners selbst unmittelbar mit der Leistungspflicht verknüpft: die geschuldete Leistung kann von keiner anderen Person erbracht werden. Darum ist der Zwang auf die Person des Schuldners selbst zu richten. Der Schuldner ist durch Geldstrafen oder Haft zur Leistung anzuhalten, § 888. Anders verhält es sich bei *vertretbaren Handlungen*, also bei Handlungen, die unter Wahrung des schutzwürdigen Gläubigerinteresses auch von Dritten ausgeführt werden können: angesichts dieser „Austauschbarkeit" der Person des Leistenden verzichtet das Gesetz auf jeden unmittelbaren Zwang gegen den Schuldner und begnügt sich damit, als Zwangsdurchsetzung die Ersatzvornahme der geschuldeten Leistung durch Dritte zu ermöglichen, § 887. Damit wird der Anspruch des Gläubigers erfüllt. Zugleich liegt darin ein mittelbarer Druck auf den Schuldner,

[15] Vgl. dazu oben § 5 III 1.

der die Kosten der Ersatzvornahme zu tragen hat, wobei keine Rücksicht auf eine etwaige Verteuerung zu nehmen ist[16]. Wieder anders ist der Ansatz der Zwangsmaßnahmen, wenn es um die Durchsetzung von *Unterlassungsansprüchen* geht. Die Besonderheit des Unterlassungsanspruchs liegt darin, daß er den Schuldner zur Passivität zwingt. Jede Zuwiderhandlung beeinträchtigt das Gläubigerrecht. Um diese von vornherein wirksam auszuschließen, wäre unmittelbarer Zwang gegen die Person des Schuldners notwendig, also eine gewaltsame Freiheitsbeeinträchtigung. Das jedoch verletzte nicht nur den Grundsatz der Verhältnismäßigkeit, sondern bedeutete zugleich, daß jeder Unterlassungsschuldner als potentieller Vollstreckungsschuldner zu behandeln wäre. Um allein der *Möglichkeit* einer Zuwiderhandlung vorzubeugen, scheidet diese Art der Zwangsdurchsetzung also aus. Das Vollstreckungsrecht wählt hier einen mittelbaren Weg, § 890: es behandelt den Unterlassungstitel wie einen Straftatbestand, der für den Schuldner das Verbot enthält, die im einzelnen genau (tatbestandsmäßig) umrissene Handlung vorzunehmen. Der Verstoß wird durch Geld- oder Haftstrafe geahndet. Deren Androhung soll auf den Schuldner präventiv einwirken, um ihn zu dem gebotenen Unterlassen zu zwingen, § 890. Entsprechendes gilt bei Verpflichtungen, die Vornahme bestimmter Handlungen zu dulden.

2. *Die Erzwingung vertretbarer Handlungen im einzelnen*

a) *Anwendungsbereich*

Bereits aus der besonderen Art der Zwangsdurchsetzung folgt der Anwendungsbereich einer Zwangsvollstreckung von vertretbaren Handlungspflichten. Der Leistungserfolg von Handlungen, „deren Vornahme durch Dritte erfolgen kann", § 887, läßt sich im Wege der Ersatzvornahme herbeiführen. Entscheidendes Kriterium ist also bei einer funktionalen Begriffseingrenzung, ob die Ersatzvornahme für den Gläubiger zum rechtlich und wirtschaftlich geschuldeten Leistungserfolg füh-

[16] RGZ 55, 57, 59 unter Hinweis auf die hinzunehmende Verteuerung für den Schuldner, sofern eine gewerbliche Arbeit zu liefern ist, die in den Kreis der eigenen Berufstätigkeit fällt.

ren kann. Das gilt beispielsweise für alle normalen Handwerker- und Dienstleistungen, wie z. B. die Reparatur eines Kraftfahrzeuges, die Anfertigung von Sachen, soweit es nicht gerade auf die besonderen, unersetzbaren Fähigkeiten des Herstellers ankommt; ferner ist ein Befreiungsanspruch nach § 887 zu vollstrecken, weil der geschuldete Leistungserfolg, nämlich die Befreiung von einer Verbindlichkeit, von jedem beliebigen Dritten ebenso wie vom Befreiungsschuldner selbst bewirkt werden kann[17].

Nicht anwendbar ist das Verfahren nach § 887 dagegen, um Herausgabe- und Sachleistungsansprüche zu erzwingen. Zwar ist auch hier eine (vertretbare) Handlung geschuldet, insbesondere besteht bei Gattungsschulden eine Verschaffungspflicht. Jedoch steht in diesen Fällen der durch die Sachherausgabe geschuldete Leistungserfolg derart im Vordergrund, daß das Gesetz die Handlungsvollstreckung ausschließt und lediglich auf die Zwangsmaßnahmen nach §§ 883 f und damit auf die Wegnahme durch den Gerichtsvollzieher verweist. Nach § 887 Abs. 3 ist die Handlungsvollstreckung also auch dann ausgeschlossen, wenn die Sachvollstreckung nicht zur Befriedigung führt, weil der Schuldner die Sache nicht oder nicht mehr besitzt[18], und zwar auch dann, wenn dies daran liegt, daß er eine leicht mögliche Beschaffung unterläßt[19]. Dann bleibt nur die Möglichkeit der Schadensersatzklage. Dasselbe gilt auch, wenn es sich um Herausgabeansprüche handelt, die nicht nach §§ 883 f erzwungen werden können, also bei Gattungsschulden über unvertretbare Sachen[20].

b) Das Verfahren

Die Ersatzvornahme auf Kosten des Schuldners setzt eine entsprechende Ermächtigung voraus, die das Prozeßgericht des

[17] KG MDR 1970, 1018; *Thomas-Putzo* § 887 Anm. 1. Siehe auch *Gerhardt*, Der Befreiungsanspruch, 1966, S. 13 ff mit weiteren Einzelheiten und Nachweisen. Zur Abgrenzung gegenüber der Vollstreckung wegen Geldforderungen, auch wenn es um die Befreiung von Geldschulden geht, bereits oben § 7 I.

[18] RGZ 58, 160, 161 f; OLG Köln NJW 1958, 1354.

[19] Für die Beschaffung vertretbarer Sachen mit weiteren Nachweisen OLG Köln NJW 1958, 1354.

[20] Vgl. dazu oben und das ausführliche Beispiel OLG Köln NJW 1958, 1355. Das ist allerdings streitig: wie oben sehr ausführlich mit weiteren Nachweisen OLG Köln aaO. Anders z. B. *Baumbach-Lauterbach* § 883 Anm. 1 A, die hier die Vollstreckung nach §§ 887 f zulassen, offenbar weil diese Art der Vollstreckung nicht in §§ 833 f geregelt ist. Dagegen überzeugend OLG Köln aaO., dem offenbar auch die Kommentierung bei *Baumbach-Lauterbach* zu § 887 Anm. 1 folgt.

ersten Rechtszuges auf Antrag des Schuldners ausspricht, § 887 Abs. 1. Es handelt sich dabei um eine Vollstreckungsmaßnahme, die *das Prozeßgericht als Vollstreckungsorgan* übernimmt. Die Ermächtigung darf nicht bereits im Urteil ausgesprochen werden.

Der Gläubiger kann zugleich beantragen, den Schuldner zur Vorauszahlung der mutmaßlich anfallenden Kosten zu verurteilen, § 887 Abs. 2. Dieser Beschluß ist Vollstreckungstitel i. S. d. § 794 Abs. 1 Nr. 3, so daß also erst einmal diese Geldforderung zwangsweise nach §§ 803 ff eingetrieben werden kann. Der Gläubiger kann auch sich selbst zur Ersatzvornahme ermächtigen lassen. Erfolgt diese beispielsweise bei einem Anspruch auf Befreiung von einer Geldschuld, so erhält der Gläubiger über den Kostenvorauszahlungsbeschluß nach § 887 Abs. 2 einen Titel auf Geldzahlung an sich selbst, den er nach §§ 803 ff vollstrecken kann.

Die Ermächtigung zur Ersatzvornahme durch den Gläubiger selbst oder einen Dritten führt nicht dazu, daß der Schuldner selbst nicht mehr erfüllen könnte: dies kann entsprechend dem präventitven Charakter der Zwangsmaßnahme nach § 887 bis zur Herbeiführung des Leistungserfolges von dritter Seite geschehen.

Hat der Schuldner erfüllt, so muß er sich gegen die Fortsetzung der Vollstreckung mit der Vollstreckungsgegenklage, § 767, wehren, weil er sich auf materiell-rechtliche Veränderungen beruft. Er kann allerdings die Erfüllung auch bereits im Vollstreckungsverfahren geltend machen, in dem er nach § 891 zu hören ist[21]. Das folgt m. E. aus dem Sinn der Zuständigkeitsverteilung und der Verfahrensausgestaltung: das (zuständige) Prozeßgericht kennt den Inhalt des Titels und kann darum am besten beurteilen, ob eine etwaige Leistungshandlung des Schuldners der geschuldeten Leistung entsprach und also Erfüllungswirkung hatte. Dann muß es dem auch Rechnung tragen können, wenn sich der Schuldner, der nach § 891 ausdrücklich zu hören ist, auf die Erfüllung beruft. Daraus folgt, daß über diesen materiell-

[21] Das ist streitig, wie hier im Ergebnis *Lent-Jauernig* § 27, II 2; *Rosenberg* § 208, II, S. 1078; *Thomas-Putzo* § 887 Anm. 4c; anderer Meinung *Schönke-Baur* § 38, I 2; im herkömmlichen Sinne differenzieren zwischen der Erfüllung und nicht ordnungsgemäßer Erfüllung OLG München MDR 1962, 487; Zöller-Scherübl § 887 Anm. 1c.

rechtlichen Gesichtspunkt nicht nur im Wege der Vollstreckungsgegenklage, sondern unter Umständen auch im Verfahren der sofortigen Beschwerde, § 793, gegen den Beschluß nach § 887 befunden werden kann, sofern die Beschwerdefrist (§ 577 Abs. 2: 2 Wochen) noch nicht abgelaufen ist.

3. *Die Erzwingung unvertretbarer Handlungen*

a) *Anwendungsbereich*

In Abgrenzung zur Vollstreckung nach § 887 geht es hier um Handlungen, bei denen eine Ersatzvornahme ausscheidet, weil die Ausführung der geschuldeten Handlung durch Dritte für den Gläubiger nicht denselben rechtlichen und wirtschaftlichen Erfolg haben kann wie die Leistung durch den Schuldner. Entscheidende Bedeutung hat die Person des Schuldners etwa bei einem Anspruch auf Auskunftserteilung, auf Ausstellung eines Zeugnisses oder auf schriftlichen Widerruf einer Beleidigung[22]. Die Erzwingung durch Geldstrafe und Haft scheidet allerdings, wie bereits das Gesetz deutlich hervorhebt, dann aus, wenn die geschuldete Leistung nicht ausschließlich vom Willen des Schuldners abhängt. Das ist vor allem dann der Fall, wenn dem Schuldner die zur Leistung erforderlichen Geldmittel fehlen oder wenn die Mitwirkung eines Dritten erforderlich ist; Beispiel: die Veröffentlichung einer Gegendarstellung in einer Zeitung, weil es hier auch auf die Zustimmung von Verlag und Redaktion ankommt[23]. Dasselbe gilt auch bei Leistungen wissenschaftlicher oder künstlerischer Art[24]: die

[22] Ob bei einem einfachen Widerruf die Vorschriften der Vollstreckung von Willenserklärungen anwendbar sind, ist streitig; vgl. dazu jeweils m. w. N. einerseits *Lent-Jauernig* § 27, III 1, andererseits *Rötelmann*, Persönlichkeitsrechte, insbes. der Widerruf ehrenrühriger Behauptungen, NJW 1971, 1636 ff, 1639, der eine nach § 888 erfolgende „Knüppelvollstreckung" (mit zwei verschieden starken Knüppeln: Geld und Haft) für unvereinbar mit der menschlichen Würde hält; siehe auch BVerfG NJW 1970, 651 ff, OLG Frankfurt JZ 1974. 62 (m. Anm. *Leipold*) und *Ritter* aaO. ZZP. 84, 175 ff.

[23] Als interessante Ausnahme billigenswert erscheint die Entscheidung OLG Köln NJW 1969, 755, die eine Vollstreckung des Gegendarstellungsanspruchs gegen den verantwortlichen Redakteur nach § 888 zuließ.

[24] *Lent-Jauernig* § 27, III 1; *Schönke-Baur* § 38, II 2b. *Rosenberg* (§ 208, I 3b) gründete dasselbe Ergebnis auf eine analoge Anwendung des § 888 Abs. 2. Anderer Ansicht *Thomas-Putzo* § 888 Anm. 1 und 2b bb), es sei denn, dem Schuldner fehlten die nötigen persönlichen Fähigkeiten.

Vollstreckung soll den entgegenstehenden Willen eines zur Leistung verpflichteten Schuldners beugen; wissenschaftliche und künstlerische Leistungen lassen sich jedoch auf diese Weise nicht erzwingen, weil hier nicht allein der Wille entscheidend ist.

Ferner entzieht § 888 Abs. 2 eine bestimmte Art von Leistungsansprüchen jeder staatlichen Erzwingung, so die Verurteilung zur Eingehung der Ehe oder Herstellung der ehelichen Lebensgemeinschaft[25] und den Anspruch auf Leistung von Diensten aus einem Dienstvertrag.

Das bedeutet allerdings nicht zugleich, daß für Ansprüche auf Dienstleistung einschließlich der Aufträge und der Geschäftsbesorgung[26] lediglich die mittelbare Sanktion des Schadensersatzanspruchs infrage käme. § 888 Abs. 2 will um des vorrangigen Schutzes der Freiheit und Menschenwürde des Schuldners willen verhindern, daß Arbeitsleistungen durch Geldstrafen und Haft erzwungen werden. Wie jedoch eine Nichterfüllung derartiger Ansprüche zu vermögensrechtlichen Sanktionen in Gestalt von Schadensersatzansprüchen führen kann, so muß auch eine Zwangsvollstreckung nach § 887 zulässig sein, sofern die geschuldete Leistung „vertretbar" ist. § 888 Abs. 2 gilt insofern also nur für die Fälle einer allein vom Schuldner zu erbringenden (unvertretbaren) Dienstleistung[27].

In allen Fällen, in denen die Erzwingung der geschuldeten unvertretbaren Handlung ausscheidet, hindert dies weder die Klagemöglichkeit noch — für den Fall der Nichterfüllung — die Entstehung einer Schadensersatzpflicht (§ 893) und deren Vollstreckung.

b) Die Zwangsmaßnahmen

Zwangsmittel ist die Beugestrafe, und zwar als Geldstrafe oder als Haft. Erforderlich ist ein Antrag des Gläubigers, der

[25] Siehe dazu bereits oben § 4, I 1 und FN 1 u. 2.

[26] Diese sind nach der h. M. zutreffenderweise im Vollstreckungsrecht wie Dienstleistungen zu behandeln, vgl. *Stein-Jonas-Schönke-Pohle*, 18. Aufl., § 888 Anm. III 3.

[27] Ebenso die ganz überwiegende zivilprozessuale Literatur, z. B. *Baumbach-Lauterbach* § 888 Anm. 4 A; *Lent-Jauernig* § 27, II 1; *Rosenberg* § 208, I 3b; *Thomas-Putzo* § 887 Anm. 1; *Manfred Wolf* aaO. JZ 1963, 434 ff, zugleich überzeugend gegen die abweichende arbeitsrechtliche Literatur.

allerdings keine bestimmte Strafart zu enthalten braucht. Die Auswahl und auch die Entscheidung über die genau festzulegende Höhe bzw. Dauer der Strafe trifft das Prozeßgericht als Vollstreckungsorgan nach seinem Ermessen. Beide Strafen sind auch wiederholt anzuordnen, die Geldstrafe unbeschränkt, die Haft, deren Vollzug sich im einzelnen nach §§ 904 ff richtet, nur bis zu insgesamt sechs Monaten, § 913.

Zwar ist eine besondere Androhung vor der Strafverhängung möglich, sie ist jedoch nicht erforderlich und erscheint unzweckmäßig[28]. Da der Schuldner im Vollstreckungsverfahren zu hören ist, § 891, bedeutet dies Warnung genug. Im übrigen ist auch die Straf*festsetzung* nur eine Androhung[29], wie sich aus ihrem Charakter als Beugestrafe ergibt: Bis zur Straf*vollziehung* kann der Schuldner die Strafe noch durch Erfüllung abwenden; auch eine verhängte Geldstrafe wird dann nicht mehr beigetrieben, die Haftvollziehung unterbleibt, ggf. ist der Schuldner sofort aus der Haft zu entlassen.

Auch wenn die Geldstrafe verwirkt ist, so behält der Gläubiger grundsätzlich die Entscheidungsfreiheit, ob er die Strafe vollstrecken lassen will oder nicht, denn die Vollstreckung nach § 888 ist nicht Selbstzweck oder Ungehorsamsstrafe. Eine Beitreibung der dem Justizfiskus verfallenden Geldstrafe erfolgt gemäß § 197 Abs. 3 GVGA i. V. mit § 1 Abs. 1 Ziff. 1a JBeitrO durch die Gerichtskasse nach den Vorschriften der JBeitrO.

c) Der Sonderfall des § 889

Bei der Verpflichtung zur Abgabe von eidesstattlichen Versicherungen ist zu unterscheiden zwischen den „Offenbarungsversicherungen", die als vollstreckungstechnisches Hilfsmittel zur Erzwingung materiellrechtlicher Ansprüche ergehen, §§ 807, 883 Abs. 2, und den eidesstattlichen Versicherungen, auf deren Abgabe kraft materiellen Rechts ein Anspruch besteht, siehe § 259 Abs. 2 BGB, und die zur Bekräftigung einer materiell-rechtlich geschuldeten Rechnungslegung, z. B. § 666 BGB, abzugeben sind. Während erstere im 8. Buch der ZPO geregelt sind, §§ 899 ff, handelt es sich bei den materiell-rechtlich

[28] Vgl. dazu KG NJW 1969, 57.
[29] Dazu KG aaO.

geschuldeten eidesstattlichen Versicherungen im Grunde um unvertretbare Handlungen; § 889 regelt insoweit lediglich eine besondere Zuständigkeit und trägt im übrigen der Besonderheit bei der Abnahme der Versicherung Rechnung, vgl. im einzelnen § 889 Abs. 2, 902.

4. *Die Erzwingung von Unterlassungen im einzelnen*

a) *Anwendungsgebiet*

Hauptanwendungsfälle der Vollstreckung nach § 890 sind alle negatorischen und quasinegatorischen Ansprüche in unmittelbarer oder mittelbarer Anwendung des § 1004 BGB. Praktisch großes Gewicht hat die Unterlassungsvollstreckung vor allem im Wettbewerbs-, Patent- und Urheberrecht. Weil der Unterlassungstitel im Vollstreckungsrecht die Bedeutung eines Straftatbestandes hat, dessen Verletzung mit Geld- oder Haftstrafe geahndet wird, muß das Unterlassungsgebot genau im Vollstreckungstitel bestimmt sein. Danach ist dann auch die erforderliche Abgrenzung zu der Handlungsvollstreckung vorzunehmen, die vor allem im Einzelfall gegenüber nach §§ 887 f vollstreckbaren Beseitigungspflichten schwierig sein kann.

Beispiel[30]: Eine Geschäftsinhaberin hatte am Eingang ihres Geschäfts ein Schild angebracht, auf dem es hieß, es sei verboten, Preise zu notieren. Ihr war daraufhin — „bei Meidung von Strafe" — verboten worden, in ihren Geschäftsräumen das Notieren von Preisen zu untersagen. Das Landgericht als das Prozeßgericht des ersten Rechtszuges sah eine Zuwiderhandlung gegen das Unterlassungsgebot darin, daß die Schuldnerin das Schild erst 20 Tage nach dem Verbot entfernt hatte und setzte sonach die angedrohte Strafe fest. Dagegen verneinte das OLG auf die sofortige Beschwerde hin die Strafbarkeit mangels Zuwiderhandlung. Es legte zwar das Verbot dahin aus, daß auch die Beseitigung des Schildes geboten worden sei. Dazu käme jedoch nur eine Vollstreckung nach § 887 infrage, für § 890 genüge es nicht, daß der Schuldner die Beseitigung eines dem Vollstreckungstitel zuwiderlaufenden Zustandes unterlasse.

b) *Die Strafe*

Die Möglichkeit einer Straffestsetzung erfordert eine vorherige Androhung. Diese kann auf entsprechenden Antrag

[30] OLG München BB 1973, 217 f.

des Gläubigers — anders als bei § 888 — bereits im Urteil selbst ausgesprochen werden, vgl. § 890 Abs. 2; sie ist sonst durch selbständigen Beschluß nachholbar. Die Androhung braucht nicht eine bestimmte Strafart oder gar das genaue Strafmaß anzugeben. Sie ist jedoch Voraussetzung einer Bestrafung auch in dem Sinne, daß nur solche Zuwiderhandlungen geahndet werden können, die nach der Strafandrohung vorgenommen worden sind. Weil das Unterlassungsgebot durch jede einzelne Zuwiderhandlung verletzt wird, ist auch wegen jeder einzelnen eine Bestrafung möglich, vgl. den Wortlaut des § 890 Abs. 1.

Als Strafe kommen auch hier wie in § 888 Geldstrafe und Freiheitsstrafe infrage, jedoch ist der Strafcharakter unterschiedlich: Die Strafe nach § 890 ist Sanktion für eine Zuwiderhandlung gegen das titulierte Unterlassungsgebot. Während die Straf*androhung* als solche präventiv dahin wirken soll, daß der Schuldner die verbotene Handlung unterläßt, hat die bei *Verwirkung* zu verhängende Strafe den Charakter einer Kriminalstrafe[31], vgl. auch den unterschiedlichen Wortlaut: § 888 spricht von Haft, § 890 dagegen von der „Strafe der Haft", weil es hier nicht mehr nur um eine Beugestrafe gehen kann. Darum ist die Haftstrafe nicht nach §§ 904 ff zu vollstrecken, sondern in entsprechender Anwendung der §§ 449 ff StPO. Die Rücknahme des Vollstreckungsauftrages ist ohne Einfluß auf eine einmal verwirkte Strafe. Zwei interessante Problemkreise kennzeichnen in besonderem Maße den Typus dieser Strafe und damit zugleich die Unterlassungsvollstreckung:

1. Als Kriminalstrafe setzt eine Bestrafung nach § 890 persönliche *Schuld* voraus. Das Zivilrecht kennt jedoch Verpflichtungen kraft einer Zurechnung des Verhaltens Dritter, z. B. die Haftung für Ver-

[31] So die durchaus herrschende Ansicht; anders vor allem *Pastor* aaO. S. 1 ff, 21 ff, dazu *Lindacher* aaO. ZZP 85, 239 ff. Damit ist jedoch noch nicht gesagt, daß sämtliche strafrechtlichen Grundsätze anwendbar sind. Siehe zu erforderlichen Modifikationen z. B. BGHZ 33, 163, 166 f; *Baur*, Fälle und Lösungen, Fall 9 sub 3, S. 39 ff; *W. Böhm* aaO. S. 81 ff; *Zöller-Scherübl* § 890 Anm. 1a, — und mit weiteren Nachweisen *Lent-Jauernig* § 28, IV, ferner die im Text passim angesprochenen Problemkreise mit der dort angegebenen Literatur und Rechtsprechung.

schulden des Erfüllungsgehilfen, § 278 BGB, oder — vor allem hier von praktischer Bedeutung — die Einstandspflicht im Wettbewerbsrecht für wettbewerbswidrige Handlungen von Angestellten oder Beauftragten, § 13 Abs. 3 UWG, wonach ein Unterlassungsanspruch auch gegen den Betriebsinhaber zulässig ist. Während das OLG Celle[32] wegen dieser Einstandspflicht eine Straffestsetzung nach § 890 gegen den Betriebsinhaber für zulässig hält, wenn ein Beauftragter schuldhaft gegen das Unterlassungsgebot verstoßen hat, hat das Bundesverfassungsgericht[33] der dagegen erhobenen Verfassungsbeschwerde des Betriebsinhabers stattgegeben: der § 890 enthalte strafrechtliche Elemente, die Bestrafung verlange eigene Schuld des Betroffenen; zwar sei § 13 Abs. 3 UWG als materiell-rechtliche Norm nicht zu beanstanden, jedoch führe ihre Anwendung im Vollstreckungsrecht zu einem Ergebnis, das mit dem Verfassungsgrundsatz nulla poena sine culpa unvereinbar sei. Im Ergebnis folgt daraus, daß eine Bestrafung im Falle des § 890 nur dann im Betracht kommt, wenn den Vollstreckungsschuldner eine eigene Schuld an der Zuwiderhandlung trifft[34]. Den von *Adomeit*[35] aufgezeigten Bedenken, diese Ansicht führe dazu, daß es schwerer werde, unlauterer Werbung mit Aussicht auf Erfolg entgegenzutreten, läßt sich dadurch weitgehend begegnen, daß strenge Anforderungen an die Auswahl und Beaufsichtigung der Beauftragten gestellt werden[36].

2. *Problemstellung:* Dem Schuldner ist in einem vorläufig vollstreckbaren Unterlassungstitel für jeden Fall der Zuwiderhandlung Strafe angedroht worden. Nach einer Zuwiderhandlung setzt das Prozeßgericht (des 1. Rechtszuges) Geldstrafe in bestimmter Höhe fest, anschließend wird das Unterlassungsurteil in der 2. Instanz aufgehoben, die Unterlassungsklage wird abgewiesen[37]. Sieht man

[32] NJW 1964, 163: ein sehr interessanter Beispielsfall.
[33] NJW 1967, 195.
[34] So wohl auch die heute h. M. vgl. OLG Celle WRP 1973, 101; *Baumbach-Lauterbach* § 890 Anm. 3 D; *Lent-Jauernig* § 27, IV; *Schönke-Baur* § 38, III 2b; *Thomas-Putzo* § 890 Anm. 2; *Zöller-Scherübl* § 890 Anm. 1 a; bereits vor der Entscheidung des Bundesverfassungsgerichtes, z. B. OLG München NJW 1963, 1410 und *Bruns* § 41, III, S. 211, während davor im wesentlichen die oben (siehe FN 32) angedeutete Auffassung des OLG Celle überwogen hat, z. B. OLG Celle NJW 1959, 1691; *Rosenberg* § 209, II 2; ebenso die früheren Auflagen von *Baumbach-Lauterbach* und *Thomas-Putzo*.
[35] AaO. NJW 1967, 1994, eine kritische Auseinandersetzung mit dem o. a. Urteil des Bundesverfassungsgerichts.
[36] Ähnlich *W. Böhm* aaO. S. 82.
[37] Zum Problem ausführlich *Baur*, Fälle und Lösungen, Fall 9, S. 37 ff; *Lüke-Bähr*, „Der rücksichtslose Mieter", JuS 1963, 283 ff sub B, S. 285 f.

§ 890 isoliert als Strafnorm, so müßte die festgesetzte Strafe auch nun noch eingezogen werden, weil der Schuldner immerhin gegen das vollstreckungsrechtlich gültige Unterlassungsgebot verstoßen hat. Entsprechendes müßte auch gelten, wenn die Strafe noch nicht festgesetzt war, es käme nur auf den Ungehorsam gegenüber dem Unterlassungsgebot an[38]. Demgegenüber ist jedoch nicht außer acht zu lassen, daß auch die Strafe nach § 890 nicht losgelöst vom Zweck und also der Vollstreckungssituation zu sehen ist: die präventive Wirkung der Möglichkeit einer Vollstreckung nach § 890 und die (repressive) Strafverhängung bei Zuwiderhandlung verlieren gleichermaßen ihren Sinn und ihre Berechtigung, wenn das Gläubigerrecht, das letztlich das Unterlassungsgebot bestimmt hat, oder auch nur der Titel als solcher aufgehoben wird[39]. Dabei ist allerdings der Wegfall des materiell-rechtlichen Gläubigerrechts — wie stets in der Vollstreckung — nur nach besonderer Geltendmachung in Form der Vollstreckungsgegenklage oder einer entsprechenden Eilmaßnahme zu berücksichtigen[40]. Dieses Ergebnis läßt sich darauf stützen, daß die Bestrafung nach § 890 Schuld voraussetzt, daß dem Schuldner jedoch eine Zuwiderhandlung gegen ein unrichtiges oder aus anderen Gründen aufzuhebendes Unterlassungsgebot nicht vorgeworfen werden kann. Allerdings gilt angesichts der Formalisierung des Vollstreckungsrechts der titulierte Anspruch erst einmal als bestehend, er kann nur förmlich auf Betreiben des Schuldners widerlegt werden. Der Schuldner trägt bei einer Zuwiderhandlung also insofern das Risiko, ob ihm die „Entlastung“ auf dem gesetzlich vorgeschriebenen Wege gelingt. Das muß auch hinsichtlich des *Zeitraumes* gelten, denn die ordnungsgemäß festgesetzte und vollzogene Strafe ist nicht mehr rückgängig zu machen, der Schuldner trägt auch das Risiko, bis zu diesem Zeitpunkt die Unzulässigkeit der Zwangsvollstreckung wirksam geltend machen zu können[41].

[38] Die wohl h. M. will eine Bestrafung nur durchgeführt wissen, wenn der Titel ex nunc wegfällt, vgl. OLG Frankfurt NJW 1962, 542; *Baumbach-Lauterbach* § 890 Anm. 3 F; *Thomas-Putzo* § 890 Anm. 3 dd); siehe dazu auch *Baur* und *Lüke* aaO.

[39] *Bruns* § 41, III, S. 211: die Gegenmeinung stelle allzu schematisch auf die Gleichsetzung mit der Kriminalstrafe ab; *Lüke-Bähr* aaO. JuS 1963, 285; anders die h. M., die — ausgehend von der Differenzierung zwischen einer ex tunc und ex nunc-Unwirksamkeit — im Grundsatz an der Möglichkeit einer noch nachträglichen Bestrafung festhält.

[40] Ebenso *Lüke-Bähr* aaO.

[41] Nach *Baur,* Anm. zu OLG Köln JZ 1967, 763 f, ist eine nach § 890 bezahlte oder beigetriebene Geldstrafe auf Anordnung des Prozeßgerichts erster Instanz zurückzuzahlen, wenn der Vollstreckungstitel ex tunc aufgehoben wird.

IV. Die Vollstreckung von Willenserklärungen

Für die Erzwingung einer geschuldeten Abgabe von Willenserklärungen sieht § 894 vor, daß die Willenserklärung mit der Rechtskraft des Urteils als abgegeben gilt. Mit dieser Sonderregelung ist die Anwendung der allgemeinen Vorschriften über die Handlungsvollstreckung, §§ 883 ff, ausgeschlossen.

1. Anwendungsbereich

Die Anwendbarkeit des § 894 setzt voraus, daß der Schuldner zur Abgabe einer Willenserklärung verurteilt ist, daß es sich also nicht um Erklärungen tatsächlicher Art (Auskunft, Zeugnis)[42] handelt, sondern um rechtsgeschäftliche Erklärungen.

Hauptanwendungsfälle sind Erklärungen, die zum Abschluß von dinglichen oder schuldrechtlichen Verträgen führen, oder die auf eine Grundbucheintragung zielen, wie die nach § 19 GBO erforderliche Bewilligung.

Sofern nicht nur die Erklärung, sondern eine diese mitumfassende Handlung Gegenstand der Verurteilung ist, etwa die eigenhändige Namensunterschrift oder die Indossierung von Wechseln, so ist im ersten Falle nach § 888, im zweiten nach § 887 zu vollstrecken[43].

Die Berechtigung zur Ersatzvornahme der Handlung mit Rechtswirkung für und gegen den Schuldner ist in entsprechender Anwendung des in § 848 Abs. 2 angesprochenen Grundgedankens aus der richterlichen Ermächtigung des § 887 Abs. 1 zu entnehmen[44]. Das ist allerdings streitig. Die andere Auffassung[45] verneint die Möglichkeit einer Abgabe der Willenserklärung durch Dritte, weil die zu Rechtsfolgen für und gegen den Schuldner erforderliche Vertretungsmacht nicht aufgrund richterlicher Ermächtigung erteilt werden könne.

[42] Auch der Widerruf einer Tatsachenbehauptung läßt sich nicht über § 894 erzwingen, im einzelnen mit ausf. Nachweisen *F. Ritter* aaO. ZZP 84, 173 ff. Zum Problem OLG Frankfurt JZ 1974, 62 m. Anm. *Leipold*.

[43] RGZ 156, 164, 170, allerdings nur auf § 888 abstellend.

[44] So *Bruns* § 40, I 2; *Schönke-Baur* § 39, III 2b; vgl. auch RGZ 53, 80, 84; 55, 57, 59 ff. Dasselbe Problem stellt sich, wenn es um die Vollstreckung aus einem (nicht nach § 894 vollstreckbaren) Prozeßvergleich geht, siehe dazu im Text passim.

[45] Ausführlich OLG Hamm NJW 1956, 918, ferner etwa *Lent-Jauernig* § 27, II 1; *Rosenberg* § 208, III 2b; *Stein-Jonas-Schönke-Pohle*, 18. Aufl,. § 887 Anm. II 2b.

Nach § 894 vollstreckbar sind nur die der (formellen) Rechtskraft fähigen Titel (Urteile, Beschlüsse, sofern sie befristet angreifbar sind, wie z. B. mit der sofortigen Beschwerde, § 577). Praktisch bedeutsam ist, daß sich Prozeßvergleiche nicht nach § 894 vollstrecken lassen. Verpflichtet sich der Schuldner in derartigen Vergleichen zur Abgabe einer Willenserklärung, so bleibt nur die Vollstreckung nach §§ 887, 888, wobei es nach der hier vertretenen Auffassung[46] darauf ankommt, ob die Willenserklärung höchstpersönlich ist oder ob sie auch von einem Vertreter für den Schuldner abgegeben werden kann.

2. Die Vollstreckungswirkung

Bei der Vollstreckung von Willenserklärungen nach § 894 ist ohne jeden unmittelbaren oder mittelbaren Zwang auszukommen: das Gesetz fingiert mit der Rechtskraft der Verurteilung die Abgabe der Willenserklärung. Bereits die Begründung zur ZPO[47] verweist darauf, daß diese einfache Zwangsvollstreckung im Interesse des Gläubigers (keine Verzögerung), des Schuldners (keine unnötige Belastung) und auch der Rechtspflege liege, weil überflüssige und umständliche Verfahren vermieden würden.

Die Fiktion der Willenserklärung selbst setzt voraus, daß diese im Urteil so angegeben ist, wie dies von rechtsgeschäftlichen Erklärungen des Schuldners zu fordern ist. So läßt sich beispielsweise eine Verurteilung dazu, alle Rechtsgeschäfte abzuschließen, die zur Übertragung eines Handelsgeschäfts erforderlich sind, nicht nach § 894 vollstrecken[48]. Hier wie etwa auch bei einer wahlweisen Verurteilung bleibt nur die Vollstreckung nach §§ 887 f.

Die Abgabefiktion ersetzt jede Form der Erklärung, § 894 überspielt damit auch das für die Auflassung, § 925 BGB, geltende Erfordernis einer gleichzeitigen Anwesenheit beider Vertragspartner vor dem Notar. Nicht ersetzt werden (natürlich) die zum Rechtserfolg erforderlichen korrespondierenden Willenserklärungen des Gläubigers: Ist beispielsweise der

[46] Siehe dazu oben zu FN 43 u. 44.
[47] *Hahn*, Materialien zur CPO, 1881, S. 446.
[48] Vgl. BGH NJW 1959, 1371.

Schuldner rechtskräftig zur Auflassung verurteilt, so hat der Gläubiger seinerseits vor dem Notar die Annahme der Auflassungsofferte zu erklären. Schließlich ersetzt § 894 auch nicht den nach bürgerlich-rechtlichen Vorschriften erforderlichen Zugang der Willenserklärung[49]; darauf kann es vor allem bei der Verpflichtung zur Abgabe von Willenserklärungen gegenüber Dritten ankommen.

Daß die Wirkung erst mit der (formellen) Rechtskraft und also erst bei Unaufhebbarkeit des zugrunde liegenden Urteils eingreift, hat seinen guten Grund darin, daß Willenserklärungen bei der Zulassung einer vorläufigen Vollstreckbarkeit nur als vorläufig abgegeben gelten würden[50].

Angesichts der Rechtsnatur des § 894 als Sonderregelung scheidet vor der Rechtskraft auch eine vorläufige Vollstreckbarkeit nach §§ 887 f aus[51]. Ausnahmsweise läßt das Gesetz allerdings schon vor Rechtskraft gewisse Rechtswirkungen zu, die an der vorläufigen Vollstreckbarkeit orientiert sind, und die sich auf Willenserklärungen beziehen, die zu *Grundbucheintragungen* führen sollen, § 895: Bei rechtsändernden Eintragungen und bei Grundbuchberichtigungen gilt im ersten Falle eine entsprechende Vormerkung, im zweiten ein Widerspruch als bewilligt.

Die Wirkungen der §§ 894, 895 treten ohne eine vollstreckbare Ausfertigung des Titels ein. Nur ausnahmsweise ist eine solche erforderlich, wenn die Abgabe der Willenserklärung von einer Gegenleistung abhängig ist, § 726 Abs. 2: das hier eingeschaltete Klauselverfahren soll sicherstellen, daß das funktionelle Synallagma bei Zug-um-Zug-Leistungen nicht durch den automatischen Vollstreckungsvollzug aufgehoben wird; ist der Titel rechtskräftig, so kann der Gläubiger jederzeit die vollstreckbare Ausfertigung erlangen, wenn er seine eigene Leistung nachweist. Dabei kann er diese also ohne Risiko zuvor erbringen.

Kommt es zum Rechtserwerb des Gläubigers nicht nur auf die entsprechende Willenserklärung des Schuldners an, sondern ist *zusätzlich* noch die *Übergabe* einer Sache erforderlich (Musterbeispiel: die Übereignung nach § 929 BGB durch Einigung und

[49] RGZ 160, 321, 324 ff; siehe auch *Lent-Jauernig* § 28, II, S. 98.
[50] RGZ 156, 164, 168 ff: dies sei ein Widerspruch in sich selbst.
[51] Sehr ausführlich RGZ 156, 164, 168ff.

Übergabe), so gilt nach § 897 die Wegnahme der Sache durch den Gerichtsvollzieher als Übergabe. Die Wegnahme ist aufgrund eines entsprechenden Titels — auch bei nur vorläufiger Vollstreckbarkeit — nach §§ 883 f zu erzwingen; mit ihr vollendet sich bereits der Eigentumerwerbsakt.

Weil der Erwerb nach §§ 894, 897 als rechtsgeschäftlicher anzusehen ist, gelten zugunsten des Gläubigers die Gutglaubensvorschriften, § 898. Dabei kommt es auf den guten Glauben des *Gläubigers* an, nicht auf den des Gerichtsvollziehers. § 166 BGB ist schon deswegen nicht anwendbar, weil der Gerichtsvollzieher nicht Vertreter des Gläubigers ist.

3. *Abschließendes Beispiel:*

> Der Grundstückseigentümer S ist verurteilt, dem Kläger G eine Hypothek zu bestellen und deren Eintragung zu bewilligen. Das Urteil ist für vorläufig vollstreckbar erklärt.

Vor Rechtskraft kann G die Eintragung einer Vormerkung verlangen; Antragsbefugnis nach § 885 Abs. 1 Satz 1 BGB, § 13 Abs. 2 GBO, die Bewilligung des (betroffenen) S, § 19 GBO, folgt aus § 895.

Nach Rechtskraft gilt die Erklärung des S hinsichtlich des dinglichen Hypothekenbestellungsvertrages, §§ 873, 1113 BGB, als abgegeben, § 894; G braucht diese Erklärung nur anzunehmen; für die zum Rechtserwerb erforderliche Briefübergabe, vgl. § 1117 BGB, gilt § 897[52]. Die Eintragung kann G aufgrund der fingierten Bewilligung verlangen, § 894.

War S zu Unrecht als Eigentümer eingetragen („Bucheigentümer"), so kann G nach § 898 unter den Voraussetzungen des § 892 BGB gutgläubig erworben haben, wobei es auf *seinen* guten Glauben ankommt, und zwar gegebenenfalls bereits zur *Zeit* des Antrags auf Eintragung der Vormerkung[53].

[52] Dieser Schritt erübrigt sich, wenn S auch zur Einwilligung in die Aushändigung des zu bildenden Hypothekenbriefes an G verurteilt ist, § 1117 Abs. 2 BGB.

[53] Vgl. im einzelnen dazu *Baur* in Soergel-Siebert § 893 RZ 5 ff.

5. ABSCHNITT:

Die Rechtsbehelfe in der Zwangsvollstreckung (Zusammenfassung und Überblick)

Literatur (zusammenfassende Übersicht): *H. F. Gaul,* Das Rechtsbehelfssystem der Zwangsvollstreckung — Möglichkeit und Grenzen einer Vereinfachung, 1972, ZZP 85, 251 ff.

Dem Rechtsbehelf in der Zwangsvollstreckung kommt aus mehreren Gründen eine erhebliche Bedeutung zu. Erstens und ganz allgemein erfordert die Rechtsstaatlichkeit zugunsten des von den Zwangsmaßnahmen betroffenen *Schuldners* ausreichenden Schutz auch in Gestalt von Rechtsbehelfen, mit denen sich der Schuldner gegen den Eingriff wehren und dessen Rechtmäßigkeit überprüfen lassen kann. Da eine Ablehnung der Zwangsvollstreckung angesichts des staatlichen Vollstreckungsmonopols für den *Gläubiger* eine Rechtsverweigerung bedeutete, bedarf es auch insoweit des auf Überprüfung gerichteten Rechtsbehelfs. Zweitens und speziell vom Vollstreckungsverfahren her nötigt die Formalisierung der Zwangsvollstreckung dazu, den „Durchgriff" auf die materielle Rechtslage zu ermöglichen, denn auch im Vollstreckungsrecht geht es um die Durchsetzung des materiellen Rechts. Dieser „Durchgriff" kann angesichts des „formalisierten Vollstreckungsverfahrens" nur in Gestalt besonderer, gegen die Vollstreckung gerichteter Rechtsbehelfe erfolgen. Dabei ist der „Zweistufigkeit der Rechtsverwirklichung"[1] Rechnung zu tragen: Weil das Vollstreckungsverfahren der Rechtsdurchsetzung und nicht mehr der Rechtsfeststellung dient, muß für die Behandlung materiell-rechtlich relevanter Tatsachen wieder der Schritt zurück auf die erste Stufe eröffnet werden. Drittens schließlich ist über die einzelnen Maßnahmen hinaus ein all-

[1] Siehe dazu oben § 1 I.

gemeiner vollstreckungsrechtlicher Schuldnerschutz in Gestalt der Generalklausel des § 765a zu berücksichtigen.

Die angedeuteten vielschichtigen Gesichtspunkte führen in unserer Zivilprozeßordnung zu einem „arg verzweigten, mannigfach überlagerten und recht unübersichtlichen System an Vollstreckungsrechtsbehelfen“[2]. Sieht man von den bereits oben angesprochenen Rechtsbehelfen im vorgeschalteten Klauselverfahren (§ 5 V 3) ab, so lassen sich vier Schwerpunkte und zugleich Grundformen der vollstreckungsrechtlichen Rechtsbehelfe herausstellen:

— Geht es um die Verletzung spezieller Vorschriften des Vollstreckungsverfahrens selbst und dessen formelle Voraussetzungen, so kommt die Erinnerung, § 766, mit der Möglichkeit der anschließenden sofortigen Beschwerde, § 793, infrage (dazu unten § 14);

— Der „Durchgriff auf das materielle Recht“, also die Geltendmachung einer Abweichung des materiellen Rechts vom Titel, erfolgt durch die Vollstreckungsgegenklage, § 767 (unten § 15);

— Weil das (formalisierte) Vollstreckungsrecht an den Gewahrsam des Schuldners anknüpft, muß dem berechtigten Dritten die Möglichkeit eröffnet werden, sein besseres Recht an dem betroffenen Gegenstand geltend zu machen, diesen also „frei zu kämpfen“ oder wenigstens den Haftungsvorrang zu behaupten, §§ 771, 805 (dazu unten § 16);

— Schließlich sind die vollstreckungsrechtliche Generalklausel zum Schuldnerschutz, § 765a, und die Besonderheiten bei der Räumungsvollstreckung, § 721, zu berücksichtigen (unten sub § 17).

§ 14. Erinnerung und sofortige Beschwerde

J. Blomeyer, Die Erinnerungsbefugnis Dritter in der Mobiliarzwangsvollstreckung, 1966; *H. F. Gaul,* Das Rechtsbehelfssystem der Zwangsvollstreckung — Möglichkeit und Grenzen einer Verein-

[2] *Gaul* aaO. ZZP 85, 261, zugleich mit der Schlußfolgerung seiner Untersuchung (S. 130): um des vollen Rechtsschutzes willen solle ein im Grunde bewährtes System nicht ohne Not preisgegeben werden.

fachung, 1972, ZZP 85, 251 ff; *Münzberg*, Materielle Einwendungen im Erinnerungsverfahren, DGVZ 1971, 167 ff; *Noack*, Mängel der Zwangsvollstreckung und Erinnerung, DGVZ 1971, 49.

I. Die Erinnerung

Die Erinnerung ist der vollstreckungsrechtliche Rechtsbehelf zur Überwachung des Verfahrens. Sie bezieht sich erstens auf die Art und Weise der Zwangsvollstreckung, also auf die Einhaltung der Verfahrensvorschriften für die einzelne Zwangsmaßnahme, § 766 Abs. 1, und zweitens auf das Verhalten des Gerichtsvollziehers dem Vollstreckungsauftrag des Gläubigers gegenüber, § 766 Abs. 2. Die Erinnerung ist kein frist- und formgebundenes Rechtsmittel mit Suspensiv- und Devolutiveffekt, sondern eine formlose und unbefristete Gegenvorstellung, über die das Vollstreckungsgericht (der Richter, und nicht der Rechtspfleger, vgl. § 20 Nr. 17 RPflG) entscheidet.

1. Anwendungsbereich und Erinnerungsberechtigung

a) Hauptanwendungsfall für die Erinnerung ist ein behaupteter Verfahrensverstoß *durch den Gerichtsvollzieher* — z. B. Pfändungen ohne vorherige oder gleichzeitige Zustellung des Titels, ein Vorgehen entgegen dem Nachtpfändungsverbot, § 761, überdeutliche Siegelanlegung und schließlich Vollstreckungen in nach §§ 811 f unpfändbare Sachen oder in Grundstückszubehör, § 865[1]. Die Erinnerung ist jedoch nicht nur auf Vollstreckungsmaßnahmen durch den Gerichtsvollzieher beschränkt, sie kann sich auch gegen Vollstreckungs*akte* des Vollstreckungsgerichts richten, wobei hier allerdings die Abgrenzung zu mit der sofortigen Beschwerde des § 793 angreifbaren *„Entscheidungen“* im Zwangsvollstreckungsverfahren schwierig ist.

Vollstreckungs*akte* des Vollstreckungsgerichts sind z. B. die Pfändungs- und Überweisungsbeschlüsse, so daß vor allem die Pfändungsschutzvorschriften der §§ 850 ff im Erinnerungsverfahren geltend zu machen sind, ferner die Anordnung anderer Verwertungsarten

[1] Vgl. im einzelnen die Übersicht bei *Noack* aaO. RPfl. 1971, 49 ff.

nach §§ 825, 844, und zwar auch dann, wenn der Schuldner gehört worden ist, vgl. § 844 Abs. 2[2].

Entscheidend ist, daß auch hier die staatliche Zwangsmaßnahme zumindest den Schwerpunkt bildet, das Moment einer „Entscheidung" tritt zurück[3].

Sofern — wie im Regelfall, § 20 Nr. 17 RPflG, Ausnahmen bei §§ 5—7 RPflG — der Rechtspfleger als Vollstreckungsgericht den Vollstreckungsakt erlassen hat, stellt sich die Frage, ob die Erinnerung nach § 766 einzulegen ist oder diejenige nach dem Rechtspflegergesetz, für welche die Besonderheiten in § 11 Abs. 3—5 gelten würden. Zutreffend sieht die h. M. in § 766 die spezielle Verfahrensnorm für das Vollstreckungsverfahren, greift allerdings im Interesse der Entlastung des Gerichts auf die Abhilfemöglichkeiten durch den Rechtspfleger, § 11 Abs. 2 RPflG, zurück[4].

Soweit das *Prozeßgericht* (§§ 887—890) und das *Grundbuchamt* (Eintragung einer Zwangs-Sicherungshypothek) tätig werden[5], scheidet im Hinblick auf das besondere Verfahren, vgl. z. B. § 891, die Möglichkeit einer Erinnerung aus: hier überwiegt der Rechtscharakter einer Entscheidung[6].

b) Kennzeichnend für den Anwendungsbereich der Erinnerung ist die grundsätzliche *Beschränkung auf formelle Mängel*[7]. Das bedeutet zugleich, daß sich die Erinnerung und die auf das materielle Recht zugeschnittenen Rechtsbehelfe der Vollstreckungsgegenklage und Drittwiderspruchsklage insoweit ausschließen; dem steht natürlich nicht entgegen, daß ein Dritter

[2] So überzeugend *Schönke-Baur* § 41, I 2 (anders allerdings für § 825, siehe § 27, III 3); die h. M. sieht hierin „Entscheidungen", vgl. *Gaul,* Zur Struktur der Zwangsvollstreckung, RPfl. 1971, 1 ff, 43 f; *Lent-Jauernig* § 8, III 1; *Rosenberg* § 183, II 2b; siehe auch *Baumbach-Lauterbach* § 825 Anm. 2B.

[3] Ob Erinnerung oder sofortige Beschwerde einzulegen ist, ist bedeutsam angesichts der Fristgebundenheit der sofortigen Beschwerde, vgl. auch § 11 Abs. 1 Satz 2 RPflG, falls der Rechtspfleger *entschieden* hat.

[4] *Baumbach-Lauterbach* § 766 Anm. 2 B b; *Lent-Jauernig* § 8, III 2; *Stein-Jonas-Münzberg* § 766 Anm. I 2 m. w. N. in FN 17.

[5] Siehe oben § 2 mit der Übersicht S. 39 und speziell § 11.

[6] Absolut h. M., anders für das Prozeßgericht mit einem im übrigen interessanten Lösungsvorschlag Baur *(Schönke-Baur* § 41, I 2, S. 174).

[7] Siehe dazu *Gaul* aaO. ZZP 85, 294 ff, der überzeugend einer in jüngster Zeit spürbaren Tendenz entgegentritt, contra legem mehr und mehr materielle Einwendungen des Schuldners im Erinnerungsverfahren zu berücksichtigen (S. 294 f); Münzberg aaO. DGVZ 1971, 167 ff.

bei der Vollstreckung in seine Sache, an der der Schuldner lediglich Mitbesitz hat, mit der Erinnerung die Verletzung seines Mitgewahrsams rügen und mit der Drittwiderspruchsklage sein Eigentum geltend machen kann.

Einen interessanten (gesetzlich geregelten) Sonderfall einer *Berücksichtigung der materiellen Rechtslage* im Erinnerungsverfahren enthält § 777 (beneficium excussionis realis)[8]. Hiernach kann der Schuldner der Vollstreckung widersprechen, wenn der Gläubiger eine bewegliche Sache des Schuldners in Besitz (oder Mitbesitz) hat, die ihm kraft materiellen Rechts speziell für die titulierte Forderung haftet; Musterbeispiel: das Pfandrecht nach § 1205 BGB oder das Sicherungseigentum. § 777 bezieht also in das Verbot der Überpfändung, § 803 Abs. 1 Satz 2, auch ein materiell-rechtlich begründetes Sicherungsrecht ein, soweit dieses — infolge des erforderlichen (Mit)Besitzes — eine einfache Verwertung ermöglicht[9].

Streitig ist, ob auch *Vollstreckungsvereinbarungen* im Wege der Erinnerung geltend zu machen sind. Die Abrede, nicht oder wenigstens binnen einer bestimmten Zeit nicht vollstrecken zu wollen, hat die unmittelbare „Verfahrens"-Wirkung, daß die Zwangsvollstreckung unzulässig ist[10]. Zugleich beziehen sich derartige Absprachen auch auf das materielle Recht in Gestalt einer allgemeinen Inhaltsänderung oder speziell einer Stundung. Die unmittelbare prozessuale Auswirkung spricht dafür, bei abredewidriger Vollstreckung die Erinnerung zuzubilligen. Die materiell-rechtliche Wirkung führt zu einer aus dem Titel nicht ersichtlichen „Schwäche" des materiellen Rechts, die auf die Möglichkeit einer Vollstreckungsgegenklage, § 767, hindeutet. Im Ergebnis erscheint eine pragmatische Lösung gerechtfertigt, die (wie etwa auch bei § 777) bei klarer Sachlage die Berücksichtigung der Vereinbarung im einfachen Erinnerungsverfahren ermöglicht, zugleich jedoch — vor allem bei schwierigen Abgrenzungs- und Auslegungsfragen — entsprechend der doppelten Ziel-

8 Als beneficium excussionis personalis ist die Einrede der Vorausklage ausgestaltet, vgl. etwa § 771 BGB.

9 Im Kern liegt hier eine gesetzlich normierte Vollstreckungsreihenfolge vor: zum „gradus excutionis" oben § 10, II 3 b 2).

10 *Stein-Jonas-Münzberg* § 766 Anm. II 1 bei FN 55; gegen eine unmittelbare Wirkung *Henckel*, Prozeßrecht und materielles Recht, 1970, S. 370, 372 und FN 51; vgl. dazu auch *Gaul*, Zur Struktur der Zwangsvollstreckung, RPfl. 1971, 1 ff, 91.

richtung den Klageweg über eine Vollstreckungsgegenklage nicht ausschließt[11].

c) Zur *Einlegung* der Erinnerung ist jeder *berechtigt*, der durch einen Verfahrensfehler verletzt ist: das ist häufig der Schuldner, es kann auch der Gläubiger sein (vgl. z. B. § 766 Abs. 2, ferner etwa auch bei undeutlicher Siegelanlegung), schließlich jeder Dritte, vor allem bei Verletzung der Gewahrsamssphäre[12].

II. Die sofortige Beschwerde

Gegen den *Erinnerungsbescheid* und gegen alle anderen *Entscheidungen* im Vollstreckungsverfahren steht den Betroffenen die sofortige Beschwerde zu, § 793. Soweit der Rechtspfleger *entschieden* hat, kommt zuvor die befristete Erinnerung nach § 11 Abs. 1 Satz 2 RPflG infrage, die sogenannte Durchgriffserinnerung, die als sofortige Beschwerde gegen die Entscheidung des Rechtspflegers gilt, sofern der Richter ihr nicht stattgibt, § 11 Abs. 2 RPflG.

§ 793 unterwirft der sofortigen Beschwerde nur die Entscheidungen, die im Zwangsvollstreckungsverfahren *ohne mündliche Verhandlung* ergehen *können*, siehe dazu §§ 764 Abs. 3, 891. Ob eine solche stattgefunden hat, ist nicht maßgeblich. Andererseits ist mit dieser Formulierung klargestellt, daß die Klagen nach §§ 767 f, 771 ff nicht unter den vollstreckungsrechtlichen Rechtsbehelf des § 793 fallen. Eine weitere Einschränkung des Anwendungsbereichs für die sofortige Beschwerde (wie auch der Erinnerung) ergibt sich daraus, daß es sich um Entscheidungen im *Vollstreckungsverfahren* handeln muß. Ausgenommen sind also die Entscheidungen in dem die Vollstreckung vorbereitenden Klauselverfahren[13]. Die sofortige

[11] Ebenso im Ergebnis *Stein-Jonas-Münzberg* § 766 Anm. II 1. Gegen die Möglichkeit einer *Erinnerung* z. B. BGH NJW 1968, 700 und im Ergebnis ebenso *Gaul*, Zulässigkeit und Geltendmachung vertraglicher Vollstreckungsbeschränkung, BGH NJW 1968, 700 — JuS 1971, 347 ff, 349 sub I, der sich gleichfalls auf Praktikabilitätsgründe stützt; ebenso *Henckel* aaO. m. w. N. in FN 51; — *nur für § 766* z. B. *Lent-Jauernig* § 1, VI, S. 5; *Schönke-Baur* § 7, II 3 a und b.

[12] Siehe dazu die Gruppierung bei *J. Blomeyer* aaO. S. 54 ff I—V, ferner S. 68 ff.

[13] Siehe oben § 5, I 2.

Beschwerde nach § 793 unterliegt im übrigen den Verfahrensvorschriften der §§ 567 ff.

§ 15. Die Vollstreckungsgegenklage

Baumgärtel-Scherf, Zur besonderen Problematik des § 767 Abs. 2 ZPO, JR 1968, 368 ff; *A. Blomeyer,* Rechtskrafts- und Gestaltungswirkung der Urteile im Prozeß auf Vollstreckungsgegenklage und Drittwiderspruchsklage, 1965, AcP 165, 481 ff; *H. F. Gaul,* siehe den Nachweis zu § 14, ferner: Materielle Rechtskraft, Vollstrekkungsabwehr und zivilrechtliche Ausgleichsansprüche, JuS 1962, 1 ff; *Gilles,* Vollstreckungsgegenklage, sog. „vollstreckbarer Anspruch" und Einwendungen gegen die Zwangsvollstreckung im Zwielicht prozessualer und zivilistischer Prozeßbetrachtung, 1970, ZZP 83, 61 ff.

I. Anwendungsbereich und Ziele der Vollstreckungsgegenklage

Die Vollstreckungsgegenklage[1] ist als Rechtsbehelf notwendige Konsequenz der Formalisierung des Vollstreckungsvorgangs. Ihre Grundlage sind *materiell-rechtliche Einwendungen* gegen den vollstreckbaren Anspruch[2], die im Vollstreckungsverfahren selbst nicht berücksichtigt werden können; Musterbeispiel: Tilgung der titulierten Forderung, ferner z. B. auch Leistung an Erfüllungs Statt, Aufrechnung, Erlaß, Verzicht, Vergleich, Stundung, Verjährung (vgl. hierzu § 218 BGB) und — nach der hier vertretenen Auffassung — wegen ihres zugleich materiellen Rechtsinhalts auch entsprechende Vollstreckungsvereinbarungen[3]. Weil derartige Einwendungstatbestände die Vollstreckung aus materiell-rechtlichen Gründen als ungerechtfertigt erscheinen lassen und weil die Vollstreckungsorgane diesen nur

[1] Der Begriff ist nicht vom Gesetz vorgegeben, ist jedoch weitgehend üblich; anders z. B. die Gesetzesüberschrift in der Schönfelderschen Gesetzessammlung und die Terminologie bei *Baumbach-Lauterbach* und *Gaul:* Vollstreckungsabwehrklage. Siehe im einzelnen zum Begriff und seiner Entwicklung *Gilles* aaO. ZZP 83, 63 und FN 2—4.

[2] Abs. h. M., anders *Gilles* aaO. ZZP 83, 81 ff, 91 ff, siehe dazu *Gaul* aaO. ZZP 85, 256 und insbes. 295 FN 206
Als einen Sonderfall der Vollstreckungsgegenklage behandelt § 768 die materiell-rechtlichen Einwendungen gegen die *Vollstreckungsklausel.* Dazu im einzelnen oben § 5 V 3; über Inhalt und Wirkung dieser Entscheidung gelten die folgenden Ausführungen zu § 767 sinngemäß.

[3] Siehe dazu oben § 14, I 1b und FN 10 und 11.

bei Eindeutigkeit und leichter Nachprüfbarkeit Rechnung tragen sollen, vgl. § 775 Nr. 4 und 5, ist der Schuldner im Regelfall auf eine Klage außerhalb des Vollstreckungsverfahrens im ordentlichen Zivilprozeß angewiesen, vgl. § 767: Klage bei dem Prozeßgericht des ersten Rechtszuges. Ziel dieser Vollstreckungsgegenklage ist es also, die Vollstreckung aus dem Titel auf Dauer — oder bei Stundung: auf Zeit — zu verhindern. Die Klage läßt den zugrunde liegenden Titel und damit auch dessen Rechtskraftwirkung unangetastet, sie bezweckt lediglich, „die Vollstreckbarkeit des Titels zu beseitigen" (BGHZ 55, 254, 259). Dabei geht es allgemein um die Vollstreckbarkeit aus dem Schuldtitel, nicht um die Wirksamkeit oder Zulässigkeit einzelner Vollstreckungsmaßnahmen[4]. Dementsprechend lauten Antrag und Urteilstenor auf *Unzulässigkeit der Zwangsvollstreckung*.

Die konkrete Vollstreckung braucht noch nicht begonnen zu haben, ein Rechtsschutzinteresse für die Klage besteht bereits bei Vollstreckungsmöglichkeit; dazu reicht im Regelfall das Vorliegen eines Titels aus. Der Schuldner braucht nicht bis zur Klauselerteilung zu warten[5]. Der Titel muß jedoch stets einen vollstreckbaren Inhalt haben, die Vollstreckbarkeit *im weiteren* Sinne[6] genügt nicht.

Der gerichtliche Ausspruch einer „Unzulässigkeit der Zwangsvollstreckung" führt nicht automatisch zum Fortfall aller Vollstreckungswirkungen, insbesondere nicht zur Entstrickung der gepfändeten Sache. Die Auswirkung des Erkenntnisverfahrens auf das Vollstreckungsverfahren erfolgt lediglich nach § 775: legt der Schuldner das für vollstreckbar erklärte Urteil dem Vollstreckungsorgan vor, so stellt dieses nach § 775 Nr. 1 die Vollstreckung ein und hebt die getroffenen Vollstreckungs-

4 BGH NJW 1960, 2286; vgl. aber bei nur beschränkter Vermögenshaftung §§ 781—786.

5 RGZ 134, 156, 162 (allerdings als obiter dictum, jedoch m. w. N.); soweit ersichtlich unstreitig. Anders ist es natürlich bei titelübertragender Klausel, §§ 727 f, weil die Klage aus § 767 gegen den Vollstreckungsgläubiger zu richten ist und dessen (Vollstreckungs-)Rechtsstellung in den genannten Fällen erst aus der Klausel folgt, vgl. BGH WM 1963, 526 zu I; im einzelnen m. w. N. *Stein-Jonas-Münzberg* § 767 Anm. I 3.

6 Siehe dazu oben § 4, II 2 zu a) bei FN 40.

maßnahmen auf, § 776. Der Gerichtsvollzieher hat also das Pfandsiegel abzunehmen, das Vollstreckungsgericht den Pfändungs- und Überweisungsbeschluß aufzuheben. Obwohl die Vollstreckungsgegenklage sonach nicht unmittelbare Auswirkung auf das konkrete Vollstreckungsverfahren hat, ist sie mit der h. M. als *prozessuale Gestaltungsklage* zu qualifizieren[7]: Die Klage erstrebt und erreicht unmittelbar das Ziel, die Vollstreckbarkeit des Titels aufzuheben; daß es eines besonderen Transformationsaktes auf die bereits vollzogene Vollstreckungsmaßnahme bedarf, kann einer Gestaltungswirkung nicht entgegenstehen[8].

Streitig und im Ergebnis abhängig von der Annahme einer prozessualen Gestaltungsklage ist es, ob die Entscheidung über die Vollstreckungsgegenklage zugleich einen rechtskräftigen Ausspruch über den titulierten Anspruch enthält, ob also bei einem Erfolg der Klage das Nichtbestehen, bei Klageabweisung umgekehrt das Bestehen des materiell-rechtlichen Anspruchs rechtskräftig festgestellt ist. Nach der einen Ansicht ist der materielle Anspruch ohne weiteres von dem rechtskräftigen Ausspruch über die Gestaltungsklage mit umfaßt[9]; es handele sich nur um die Fortsetzung bzw. Wiederaufrollung des Prozesses[10]. Demgegenüber ist jedoch zu bedenken, daß dieses Ergebnis nicht mehr innerhalb des vom Kläger (unmittelbar) erstrebten Klageziels liegt: um eine derartige „unnötige Abkehr von der Dispositionsmaxime" (Münzberg)[11] zu vermeiden, verdient die Ansicht den Vorzug, derzufolge im Vollstreckungsgegenklageverfah-

[7] So die st. Rspr., vgl. etwa BGHZ 22, 54, 56; BGH NJW 1960, 2286 f; und die h. L.: *Baumbach-Lauterbach* § 767 Anm. 1 A; *Bruns* § 14, II; *Gaul* aaO. JuS 1968, 1; *Lent-Jauernig* § 12 V; *Schönke-Baur* § 43, I 2; *Stein-Jonas-Münzberg* § 767 Anm. I; *Thomas-Putzo* § 767 Anm. 1; Vgl. auch die Nachweise über den Meinungsstand bei *Gilles* aaO. ZZP 83, 66 und FN 25 und 26 sowie S. 75 FN 59. — *Anderer Ansicht: Bettermann,* Über Klage- und Urteilsarten, 1967, Festschrift für Fragistas, S. 47 ff, 64 ff (sog. Beseitigungs- und Unterlassungsklage) und, zumindest modifiziert, *Blomeyer* aaO. AcP 165, 481 ff, insbes. 489 ff.

[8] Darauf stützt *Blomeyer* (aaO.) seine Bedenken gegen die h. M.

[9] *Bruns* § 14, II; siehe auch BGHZ 48, 356, 359 f.

[10] *Bettermann,* Rechtshängigkeit und Rechtsschutzform, 1949, S. 51; *Blomeyer* aaO. AcP 165, 493 ff; vgl. auch RGZ 153, 216, 218 und BGHZ 48, 356, 359 f.

[11] *Stein-Jonas-Münzberg* § 767 Anm. I; vgl. dazu aber auch die Gegenargumente von *Bettermann* aaO. S. 45 und *Blomeyer* aaO. S. 493.

ren lediglich über die *Vollstreckbarkeit* und nicht über den materiellen Anspruch (rechtskräftig) entschieden wird[12].

II. Beschränkung der Klagegründe nach § 767 Abs. 2

Die Vollstreckungsgegenklage kann sich — als notwendiges Korrekturmittel gegenüber der vom materiellen Recht losgelösten formalisierten Zwangsvollstreckung — gegen jeden Vollstreckungstitel richten. Allerdings dürfen die mit diesem Vollstreckungsrechtsbehelf vorgetragenen materiell-rechtlichen Einwendungen und Einreden gegen das dem Titel zugrunde liegende Recht nicht dazu führen, daß zwischen den Parteien abschließend und bindend geregelte Rechtslagen erneut in Frage gestellt werden können. Darum ist im einzelnen zu unterscheiden:

1. Der Einfluß der Rechtskraft bei — streitigen — Endurteilen

Das rechtskräftige Urteil würde in seiner Bindungswirkung unterlaufen, wenn der Schuldner im Vollstreckungsverfahren unbeschränkt Einwendungen gegen den materiell-rechtlichen Anspruch vorbringen könnte. Rechtskraftbindung heißt zugleich, daß der Schuldner im Hinblick auf das festgestellte Recht mit allen Behauptungen und Einwendungen ausgeschlossen ist, die im Widerspruch zu den Urteilsfeststellungen stehen. Das gilt allerdings nur für solche Einwendungstatsachen, die bereits zu einer Zeit entstanden waren, zu der sie bei der Urteilsfällung noch Berücksichtigung finden konnten. Diesen Erwägungen trägt — zugleich als allgemeiner Grundsatz über die zeitlichen Grenzen der Rechtskraft — die auf die Vollstreckungssituation zugeschnittene Regelung des § 767 Abs. 2

[12] *Stein-Jonas-Münzberg* aaO.; ferner *Lent-Jauernig* § 12, IV; wohl auch *Thomas-Putzo* § 767 Anm. 2, — als Konsequenz des hier letztlich maßgeblichen Streitgegenstandsbegriffes: vgl. dazu und zu weiteren Konsequenzen vertiefend *Baumgärtel-Scherf* aaO. JZ 1968, 369 f; *Bötticher*, Besinnung auf das Gestaltungsrecht und Gestaltungsklagerecht, Festschrift für *Dölle* I, 1963, S. 41 ff, 59 ff, und die Urteilsanmerkung zum Urteil des BGH vom 2. 5. 1966, JZ 1966, 614 ff; *Gilles* aaO. ZZP 83, 61 ff, 74 ff, 103 ff; *Henckel*, Prozeßrecht und materielles Recht, 1970, S. 224 ff.

Rechnung[13]: danach läßt sich die Vollstreckungsgegenklage nur auf solche Einwendungen stützen, die „erst nach dem Schluß der mündlichen Verhandlung, in der Einwendungen nach den Vorschriften dieses Gesetzes spätestens hätten geltend gemacht werden müssen, entstanden sind".

Nach der ZPO („diesem Gesetz") ist der sonach *maßgebliche Zeitpunkt* die *letzte mündliche Verhandlung*, und zwar spätestens diejenige in der Berufungsinstanz, da in der Revisionsinstanz keine neuen materiell-rechtlich relevanten Tatsachen berücksichtigt werden können. Dabei kommt es auf die konkrete letzte Verhandlung an: für die Vollstreckung aus einer erstinstanzlichen, mit der Berufung anfechtbaren Entscheidung ist die letzte mündliche Verhandlung erster Instanz maßgeblich. Der Beklagte kann also eine unmittelbar anschließend erfolgte Zahlung mit der Vollstreckungsgegenklage geltend machen, auch wenn die Tatsache der Zahlung vor der noch möglichen letzten Verhandlung in der Berufungsinstanz lag. Die Beschränkung des Vollstreckungsrechtsbehelfs nach § 767 Abs. 2 nötigt also nicht (mittelbar) zur Rechtsmitteleinlegung. Andererseits schließt die Möglichkeit einer Vollstreckungsgegenklage nach § 767 die Einlegung der Berufung nicht aus: beide Klagen stehen dem Schuldner wahlweise zur Verfügung, wobei allerdings eine Berücksichtigung (auch) früherer Tatsachen nur im selben Rechtsstreit und also nur durch die Berufung ermöglicht wird. Wegen dieser umfassenden rechtlichen Prüfung und weil es nicht nur um die Vollstreckbarkeit als solche geht, schließt die Erhebung der Vollstreckungsgegenklage die spätere Einlegung der Berufung nicht aus, während es umgekehrt für später angestrengte Vollstreckungsgegenklagen am Rechtsschutzinteresse fehlt[14].

Für die Zeitschranke des § 767 Abs. 2 kommt es entscheidend darauf an, wann „die Gründe, auf denen die Entscheidung beruht, *entstanden sind*". Unerheblich ist es, aus welchen Gründen die Partei die Einwendung nicht früher erhoben hat, selbst eine — sogar unverschuldete — Unkenntnis der Einwendungsmöglichkeit schneidet die spätere Berücksichtigung ab[15].

[13] Gegen die Ableitung des § 767 Abs. 2 aus der Rechtskraft *Gilles* aaO. ZZP 83, 74 ff, anders — wie im Text — die abs. h. M.

[14] Das ist im wesentlichen unstreitig; Einzelheiten m. w. N. z. B. bei *Stein-Jonas-Münzberg* § 767 Anm. II 3.

[15] RGZ 144, 200, 222; vgl. auch BGH NJW 1973, 1328: „Geltendmachenkönnen im rein zeitlich objektiven Sinne"; *Baumbach-Lauterbach* § 767 Anm. 4 B; anders wegen des weitergehenden materiell-rechtlichen

Probleme ergeben sich bei *Gestaltungsrechten,* deren *Ausübungsmöglichkeit* bereits vor der entscheidenden mündlichen Verhandlung bestand, deren Ausübung jedoch erst danach erfolgte: erst letztere berührt den materiell-rechtlichen Anspruch des Gläubigers und begründet damit die Einwendung als solche. Fraglich ist es, ob es auf die *Möglichkeit zur Geltendmachung* des Gestaltungsrechtes ankommt, oder auf den *Zeitpunkt der Ausübung,* ob es also z. B. auf die Möglichkeit zur Anfechtung nach §§ 119, 123 BGB oder zur Aufrechnung nach § 387 BGB ankommt oder auf die wirksam ausgeübte Anfechtung oder Aufrechnung, wobei hier zusätzlich noch die Rückwirkung, §§ 142 Abs. 1 (ex tunc), 389 BGB (bezogen auf die Aufrechnungslage), zu beachten sein kann.

Diese klassische Streitfrage zu § 767 Abs. 2 ist immer noch umstritten: vor allem die Rechtsprechung stellt auf die Befugnis zur Ausübung des Gestaltungsrechts ab[16]. Demgegenüber ist jedoch zu berücksichtigen, daß die Ausübung eines Gestaltungsrechts im Belieben des Gläubigers liegt: dabei können materiell-rechtliche Ausschlußfristen, vgl. die Unverzüglichkeit einer Irrtumsanfechtung, § 121 BGB, die Jahresfrist bei der Täuschungsanfechtung, § 124 Abs. 1 BGB, die privatautonome Gestaltungsfreiheit im Einzelfall einschränken; jedoch darf ein etwaiger Ausschluß der Einwendung in einer Vollstreckungsgegenklage den Gläubiger nicht mittelbar zur Ausübung seiner materiell-rechtlichen Gestaltungsbefugnis nötigen[17]. Darum erscheint es im Ergebnis gerechtfertigt, stets auf den Zeitpunkt der *Ausübung* des Gestaltungsrechts abzustellen, und zwar auch bei einer etwaigen Rückwirkung der Erklärung[18].

Schuldnerschutzes bei § 407 BGB, siehe dazu *A. Blomeyer,* Zivilprozeßrecht, 1963, § 90, II 1, S. 468; *Stein-Jonas-Münzberg* § 767 Anm. II 2.

[16] Vgl. etwa BGHZ 34, 274, 279 f; 42, 37, 39 f; mittelbar auch wieder BGH NJW 1973, 1328 (weil der Zeitpunkt der Ausübung des Gestaltungsrechts offenbar nach der Ansicht des BGH keine Rolle spielt); ferner z. B. *Baumbach-Lauterbach* § 767 Anm. 4 B; *Henckel,* Materiell rechtliche Folgen unzulässiger Prozeßaufrechnung, 1961, ZZP 74, 165 ff; 173; *Zöller-Scherübl* § 767 Anm. 2a; ebenso *A. Blomeyer,* Zivilprozeßrecht § 90, II 2 a und b, (insoweit differenzierend) allein für die Aufrechnung.

[17] So auch *Lent-Jauernig* § 12 II; *Schönke-Baur* § 43, III 1b bb; *Stein-Jonas-Münzberg* § 767 Anm. II 2c.

[18] So die heute wohl überwiegende Lehre: siehe die Nachweise in der FN zuvor, ferner *Bruns* § 14, I 2; *Rosenberg* § 183, III 2a 8; *Thomas-Putzo* § 767 Anm. 6 e; *Wieczorek* § 767 D III. Soweit diese Ansicht zu Verschleppungsmanipulationen durch den Schuldner Anlaß geben könnte, läßt sich dem wirksam entgegnen, vgl. *Bötticher,* Besprechung des Lehrbuchs von *A. Blomeyer,* Zivilprozeßrecht, 1964, ZZP 77, 477, 483 sub 6 und *Lent-Jauernig, Stein-Jonas-Münzberg* aaO.

2. *Versäumnisurteile*

Eine Besonderheit enthält § 767 Abs. 2, soweit gegen den Vollstreckungstitel *Einspruch eingelegt* werden kann. Diese Regelung bezieht sich auf das Versäumnisurteil, vgl. § 338. Für den Vollstreckungsbefehl, der „einem für vorläufig vollstreckbar erklärten auf Versäumnis erlassenen Endurteil gleichsteht", § 700, und gegen den ebenfalls Einspruch eingelegt werden kann, gilt als Spezialvorschrift § 796 Abs. 2.

Ist der Vollstreckungstitel ein Versäumnisurteil, so kann der Schuldner seine Vollstreckungsgegenklage nur auf solche Einwendungen stützen, die „durch Einspruch nicht mehr geltend gemacht werden können"[19]. Soweit Einwendungen vor der (einseitigen) Verhandlung, auf die das Versäumnisurteil erlassen wurde, entstanden sind, sind diese ebenso wie bei streitigen Urteilen ausgeschlossen[20]. An der durch den Nachsatz des § 767 Abs. 2 formulierten zusätzlichen Beschränkung hat sich wiederum ein klassischer Streit zu § 767 Abs. 2 entzündet: die eine Lesart geht dahin, daß Einwendungen nur insoweit ausgeschlossen sind, als sie am Schluß der Verhandlung über die Vollstreckungsgegenklage noch durch Einspruch geltend gemacht werden können[21]; praktisch bedeutet dies, daß die Vollstreckungsgegenklage so lange nicht gegeben ist, wie die Einspruchsmöglichkeit besteht: anschließend wäre die Klage dagegen zulässig. Die andere Ansicht[22] entnimmt dem Gesetzeswortlaut eine strenge Präklusion: Auf Einwendungen, die *zur Zeit ihrer Entstehung* noch durch Einspruch geltend zu machen waren, läßt sich die Vollstreckungsgegenklage nicht stützen. Danach ist der Schuldner also zur Einlegung des Einspruchs genötigt, um seiner Einwendung rechtliche Beachtung verschaffen zu können.

Die erste Ansicht hat praktisch nur einen Aufschub der Vollstreckungsgegenklage zur Folge. Das wäre ein zu geringes Druckmittel,

[19] Eine ähnliche, § 767 Abs. 2 nachgebildete Regelung (RGZ 104, 228, 229) enthält § 323 Abs. 2 für die Abänderungsklage.
[20] Das ist unstreitig, vgl. etwa *Bruns* § 14, I 2.
[21] So *Bruns* aaO.; *Stein-Jonas-Münzberg* § 767 Anm. II 3.
[22] Z. B. RGZ 104, 228, 229; BGHZ 40, 352; *Lent-Jauernig* § 12, II, S. 38; *Rosenberg* § 183, II 2a; *Thomas-Putzo* § 767 Anm. 6b; — widersprüchlich *Baumbach-Lauterbach* § 767 Anm. 4 C.

um den Schuldner anzuhalten, von dem Rechtsbehelf des Einspruchs und der damit ermöglichten — gegenüber der Vollstreckungsgegenklage erheblich einfacheren — Fortsetzung des Verfahrens in derselben Instanz Gebrauch zu machen. Eine wirksame Einschränkung der Vollstreckungsgegenklage, die nach allgemeiner Ansicht Ziel dieser Regelung in § 767 Abs. 2 ist[23], läßt sich nur mit der zweiten Ansicht erreichen. Diese Präklusion mag zwar als sehr streng erscheinen, sie ist jedoch nicht unzumutbar.

3. *Unanwendbarkeit des § 767 Abs. 2*

a) Die Beschränkung zulässiger Einwendungen in § 767 Abs. 2 trägt der Rechtskraft Rechnung. Soweit dem Titel selbst keine Rechtskraft zukommt, besteht keine Notwendigkeit, einen Einwendungsausschluß vorzuschreiben: darum können materiell-rechtliche Einwendungen vor allem gegen Prozeßvergleiche und vollstreckbare Urkunden, § 797 Abs. 4, uneingeschränkt vorgebracht werden. Anders ist dies wegen der wie beim Versäumnisurteil bestehenden Bindungswirkung für den Vollstreckungsbefehl, vgl. § 796 Abs. 2 als Spezialregelung gegenüber § 767 Abs. 2, und auch bei den für vollstreckbar erklärten Schiedssprüchen, für die grundsätzlich auf die letzte Verhandlung vor dem Schiedsgericht abzustellen ist[24].

b) Auch gegenüber Urteilen scheidet die Beschränkung des § 767 Abs. 2 aus, soweit es um die Berücksichtigung von Vollstreckungsvereinbarungen geht, die nach der hier vertretenen Ansicht[25] auch zur Erhebung der Vollstreckungsgegenklage berechtigen. Weil sich derartige Vereinbarungen — sei es auch durch Modifizierung des materiellen Rechts — allein auf das Vollstreckungsverfahren beziehen, besteht weder Anlaß noch Möglichkeit, sie im materiellrechtlichen Erkenntnisverfahren geltend zu machen. Darum kann die letzte mündliche Verhandlung in jenem Verfahren kein maßgeblicher Zeitpunkt für eine Ausschlußwirkung sein[26].

[23] Vgl. einerseits *Stein-Jonas-Münzberg*, andererseits *Lent-Jauernig*, jeweils aaO.

[24] Vgl. mit weiteren Einzelheiten BGH NJW 1965, 1138 f.

[25] Siehe dazu oben § 14, I 1 b.

[26] Zumindest im Ergebnis ebenso BGH NJW 1968, 700 und *Gaul* in seiner Besprechung dieser Entscheidung in JuS 1971, 347 ff, 349 sub V; ferner *Thomas-Putzo* § 767 Anm. 6 f.

III. Verfahrensbesonderheiten

1. Zuständigkeit

Für die Vollstreckungsgegenklage ist ausschließlich, vgl. § 802, das Prozeßgericht erster Instanz zuständig: „Wegen des Zusammenhanges mit dem vorausgegangenen Rechtsstreite" (Begründung des Entwurfs zur ZPO)[27] soll die Klage aus prozeßökonomischen Gründen also wieder vor dem Gericht geführt werden, das bereits das (erste) Sachurteil gefällt hat. Wird nicht aus einem Urteil, sondern aus einem anderen Titel vollstreckt, so bedarf es entsprechender besonderer Regelungen, wie z. B. bei der vollstreckbaren Urkunde, § 796 Abs. 3; im übrigen ergibt sich aus der in § 798 vorgeschriebenen „entsprechenden Anwendung" des § 767, daß beispielsweise für Vollstreckungsgegenklagen gegen Prozeßvergleiche das Gericht zuständig ist, bei dem der durch Vergleich beendete Rechtsstreit in erster Instanz anhängig war.

2. Zur Notwendigkeit gleichzeitigen Vorbringens

Nach § 767 Abs. 3 muß der Kläger mit seiner Vollstreckungsgegenklage alle Einwendungen geltend machen, „die er z. Z. der Erhebung der Klage geltend zu machen imstande war". Diese Regelung richtet sich gegen Verzögerungen in der Vollstreckungsinstanz, sie soll die „Energie der Vollstreckung sichern"[28]. Der Schuldner muß alle ihm bekannten Einwendungen in der Klage geltend machen, anderenfalls ist er mit ihnen ausgeschlossen, das heißt: er kann ihretwegen keine neue Vollstreckungsgegenklage anstrengen[29].

Anwendungsbereich und Inhalt der Regelung des § 767 Abs. 3 werden zunächst deutlich aus dem Unterschied zu § 767 Abs. 2: dort geht es um die zeitlichen Grenzen der Rechtskraft und darum um den Ausschluß bestimmter Einwendungen gegen das dem Titel zugrunde liegende materielle Recht. Abs. 3 bezieht sich auf mehrere Vollstreckungsgegenklagen und regelt, wie weit eine frühere Vollstreckungsgegenklage das Vorbringen in einer weiteren präkludieren kann. Darum ist § 767 Abs. 3 auf die Vollstreckungsgegenklage gegen jeden Titel, auch wenn er

[27] *Hahn*, Die gesamten Materialien zur CPO, 1. Abteilung, 1880, S. 437.
[28] *Hahn*, Die gesamten Materialien zur CPO, S. 437.
[29] Vgl. zum Zweck und zu den Folgen auch BGH JR 1968, 386.

nicht der Rechtskraft fähig ist, anwendbar[30]. Auch ist durch § 767 Abs. 3 ausgeschlossenes Vorbringen — anders als die Einwendungstatsachen, die durch die Rechtskraft des dem Titel zugrunde liegenden Urteils präkludiert sind — nicht endgültig für die materielle Rechtsbeziehung zwischen den Betroffenen „verloren"; es kann noch einem materiell-rechtlichen Ausgleichsbegehren zugrunde gelegt werden[31]; lediglich die Berücksichtigung nach § 767 ist verwehrt.

Dem Zweck der Regelung des § 767 Abs. 3 entsprechend ist es nicht erforderlich, daß bereits die Klageschrift alle Einwendungen enthält; die Geltendmachung bis zur letzten mündlichen Verhandlung, ggf. sogar in der Berufungsinstanz, reicht aus[32]. Daraus folgt allerdings auch wieder, daß dieser Zeitpunkt maßgeblich ist für das Vorbringen von Einwendungen in einer nächsten Vollstreckungsgegenklage[33].

Streitig ist, ob die Konzentrationsbestrebungen des § 767 Abs. 3 nur bei schuldhaftem Nichtvorbringen zum Einwendungsausschluß führen oder ob — wie bei der Rechtskraft — eine objektiv abstrakte Betrachtung eingreift, wonach es nicht auf das Vorbringenkönnen im subjektiven Sinne ankommt, sondern auf das „Geltendmachenkönnen im rein zeitlich-objektiven Sinne"[34]. Die Parallele zur Rechtskraft erscheint für § 767 Abs. 3 entgegen der Ansicht des BGH schon angesichts der im übrigen abweichenden Wirkung (Beschränkung lediglich auf das Vorbringen in einer neuen Vollstreckungsgegenklage) nicht zwingend; demgegenüber spricht der Zweck der Regelung für eine Berücksichtigung subjektiver Merkmale: Nur Einwendungen, die

30 Ebenso BGH NJW 1973, 1328.

31 Vgl. m. w. N. Gaul aaO. JuS 1962, 2 und 6 zu e).

32 Abs. h. M., z. B. BGH JR 1968, 386; *Baumgärtel-Scherf* aaO. JR 1968, 368; *Lent-Jauernig* § 12, III; *Stein-Jonas-Münzberg* § 767 Anm. V.

33 *Baumgärtel-Scherf* aaO., ferner z. B. *Bötticher*, Anmerkung zu BGH v. 2. 5. 1966, JZ 1966, 615 f, und *Schwab*, Anmerkung zur selben Entscheidung ZZP 79, (1966), 463 ff, zugleich vertiefend zur Problematik, ob ein Nachschieben von weiteren Einwendungen eine Änderung des Streitgegenstandes und damit eine Klageänderung ist; vgl. ferner *Baur*, Fälle und Lösungen Fall 12, vor allem S. 52 ff; siehe auch *Stein-Jonas-Münzberg* § 767 Anm. V: ob man in dem Ausschluß der Einwendungen nach § 767 Abs. 3 eine Einengung des Streitgegenstandes oder eine diese Frage nicht berührende Präklusion sehen wolle, sei nur von theoretischem Interesse.

34 So BGH NJW 1973, 1328 mit ausführlicher Widergabe des Meinungsstandes.

der Schuldner kannte und vorbringen konnte, sind von der Präklusionswirkung des § 767 Abs. 3 betroffen[35].

IV. Eilmaßnahmen

Die Vollstreckungsgegenklage würde im Regelfall das Ziel des Schuldners (Klägers), die Vollstreckung für unzulässig erklären zu lassen und damit die Aufhebung der getroffenen Vollstreckungsmaßnahme zu erreichen, verfehlen, wenn stets bis zum Vorliegen eines für vorläufig vollstreckbar erklärten Urteils, vgl. § 775 Nr. 1, gewartet werden müßte. Darum ermöglicht § 769 den Erlaß einer einstweiligen Anordnung durch das Prozeßgericht. Deren zulässiger Inhalt ähnelt den Eilmaßnahmen, die das angerufene Gericht bei Rechtsmitteln oder einem Einspruch gegen vorläufig vollstreckbare Urteile erlassen kann, §§ 719, 707[36].

Als besondere Eilmaßnahmen sieht § 769 Abs. 2 in dringenden Fällen den Erlaß dieser Anordnungen vor Klageerhebung durch das *Vollstreckungsgericht* vor. Deren Wirksamkeit ist allerdings auf eine bestimmte — vom Vollstreckungsgericht festzusetzende — Frist beschränkt, vgl. § 769 Abs. 2 Satz 2.

§ 16. Die Drittwiderspruchsklage, § 771, und die Klage auf vorzugsweise Befriedigung, § 805

Bötticher, Die Intervention des Sicherungseigentümers: § 771 oder § 805 ZPO? MDR 1950, 705; *Paulus*, Die Behelfe des Sicherungseigentümers gegen den Vollstreckungszugriff, 1951, ZZP 64, 169 ff; *A. Blomeyer* und *H. F. Gaul*, siehe zu § 15.

I. Notwendigkeit und Ziel der Drittwiderspruchsklage

Das Zwangsvollstreckungsverfahren formalisiert neben den Vollstreckungsvoraussetzungen auch den Zugriffstatbestand, indem es — bei der Vollstreckung in bewegliche körperliche

[35] Ebenso zumindest im Ergebnis die herrschende Meinung, ausführliche Nachweise bei BGH aaO.

[36] Zur strittigen Frage, ob auch der Ausschluß einer Anfechtbarkeit, § 707 Abs. 2 Satz 2, auf § 769 anzuwenden ist, m. w. N. *Schönke-Baur* § 43, IV 5d, und *Baur*, Fälle und Lösungen, Fall 11, S. 46 ff.

Sachen — auf den Gewahrsam des Schuldners abstellt, ohne zu berücksichtigen, ob der Gegenstand dem Gläubiger einer Geldforderung nach materiellem Recht als Befriedigungsobjekt haftet. Oben ist bereits auf eine Pfändung schuldnerfremder Gegenstände als Musterbeispiel des aus der Zugriffsformalisierung entstehenden Interessenkonflikts hingewiesen[1]. Das Vollstreckungsrecht bürdet dem betroffenen Dritten die „Last" auf, tätig zu werden, um den Verlust seines Rechtes zu meiden: er muß die sogenannte Drittwiderspruchsklage des § 771 erheben, um geltend zu machen, daß — im Musterbeispiel wegen seines Eigentums — die Zwangsvollstreckung in den von der Vollstreckungsmaßnahme betroffenen Gegenstand unzulässig ist.

Die Drittwiderspruchsklage ist von dem „Dritten", der also weder der Vollstreckungsgläubiger noch der Vollstreckungsschuldner ist, gegen den vollstreckenden Gläubiger zu richten[2]. Mit dieser Klage aus *§ 771 gegen den Gläubiger* läßt sich zugleich ein materiell-rechtlicher Herausgabeanspruch *gegen den Schuldner* einklagen, beispielsweise aus § 985 BGB oder der Anspruch auf Rückgabe der vermieteten Sache aus § 556 Abs. 1 BGB. Dann sind Gläubiger und Schuldner (einfache) Streitgenossen, § 771 Abs. 2.

Die Klage führt zu einem „normalen" ordentlichen zivilprozessualen Erkenntnisverfahren[3]. Wie bei der Vollstreckungsgegenklage aus § 767 handelt es sich auch hier um eine *prozessuale Gestaltungsklage:*[4] das (stattgebende) Urteil wirkt gestaltend auf den prozessualen Vollstreckungsvorgang ein; es spricht die Unzulässigkeit der bislang wegen Einhaltung der formalisierten Zugriffsvoraussetzungen ordnungsgemäßen Vollstreckungsmaßnahmen aus.

Im Unterschied zur Vollstreckungsgegenklage geht es hier stets um *einzelne Vollstreckungsmaßnahmen,* nicht etwa darum, dem Gläubi-

[1] § 8 I 2a, II 2d zu 3, zur Vollstreckung in unbeweglichen Sachen siehe § 11 III 3.

[2] Eine Drittwiderspruchsklage durch den Schuldner selbst ist nur möglich, sofern diesem zwei haftungsrechtlich getrennte Vermögensmassen zugeordnet sind, sofern er beispielsweise ein fremdes Vermögen als Partei kraft Amtes innehat.

[3] Im einzelnen dazu und zu der Zuständigkeit des „Streitgerichts des Vollstreckungsortes" (vgl. § 711 Abs. 1 am Ende) *Gaul* aaO. ZZP 85, 297 f.

[4] Auch das ist streitig; wie hier die h. M., anders — ebenso wie für die Vollstreckungsgegenklage — *Bettermann* und (modifiziert) *A. Blomeyer,* siehe im einzelnen zu § 15 I und FN 7; vermittelnd („gemischt materiell — prozeßrechtlich") *Schönke-Baur* § 44, I 1.

ger die Vollstreckungsbefugnis aus dem Titel generell absprechen zu lassen. In Übereinstimmung mit der Sach- und Rechtslage nach einer Vollstreckungsgegenklage[5] tritt auch bei einem Erfolg der Drittwiderspruchsklage die „unzulässige" Vollstreckungsmaßnahme nicht von selbst außer kraft: es bedarf des Vorgehens nach § 775 Nr. 1, wobei Eilmaßnahmen wie bei der Vollstreckungsgegenklage nach §§ 771 Abs. 3, 769 f zu einer einstweiligen Einstellung führen können: § 775 Nr. 2[6].

Die Drittwiderspruchsklage ist der *ausschließliche* Rechtsbehelf, mit dem Rechtsbeeinträchtigungen durch ein gegen einen anderen gerichtetes Vollstreckungsverfahren abzuwehren sind. Daraus folgt: So lange die Erhebung der Klage aus § 771 prozessual zulässig ist, können materiell-rechtliche Rechtsbehelfe — etwa Unterlassungsansprüche aus § 1004 BGB oder Schadensersatzansprüche aus § 823 BGB — nicht geltend gemacht werden. Da sich die Drittwiderspruchsklage gegen eine konkrete Vollstreckungsmaßnahme richtet, kann sie im Regelfall nicht bereits bei Vorliegen eines Vollstreckungstitels erhoben werden. Ausnahmsweise begründet allerdings allein ein Titel das Rechtsschutzinteresse für die Klage aus § 771, wenn es um einen Herausgabeanspruch nach §§ 883 ff geht, wenn also beispielsweise der Schuldner verurteilt ist, eine dem Dritten gehörende Sache an den Gläubiger herauszugeben: hier stellt bereits der Titel als solcher eine konkrete Bedrohung der Rechtsposition des Dritten dar. Bei der Vollstreckung wegen Geldforderungen — dem Regelfall des Anwendungsbereichs für die Drittwiderspruchsklage — ist das Recht des Dritten erst dann gefährdet, wenn sich die Vollstreckungsmaßnahme auf den bestimmten Gegenstand richtet.

Die Klagemöglichkeit nach § 771 entfällt, wenn die konkrete Vollstreckungsmaßnahme beendet, also vollständig durchgeführt ist: das ist noch nicht bei der Versteigerung einer schuldnerfremden Sache der Fall, sondern erst mit der Ablieferung des Erlöses an den Gläubiger. Vorher tritt kraft Surrogation der Versteigerungserlös an die Stelle des Gegenstandes, so daß der Dritte sein Recht „hieran" immer noch nach § 771 geltend machen kann und also auch geltend machen muß: Für materiell-rechtliche Ausgleichsansprüche ist erst nach Ablieferung des Erlöses und der damit verbundenen hoheitlichen und lastenfreien Rechtsübertragung Raum[7].

[5] Siehe dazu § 15 I.
[6] Siehe im einzelnen dazu oben § 15 IV.
[7] Siehe im einzelnen dazu oben § 8 II 2b und 3.

II. Anwendungsbereich und Regelungsziel der Sonderregelung des § 805

Stellt man für § 771 auf das Musterbeispiel des Eigentums eines Dritten an der gepfändeten Sache ab, so ist die Drittwiderspruchsklage offensichtlich begründet: die Vollstreckungsmaßnahme beeinträchtigt das Eigentum eines Dritten, sie ist darum für unzulässig zu erklären und nach § 775 Nr. 1 aufzuheben. Die Berechtigung des Dritten kann allerdings auch so (schwach) ausgestaltet sein, daß sie lediglich einen besonderen *Haftungsvorrang* enthält, Musterbeispiel: das Vermieterpfandrecht. Für Pfand- und Vorzugsrechte gewährt § 805 einem Berechtigten, der nicht im Besitz der Sache ist, lediglich einen Anspruch auf vorzugsweise Befriedigung aus dem Erlös, der gleichfalls im Wege der Klage geltend zu machen ist. Der Erfolg dieser Klage und also die Befriedigung aus dem Erlös vor dem die Vollstreckung betreibenden Gläubiger hängt davon ab, ob das Pfand- oder Vorzugsrecht des Klägers einen besseren Rang hat als das Pfändungspfandrecht des Vollstreckungsgläubigers.

Inhaltlich kommt dem Erfolg einer Klage aus § 805 eine gegenüber § 771 beschränkte Wirkung zu; prozessual gilt im übrigen entsprechendes wie für die Drittwiderspruchsklage; weil die Vollstreckung als solche weiter geführt wird, ist allerdings — des Sachzusammenhangs wegen — das Vollstreckungsgericht Anknüpfungspunkt für die Zuständigkeit, vgl. § 805 Abs. 2.

Als *Sonderregelung* schließt § 805 den Widerspruch nach § 771 im Umfange des eigenen Anwendungsbereichs aus; also bei „Pfändungen einer Sache", d. h. bei der Vollstreckung *wegen Geldforderungen* in *bewegliche (körperliche) Sachen*[8]. Somit bleibt es bei der Klagemöglichkeit nach § 771 für Pfandrechte an *Rechten* und auch ganz allgemein bei der *Vollstreckung nach § 883*, weil hier keine Pfändung erfolgt: gegenüber der Herausgabevollstreckung aus § 883 (Beispiel: ein Dritter verlangt von dem Mieter eine bestimmte Sache heraus) kann der Vermieter sein Vermieterpfandrecht nach § 771 geltend machen; für den Erfolg der Klage ist dann entscheidend, ob das Vermieterpfandrecht entstanden ist und dem Recht des Vollstreckungsgläubigers vorgeht (siehe im einzelnen sub III).

[8] Daraus erklärt sich auch gesetzessystematisch die Stellung des § 805 im „besonderen Teil" der Zwangsvollstreckung in das bewegliche Vermögen.

Der Anwendungsbereich für § 771 und § 805 läßt sich danach grundsätzlich so abgrenzen: Bei der Vollstreckung in bewegliche körperliche Sachen ist eine Feststellung der Unzulässigkeit der Zwangsvollstreckung und darum eine Klage nach § 771 dann unsachgemäß und deswegen unzulässig, wenn es um die Vollstreckung wegen Geldforderungen und also um die Haftung geht und wenn das Recht des Dritten lediglich eine bestimmte Vorzugshaftung gewährt: Das Vollstreckungsverfahren als solches braucht dann nicht abgebrochen zu werden; es ist lediglich im Verfahren nach § 805 zu klären, ob diese Vorzugshaftung auch gegenüber dem Pfändungspfandrecht des Vollstreckungsgläubigers Bestand hat.

III. Die materiell-rechtlichen Voraussetzungen für die Klagen aus §§ 771, 805

Von der Zielrichtung der Klagen aus § 771 und § 805 her läßt sich verdeutlichen, welche materiell-rechtlichen Berechtigungen über die Musterbeispiele des Eigentums für § 771 und des (besitzlosen) Vermieterpfandrechts für § 805 hinaus für die einzelnen Klagen infrage kommen. Dabei ist zusätzlich als Wertungshilfe zu berücksichtigen, daß die vollstreckungsrechtlichen Rechtsbehelfe der §§ 771, 805 der konkursrechtlichen Aussonderung und Absonderung, §§ 43, 47 ff KO, entsprechen[9]: Die *Aussonderung* zielt auf die Herauslösung des Gegenstandes aus der Konkursmasse, weil angesichts der Rechtsposition des Dritten eine Verwertung zugunsten der Konkursgläubiger unberechtigt erscheint; vgl. dazu § 771. Die *Absonderung* nach §§ 47 ff, 127 KO hindert grundsätzlich nicht die Verwertung, sondern gewährt (lediglich) die Möglichkeit, den Haftungsvorrang des Dritten bei der Verteilung des Verwertungserlöses zu berücksichtigen; sie entspricht darin § 805.

1. *Nach § 771 zu berücksichtigende Rechte*

Nach § 771 kann ein Dritter seinen Widerspruch gegen die Vollstreckungsmaßnahmen auf „ein die Veräußerung hindern-

[9] Darum läßt sich in diesem Zusammenhang zur Vertiefung die Rechtsprechung und Literatur zu den genannten Vorschriften der KO heranziehen.

des Recht" stützen. Diese Formulierung ist zumindest unglücklich[10]. Selbst das Eigentum als das umfassendste Recht vermag eine wirksame Veräußerung angesichts der Möglichkeit gutgläubigen Erwerbs nicht zu verhindern. Das Reichsgericht stellte als Kriterium eines Schutzes der Rechtsposition Dritter durch § 771 darauf ab, ob „die Veräußerung der den Vollstreckungsgegenstand bildenden Sache durch den Schuldner dem berechtigten Dritten gegenüber sich als rechtswidrig darstellen würde"[11]. Soweit es um die *Vollstreckung wegen Geldforderungen* und also um die Haftungsrealisierung geht, läßt sich diese Feststellung — in Übereinstimmung mit der konkursrechtlichen Aussonderung — dahin präzisieren, daß entscheidend ist, ob der betreffende Gegenstand der Haftungszuordnung nach dem Vollstreckungsgläubiger gebührt. Bei der *Herausgabevollstreckung* ist darauf abzustellen, ob der Dritte kraft seines Rechts materiell-rechtlich eine Veräußerung des Gegenstandes verhindern könnte: ist das der Fall oder besteht bei der Haftungsrealisierung keine entsprechende haftungsrechtliche Zuordnung zugunsten des Vollstreckungsgläubigers, so kann der Dritte den Vollstreckungszugriff auf den Gegenstand nach § 771 abwehren. Daraus ergibt sich im einzelnen:

a) Ebenso wie das bislang als Musterbeispiel behandelte *Eigentum* des Dritten berechtigen auch das *Miteigentum* und die *(Mit-)Inhaberschaft* an einer Forderung zur Drittwiderspruchsklage.

Weil § 392 Abs. 2 HGB Forderungen eines Kommissionärs, die dieser noch nicht auf den Kommittenten übertragen hat, im Verhältnis zu den Gläubigern des Kommissionärs als Forderungen des Kommittenten fingiert, folgt daraus, daß der Kommittent einer Vollstrekkung in Forderungen des Kommissionärs aus dem Kommissionsgeschäft wirksam nach § 771 widersprechen kann.

Stützt ein Ehemann die Drittwiderspruchsklage auf sein (Mit-)Eigentum, so muß er die Vermutung des § 1362 BGB widerlegen[12].

[10] Darüber besteht Einigkeit: vgl. m. w. N. *Gerhardt*, Sicherungsübereignung und Pfändungsschutz — OLG Stuttgart (NJW 1971, 50), JuS 1972, 696 f.

[11] So z. B. RGZ 116, 363, 366. Zustimmend BGHZ 55, 20, 26; *Schönke-Baur* § 44, II.

[12] Siehe dazu oben § 8 I 2b zu 3).

b) Auch *vorbehaltenes Eigentum*, z. B. bei einem Kauf unter Eigentumsvorbehalt, § 455 BGB, berechtigt zur Drittwiderspruchsklage[13]; allerdings kann der Vollstreckungsgläubiger durch Zahlung des Restbetrages den Übergang des Eigentums auf den Vollstreckungsschuldner bewirken und damit zugleich der Klage des Dritten aus § 771 die Grundlage entziehen.

c) Problematisch ist die Rechtslage bei *Treuhandverhältnissen:* Einigkeit besteht zunächst darüber, daß bei der sogenannten *uneigennützigen Treuhand* (Musterbeispiel: Inkassoabtretung) der Treugeber eine Vollstreckung in das Recht durch Gläubiger des Treunehmers nach § 771 abwehren kann, nicht jedoch umgekehrt der Treunehmer; — im Beispiel: vollstrecken Gläubiger des „Einziehungsberechtigten" in die Forderung, so kann der Auftraggeber wirksam nach § 771 widersprechen. Gemeinhin wird dies damit begründet, daß es auf die wirtschaftliche, nicht auf die formal-juristische Vermögenszugehörigkeit ankomme[14]. Entscheidend dürfte sein, daß die Treuhandübertragung keinen Übergang der Haftungsfunktion des vermögenswerten Gegenstandes bewirkt hat[15].

Bei der *eigennützigen Treuhand*, also vor allem der Sicherungsübereignung und Sicherungsabtretung, ist wiederum zu unterscheiden, ob Gläubiger des Sicherungsgebers oder des Sicherungsnehmers (Sicherungseigentümers) vollstrecken:

Im Regelfall befindet sich der sicherungsübereignete Gegenstand beim Sicherungsgeber; dieser hat also den für den Vollstreckungszugriff erforderlichen Gewahrsam. Vollstrecken *Gläubiger des Sicherungsgebers* in das Sicherungsgut, so muß natürlich das Sicherungsrecht des „Dritten" berücksichtigt werden. Streitig ist jedoch[16], ob § 771

[13] Absolut h. M., siehe BGHZ 54, 214, 218 f; *Stein-Jonas-Münzberg* § 771 Anm. II 1 a. — Anders vor allem *L. Raiser*, Dingliche Anwartschaften, 1961, S. 88 ff.

[14] BGH NJW 1959, 1223, 1224 m. w. N.; *Schönke-Baur* § 44, II 1b. Dem entspricht auch § 11 Nr. 1 StAnpG, wonach Sicherungseigentum steuerrechtlich dem Vermögen des Veräußerers zuzurechnen ist. Kritisch zu dieser Differenzierung zwischen wirtschaftlichem und formal juristischem Eigentum *Paulus* aaO. ZZP 64, 171 ff.

[15] *Paulus* aaO. ZZP 64, 173 ff und (allerdings zur Rechtslage im Konkurs) *Gerhardt*, Die systematische Einordnung der Gläubigeranfechtung, 1969, S. 269 ff.

[16] Siehe dazu m. w. N. *Gerhardt*, Sicherungsübereignung und Pfändungsschutz, JuS 1972, 697 und FNn. 3 und 4.

im Hinblick auf die sog. „formale Eigentümerstellung" des Sicherungsnehmers eingreift oder ob — entsprechend der Sicherungsfunktion der Drittberechtigung und der hierin liegenden Ähnlichkeit zum (besitzlosen) Pfandrecht — lediglich eine Klage nach § 805 infrage kommt[17]. Der Möglichkeit einer Drittwiderspruchsklage beim Sicherungseigentum ist trotz dessen Ähnlichkeit mit dem (besitzlosen) Pfandrecht der Vorzug zu geben[18], denn beide unterscheiden sich in zwei hier wesentlichen Punkten: Der Eigentümer einer verpfändeten Sache kann und darf grundsätzlich über den belasteten Gegenstand weiter verfügen, während die Sicherungsübereignung — von besonderen Absprachen abgesehen — diese Möglichkeit nicht gewährt. Darum muß dem Sicherungsnehmer die Befugnis eingeräumt werden, der Verwertung durch Gläubiger des Sicherungsgebers wirksam zu begegnen. Im übrigen darf man dem Sicherungseigentümer keine andere Verwertungsart aufdrängen als die nach der zugrunde liegenden Sicherungsabrede[19]. Gäbe man lediglich ein Recht auf Vorwegbefriedigung nach § 805, so bedeutete dies jedoch, daß zwangsläufig die Verwertung nach Vollstreckungsgrundsätzen (§§ 814 ff) hinzunehmen wäre. In beiden Punkten unterscheidet sich die Rechtslage im *Konkurs*, weil dieser zur Totalliquidation und damit zur Abwicklung aller bestehenden Rechtsbeziehungen führt und weil hier zudem ein eigenes Verwertungsrecht des Sicherungsnehmers begründet wird: daß im Konkurs das Sicherungseigentum lediglich ein Absonderungsrecht des Sicherungsnehmers gewährt, spricht also nicht gegen die Annahme einer Drittwiderspruchsklage in der Vollstreckung[20].

Vollstrecken *Gläubiger des Sicherungsnehmers* in das Sicherungsgut[21], so muß der Sicherungsgeber vor Verfall der Sicherheit die

[17] Für letzteres z. B. *Baumbach-Lauterbach* § 771 Anm. 6 Stichwort Treuhand; *Stein-Jonas-Münzberg* § 771 Anm. II 1a; *Westermann*, Sachenrecht, 5. Aufl. 1966, § 43, IV 1; vermittelnd *Paulus* aaO. ZZP 64, 169 ff, der im Grundsatz § 771 angewandt wissen will, ausnahmsweise jedoch dann § 805, wenn das übrige Haftungsgut des Schuldners zur Befriedigung des Gläubigers nicht ausreicht.

[18] Ebenso die Rechtsprechung (z. B. RGZ 124, 73; BGHZ 12, 234) und die wohl h. M., z. B. *Baur*, Sachenrecht, 7. Aufl. 1973, § 57, V 2; *Bötticher* aaO. MDR 1950, 705; *Gerhardt* aaO.; *Lent-Jauernig* § 13, IV 1a; *Palandt-Degenhardt*, BGB 30. Aufl. 1970, Einf. § 929 Anm. 7c bb; *Reich*, Sicherungsübereignung, 1970, S. 106; *Schönke-Baur* § 44, II 1b bb; *Serick*, Eigentumsvorbehalt und Sicherungsübertragung, Band III 1970, § 34, I, S. 201 ff, 206 ff; *Thomas-Putzo* § 771 Anm. 6a.

[19] Darauf hat besonders *Bötticher* (aaO. MDR 1950, 706 f) hingewiesen.

[20] So bereits RGZ 124, 73, 75; *Bötticher* aaO. MDR 1950, 706 sub III; *Paulus* aaO. ZZP 64, 176; — siehe andererseits *Stein-Jonas-Münzberg* § 771 Anm. II 1a) und FN 74.

[21] Für die Sachvollstreckung bedeutet dies, daß sich der Gegenstand

Verwertung des Sicherungsgegenstandes zugunsten der Gläubiger des Sicherungsnehmers wirksam verhindern können: Der Gegenstand dient lediglich der Sicherung eines anderen (vermögenswerten) Rechtes des Sicherungsnehmers. Ließe man eine Vollstreckung (auch) in das Sicherungsgut zu, so führte dies zu einer Verdoppelung der Haftungssubstanz. Haftungsrechtlich gebührt darum das Sicherungsgut dem Gläubiger des Sicherungsnehmers erst bei Nichterfüllung der gesicherten Forderung, also bei Verfall der Sicherheit. Folglich kann der Sicherungsgeber vor Verfall einer Vollstreckung mit der Drittwiderspruchsklage begegnen[22]. Wollte man ihm dieses Recht erst — entsprechend den Regeln bei der uneigennützigen Treuhand (siehe oben) — nach Erfüllung der gesicherten Schuld zubilligen, so würde man den Sicherungsgeber unzulässigerweise zwingen, das Sicherungsgut früher als vereinbart auszulösen.

d) *Andere dingliche Rechte* können nur dann eine Zwangsvollstreckung in den Gegenstand als unzulässig erscheinen lassen, wenn sie durch die Vollstreckung beeinträchtigt werden: das trifft beispielsweise für den Nießbrauch und für das Pfandrecht nach §§ 1204 ff BGB zu[23], sofern ein rangschlechterer Gläubiger vollstreckt. Nicht beeinträchtigt wird dagegen wegen des Übernahmegrundsatzes[24] ein Grundpfandrecht, wenn ein nachrangiger oder persönlicher Gläubiger die Vollstreckung betreibt[25]. Im übrigen schließt die Spezialregelung des § 805 für besitzlose Pfand- und Vorzugsrechte die Anwendbarkeit des § 771 bei der Vollstreckung wegen Geldforderungen aus (siehe oben sub II).

e) Bei der *Eigentumsanwartschaft* kommen zwei Fälle in Betracht.

atypischerweise bei dem Sicherungsnehmer befinden muß; bedeutsam ist diese Fragestellung vor allem für Sicherungsabtretungen.

22 Ebenso die weitaus h. M.: BGH NJW 1959, 1223, 1224; *Lent-Jauernig* § 13, IV 1a; *Schönke-Baur* § 44, II 1b aa; *Stein-Jonas-Münzberg* § 771 Anm. II 1a bei FN 72. — Anders *Mohrbutter* Handbuch A II 4, 3b; *Rosenberg* § 185, III 2b, S. 975; *Thomas-Putzo* § 771 Anm. 6a und d.

23 Zu Fällen einer fehlenden Beeinträchtigung RGZ 87, 321 ff.

24 Siehe dazu oben § 11 III 4b.

25 Darüber, daß der Grundpfandgläubiger der Pfändung von Früchten auf dem Halm durch rangschlechtere Gläubiger widersprechen kann, vgl. § 810 Abs. 2; siehe dazu oben § 8 I 1b zu2). Das gilt (natürlich) auch nach der Ernte, *Schönke-Baur* § 44, II 2.

Ausgangsbeispiel: ein Kauf unter Eigentumsvorbehalt. Käufer K hat sein „Anwartschaftsrecht" auf einen Dritten (D) übertragen.

1. Fallgestaltung: Gläubiger des K pfänden die Sachen[26]. Der rechtlichen Selbständigkeit des Anwartschaftsrechts, die sich in Verfügbarkeit und Pfändbarkeit einerseits, in dem unmittelbarem Erwerb des Vollrechts durch den Anwartschaftsberechtigten bei Bedingungseintritt andererseits zeigt[27], entspricht es, daß der anwartschaftsberechtigte D der Vollstreckung in die Sache nach § 771 widersprechen darf. K hat mit der Übertragung seines Anwartschaftsrechts auf D auch die darin liegende auf den Sachwert bezogene Haftungssubstanz aufgegeben, so daß den Gläubigern des K kein Vollstreckungszugriff auf diese Sache selbst zusteht.

Die *2. Fallgestaltung* betrifft die Vollstreckung durch Gläubiger des Verkäufers, sofern dieser (atypischerweise) Gewahrsam an der Sache hat. Nach heute wohl herrschender Ansicht kann K, gestützt auf sein Anwartschaftsrecht, nach § 771 widersprechen[28].

f) *Schuldrechtliche Ansprüche* können die Vollstreckung in den Gegenstand als ungerechtfertigt erscheinen lassen, wenn sie sich darauf stützen, daß der Vollstreckungsgegenstand nicht zum Vermögen des Schuldners gehört, also auch dessen Gläubigern nicht zur Befriedigung für ihre Geldforderung gebührt bzw. — für die Herausgabevollstreckung — nicht der Verfügungsbefugnis des Vollstreckungsschuldners unterliegt. Insoweit ist auch — über den Wortlaut des § 771 hinaus, jedoch im Einklang mit dem des § 43 KO für die Aussonderung — bei bestimmten schuldrechtlichen Ansprüchen eine Berechtigung zur Drittwiderspruchsklage anzuerkennen. Auf eine (übliche) Kurzformel gebracht berechtigen Herausgabe-(reddere-)Ansprüche zur Drittwiderspruchsklage, nicht jedoch Verschaffungsansprüche (tradere-Ansprüche).

Musterbeispiel: Ohne Rücksicht auf ein etwaiges Eigentum kann der *Vermieter* oder Verleiher der Sache einer Zwangsvollstreckung widersprechen, nicht jedoch der *Käufer:* denn der auf § 433 Abs. 1

[26] Dazu auch im Zusammenhang mit der Frage, wie der im Anwartschaftsrecht liegende Vermögenswert dem Vollstreckungszugriff zugänglich zu machen ist, bereits oben § 10 II 3d.

[27] Siehe die Nachweise oben § 10 II 3 d.

[28] BGHZ 55, 20, 27; ferner z. B. *Lent-Jauernig* § 13, IV 1a; *Stein-Jonas-Münzberg* § 771 Anm. II 1a und FN 44; *Thomas-Putzo* § 771 Anm. 6a.

BGB gestützte Verschaffungsanspruch setzt gerade voraus, daß der betreffende Gegenstand zum Vermögen und Verfügungsbereich des Schuldners (Verkäufers) gehört[29].

g) Auf Besitzverletzung gegründete dingliche *Herausgabeansprüche* aus §§ 861, 1007 BGB stellen ein Recht im Sinne des § 771 dar.

Der *Besitz* als solcher gewährt jedenfalls bei der Zwangsvollstreckung in das *unbewegliche Vermögen* kein Widerspruchsrecht, weil ihm keine besondere Bedeutung für die materielle Rechtslage zukommt[30].

Bei *beweglichen* Sachen ist der *unmittelbare Besitz*, die „tatsächliche Innehabung", als Gewahrsam geschützt; eine Verletzung kann mit der Erinnerung gerügt werden. Als „die Vollstreckung hinderndes Recht" im Sinne des § 771 kommt also nur das *Recht zum Besitz*, der berechtigte Besitz, infrage. Praktische Bedeutung könnte diese hier angeschnittene Frage für die Fälle haben, in denen der Dritte keinen Gewahrsam an der Sache hat, in denen es sich also um mittelbaren Besitz handelt: jedoch gewährt das Besitzmittlungsverhältnis — vgl. § 868 BGB: z. B. Miete, Verwahrung — ohnehin einen schuldrechtlichen die Drittwiderspruchsklage rechtfertigenden Anspruch (siehe oben zu f). Sonach bleiben die Fälle des berechtigten unmittelbaren (Mit-)Besitzes: etwa der des Gesellschafters bei Vollstreckungsakten gegen den Mitgesellschafter. Hier ist neben der Erinnerung wegen einer Gewahrsamsverletzung auch die auf das Besitzrecht gestützte Drittwiderspruchsklage als zulässig anzusehen[31].

2. *Die materiell-rechtlichen Voraussetzungen der Klage nach § 805*

Weil § 805 einen gegenüber § 771 schwächeren Rechtsbehelf darstellt, kann sich ein zur Widerspruchsklage berechtigter

29 Nach der hier vertretenen Auffassung zur „Rechtsnatur" der Gläubigeranfechtung stellt sich zwar die Konkursanfechtung nach § 29, 37 KO als ein Recht im Sinne des § 771 dar, nicht jedoch die oben § 12 behandelte Anfechtung nach dem Anfechtungsgesetz, siehe im einzelnen oben § 12 III 1 und 2 sowie mit weiteren Nachweisen *Gerhardt*, Die systematische Einordnung der Gläubigeranfechtung, 1969, S. 336 sub b und (als Übersicht über die Lösungen der verschiedenen Theorien) S. 34—42.

30 Heute weitaus h. M., grundlegend RGZ 127, 8; vgl. § 1006 BGB für bewegliche Sachen, dagegen für Immobilien § 891 BGB.

31 Bestritten, siehe dazu *Stein-Jonas-Münzberg* § 771 Anm. II 1b. Zur Bedeutungslosigkeit dieses Streitkomplexes mit Recht *Lent-Jauernig* § 44, IV 1c.

Gläubiger grundsätzlich auch — gewissermaßen als minus — mit der Klage auf vorzugsweise Befriedigung begnügen.

Das kann natürlich nur dann gelten, wenn es um die Vollstreckung wegen einer Geldforderung geht, weil nur dann ein Verwertungserlös denkbar ist. Auch ist eine derartige Bescheidung nur sinnvoll bei einem Gläubigerrecht, das seiner Natur nach ein Sicherungsrecht ist: nach § 805 läßt sich ein Besitzpfand oder das Sicherungseigentum „realisieren", nicht jedoch das Eigentum wirksam schützen.

Neben dem für § 805 erwähnten Musterbeispiel des Vermieterpfandrechts fallen unter diese Sonderregelung u. a. die gesetzlichen besitzlosen Pfandrechte des Verpächters, § 585 BGB, und des Gastwirts, § 704 BGB, ferner die für die Pfandbestellung mit der Besitzerlangung verbundenen Pfandrechte, vgl. § 1205, sofern die Pfandsache dem Pfandgläubiger abhanden gekommen ist. Hierzu gehört schließlich auch das auf Duldung der Zwangsvollstreckung gerichtete Anfechtungsrecht nach §§ 1, 7 AnfG.

Beispiel: Ein Gläubiger desjenigen, der anfechtbar erworben hat, vollstreckt in das anfechtbar erlangte Gut. Der mit dem Anfechtungsrecht gewährte Haftungsvorrang vor dem Anfechtungsschuldner und also auch vor dessen Gläubigern begründet kein Recht auf die Sache; ihm ist ausreichend mit einer vorzugsweisen Befriedigung des Gläubigers Rechnung getragen[32].

§ 17. Der allgemeine Vollstreckungsschutz nach § 765 a

I. § 765 a als Generalklausel des richterlichen Vollstreckungsschutzes

H. F. Gaul, Zur Struktur der Zwangsvollstreckung, RPfl. 1971, 1 ff, 41 ff, 81 ff; *Henckel*, Prozeßrecht und materielles Recht, 1970, 6. Kapitel, S. 349 ff „Die Grundlage des Vollstreckungsschutzes".

Unser Vollstreckungsrecht enthält zahlreiche spezielle Schuldnerschutzvorschriften, die auf die konkrete Vollstreckungsmaßnahme und die Bedeutung des Vollstreckungsobjekts für den Schuldner zu-

[32] Dazu im einzelnen m. w. N. *Gerhardt* (siehe oben FN 30). Die Rechtsprechung und die Ansichten in der Literatur sind zumindest uneinheitlich: zu überwiegen scheint die Auffassung, das Anfechtungsrecht nach der KO und nach dem AnfG eröffneten die Drittwiderspruchsklage, — dazu *Gerhardt* aaO. S. 37.

geschnitten sind[1]: so u. a. die Regeln über die Unpfändbarkeit von Sachen (§§ 811 ff) und Forderungen (§§ 850 ff), über die Aussetzungsmöglichkeit und das Mindestgebot in der Mobiliar- und Immobiliarvollstreckung, §§ 813a, 817a ZPO, §§ 30a ff, 74a ZVG; auch die Aussetzungsmöglichkeit bei allgemeinen prozessualen und vollstreckungsrechtlichen Rechtsbehelfen nach §§ 707, 719, 769, 771 Abs. 3 gehört hierzu. Daß sich die Vorstellung von der Notwendigkeit eines verbesserten Vollstreckungsschutzes im Laufe der Zeit immer mehr durchgesetzt hat und wie sie ihren Niederschlag in Gesetzesänderungen — vgl. die zahlreichen später eingeführten, durch Zusatz-Buchstaben gekennzeichneten Normen — gefunden hat, ist bereits erwähnt[2]. Aus dieser Entwicklung erklärt sich auch die Generalklausel des Vollstreckungsschutzes in § 765a, die ihren Vorläufer in der Härteklausel des Entwurfes 1931 hatte[3].

Im Gegensatz zu den einzeln geregelten gesetzlichen Vollstreckungsschutzmaßnahmen gewährt § 765a einen *richterlichen* Vollstreckungsschutz. Weil es dabei um die Konkretisierung allgemeiner Maßstäbe auf den Einzelfall geht, gilt für dessen Ausübung in noch höherem Maße als bei der Anwendung der spezialgesetzlichen Schutzbestimmungen das vollstreckungsrechtliche Wertungsdilemma[4]: Der Vollstreckungsgläubiger ist Inhaber eines titulierten materiellen Rechts: „wem ein Recht gegeben ist, der darf es normalerweise auch ausüben“[5], zumal sich dieses Gläubigerrecht regelmäßig bereits in dem vorausgegangenen Erkenntnisverfahren als sozial gerechtfertigt erwiesen hat[6]. Vor allem ist die Rechtskraft des Vollstreckungstitels zu beachten: „Härten“ des Vollstreckungstitels sind nicht über § 765a korrigierbar[7]. Andererseits läßt sich angesichts der nur punktuellen, auf einzelne Vollstrekkungsmaßnahmen bezogenen Schuldnerschutzvorschriften nicht

[1] Im einzelnen sind diese Maßnahmen oben im Zusammenhang mit dem jeweiligen Vollstreckungsvorgang behandelt.
[2] S. oben § 1 II 2 und III.
[3] Zur geschichtlichen Entwicklung insbesondere seit 1931 und der „Verbrämung“ in den Folgejahren *Bruns* § 44, I.
[4] Siehe dazu bereits oben § 1 III.
[5] *Henckel* aaO. S. 369.
[6] *Gaul* aaO. RPfl. 1971, 93.
[7] Treffend *Bruns* § 44, I 2.

auf eine Generalklausel des Vollstreckungsschutzes verzichten[8]. Jedoch ist eine derartige allgemeine Schutzvorschrift ihrer Intention und Systematik nach nur als „ultima ratio" des Vollstreckungsschutzes aufzufassen, sie darf nur in Ausnahmefällen zur Versagung der Rechtsdurchsetzung führen[9].

Der richterliche Vollstreckungsschutz nach § 765a führt im Vollstreckungsverfahren zur Nichtdurchsetzbarkeit des Rechts. Der Schutz nach § 765a enthält damit zugleich die Feststellung, daß die konkrete Rechtsdurchsetzung unzulässig ist. Damit läßt sich § 765a als vollstreckungsrechtliche Sonderregelung der allgemeinen Vorschriften über die unzulässige Rechtsausübung begreifen[10]. Richterlicher Vollstreckungsschutz nach § 765a ist Rechtsausübung mit der Folge einer prozessualen Gestaltung: die Zwangsvollstreckung wird unzulässig[11]. Eine interessante Ausgestaltung einer Generalklausel zum richterlichen Vollstreckungsschutz — wenn auch auf dem speziellen Sektor der Räumungsvollstreckung nach § 885 — enthält § 721[12]: Erwägungen, die in der Vollstreckung zu einem (gerade bei der Räumungsvollstreckung naheliegenden) Schutz des Schuldners führen können, spielen bereits im Erkenntnisverfahren eine Rolle: Dem Kläger wird zwar der Anspruch gegen den Beklagten auf Räumung zuerkannt, jedoch kann das erkennende Gericht — trotz der Feststellung eines materiell-rechtlich begründeten Herausgabeverlangens — auf Antrag und sogar auch von Amts wegen eine angemessene Räumungsfrist bestimmen. Diese ist in die Urteilsformel aufzunehmen. Die Zwangsvollstreckung ist vor Ablauf der Frist ausgeschlossen, § 751 Abs. 1[13];

II. Voraussetzung und Anwendungsbereich

1. *Voraussetzungen*

Vollstreckungsschutz nach § 765a ist zu gewähren, „wenn die Maßnahme unter voller Würdigung des Schutzbedürfnisses des Gläubigers wegen ganz besonderer Umstände eine Härte bedeutet, die mit den guten Sitten nicht vereinbar ist". Diese

[8] Kritisch gegenüber derartigen Generalklauseln im Vollstreckungsrecht *Schönke-Baur* §45, I, S. 194.

[9] *Gaul* aaO.; vgl. auch BGHZ 44, 138, 143; *Stein-Jonas-Münzberg* § 765a Anm. I 1; sehr plastisch *Grunsky*, Einführung S. 74 f: „Die Generalklausel darf nicht zum Einfallstor jedweder Gefühlsseligkeit werden."

[10] *Henckel* aaO., insbes. S. 362 ff; zustimmend *Gaul* aaO. RPfl. 1971, 93.

[11] *Gaul* und *Henckel* aaO.

[12] Dazu bereits § 13, II 2b zu 1).

[13] Siehe oben § 5, FN 8.

Formulierung läßt bereits den Ausnahmecharakter der Norm erkennen[14]. Maßgeblich ist also eine *objektive* Bewertung der Vollstreckungsmaßnahme ohne moralisches Unwerturteil. Dabei läßt sich insbes. auch der Charakter des beizutreibenden Rechts mitberücksichtigen: danach dürfte ein Vollstreckungsschutz nach § 765a bei Ansprüchen aus vorsätzlichem Delikt stets entfallen.

2. *Anwendungsbereich*

§ 765a ist als allgemeiner und umfassender Vollstreckungsschutz gegenüber jeder Art von Zwangsvollstreckung zu berücksichtigen, also auch gegenüber der Herausgabe- und Handlungsvollstreckung. Weil hier jedoch das konkrete Recht auch unter Berücksichtigung einer möglichen unzulässigen Rechtsausübung (§ 242 BGB) regelmäßig bereits im Erkenntnisverfahren geprüft wurde und die Rechtskraft jener Entscheidung zu respektieren ist, dürfte der Anwendungsbereich für § 765a sehr eng sein: es geht jedoch angesichts der Beziehung auf die jeweilige konkrete *Rechtsdurchsetzung* zu weit, bei derartigen Titeln die Anwendbarkeit des § 765a ganz ausschließen zu wollen, vgl. auch § 765a Abs. 2. Zulässig erscheinen jedenfalls einstweilige (vorläufige) Maßnahmen.

3. *Abgrenzung und Konkurrenz*

Bereits die oben angeführte Sonderregelung des Vollstreckungsschutzes nach § 721 legt die Frage nahe, wie der Anwendungsbereich der Generalklausel des § 765a zu den speziellen Regelungen abzugrenzen ist. Als allgemeine Richtlinie kann gelten[15]:

Soweit die konkrete Sachlage zur Anwendung des besonderen Vollstreckungsschutzes nicht ausreicht, läßt sich nicht mit der Generalklausel „nachhelfen“. Im übrigen begegnet ihre Anwendung keinen grundsätzlichen Bedenken, wenn die speziellen Vollstreckungsschutzvorschriften nicht erkennen lassen, daß nur die in ihnen berücksichtigten „Härten“ im Vollstreckungsverfahren schutzwürdig sind, oder daß der — insbesondere zeitliche — Umfang des Schutzes als äußer-

[14] *Bruns* aaO. weist insbes. auf die „verstellte Optik“ hin: im Vordergrund stehe der Gläubiger und sein Schutzbedürfnis.

[15] Im einzelnen zu diesem Problem ausführlich *Gaul* aaO. RPfl. 1971, 92 f; *Henckel* aaO. S. 378 ff sub 5 m. w. N.

ste Grenze gelten soll, vgl. etwa § 30d Abs. 2 ZVG. Danach kann § 765a selbst dann noch eingreifen, wenn der Vollstreckungsschutz aufgrund der gleichfalls generalklauselartigen Regelung des § 721 zugebilligt war, beispielsweise bei einem besonderen Schutzbedürfnis, das sich auf Umstände gründet, die sich von der Normalsituation eines Räumungsschuldners erheblich unterscheiden[16].

III. Zum Verfahren und den möglichen Schutzmaßnahmen

Über den Vollstreckungsschutz nach § 765a entscheidet auf Antrag des Schuldners der Rechtspfleger als Vollstreckungsgericht[17]. Als Maßnahme kommen je nach Sachlage nicht nur ein vorübergehender Schutz (einstweilige Einstellung) infrage, sondern auch Anordnungen mit Dauerwirkung, wie die Aufhebung oder die Untersagung[18]. Dabei ist allerdings wiederum bedeutsam, daß der Beschluß bei Änderung der Sachlage jederzeit aufhebbar und abänderbar ist. Auch erfolgt die Aufhebung erst bei (formeller) Rechtskraft der Entscheidung, also erst nach Ablauf der Zweiwochenfrist für die Einlegung der (befristeten) Erinnerung nach § 11 Abs. 1 Satz 2 RPflG i.V.m. § 577 ZPO.

Als Ausnahmefall und nur bei der Herausgabevollstreckung kann der Gerichtsvollzieher die Vollstreckung bis zur Entscheidung des Vollstreckungsgerichts, jedoch höchstens für eine Woche, aufschieben. Zu den einzelnen Voraussetzungen siehe § 765a Abs. 2.

16 Einzelheiten bei *Henckel* aaO. S. 390 f (wonach auch die Frist des § 721 Abs. 5 keine absolute Grenze ist); zustimmend *Gaul* aaO. RPfl. 1971, 93 und FN 426.

17 Kritisch zur Übertragung dieser „echten Rechtsprechungsaufgabe" auf den Rechtspfleger *Gaul* aaO. RPfl. 1971, 46 ff.

18 Zur immanenten Grenze dieser Maßnahmen *Stein-Jonas-Münzberg* § 765a Anm. III 1.

6. ABSCHNITT:

§ 18. (Anhang): Arrest u. einstweilige Verfügung

F. Baur, Studien zum einstweiligen Rechtsschutz, 1967, Tübinger Rechtswissenschaftliche Abhandlungen Bd. 20; *A. Blomeyer*, Zivilprozeßrecht 1963, § 119: Arrest und einstweilige Verfügung, S. 655 ff; *K. Blomeyer*, Arrest und einstweilige Verfügung, 1952, ZZP 65, 52 ff; *Grunsky*, Die auf Leistungserbringung gerichtete einstweilige Verfügung, JurA 1970, 724 ff; *Jauernig*, Der zulässige Inhalt einstweiliger Verfügungen, 1966, ZZP 79, 321 ff; *Leipold*, Grundlagen des einstweiligen Rechtsschutzes im zivil-, verfassungs- und verwaltungsgerichtlichen Verfahren, 1971, Münchner Universitätsschriften, Reihe der Juristischen Fakultät Bd. 21; *P. Schwerdtner*, Zur Dogmatik des Arrestprozesses, NJW 1970, 222.

I. Notwendigkeit und Bedeutung der Eilmaßnahmen

1. Ausgangsbeispiele:

1. G hat gegen seinen Bauunternehmer B, der in wirtschaftliche Schwierigkeiten geraten ist und G's Bauprojekt nicht weiterführen kann, eine Schadensersatzforderung über 50 000,— DM. G erfährt, daß sich B ins Ausland „absetzen“ will und das wertvolle Hausinventar (Teppiche, Bilder, Silber) bereits auf einen Lastwagen verladen hat.

G hat noch keinen Titel über seine Forderung, so daß ihm die Einleitung von Vollstreckungsmaßnahmen verwehrt ist; — an sich käme eine Pfändung durch den Gerichtsvollzieher infrage, der die Gegenstände, um den Abtransport zu verhindern, seinerseits wegschaffen und sicherstellen könnte. Würde G erst einen Prozeß führen müssen, um ein Urteil zu erlangen, so käme jede Vollstreckungsmaßnahme zu spät: die Durchsetzung des Gläubigerrechts wäre zumindest sehr erschwert, wenn nicht ganz vereitelt.

2. Dasselbe würde gelten, wenn G von B einen wertvollen Teppich gekauft hätte und nun die Gefahr besteht, daß B, der bereits das Geld empfangen hat, mit dem Teppich „über die Grenze geht“.

3a. Im Wahlkampf sucht ein Kandidat seinen Gegenkandidaten durch unwahre Behauptungen zu diffamieren: der Prozeß über den materiell-rechtlichen Unterlassungsanspruch würde erst nach der Wahl zu einem Titel führen, damit wäre jedoch nicht mehr zu helfen.

3b. Ähnlich verhält es sich bei unlauteren Wettbewerbsmaßnahmen: Durch einen groß angekündigten „Sonderrabatt" zwei Wochen vor dem Schlußverkauf will ein großes Handelsunternehmen den Konkurrenten „die Schau stehlen" und sich einen wettbewerbswidrigen Vorteil schaffen.

4. Eine OHG besteht aus den Gesellschaftern A, B und C. A und B sind (allein) geschäftsführungs- und vertretungsberechtigt. Wegen grob gesellschaftswidrigen Verhaltens klagen A und C auf Ausschließung des B (vgl. HGB §§ 140, 131 Nr. 6 mit 133, siehe auch 117, 127). Bis zur Rechtskraft des Urteils und der damit eintretenden Gestaltungswirkung[1] könnte B kraft seiner Vertretungsmacht (nun erst recht) viel Schaden für die Gesellschaft stiften.

2. *Notwendigkeit und Problemstellung*

In allen genannten Beispielsfällen käme ein im Erkenntnisverfahren erstrittenes Urteil — selbst bei einem durchschlagenden Erfolg aller Bestrebungen zur Beschleunigung des Zivilprozesses — zu spät. Das Verbot der Selbsthilfe und das damit verbundene staatliche Rechtsprechungs- und Vollstreckungsmonopol erschienen unglaubwürdig, weil der Berechtigte angesichts der nicht mehr rückgängig zu machenden Tatsachen praktisch rechtslos gestellt würde. Der Staat käme seinem Justizgewährungsanspruch nur unvollkommen nach, wenn er nicht — unter bestimmten Voraussetzungen — ein Eilverfahren zuließe, um die drohende Beeinträchtigung oder Vereitelung eines Gläubigerrechts abzuwenden. Ein derartiges Eilverfahren stellen der *Arrest* und die *einstweilige Verfügung* dar. Sie enthalten Besonderheiten sowohl hinsichtlich der Rechtsfeststellung (Erkenntnisverfahren) als auch hinsichtlich der Zwangsmaßnahmen. Im Interesse der Eilbedürftigkeit kommt es nicht auf die im *Erkenntnisverfahren* zu gewinnende richterliche Überzeugung an: Das Eilverfahren ist ein summarisches, weil nur vorläufiges Verfahren. Es verzichtet auf wesentliche Richtigkeitsgarantien des Zivilprozesses, wie die Notwendigkeit

[1] Siehe dazu oben § 1 I 2 und FN 9.

rechtlichen Gehörs und die Erschöpfung angebotener Beweise; es reicht sogar Glaubhaftmachung aus. Arrest und einstweilige Verfügung sind zwar *Vollstreckungstitel*, jedoch gelten für das Vollstreckungsverfahren wiederum Sonderregeln: Die Vollziehung ist normalerweise auf Sicherungsmaßnahmen beschränkt. Eine unmittelbare Rechtsdurchsetzung wäre angesichts der unsicheren, nicht abschließenden Rechtsfeststellung bedenklich; sie ginge im Regelfall auch über das rechtsstaatliche Anliegen hinaus, das lediglich eine sichernde Eilmaßnahme rechtfertigt.

Die Vorschriften über den Arrest und die einstweilige Verfügung umfassen also Erkenntnis- und Vollstreckungsverfahren, dieses zudem in atypischer Ausgestaltung, weil es (im Normalfall) nicht um die Rechtsdurchsetzung geht. Die Regelung im 8. Buch der ZPO ist zumindest systematisch ungenau; konsequenterweise behandelt darum *A. Blomeyer* Arrest und einstweilige Verfügung in seinem Lehrbuch über das Erkenntnisverfahren unter den besonderen Verfahrensarten für „summarische Prozesse".

Vom *Mahnverfahren*, das gleichfalls einen einfachen und schnellen Rechtsschutz gewährt, unterscheiden sich Arrest und einstweilige Verfügung dadurch, daß der Vollstreckungsbefehl, der im Ergebnis einem Versäumnisurteil gleichsteht, § 700 Satz 1, lediglich eine Vereinfachung des *Erkenntnis*verfahrens darstellt. Er ermöglicht eine unbeschränkte Rechtsdurchsetzung im *Vollstreckungs*verfahren.

Aus den bisherigen Ausführungen ergibt sich nicht nur die Notwendigkeit und Zulässigkeit bestimmter Eilmaßnahmen. Sie decken zugleich den erheblichen Rechts- und Interessenkonflikt auf, der bei den anzuordnenden Maßnahmen zutage tritt: Es geht um den Schutz nur behaupteter, nicht jedoch ausgestrittener und damit rechtlich als begründet erwiesener Gläubigerrechte. Immerhin sind dem Schuldner angesichts der Eilbedürftigkeit gewisse Maßnahmen zuzumuten, die das behauptete Gläubigerrecht zu sichern geeignet erscheinen, wie etwa in den Beispielsfällen 1 und 2. Die Beispiele 3a) und 3b) dagegen zeigen, daß zwar ein Unterlassen der Eilmaßnahme Rechtsschutzlosigkeit des Betroffenen bedeutete, daß jedoch andererseits — sofern sich die Behauptungen als wahr oder die Wettbewerbsmaßnahmen als zulässig erwiesen — die rechtlich gewährte Handlungsfreiheit ebenfalls mit der irreparablen

Folge der Nichtnachholbarkeit unberechtigterweise eingeschränkt wäre; ähnlich läge es beim Beispielsfall 4. Die Problematik läßt sich verdeutlichen, wenn man sich fragt, ob im Beispiel 3a) auch ein Widerruf im Eilverfahren erzwungen werden könnte: Für einen wirksamen Rechtsschutz und die Chancen im Wahlkampf wäre dies erforderlich. Bedenken erweckt dagegen die lediglich summarische Prüfung als Grundlage dieser Maßnahme mit praktisch endgültiger Wirkung.

Den skizzierten Konflikten haben die gesetzliche Ausgestaltung und die richterliche Handhabung der Eilmaßnahmen nach Möglichkeit Rechnung zu tragen. Zusätzlich stellt sich für den Gesetzgeber — ähnlich wie bei der vorläufigen Vollstreckbarkeit, § 717 — die Notwendigkeit, eine Schadensersatzregelung für den Fall des Vollzuges unberechtigter Eilmaßnahmen vorzusehen, vgl. § 945. Für den Richter wie für den Schutzsuchenden bedeutet dies andererseits, beim Antrag und Erlaß bestimmter Eilmaßnahmen auch die mögliche Folge einer Schadensersatzleistung ins Auge zu fassen.

3. Funktion und Bedeutung

Die Beispielsfälle lassen bereits die unterschiedliche Funktion und Bedeutung erkennen, die den Eilmaßnahmen zukommen kann: In den Fällen 1, 2 und 4 geht es um die Sicherung eines demnächst einzuklagenden oder bereits eingeklagten Rechts: die Eilmaßnahme hat vorläufigen Charakter. Demgegenüber ist sie im Beispielsfall 3 endgültiger Natur: allenfalls im Hinblick auf etwaige Schadensersatzansprüche kann ein späterer Prozeß über die Unzulässigkeit der Tatsachenbehauptung oder der Werbemaßnahme von Bedeutung sein.

Allerdings kann auch die „sichernde Maßnahme“ endgültige Bedeutung haben, wenn die Betroffenen es dabei belassen und ihre Rechtsbeziehungen nach dem Inhalt der Eilmaßnahme gestalten; z. B. läßt B den Teppich zurück (Beispielsfall 2) oder scheidet aus der Gesellschaft aus (Beispielsfall 4). Darum erscheint es auch letztlich müßig, je nach Vorläufigkeit oder Endgültigkeit, nach Sicherung oder Regelung danach zu differenzieren, ob es speziell um die *Sicherung* eines Anspruchs geht oder ob die Maßnahme durch die Regelung eines (einstweiligen) Zustandes (vgl. Fall 4) der Wahrung des *Rechtsfriedens* dient: Wie bei jedem zivilprozessualen Verfahren spielen auch hier stets beide Gesichtspunkte eine Rolle: Die Anspruchssicherung dient dem *Rechtsfrieden;* die Regelung eines einstweiligen

Zustandes im Beispiel 4 ist auf das materielle Recht des A und C, den B auszuschließen, bezogen, eine vorläufige Regelung *sichert* also zugleich dieses Recht. Darum setzt der Erlaß der Eilentscheidung auch stets die Berücksichtigung zweier Momente voraus: das Gläubigerrecht muß einer, wenn auch summarischen Prüfung unterzogen werden; und zweitens sind Zulässigkeit und Inhalt der Maßnahme unter Abwägung der Gläubiger- und Schuldnerinteressen zu bestimmen[2]. Das Gewicht beider Kriterien mag je nach Inhalt und Wirkung der Eilmaßnahme differieren. Jedenfalls haben Erwägungen, die auf das öffentliche Interesse abstellen, auszuscheiden, weil es letztlich wie im Zivilprozeß und in der Vollstreckung um das private Recht des Einzelnen geht, das durch gerichtliche Maßnahmen gewahrt bleiben soll[3]: Arrest und einstweilige Verfügung lassen sich nicht als Verwaltungsaufgabe oder gar als Rechtspolizei begreifen[4].

Die *praktische Bedeutung* des Arrestes und insbesondere der einstweiligen Verfügung läßt sich kaum überschätzen[5]. Die

2 *Leipold* (aaO. S. 23 ff, 52 ff) unterscheidet zwischen (Eil)Entscheidungen mit und ohne Hauptsachenprognose, also abhängig oder unabhängig vom geltend gemachten zu schützenden Recht: vorausprüfende und offenlassende (interessenabwägende) Interimsentscheidungen. Zur Anwendung beider Begründungsformen beim Arrest und der einstweiligen Verfügung S. 115 ff. Siehe auch *Baur* aaO. S. 24 ff und dazu die Besprechung von *Baumgärtel* AcP 168 (1968), 401 ff, spez. S. 403. Bezugspunkt und Gewicht einer allein einseitigen Orientierung zeigt die Praxis des Bundesverfassungsgerichts für den Erlaß einer einstweiligen Anordnung nach § 32 BVerfGG: danach haben die Erfolgsaussichten der Verfassungsklage außer Betracht zu bleiben, es ist allein der Nachteil des Klägers (Antragstellers) mit dem des Beklagten (Antragsgegners) abzuwägen. Siehe im einzelnen die Nachweise bei *Leipold* aaO. S. 28 ff; als interessantes Beispiel ist auf die Behandlung der beiden Anträge des Landes Bayern auf einstweilige Anordnungen gegen den Grundvertrag hinzuweisen: NJW 1973, 1270 und 1272.

3 *K. Blomeyer* aaO. ZZP 65, 54 f; *Leipold* aaO. S. 84 ff; *Stein-Jonas-Grunsky* Anm. I 2 vor § 916; ebenso *J. Blomeyer*, Die Unterscheidung von Zulässigkeit und Begründetheit bei der Klage und dem Antrag auf Anordnung eines Arrestes oder einer einstweiligen Verfügung, 1968, ZZP 81, 40 ff (auch wenn *J. Blomeyer* die Zwangsvollstreckung als Verwaltung im materiellen Sinne versteht: S. 42 FN 42). Im grundsätzlichen ist diese Frage heftig umstritten, siehe die folgenden Fußnoten.

4 So jedoch *Bruns* § 46, II 2; *Stein-Juncker* § 118, I 2, bezogen auf die Maßnahmen zur Regelung eines einstweiligen Zustandes (§ 940); siehe auch *A. Blomeyer* aaO. § 119 vor I und V 1: vom Erkenntnisverfahren zu unterscheidende verwaltende Gerichtsakte (Verwaltungsakte) und damit freiwillige Gerichtsbarkeit.

5 Siehe dazu die graphische Übersicht bei *Leipold* S. 1 ff. Nach der Statistik über den Geschäftsanfall bei den Gerichten in Nordrhein-Westfalen (JMBl. NRW 1971, 123 f) entfielen 1970 rund 4 % der vom

Gründe dafür sind mannigfaltig[6]. Sicher führt die *lange Dauer des Zivilprozesses* häufig nicht nur zu einem notwendig vorzuschaltenden Eilverfahren, sondern sogar auch dazu, daß sich die Beteiligten mit dessen Ergebnis begnügen. Zudem ermöglichen die Massenmedien eine derartig rasche und wirksame Verbreitung beispielsweise ehrverletzender oder wettbewerbswidriger Äußerungen, daß oft nur eine unmittelbare Reaktion Abhilfe schaffen kann. Die zum häufigsten Anwendungsbereich der einstweiligen Verfügung zählenden Beispielsfälle 3a) und 3b) können das verdeutlichen. Bestimmte Gruppen typischer Konfliktsfälle in unserem Rechts- und Wirtschaftsleben, die erst aufgrund der jüngeren gesellschaftlichen und wirtschaftlichen Entwicklung besonderes Gewicht erlangt haben, sind praktisch auf Eilmaßnahmen angewiesen[7]. *Baur*[8] erwähnt bereits 1964 als die drei Hauptgruppen: den Schutz von Ehre, Persönlichkeit und Gewerbebetrieb; Verletzungen gewerblicher Schutzrechte und unlauteren Wettbewerb; Streitigkeiten aus der Fluktuation des Arbeitsmarktes und aus dem Arbeitskampf.

4. Abgrenzung und Gesetzestechnik

Das Gesetz differenziert zwischen den beiden Eilmaßnahmen Arrest und einstweilige Verfügung folgendermaßen: Der *Arrest* dient der Sicherung einer späteren Zwangsvollstreckung wegen einer Geldforderung, § 916; es geht also um die Sicherstellung der späteren Haftungsrealisierung und damit letztlich um die Erhaltung des Haftungsgutes; siehe dazu das 1. Fallbeispiel. Davon grenzt sich die einstweilige Verfügung lediglich negativ ab: sie ist in allen Fällen anwendbar, in denen es nicht um die Sicherung der späteren Haftungsrealisierung geht,

Amtsgericht erledigten Zivilprozeßsachen auf Arreste und einstweilige Verfügungen.

[6] Vgl. die interessanten Darlegungen von *K. Blomeyer* aaO. ZZP 64, 52 ff für eine entsprechende Feststellung im Jahre 1951; ferner *Baur* aaO. S. 1 ff, insbesondere sub III, und in „Arrest und einstweilige Verfügung in ihrem heutigen Anwendungsbereich," BB 1964, 607; *Leipold* aaO. S. 9 ff.

[7] *Leipold* (aaO. S. 12 und FN 27 f m. w. N.) bezeichnet z. B. das Verfügungsverfahren als *normalen* Rechtsbehelf im Bereich der Ehrverletzungen und der Wettbewerbsverstöße.

[8] AaO. BB 1964, 607, 609 ff.

also vor allem bei dem auf einen bestimmten Gegenstand (im weitesten Sinne) gerichteten „Individual"-Anspruch. Der Anwendungsbereich beider kann sich allerdings überschneiden: siehe im einzelnen dazu unten im Zusammenhang sub II und III. In den genannten Beispielsfällen 2—4 kommt nur eine einstweilige Verfügung infrage; sofern es allerdings — etwa bei den Fallbeispielen zu 3 — zugleich um die Sicherung des Schadensersatzanspruches geht, ist zusätzlich ein Arrest möglich: vgl. § 916 Abs. 1 Nachsatz.

Das Gesetz regelt den *Arrest* und den Arrestprozeß ausführlich, §§ 916—934, während es für die *einstweilige Verfügung* — bei einer Globalverweisung im übrigen — lediglich einige Sondervorschriften enthält, §§ 935—944. Schließt normiert § 945 eine für beide gemeinsam geltende Schadensersatzpflicht bei unberechtigten Eilmaßnahmen: Diesem Aufbau folgt der Überblick unten II, III und IV, auch wenn diese Reihenfolge nicht dem tatsächlichen Gewicht der einstweiligen Verfügung gegenüber dem Arrest entspricht.

II. Der Arrest

Weil die Vorschriften für den Arrest zugleich Besonderheiten für das Erkenntnisverfahren und die zwangsweise Verwirklichung enthalten, ist zu unterscheiden zwischen dem Arrest*verfahren* (unten sub 2) und dem Arrest*vollzug* (unten 3). Zuvor sind die Voraussetzungen des Arrestes darzustellen.

1. Die Voraussetzungen des Arrestes

Da der Arrest der Sicherung eines materiell-rechtlichen Anspruchs dient und weil ein besonderer Grund zur Eile vorliegen muß, setzt der Arrest einen Arrest*anspruch*, § 916, und einen Arrest*grund*, §§ 917 f[9], voraus.

a) Der Arrestanspruch

Der Inhalt eines durch Arrest zu sichernden Rechts folgt aus dem Charakter des Arrests als Sicherungsmittel für den Haftungszugriff (siehe bereits oben I 4).

Weil es noch nicht um die unmittelbare Durchsetzung, sondern erst um die Sicherung eines materiell-rechtlichen Anspruchs geht, kann

[9] Zu den Besonderheiten des persönlichen Arrests (§ 918) unten im Zusammenhang sub 4.

der Arrest auch auf *bedingte oder betagte* Ansprüche gestützt werden, soweit hier bereits eine generelle Sicherungsnotwendigkeit für vermögenswerte Ansprüche in Betracht zu ziehen ist, vgl. § 916 Abs. 2. Ferner findet der Arrest auch für „Individual"-Ansprüche statt, die in Geldforderungen übergehen können: Das ist praktisch im Hinblick auf die Nichterfüllung oder Schlechterfüllung eines Individualanspruches bei allen vermögenswerten Ansprüchen der Fall. Ob der Gläubiger den Arrest oder die einstweilige Verfügung erwirkt, hängt davon ab, ob er die — noch mögliche — Durchsetzung seines Individualanspruchs begehrt oder auf Schadensersatz umschwenkt. Im übrigen folgt mittelbar aus § 926 (im einzelnen dazu unten sub c zu 2), daß der zu sichernde Anspruch immerhin bereits einklagbar sein muß.

Weil der Arrest die Haftungsrealisierung sichert, kommt er auch bei Ansprüchen auf Duldung der Zwangsvollstreckung infrage, so z. B. bei Hypotheken und — nach der hier vertretenen Auffassung — grundsätzlich auch bei der Anfechtung nach §§ 1, 7 AnfG[10].

b) Der Arrestgrund

Der Arrestgrund *(Arrestgefahr)* belegt die Eilbedürftigkeit. Das Gesetz umschreibt ihn für den Regelfall des „dinglichen Arrests" dahin, es müsse zu besorgen sein, daß ohne den Arrest die Haftungsrealisierung im Vollstreckungswege „vereitelt oder wesentlich erschwert würde", § 917 Abs. 1. Neben der in Abs. 2 als Beispiel eines „zureichenden Arrestgrundes" genannten Notwendigkeit, im Ausland zu vollstrecken, kommen insbesondere in Betracht: häufiger Wohnungswechsel des Schuldners oder Fluchtverdacht (vgl. Beispiel 1), ferner Verschwendung, Verschleuderung des Eigentums, nachlässige Geschäftsführung, sofern eine konkrete Vermögensbeeinträchtigung droht[11].

Vertragswidriges oder gar schuldhaftes Verhalten des Schuldners ist nicht erforderlich[12]. *Andererseits* fehlt ein Arrestgrund mangels objektiver Notwendigkeit eines Eilverfahrens, wenn der Gläubiger für seinen Arrestanspruch bereits anderweitig gesichert ist, etwa durch Sicherungseigentum, Eigentumsvorbehalt oder ein (Grund)Pfandrecht.

[10] Siehe dazu oben § 12 III 2.
[11] Siehe im einzelnen die Fallgruppen bei *P. Schwerdtner* aaO. NJW 1970, 222 ff.
[12] Für einen engeren Anwendungsbereich *A. Blomeyer* aaO. § 119 I 2 b.

Nach h. M. soll der Arrest auch dann zulässig sein, wenn der Gläubiger einen gegen Sicherheitsleistung vorläufig vollstreckbaren Titel besitzt, jedoch die Sicherheitsleistung nicht zu erbringen vermag. Diesem scheinbar befremdlichen Ergebnis ist zuzustimmen: die Sicherheit nach § 710 wird im Hinblick auf die Rechts*durchsetzung* angeordnet, der Arrest dagegen zielt auf eine Rechts*sicherung*[13].

2. *Das Arrestverfahren*

a) *Das Arrestgesuch*

Wie der Zivilprozeß und das Vollstreckungsverfahren setzt auch der Arrest einen *Antrag* des Gläubigers voraus: das *Arrestgesuch*, § 920.

Das Gesuch ist an das „Arrestgericht", § 919 zu richten. Das ist entweder das Gericht, bei dem auch die entsprechende Klage einzureichen wäre oder bei dem die „Hauptsache" (terminus technicus: das normale zivilprozessuale Verfahren über den zu sichernden „Anspruch") bereits anhängig ist, oder das Gericht, in dessen Bezirk sich das Haftungsgut befindet, beim persönlichen Arrest ist der Aufenthaltsort des Schuldners maßgeblich.

Arrestanspruch und Arrestgrund sind *glaubhaft* zu machen, Ausnahme: § 921 Abs. 2 Satz 1, dazu unten sub b). Der Gläubiger (Antragsteller) muß kenntlich machen, ob er den dinglichen oder den persönlichen Arrest begehrt[14].

b) *Das Verfahren*

„Ein freieres Verfahren als das des vorläufigen Rechtsschutzes läßt sich (ja) kaum vorstellen" (*Leipold*, aaO., S. 14):

Eine *mündliche Verhandlung* ist nicht zwingend vorgeschrieben, § 921 Abs. 1. Auch braucht der Gegenseite nicht unbedingt *rechtliches Gehör* gewährt zu werden, noch nicht einmal in Gestalt der Möglichkeit einer schriftlichen Stellungnahme: jedoch wird dies angesichts des Verfassungsgrundsatzes des Art. 103 GG nur in Ausnahmefällen zulässig sein, wenn näm-

[13] Ebenso zumindest im Ergebnis mit gewissen Einschränkungen *Baur* aaO. S. 77 ff, *Stein-Jonas-Grunsky* § 917 Anm. III 4; *Schwerdtner* aaO. NJW 1970 223. — Anderer Meinung („in der Regel") OLG Frankfurt NJW 1958, 1145 ff; *Lent-Jauernig* § 35, I 2a, S. 118.

[14] Siehe im einzelnen *Baur* aaO. S. 68 ff.

lich andernfalls der Zweck des Arrests gefährdet würde[15]. Als Entscheidungsgrundlage reicht die *Glaubhaftmachung* aus, § 920 Abs. 2: Sowohl die Tatsachen, auf denen der Arrest*anspruch* beruht, als auch die für den Arrest*grund* sind glaubhaft zu machen; nicht präsente Beweismittel scheiden aus, § 294 Abs. 2: Bedeutung hat vor allem die eidesstattliche Versicherung, § 294 Abs. 1.

Eine *Schlüssigkeitsprüfung*, also die Prüfung, ob sich die begehrte Rechtsfolge, z. B. der Arrestanspruch, aus den vorgetragenen Tatsachen ableiten läßt, ist stets erforderlich[16]. Zwar läßt § 921 Abs. 2 Satz 1 die Möglichkeit zu, auf die Glaubhaftmachung bei Sicherheitsleistung des Antragstellers zu verzichten; das bedeutet jedoch nicht, daß zugleich auch geringere Anforderungen an die rechtliche Subsumtion zu stellen wären[17].

c) Die Entscheidung

1. Form und Inhalt. Ist *mündlich verhandelt* worden, so ergeht die Entscheidung durch *Urteil*, andernfalls durch *Beschluß*. In jedem Falle heißt das stattgebende Erkenntnis: *Arrestbefehl*, vgl. etwa § 923.

Er ordnet den dinglich oder persönlichen Arrest an und muß zugleich einen bestimmten Geldbetrag angeben, durch dessen Hinterlegung der Schuldner die Abwendung der Arrestmaßnahmen erreichen kann *(Lösungssumme)*, vgl. §§ 923, 934. Die Vollziehung des Arrests kann von einer Sicherheitsleistung abhängig gemacht werden, § 921 Abs. 2 Satz 2; diese kann auch als Bedingung für die Anordnung des Arrestes ausgesprochen werden[18]. Des Ausspruches einer vorläufigen Vollstreckbarkeit bedarf es nicht, der Arrestbefehl ist sofort vollstreckbar, § 929.

[15] BVerfGE 9, 89, 98.
Die scheinbar ähnliche Regelung des 834 ist weniger gravierend, weil es dort nicht mehr um den Inhalt eines Erkenntnisverfahrens geht.

[16] *Baur* aaO. S. 24; *Wieczorek* § 921 B 1; „grundsätzlich" auch *Stein-Jonas-Grunsky* § 921 Anm. II 2, siehe ferner § 916 Anm. I 3: unter Umständen mit geringeren Sorgfaltsanforderungen als im Erkenntnisverfahren (ein mutiges Musterbeispiel für praktisch zutreffende, als allgemeiner Lehrsatz jedoch gefährliche Aussagen).

[17] So jedoch *Leipold* aaO. S. 70, der § 921 Abs. 2 Satz 1 auch bei bestehenden rechtlichen Zweifeln anwenden will. Das erscheint selbst als Konsequenz der Richtlinie *Grunskys* (siehe FN zuvor) als zu weitgehend.

[18] Zum möglichen Entscheidungsinhalt *Thomas-Putzo* § 921 Anm. 2 und § 922 Anm. 3.

2. *Rechtsbehelfe und besondere Möglichkeiten zur Aufhebung (§§ 926, 927).* Für die *Rechtsbehelfe* kommt es zunächst darauf an, ob eine *mündliche Verhandlung* stattgefunden hat. War das der Fall und ist also ein (abweisendes oder stattgebendes) Urteil ergangen, so kann der Unterlegene *Berufung* einlegen.

Denkbar und zulässig ist auch der Erlaß eines Versäumnisurteils, gegen das dann den normalen Regeln folgend der *Einspruch* einzulegen wäre.

Das Berufungsverfahren ist gleichfalls ein Arrestprozeß. Revision gegen die Berufungsentscheidung ist nicht zulässig, § 545 Abs. 3.

Ist *ohne mündliche Verhandlung* entschieden, so kann der Schuldner gegen den Arrestbefehl *Widerspruch* nach § 924 einlegen. Dieser hemmt die Vollziehung des Arrests nicht, jedoch sind einstweilige Anordnungen nach § 707 möglich, § 924 Abs. 3. Der Widerspruch führt zur mündlichen Verhandlung über die Rechtmäßigkeit des Arrests, allerdings wieder in der summarischen Form des Arrestprozesses; es ergeht ein mit der Berufung (oder dem Einspruch beim Versäumnisurteil) angreifbares Endurteil.

Gegen den das Arrestgesuch zurückweisenden Beschluß kann der Gläubiger einfache (unbefristete) Beschwerde einlegen, § 567.

Um dem Schuldner, der vielleicht gerade wegen der summarischen Prüfung im Arrestverfahren unterlegen ist, alle Verfahrensgarantien zugute kommen zu lassen, kann er durch seinen Antrag nach § 926 mittelbar ein normales zivilprozessuales Erkenntnisverfahren erzwingen: das Gericht (der Rechtspfleger nach § 20 Nr. 14 RPflG) hat dem Gläubiger eine bestimmte Frist zu setzen; erhebt dieser nicht fristgerecht Klage, so ist auf Antrag die Aufhebung des Arrests auszusprechen.

Nach § 927 kann der Schuldner *wegen veränderter Umstände* die Aufhebung des Arrestbefehls beantragen, zur Zuständigkeit § 927 Abs. 2. Dieser Behelf richtet sich nicht gegen eine angebliche unberechtigte Arrestanordnung, sondern gegen dessen Fortdauer.

Die Änderung muß darum nach Erlaß oder der Bestätigung eingetreten sein, wobei allerdings eine erst später erlangte Kenntnis ausreichen soll[19]. Sie kann sich auf den Arrestanspruch oder auf den Arrestgrund beziehen oder auch auf relevante Sicherheitsleistungen.

[19] *A. Blomeyer* aaO § 119, II 6a.

3. Problem: Rechts- oder Bestandskraft. Einigkeit besteht zunächst darin, daß das Urteil im Arrestprozeß keine bindende Aussage über das materielle Recht (den Arrestanspruch) enthalten kann[20]. Problematisch könnte jedoch sein, ob eine Rechtskraftwirkung gegenüber weiteren Arrestverfahren eintritt. Es ist zu differenzieren:

Fallgestaltung a): Der Arrestbefehl ist erlassen. Er wird wegen der *Befristung* für Berufung und Einspruch, die ggf. über den Widerspruch und das darauf im Widerspruchsverfahren ergehende Urteil relevant wird, formell rechtskräftig und damit unangreifbar. An einem zweiten Prozeß über dieselbe Frage könnte nur der Schuldner interessiert sein; ihm stehen jedoch zur Bekämpfung des Arrestbefehls allein die normalen Rechtsbehelfe und die Aufhebungsmöglichkeit wegen veränderter Umstände, § 927, zur Verfügung. Eine Rechtskraftswirkung hat also allenfalls theoretische Bedeutung.

Fallgestaltung b): Der *Antrag* auf Anordnung des Arrests ist *zurückgewiesen.* Hier ist es bedeutsam, ob der Gläubiger seinen Antrag wiederholen darf. Das ist nach allgemeinen Grundsätzen über die zeitlichen Grenzen der Rechtskraft insoweit (unbedenklich) zulässig, als neue relevante Tatsachen vorgetragen werden[21]; dasselbe gilt im Hinblick auf die Eilbedürftigkeit, unter der das Verfahren steht und die sich notwendig auch auf dessen Vorbereitung auswirken muß, auch für neue Mittel der Glaubhaftmachung[22], allerdings beschränkt nach den für § 927 geltenden Grenzen: Neue Mittel zur Glaubhaftmachung rechtfertigen nur dann einen neuen Antrag, wenn sie im ersten Verfahren nicht vorzubringen waren, sei

[20] Das ist heute nicht mehr streitig.

[21] Zur Bedeutung des ausschlaggebenden Abweisungsgrundes (Fehlen des Arrestanspruchs *oder* des Arrestgrundes) siehe *Baur* aaO. S. 88; vertiefend zur Rechtskraft bei alternativen Abweisungsgründen *Henckel*, Prozeßrecht und materielles Recht, 1970, S. 152 ff, insbes. 158 ff, 169 f zu 7 und 8; *Zeuner*, Die objektiven Grenzen der Rechtskraft im Rahmen rechtlicher Sinnzusammenhänge, 1959, S. 33 ff. In concreto differenzierend *Baumbach-Lauterbach* § 322 Anm. 4 Arresturteil zu a) und b).

[22] Anders ist es im normalen zivilprozessualen Verfahren, bei dem neue Beweismittel keine Durchbrechung der Rechtskraft gestatten.

es auch nur aus Unkenntnis[23]. Darüber hinaus entfaltet jedoch auch die Entscheidung im Arrestprozeß *materielle Rechtskraft:* der Gläubiger kann den abgewiesenen Arrestantrag nicht ohne neue Tatsachen oder weitere Mittel zur Glaubhaftmachung einer erneuten gerichtlichen Prüfung unterbreiten[24]. Diese Bindung zuungunsten des Gläubigers führt wenigstens zu einer gewissen „Waffengleichheit": denn auch der Schuldner kann umgekehrt die Frage nach der Berechtigung des Arrestes nicht beliebig oft erneut zur Entscheidung stellen (siehe oben Fallgestaltung a).

3. *Die Vollziehung des Arrests*

Die Anordnung des (dinglichen) Arrests erfolgt — sofern dem Gläubiger nicht nur bestimmte Vermögensmassen haften (siehe als Beispiel die in §§ 780—786 besonders geregelten Fälle) — ohne Beschränkung und ohne Bezug auf ein bestimmtes Haftungsgut. Das entspricht insoweit der Lage beim Vorliegen eines auf Geldzahlung gerichteten Titels: erst der staatliche Pfändungsakt in der Zwangsvollstreckung konkretisiert die allgemeine Vermögenshaftung durch den Zugriff auf das jeweilige Haftungsgut. Ebenso erfolgt die Konkretisierung des Arrestbefehls auf das zu sichernde Haftungsgut erst im zweiten Akt, der notfalls zwangsweisen Vollziehung, die nach den Grundsätzen der Zwangsvollstreckung erfolgt, § 928, allerdings dem (begrenzten) Sicherungszweck des Arrests entsprechend auf sichernde Maßnahmen beschränkt ist: Darum wird der Arrest bei *beweglichem Vermögen* einschließlich der Forderungen durch bloße Pfändung vollzogen: der für die Zwangs-

[23] So überzeugend *Baur* aaO. S. 89 f; ihm folgend OVG Münster NJW 1971, 296; *J. Blomeyer* (siehe FN 3) ZZP 81, 44; *Lent-Jauernig* § 35, II 3; *Stein-Jonas-Grunsky* Anm. II 3 vor § 916. Ebenso die h. M., *Baumbach-Lauterbach* § 322 Anm. 4 Arresturteil zu c); *Thomas-Putzo* § 922 Anm. 5 — allerdings ohne die Einschränkung entsprechend der Regel des § 927. Gegen die Berücksichtigung neuer Mittel zur Glaubhaftmachung z. B. *K. Blomeyer* aaO. ZZP 65, 61 f.

[24] Ebenso die h. M., vgl. die Nachweise in der FN zuvor, ferner z. B. OLG Frankfurt NJW 1968, 2112. — Anderer Ansicht vor allem *A. Blomeyer* aaO. § 19, V 1, der aus dem Charakter der einstweiligen Maßnahme als verwaltendem Gerichtsakt und aus dem Prinzip des § 18 FGG folgert, daß eine Antragswiederholung stets zulässig sei.

vollstreckung wichtige zweite Schritt der Verwertung muß unterbleiben, weil er bereits auf die Befriedigung des Gläubigers durch Ablieferung des Verwertungserlöses angelegt ist; Ausnahme: § 930 Abs. 3.

Die Pfändung führt auch hier zur Verstrickung und — unter den entsprechenden Voraussetzungen (s. o. § 7 II 2 und 3) — zur Entstehung eines *Arrestpfandrechts.* Dieses geht von selbst in ein Pfändungspfandrecht über, wenn der Gläubiger in der Hauptsache einen zur Rechtsdurchsetzung berechtigenden Vollstreckungstitel erlangt; das ist wichtig u. a. für den Befriedigungsrang.

Beim Vollzug des Arrests in *Grundstücke* oder grundstücksgleiche Rechte scheiden wegen der Beschränkung auf Sicherungsmaßnahmen die Zwangsversteigerung und die Zwangsverwaltung aus: zulässig ist allein das typische Sicherungsmittel der Arrest-Sicherungshypothek, § 932.

Die Arrestvollziehung trägt in einigen *Besonderheiten des Zwangsverfahrens* der Eilbedürftigkeit Rechnung: Es kommt nicht auf die formelle Rechtskraft an; der Arrestbefehl berechtigt bereits mit seinem Erlaß zu sichernden Zwangsmaßnahmen; d. h. praktisch: es erfolgt kein Ausspruch über die „vorläufige Vollstreckbarkeit". Eine Klausel ist nur bei Titelübertragung erforderlich, § 929 Abs. 1. Weil der „Eiltitel" Arrest kein Mittel des langfristigen indirekten Zwangs zur Schuldtilgung sein soll, setzt § 929 Abs. 2 eine Monatsfrist: nach deren Ablauf ist die Arrestvollziehung unzulässig, wenn nicht wenigstens mit der (konkreten) Zwangsmaßnahme begonnen wurde[25].

4. Der persönliche Arrest

Zum Zwecke der Sicherung der Zwangsvollstreckung, § 916, — und nicht etwa als besonders starkes Beugemittel — kann auch der sog. persönliche Arrest angeordnet werden. Als Maßnahmen, die (praktischerweise) im Zusammenhang mit dem Arrestbefehl angeordnet werden, kommen Haft und andere Beschränkungen der persönlichen Freiheit (Meldepflicht, Reiseverbot u. dgl.) infrage, siehe im einzelnen § 933. Die Anord-

[25] So die heute h. M.; früher wurde — zu eng — auf die Vollziehung im Sinne der Beendigung der Sicherungsmaßnahme abgestellt; demgegenüber wird heute z. T. sogar (der Regelung des § 932 Abs. 3 entsprechend) bereits die Stellung des Antrags als ausreichend angesehen (*Lent-Jauernig* § 36, III; *Schönke-Baur* § 49, II 2b; *Stein-Jonas-Grunsky* § 929 Anm. II 2c, zugleich zur praktischen Bedeutung).

nung der Haft setzt einen Haftbefehl mit Angabe der Lösungssumme des § 923, siehe § 933 Satz 2, voraus; die Haft selbst wird nach §§ 904—913 vollstreckt.

Weil der persönliche Arrest einen besonders starken Eingriff in die Rechtssphäre des Schuldners darstellt, ist er subsidiär gegenüber einem (erfolgversprechenden) dinglichen Arrest, § 918: zum *Arrestgesuch* gehört also, daß der dingliche Arrest (oder andere Mittel zur Sicherung der Zwangsvollstreckung) versagen. Weil das Arrestgericht die anzuordnende Maßnahme nach seinem Ermessen trifft, braucht das Arrestgesuch über den Antrag auf den persönlichen Arrest hinaus insoweit keine bestimmten Angaben zu enthalten.

III. Die einstweilige Verfügung

1. Die einstweilige Verfügung nach §§ 935, 940

Im Gegensatz zum Arrest soll die einstweilige Verfügung nicht die spätere Haftungsrealisierung in der Zwangsvollstreckung sichern, sondern die Verwirklichung eines „Individualanspruchs" oder eines sonstigen Rechts.

a) Voraussetzungen

Mit einer einstweiligen Verfügung sind als *Individualansprüche* alle Ansprüche geltend zu machen, die nach §§ 883 ff zu vollstrecken wären, wie Ansprüche auf Sachleistungen und Sachherausgabe, auf Vornahme vertretbarer und unvertretbarer Handlungen, schließlich auch auf Unterlassungen. Das ist im wesentlichen Aufgabe der in § 935 erwähnten sog. „*Sicherungsverfügung*", die starke Parallelen zum Arrest aufweist: „*Verfügungsgrund*" ist die Gefahr, „daß durch die Veränderung des bestehenden Zustandes die Verwirklichung des Rechts einer Partei vereitelt oder wesentlich erschwert werden könnte". Im Beispielsfall 2 käme also eine derartige einstweilige Verfügung infrage.

Diese besondere Gefährdung des zu sichernden Anspruchs braucht nicht dargetan zu werden, wenn es um die Eintragung einer Vormerkung oder eines Widerspruchs im Grundbuch geht, §§ 885 Abs. 1 Satz 2, 899 Abs. 2 Satz 2 BGB. Dasselbe gilt von der einstweiligen Verfügung zur Sicherung von Unterlassungsansprüchen nach dem UWG, § 25 UWG.

Neben die „Sicherungsverfügung" tritt nach § 940 die sog. „*Regelungsverfügung*": Inhalt der Eilmaßnahme ist hier „die Regelung eines einstweiligen Zustandes in bezug auf ein streitiges Rechtsverhältnis". Voraussetzung ist als *Verfügungsgrund*, daß „die Regelung zur Abwendung wesentlicher Nachteile oder zur Verhinderung drohender Gefahr oder aus anderen Gründen nötig erscheint".

Das trifft auf den oben erwähnten Beispielsfall 4 zu. Problematisch könnte allerdings die Einordnung der *Unterlassungsansprüche* in den Beispielen 3a und 3b sein: es geht um die Sicherung von Unterlassungsansprüchen (siehe § 935), jede Maßnahme enthält jedoch notwendig zugleich eine Regelung „in bezug auf das streitige Rechtsverhältnis": die Rechtmäßigkeit bzw. Unrechtmäßigkeit der Tatsachenverbreitung oder Wettbewerbshandlung und die daraus abzuleitenden Unterlassungsansprüche.

So wie sich beim Zweck beider Verfügungsarten nicht scharf trennen läßt zwischen der *Sicherung* und der Wahrung des *Rechtsfriedens*[26], ist letztlich auch keine klare Grenzziehung zwischen den Rechten möglich, die als „Verfügungsanspruch" im Sinne des § 935 und als „Regelungsgegenstand" im Sinne des § 940 infrage kämen[27]. „Eine Verfügung in bezug auf den Streitgegenstand" zur Sicherung der Rechtsverwirklichung (§ 935) enthält zugleich die „Regelung eines einstweiligen Zustandes in bezug auf ein streitiges Rechtsverhältnis" zur Abwendung eines wesentlichen Nachteils (§ 940). — Umgekehrt bildet das streitige Rechtsverhältnis einen Streitgegenstand; der wesentliche Nachteil (§ 940) besteht regelmäßig in einer Vereitelung und Erschwerung der Rechtsverwirklichung (§ 935), da auch die Verfügung nach § 940 dem Schutz behaupteter Rechte dient[28]. Ferner setzt der Erlaß einer Verfügung in beiden Fällen grundsätzlich gleichermaßen die auf das materielle Recht bezogene Schlüssigkeitsprüfung und die Berücksichtigung der möglichen Beeinträchtigung des Gläubigers und des Schuld-

[26] Siehe dazu oben I 3.

[27] Die Abgrenzung der einzelnen Verfügungsarten ist streitig. Für eine grundsätzliche Unterscheidbarkeit *K. Blomeyer* § 13, VII 2; *Baur* aaO. S. 26 ff und *Schönke-Baur* § 50, I vor 1; II, 3b und III; *Jauernig* aaO. ZZP 79, 313 ff und *Lent-Jauernig* § 37, II.

[28] So sehr klar *Leipold* aaO. S. 101.

ners voraus[29]. Schließlich unterscheiden sich § 935 und § 940 auch nicht grundsätzlich im Inhalt der zu verfügenden Maßnahmen (im einzelnen dazu im Text passim sub b), — andernfalls hätte zumindest der Versuch einer scharfen Trennung nahegelegen. Aus alldem folgt, daß es zulässig und sachgerecht erscheint, dem Sinn des Gesetzes entsprechend davon auszugehen, daß sich § 935 und § 940 gegenseitig zu einer umfassenden Generalklausel ergänzen[30].

b) Der Inhalt der einstweiligen Verfügung nach §§ 935, 940

Angesichts der Gesetzestechnik ist es unschädlich, den beiden gesetzlichen Vorschriften schlagwortartig die unterschiedlichen Bezeichnungen „Sicherungsverfügung" und „Regelungsverfügung" zuzuordnen, weil jene — ähnlich wie der Arrest — mehr auf einen Einzelanspruch zugeschnitten ist, während § 940 im Ansatz auf Dauerregelungen zielt. Das darf jedoch nicht verdecken, daß es sich in beiden Fällen um den einstweiligen Rechtsschutz und also im Prinzip um bloß vorläufige Sicherungsmaßnahmen handelt. Dem haben die Verfügungen ihrem Inhalt nach möglichst zu entsprechen, wobei für beide wiederum gleichermaßen das Dilemma des einstweiligen Rechtsschutzes zutrifft: Es geht einerseits nur um Sicherung und nicht um Erfüllung, andererseits wirken jedoch — wie die Unterlassungsansprüche zeigen (siehe oben I 3) — auch nur vorläufige Maßnahmen in bestimmten Fällen genau wie eine Erfüllung, ohne daß deswegen der Rechtsschutz entfallen dürfte. Daher hat als Grundsatz zu gelten, daß jede einstweilige Verfügung möglichst auf nur sichernde Maßnahmen beschränkt sein sollte, und daß jede Annäherung an eine Erfüllungswirkung nur und insoweit statthaft ist, wie dieses unumgäng-

[29] Auch dazu oben sub I 1.

[30] *Leipold* aaO.; ebenso *Baumbach-Lauterbach* § 940 Anm. 1; *A. Blomeyer* aaO. § 119, III 2; *Bruns* § 46, II 1b; *Grunsky* aaO. S. 98 f; *Rosenberg* § 214, I 1 vor a; *Stein-Jonas-Grunsky* Anm. III 2 vor § 935; *Thomas-Putzo* § 935 Anm. 1c. Als Musterbeispiel für ein Ineinandergreifen beider Verfügungsarten bieten sich die Unterlassungsansprüche an (siehe *Blomeyer, Bruns, Leipold*), während z. B. *Baur* (aaO. S. 52) und *Jauernig* (aaO. ZZP 79, 328 ff) danach differenzieren, ob es sich um eine Unterlassungsnebenpflicht handelt (dann § 935) oder um eine Hauptpflicht; ähnlich Grunsky aaO. JurA 1970, 735 f.

lich ist. Dabei erscheint es gerechtfertigt, je nach Stärke der Auswirkung schärfere Anforderungen an die Voraussetzungen der Eilmaßmaßnahme zu stellen[31].

In den Fällen 3a und 3b dürfte danach trotz der Erfüllungswirkung eine Unterlassungsverfügung gerechtfertigt sein. Im Beispiel 4 würde ein vorzeitiger Ausschluß des B aus der Gesellschaft praktisch das erst mit der Klage zu erreichende Ziel vorwegnehmen; als geringere Maßnahme erscheint ein — vorläufiger — Entzug der Vertretungsbefugnis sachgerecht[32]: in allen Fällen natürlich nur, wenn die Tatsachen, auf denen der Unterlassungsanspruch bzw. das Ausschließungsrecht beruhen sollen, glaubhaft gemacht sind.

Den *Inhalt* der einstweiligen Verfügung bestimmt das Gericht nach freiem Ermessen. Richtschnur ist die Erforderlichkeit „zur Erreichung des Zweckes", § 938 Abs. 1. Stets sind konkrete Maßnahmen auszusprechen, von denen § 938 Abs. 2 einige Beispiele aufzählt. Das Gericht darf dabei in keinem Falle mehr zusprechen, als beantragt ist oder als im Prozeß aus rechtlichen Gründen zuerkannt werden könnte[33].

Beispiele: Im Fall 2 kommt die Anordnung einer Hinterlegung oder Verwahrung infrage. Bedeutsam ist die einstweilige Verfügung auch zur Sicherung eines *schuldrechtlichen Verschaffungsanspruches,* beispielsweise aus § 433 Abs. 2. Dem Schuldner (Verkäufer) kann ein Veräußerungsverbot auferlegt werden; dieses hat nach §§ 136, 135 BGB die Wirkung, daß ein Verstoß dem Käufer gegenüber keine Rechtswirkung hätte; angesichts der Gefahr, daß dieser Schutz durch den guten Glauben des Erwerbers unterlaufen wird, ist das Verbot einem präsumptiven Erwerber tunlichst kundzutun, bei Grundstücken böte sich eine Eintragung im Grundbuch an, vgl. auch § 941; jedoch kommt hier im Regelfall eine Vormerkung infrage, die leichter zu erwirken ist (kein Nachweis der Gefährdung, § 885 Abs. 1 BGB) und denselben Sicherungserfolg erreicht.

Nicht sichern läßt sich der Erwerbsanspruch dadurch, daß gegen den Dritten ein *Erwerbsverbot* erwirkt wird: denn die einstweilige Verfügung kann sich stets nur gegen den Schuldner richten. Soweit

[31] Siehe dazu *Baur* aaO. S. 29 ff und Schönke-Baur § 50, III 1; *Lent-Jauernig* § 37, II, S. 125, — beide allerdings von der anderen Prämisse einer Unterscheidbarkeit zwischen §§ 935 und 940 ausgehend.

[32] Siehe dazu BGHZ 33, 105; *Jauernig* aaO. ZZP 79, 334; *Schönke-Baur* § 50, IV 3b.

[33] Im einzelnen *Baur* aaO. S. 72 f.

Erwerbsverbote zuzulassen sind, beziehen sie sich auf den Erwerb durch den Schuldner. Praktisch bedeutsames Beispiel: ein formnichtiger Grundstückskaufvertrag droht durch Eintragung zu heilen (§ 313 Satz 2 BGB). Das Erwerbsverbot, keinen Antrag auf Eigentumserwerb beim Grundbuchamt zu stellen, ist zwar (mangels Voreintragung) nicht eintragungsfähig, jedoch vom Grundbuchamt von Amts wegen zu beachten[34].

Den Schwerpunkt einer *Regelung im Sinne des § 940* bilden etwa einstweilige Verfügungen zur Verhinderung drohender Gewalt, wenn das Recht zum Besitz an einer Sache oder wenn die Ausübung einer Dienstbarkeit streitig ist; ferner gehören hierher Regelungen nachbarrechtlicher Verhältnisse oder der Ausübung gemeinschaftlicher Berechtigungen (Musterbeispiel: die Benutzung der Waschküche durch mehrere Mieter).

2. *Die sog. „Leistungsverfügung"*

a) Besonderheit und Zulässigkeit

Im Ergebnis ist heute anerkannt, daß es über die sog. „Sicherungs- und Regelungsverfügungen" hinaus noch eine dritte Art einstweiliger Verfügungen gibt, die zur Befriedigung des Antragstellers führt. Ihr wesentliches Merkmal, das sie von den einstweiligen Verfügungen nach §§ 935, 940 grundsätzlich abhebt, ist, daß es nicht um die Sicherung geht und daß eine Erfüllungswirkung nicht um einer Sicherung willen als bedauerliche und unvermeidbare Nebenwirkung in Kauf genommen wird, sondern daß die Erfüllung unmittelbar intendiert und notfalls im Vollstreckungswege erzwungen wird; Musterbeispiel: die einstweilige Verfügung auf Zahlung laufender Unterhaltsraten während eines Unterhaltsprozesses.

Früher gründete die Rechtsprechung derartige Verfügungen auf § 940[35]. Die Aufgliederung und Abgrenzung ist auch heute noch streitig. Während etwa *K. Blomeyer*[36] derartige Leistungsverfügun-

[34] Allgemeine Meinung, vgl. grundlegend RGZ 117, 287, 290. Zur Eintragungsfähigkeit des Erwerbsverbots in Sonderfällen *Baur*, Sachenrecht, 7. Aufl. 1973, § 15, IV 2c.

[35] Zur Entwicklungsgeschichte z. B. *Gaul*, Einstweilige Unterhaltsregelungen zugunsten des unehelichen Kindes während der Aussetzung des Unterhaltsprozesses analog §§ 940 ZPO, 1716 BGB? FamRZ 1958, 158 ff.

[36] AaO. ZZP 65, 65; siehe auch die Fallbeispiele für § 940 bei *Baumbach-Lauterbach* § 940 Anm. 3 B.

gen als besondere Art einer Verfügung nach § 940 bezeichnet, hat sich im wesentlichen die Vorstellung einer *Dreiteilung* durchgesetzt, allerdings wiederum nach unterschiedlichen Abgrenzungskriterien: so untergliedert z. B. *Jauernig*[37] in Sicherungs-, Regelungs- und Leistungsverfügungen, *Leipold*[38] in Sicherungs-, Abwehr- und Angriffsverfügungen. Dabei werden teilweise alle Verfügungen, die Erfüllungswirkung haben, z. B. also auch Unterlassungsverfügungen (sofern es um eine Hauptpflicht geht, — siehe dazu oben FN 30), dieser dritten Art zugerechnet[39].

Ein *gesetzliches Vorbild* für derartige „Leistungsverfügungen" stellt die Möglichkeit einer einstweiligen Anordnung nach § 627 dar, derzufolge das Gericht für die Dauer des Eheprozesses Unterhaltszahlungen anordnen kann, vgl. ferner § 627b. Nach § 1615 Buchst. o BGB[40] können der Kindesunterhalt für die ersten drei Monate und der Anspruch der Mutter gegen den Vater auf Zahlung der Entbindungskosten und des Unterhalts für eine bestimmte Zeit vor und nach der Geburt, vgl. §§ 1615k und 1615l BGB, durch einstweilige Verfügung geregelt werden. Auch hier geht es bereits um die Erfüllung eines noch streitigen und nicht titulierten Anspruchs, zumal auf unsicherer Rechtsgrundlage, weil die Zahlungspflicht erst an die Feststellung der Vaterschaft nach § 1600a BGB anknüpft. Bereits eine Kanalisierung der Entwicklung dieser dritten Art der einstweiligen Verfügung durch die Rechtsprechung ist die Vorschrift des § 641d[41], wonach im Abstammungsprozeß durch eine einstweilige Anordnung die Zahlung von Unterhalt aufgegeben werden kann.

Neben den speziellen gesetzlichen Regelungen einer „Leistungsverfügung" ist zu berücksichtigen, daß auch bei einstweiligen Verfügungen nach §§ 935, 940 eine Befriedigungswirkung eintreten kann. Weil somit auch die Erfüllungswirkung keine absolute Schranke für die Zulässigkeit einstweiliger Maßnahmen darstellt, läßt sich diese „dritte Art" der verurteilenden einstweiligen Verfügung als eine Entwicklung praeter legem ver-

[37] AaO. ZZP 79, 326/331/337; ihm folgend *Schönke-Baur* § 50, II, III und IV.
[38] AaO. S. 105 ff.
[39] Siehe *Schönke-Baur* § 50 IV 3b.
[40] Eine entsprechende Regelung enthielt bis 1. 7. 1970 § 1716 BGB.
[41] Siehe dazu auch *Gaul* aaO. (FN 35) und *Staudinger-Göppinger*, 10.—11. Aufl. 1969, § 1716 Anm. 19 ff; zur zeitlichen Geltung vgl. die FN zuvor.

stehen[42]. Sie ist nicht nur als Tatsache des Rechtslebens anerkannt; ihr kommt zudem eine ganz erhebliche Bedeutung zu, die unter anderem aus den eingangs skizzierten Gründen (I 3) ständig wächst.

b) Voraussetzungen und Anwendungsbereich

Weil die Leistungsverfügung praktisch eine summarische Verurteilung aufgrund der Glaubhaftmachung in einem sehr freien Verfahren darstellt, ist bei ihrer Anwendung besondere Vorsicht geboten: als *„Verfügungsgrund"* kommt nur eine ganz besondere Dringlichkeit infrage; es muß eine Notlage bestehen, der nur durch den Erlaß der einstweiligen Verfügung abzuhelfen ist.

Bereits früh[43] waren als *Verfügungsanspruch* vor allem *Unterhaltsansprüche* aus Dauerschuldverhältnissen und vorläufige *Zahlungen* aus streitigen Schadensersatzrenten anerkannt, — allerdings stets nur für den akuten Bedarf, nicht etwa rückwirkend[44] —, ferner auch einmalige Zahlungen wie Arzt- und Krankenhauskosten(vorschuß) oder Zahlungen zur Abwendung bedeutender Vermögensschäden[45]. Neben Geldforderungen können auch *Sachherausgabeansprüche* Gegenstand der verurteilenden Verfügung sein; im Hinblick auf den sehr strengen Verfügungsgrund wird dies regelmäßig nur dann der Fall sein, wenn der Gläubiger die Sache für seinen Lebensunterhalt oder aus einem anderen gewichtigen Grunde dringend benötigt: etwa Arbeitsgeräte oder zurückgehaltene Arbeitspapiere; zur Räumung von Wohnraum siehe § 940a. Auch *Leistungsansprüche*, etwa auf Lieferung von Gas, Wasser oder Strom oder von dringend benötigten Waren sind hierher zu rechnen, desgleichen *Unterlassungsansprüche*, sofern man nicht primär auf die Sicherung der Durchsetzung abstellt, sondern unmittelbar auf die Befriedigung durch sofortige Einstellung der Tatsachenverbreitung oder der inkriminierten Wettbewerbshandlung[46].

[42] Siehe *Grunsky* Einführung S. 97: „Wenn nicht gar contra legem entwickelt"; *Stein-Jonas-Grunsky* Anm. IV 1 vor § 935: Rechtsfortbildung.

[43] Zur Entwicklung *Gaul* aaO. FN 35 und *Leipold* aaO. S. 117 ff.

[44] Zur notwendigen Begrenzung im einzelnen *Grunsky* aaO. JurA 1970, 729 ff.

[45] Vgl. im einzelnen die Nachweise bei *Schuler*, Die auf Leistung lautende einstweilige Verfügung, NJW 1959, 1801, FN 2, und *Stein-Jonas-Grunsky* Anm. IV 2 vor § 935.

[46] Siehe oben den Beispielsfall 3a und 3b; das zeigt zugleich, daß eine scharfe Abgrenzung auch insoweit nicht möglich (und nicht nötig) ist.

Problematik und Grenze der Möglichkeit einer einstweiligen Verurteilung verdeutlicht die Fragestellung, ob im Beispielsfall 3a auch ein Widerruf begehrt werden kann. Dies wird vereinzelt als zulässig angesehen[47], vor allem mit dem Zusatz: „Die Behauptung könne im gegenwärtigen Zeitpunkt nicht aufrecht erhalten werden“[48] oder mit dem Hinweis, der Widerruf erfolge aufgrund einstweiliger Verfügung[49]. Mit Recht werden dagegen derartig zum Widerruf verpflichtende einstweilige Verfügungen überwiegend abgelehnt[50]: es geht über eine lediglich vorläufige Verurteilung im summarischen Verfahren hinaus, dem Schuldner einstweilen einen Widerruf seiner Erklärung zuzumuten.

c) *Die Vollziehung*

Da Ziel dieser Art der einstweiligen Verfügung die Befriedigung ist, kommen nicht nur sichernde Maßnahmen infrage. Es geht um die Durchsetzung des Rechts, notfalls im Wege der Zwangsvollstreckung. Diese kann sich darum nicht wie beim Arrest mit der Sicherungsmaßnahme einer Pfändung begnügen; die gepfändeten Gegenstände sind vielmehr nach üblichen vollstreckungsrechtlichen Regeln zu verwerten, der Erlös ist an den Gläubiger abzuliefern. Entsprechendes gilt für die Durchsetzung der „Individualansprüche“ (Herausgabe-, vor allem Unterlassungsansprüche), die nach §§ 883 ff vollstreckt werden.

3. *Das Verfahren*

Auf einstweilige Verfügungen sind grundsätzlich die Vorschriften über das Arrestverfahren anzuwenden, § 936.

Eine Sonderregelung enthalten §§ 942 ff. Danach ist im *Regelfall* das *Gericht der Hauptsache* zuständig (dazu §§ 937, 943), nur in

Vgl. *Leipold* aaO. S. 108; anders *Jauernig* aaO. ZZP 79, 332 ff und *Lent-Jauernig* § 37, II, S. 135: dazu auch *Leipold* aaO. S. 111 ff und FN 56.

47 Zumindest bei schwerwiegendem Nachteil: LG Düsseldorf MDR 1962, 741.

48 OLG Stuttgart MDR 1961, 1024; — generell zu Bedenken gegenüber einer derart eingeschränkten Verurteilung BGHZ 37, 187, 190.

49 So für besonders dringende Fälle, etwa im Wahlkampf, *Stein-Jonas-Grunsky* Anm. IV 5 vor § 935.

50 So überzeugend OLG Celle BB 1964, 910 und *Jauernig* aaO. ZZP 79, 342; siehe die Nachweise in den FN 65—67; ferner *Baur*, Arrest und einstweilige Verfügung in ihrem heutigen Anwendungsbereich, BB, 1964, 609 f (im allgemeinen).

dringenden Fällen das Amtsgericht, in dessen Bezirk sich der Streitgegenstand befindet.

Das Verfahren vor dem *Gericht der Hauptsache* entspricht im wesentlichen dem Arrestprozeß. Auf mündliche Verhandlung ist nur in dringenden Fällen zu verzichten, § 937 Abs. 2; anders § 921 Abs. 1. Der Vorsitzende kann — wiederum nur in dringenden Fällen — anstelle des Kollegialorgans entscheiden, § 944. Die Entscheidungen und ihre Anfechtbarkeit regeln sich wieder nach den allgemeinen Vorschriften des Arrestverfahrens.

Wird das Verfügungsgesuch wegen Dringlichkeit beim *Amtsgericht* eingelegt, so führt dies nur zu einer vorläufigen Vollstreckungsbefugnis, denn mit dem Erlaß der Verfügung hat das Gericht von Amts wegen eine Frist zu setzen, „innerhalb der die Ladung des Gegners zur mündlichen Verhandlung über die Rechtmäßigkeit der einstweiligen Verfügung bei dem Gericht der Hauptsache zu beantragen ist", § 942 Abs. 1: das sogenannte Rechtfertigungsverfahren. Andernfalls ist die einstweilige Verfügung auf Antrag aufzuheben, § 942 Abs. 3; zur Besonderheit bei Vormerkung und Widerspruch siehe § 942 Abs. 2. Das nach § 942 zuständige Amtsgericht entscheidet stets durch Beschluß, § 942 Abs. 4. Der Schuldner kann Widerspruch einlegen, § 924, der zur Überprüfung durch das Gericht der Hauptsache führt: er kann also praktisch von sich aus das „Rechtfertigungsverfahren" einleiten, ohne den Ablauf der Frist nach § 942 Abs. 1 abzuwarten.

IV. Die Schadensersatzpflicht aus § 945

Dem vorläufigen Charakter des einstweiligen Rechtsschutzes durch Arrest und einstweilige Verfügung entspricht eine Schadensersatzpflicht für den Fall, daß sich die Maßnahme als materiell-rechtlich oder prozessual unberechtigt erweist, § 945. Diese Ersatzpflicht nach § 945 ist der nach § 717 vergleichbar[51], die eintritt, wenn die nur vorläufig vollstreckbare Entscheidung aufgehoben wird. Der Gläubiger betreibt in beiden Fällen die zwangsweise Durchsetzung bzw. Sicherung eines noch nicht endgültig festgestellten Anspruchs. Dafür trägt er die Gefahr, dem Betroffenen u. U. Schadensersatz leisten zu müssen. Auch bei § 945 kommt es also auf ein Verschulden des Gläubigers nicht an.

[51] Siehe dazu oben § 4 II 2c zu 1).

1. Voraussetzungen

Nach § 945 besteht die Ersatzpflicht in zwei Fällen:

a) die Anordnung des Arrests oder der einstweiligen Verfügung erweist sich als von Anfang ungerechtfertigt;

b) die angeordnete Maßnahme wird nach § 926 Abs. 2 oder § 942 Abs. 3 aufgehoben.

zu a): Als von Anfang an ungerechtfertigt erweist sich der Arrest (entsprechendes gilt stets für die einstweilige Verfügung), wenn zur Zeit seines Erlasses kein *Arrestanspruch* oder kein *Arrestgrund* bestanden hatte[52]. Darüber hat der Richter in dem Schadensersatzprozeß grundsätzlich frei zu befinden. Der Schadensersatzanspruch setzt also nicht voraus, daß über die Unrechtmäßigkeit des Arrests im Widerspruchs- oder Berufungsverfahren entschieden wurde oder daß in der Hauptsache eine Entscheidung über den Arrestanspruch ergangen ist. Problematisch ist, ob eine Bindungswirkung eingreift, sofern derartige Verfahren stattgefunden haben:

— Entscheidungen, die den Arrest im *Arrestverfahren* bestätigen oder aufheben, können eine bindende Wirkung weder für den Arrestanspruch noch für den Arrestgrund entfalten, denn über beide wurde lediglich im summarischen Verfahren auf der Basis der Glaubhaftmachung entschieden. Das muß konsequenterweise sowohl hinsichtlich der positiven Entscheidung, der Bestätigung des Arrests, als auch bei dessen Aufhebung gelten. Danach kann Schadensersatz trotz Bestätigung des Arrests zuzuerkennen sein, dagegen abzusprechen sein, auch wenn wegen Fehlens des Arrestgrundes oder -anspruchs aufgehoben worden ist[53]. Etwas anderes läßt sich auch insbesondere

[52] Lediglich ein Fehlen prozessualer Voraussetzungen für den Arrest (z. B. die örtliche Zuständigkeit) reicht nicht aus, ebenfalls nicht die Feststellung, die Glaubhaftmachung sei ungenügend gewesen; so überzeugend *Baur* aaO. S. 104 ff und *Bruns,* Schadensersatz und Rechtskraftfragen des § 945, 1952, ZZP 65, 67 ff, 69 f.

[53] Ebenso *Baur* aaO. S. 104 f; *Stein-Jonas-Grunsky* § 945 Anm. II 2c, siehe auch *Bruns* aaO. ZZP 65, 69 f. — Anders die h. M.: Bei *Aufhebung* des Arrestbehelfs sei bindend festgestellt, daß die Anordnung ungerechtfertigt gewesen sei, bei Bestätigung werde der *Arrestgrund* bindend festgestellt, z. B. *Thomas-Putzo* § 945 Anm. II; siehe dazu die Darstellungen bei *Schönke-Baur* § 49, VI 1 und (sehr kritisch) *Lent-Jauernig* § 38, V. Differenzierend *A. Blomeyer* aaO. § 119, V 2a und b, der keinerlei Bindung bei einer *Bestätigung* annimmt, jedoch bei einer *Aufhebung:* dies folge daraus, daß der Gläubiger das Risiko für erfolgreich angefochtene und daher aufgehobene Maßnahmen trage.

nicht daraus ableiten, daß dem Arrestbefehl nach der hier vertretenen Auffassung materielle Rechtskraft zukommt[54]. Die damit anerkannte Bindungswirkung kann sich nur auf Verfahren desselben summarischen Charakters beziehen.

Ist dagegen im *Hauptverfahren* über den mit dem Arrest gesicherten *Anspruch* entschieden, so bindet die rechtskräftige Feststellung im Schadensersatzprozeß. Da sich diese allerdings nur auf den Zeitpunkt der letzten mündlichen Verhandlung (in der Hauptsache) bezieht, können sich die Parteien darauf berufen, die Rechtslage sei z. Zt. des Arrestserlasses anders gewesen. Frei ist der Richter nach wie vor in der Feststellung des Arrest*grundes.*

zu b): Die Schadensersatzpflicht tritt zweitens ein, wenn der Arrestbefehl wegen fruchtlosen Verstreichens der nach § 926 Abs. 2 gesetzten Frist aufgehoben worden ist oder wenn der Gläubiger bei einer einstweiligen Verfügung das Rechtfertigungsverfahren nach § 942 nicht (rechtzeitig) eingeleitet hat. Maßgeblich ist also allein die formale Voraussetzung des Fristablaufs, es kommt nicht darauf an, ob der Arrest oder die einstweilige Verfügung berechtigt war oder nicht[55].

Die Regelung ist nicht auf die Aufhebung im Widerspruchs- oder Berufungsverfahren auszudehnen; hier kommt allein eine Schadensersatzpflicht unter den zu a) genannten Voraussetzungen infrage[56].

2. *Inhalt und Umfang*

Die Schadensersatzpflicht besteht nur für den durch die *Vollziehung* des Arrests (oder durch Sicherheitsleistungen) entstandenen Schaden. Tritt bereits durch die Anordnung eine Schädigung ein, so ist Schadensersatz nur unter den Voraussetzungen der §§ 823, 826 BGB in Betracht zu ziehen. Für den Umfang gelten §§ 249 ff BGB. Die Berücksichtigung des § 254 BGB liegt vor allem nahe, wenn der Schuldner den Anschein der Arrestgefahr hervorgerufen hat.

Beispiel (RGZ 143, 118): Schadensersatz für vermögensrechtliche Folgen bei einem seelischen Zusammenbruch infolge der Ladung zum

[54] Siehe oben II 2c zu 3); zu einer entsprechenden Argumentation in der Rechtsprechung m. w. N. kritisch *Blomeyer* aaO.

[55] Zur inneren Rechtfertigung *Baur* aaO. S. 102, *Bruns* aaO. ZZP 65, 68 f; *Henckel,* Prozeßrecht und materielles Recht, 1970, S. 269 f.

[56] Anders *A. Blomeyer* aaO. § 119, V 2b, — siehe dazu auch oben FN 53.

Offenbarungseid: § 254 könnte zu berücksichtigen sein, weil das Grundstück abredewidrig mit einer Hypothek in Höhe von 100 000,— Mark belastet worden sei.

Sachverzeichnis

Kolibri 360 GmbH
Ferdinand-Jühlke-Straße 7
99095 Erfurt, Deutschland
produktsicherheit@kolibri360.de